最新财会系列丛书
ZUIXIN CAIKUAI XILIE CONGSHU

SHANGPIN LIUTONG QIYE KUAIJI

商品流通企业会计

（第十二版）

丁元霖 主编

立信会计出版社
LIXIN ACCOUNTING PUBLISHING HOUSE

图书在版编目(CIP)数据

商品流通企业会计/丁元霖主编.—12 版.—上海:
立信会计出版社,2021.8
　　ISBN 978 - 7 - 5429 - 6928 - 6

　　Ⅰ.①商… Ⅱ.①丁… Ⅲ.①商业会计－教材
Ⅳ.①F715.51

中国版本图书馆 CIP 数据核字(2021)第 175634 号

策划编辑	蔡莉萍
责任编辑	蔡莉萍
封面设计	南房间

商品流通企业会计(第 12 版)

SHANGPIN LIUTONG QIYE KUAIJI

出版发行	立信会计出版社		
地　　址	上海市中山西路 2230 号	邮政编码	200235
电　　话	(021)64411389	传　　真	(021)64411325
网　　址	www.lixinaph.com	电子邮箱	lixinaph2019@126.com
网上书店	http://lixin.jd.com		http://lxkjcbs.tmall.com
经　　销	各地新华书店		
印　　刷	上海万卷印刷股份有限公司		
开　　本	787 毫米×960 毫米	1/16	
印　　张	25.75		
字　　数	579 千字		
版　　次	2021 年 8 月第 12 版		
印　　次	2021 年 8 月第 1 次		
印　　数	1—3100		
书　　号	ISBN 978 - 7 - 5429 - 6928 - 6/F		
定　　价	49.00 元		

如有印订差错,请与本社联系调换

最新财会系列丛书编写说明

　　为了满足高等财经类专业教学的需要,我们在立信会计出版社的支持下,出版了最新财会系列丛书。该套丛书包括:《商品流通企业会计》《旅游饮食服务业会计》《外贸会计》《银行会计》《物流企业会计》和《商品流通企业会计模拟实习》共六本教材,并同步出版了习题与解答配套用书。

　　该套丛书的特点是:理论联系实际,深入浅出,通俗易懂;遵循循序渐进的原则,合理安排各门学科的教学内容,详略得当。各本教材的主要内容均由丁元霖执笔编写,连贯性好,系统性强;均能根据会计改革的需要,不断地被修订、充实和更新。该套丛书深受读者欢迎。

　　目前,《商品流通企业会计》一书包括本版在内,已出了十二版,前十一版印数达 60.96 万册;《旅游饮食服务业会计》一书已出了六版,印数达 17.12 万册;《外贸会计》一书也已出了五版,印数已达 11.22 万册;《银行会计》一书已出了五版,印数已达 13.29 万册,《物流企业会计》一书出了四版,印数达 2.67 万册;《商品流通企业会计模拟实习》一书已出了二版,印数也已达 3.35 万册。总之,这套书的市场效应和社会效应都相当好。其中,《外贸会计》一书荣获"第七届全国高校出版社优秀畅销书"一等奖。

丁元霖

2021 年春

第十二版前言

本书自 1993 年初版以来,承蒙广大读者厚爱,已出了十一版,共印刷了 60 次,印数已达 60.96 万册。本书曾被评为"2008 年度全行业优秀畅销品种"。此外,与本书配套的《商品流通企业会计模拟实习》也早已出版。

本书第十一版面世以来,已 3 年有余。期间,政府两次降低了增值税税率,财政部也修订了部分企业会计准则。这使得会计核算方法和财务报告的内容发生了不少的变更。为了体现教材的先进性,我们又对本书进行了第十一次的修订,出了现在的第十二版。与本书配套的教学课件也一并提供。与本书配套的《商品流通企业会计习题与解答》也将进行相应的修订。

本书全面、系统地阐述了商品流通企业会计的意义、职能和任务;商品流通企业的会计要素和会计科目;商品流通核算概述,数量进价金额核算、进价金额核算、售价金额核算和数量售价金额核算,货币资金和其他流动资金的核算,固定资产、无形资产、长期待摊费用和对外投资的核算,负债和所有者权益的核算,期间费用、其他业务、税金和利润的核算;财务报表的编制和分析;债务重组的核算等内容。

本次修订,对内容作了必要的增删。本书修订后,除了保持原有的特点外,结构更趋合理,内容也更趋完善。本书的特点是内容新颖、重点突出、详略得当;注重基本理论及理论联系实际,注重基本技能和基本方法的训练;做到深入浅出,通俗易懂。因编者水平有限,疏漏之处在所难免,恳请广大读者指正。可通过电子信箱 dingyuanlin@hotmail.com 与作者联系。

本书正文部分全部由丁元霖修订,刘芳源、应红梅、马洪照和孙伟桓参加了思考题与习题的修改和整理工作。

编　者
2021 年夏

初 版 前 言

本书系在施仁夫、丁元霖原主编的《商业会计教材》的基础上，根据会计与国际惯例接轨的要求，按照最近财政部颁发的《商品流通企业会计制度》和《商品流通企业财务制度》的规定，联系具体实际情况，重新改编而成的。它适用于在我国境内从事商品流通活动的各种经济性质和组织形式的企业，包括商业、粮食、物资供销、供销合作社、医药、石油、烟草、图书发行等企业。本书可作为高等财经院校和财经类高等职业技术学校的教材，教学时适当精简教学内容后，也可作为中等财经专业学校的教材使用，并可作为企业领导人员、财会人员自学参考用书。

本书加强了商品流通会计理论的论述，并联系具体实际，在内容安排上力求条理化，这主要表现在会计核算的具体内容方面。我们根据自己长期的实际工作和教学工作的经验，对经济体制改革中出现的新情况和新问题，通过深入调查研究，作了一些探索。特别应该指出的是，对商品流通的核算，我们突破了一般按照批发、零售两类企业进行阐述的习惯模式，采用四种不同的核算方法，即采用数量进价金额核算、进价金额核算、售价金额核算和数量售价金额核算进行详细阐述，并说明各种方法根据需要可结合运用。这样，有利于学员融会贯通，为学员今后在实际工作中更好地运用奠定良好的基础。

本书共分十六章，第一至第四章由施仁夫主编，第五至第十六章由丁元霖主编，徐乃近参加了第一至第三章部分内容的改编工作。

本书在编写过程中，承蒙有关单位财会人员的热情支持和帮助，特在此表示谢意。由于编者水平有限，疏漏之处在所难免，恳请广大读者批评指出。

编　　者

1993 年 3 月

目　　录

第一章　总　　论

第一节　商品流通企业会计概述

一、商品流通企业会计的意义和职能

商品流通企业是从事商品购销的行业,商品流通是工业和农业之间、城市和乡村之间、生产和消费之间及国内市场和国际市场之间的纽带,是国民经济的一个重要的组成部分。

商品流通企业包括商业、粮食、物资供销、供销合作社、对外贸易和图书发行等各种所有制形式的企业。

商品流通企业会计是指以货币作为主要计量单位,对商品流通企业的经济活动,通过收集、加工,提供以会计信息为主的经济信息,并为取得最佳经济效益,对经济活动进行控制、分析、预测和决策的一种经济管理活动。

商品流通企业会计具有会计核算和会计监督两大基本职能。

商品流通企业会计的核算职能即反映职能,是指将商品流通企业已经发生的个别的、大量的经济业务,通过确认、计量、记录、汇总和报告,转化为全面、连续、系统的会计信息,以反映商品流通企业经济活动的全过程及其结果。

商品流通企业会计的监督职能即控制职能,是指控制、规范单位经济活动的运行,使其达到预定的目标。会计机构、会计人员要监督企业的经济活动是否符合国家的财经政策和财经纪律;监督会计核算反映的会计信息是否真实完整;监督经济活动是否按照事先确定的财务目标和编制的各项预算运行;及时反馈脱离预算的偏差,并及时采取措施,予以调整。

会计核算和会计监督这两大基本职能是相辅相成的。会计核算是会计监督的基础,只有正确地进行会计核算,会计监督才有真实可靠的依据。而会计监督则是会计核算的继续,只有严格地进行会计监督,才能使经济活动按预期的目标运行,会计核算才能在企业的经济管理中充分地发挥作用。

二、商品流通企业会计的任务

商品流通企业会计的任务是由商品流通企业会计的两大职能所确定的,其任务主要有以下四点。

一是核算和监督商品流通企业的经济活动,维护国家财政制度和财务制度。

商品流通企业会计在对经济活动进行核算的同时,必须要监督企业对国家财政制度和财务制度的执行情况,促使企业严格按照国家的政策办事,及时制止不法行为,遵守财经纪律。

二是加强经济核算,扩大商品流通,提高经济效益。

随着市场经济体制的建立,商品流通企业成为自主经营、自负盈亏的经济实体,面对激烈的市场竞争,商品流通企业必须加强经济核算,扩大商品流通,节约期间费用。通过商品流通企业会计的全面核算,监督企业在经营过程中期间费用的支出,严格审查费用的发生是否合理,防止损公肥私、贪污和浪费行为的发生,并通过分析和比较,发现经营管理中存在的问题,寻求增加商品销售收入、降低期间费用的途径,以提高企业的经济效益。

三是及时正确地向各有关方面提供会计信息。

商品流通企业应通过会计核算和分析,将取得的会计信息,及时、正确地提供给企业领导层,以便其掌握企业的财务状况、经营成果和现金流量,作为经营决策的依据。同时将会计信息及时、正确地传递给财政、税务、银行和投资者,以利于财政、税务和银行对企业的经济活动进行监督及投资者进行投资决策。

四是保护企业商品和其他各项财产物资的安全和完整。

商品流通企业的商品和其他各项财产物资是投资者拥有的资产,因此商品流通企业通过会计工作对商品和各项财产物资的收入、发出和结存进行全面核算和监督,建立和健全商品收入和发出的手续,以及其他各项财产物资的收入、领用和报废手续,并定期进行盘点,发生损耗、损坏或短缺应查明原因及时处理,以保护企业商品和其他各项财产物资的安全和完整,维护投资者的利益。

第二节　会计基本假设和会计信息质量要求

一、会计基本假设

会计基本假设是指对会计核算所处的时间、空间环境和计量单位等所作的合理设定。会计基本假设是企业会计确认、计量和报告的前提,它包括会计主体、持续经营、会计分期和货币计量。

(一) 会计主体

会计主体是指企业会计确认、计量和报告的空间范围。在会计主体假设下,企业应当对其本身发生的交易或事项进行会计确认、计量和报告,反映企业本身所从事的各项生产经营活动。明确界定会计主体是开展会计确认、计量和报告工作的重要前提。

首先,明确会计主体才能划定会计所要处理的各项交易或事项的范围。在会计工作中,只有那些影响企业本身经济利益的各项交易或事项才能加以确认、计量和报告。会计核算中涉及的资产、负债的确认,收入的实现,费用的发生等,都是针对特定会计主体的。

其次,明确会计主体才能将会计主体的交易或事项与会计主体所有者的交易或事项以及其他会计主体的交易或事项区分开来。例如,企业所有者的经济交易或事项是属于企业所有者主体所发生的,不应纳入企业会计核算的范围,但是企业所有者投入到企业的资本或企业向所有者分配的利润,则属于企业主体,所发生的交易或事项,应当纳入企业会计核算的范围。

(二)持续经营

持续经营是指在可以预见的将来,企业将会按当前的规模和状态继续经营下去,不会停业,也不会大规模削减业务。在持续经营假设下,企业进行会计确认、计量和报告应当以持续经营为前提。明确这一基本假设,就意味着会计主体将按照既定的用途使用资产,按照既定的合约条件清偿债务,会计人员就可以在此基础上选择会计政策和估计方法。

然而,在市场经济环境下,任何企业都存在破产、清算的风险,因此企业不能持续经营的可能性总是存在的。如果可以判断企业不能持续经营,就应当改变会计核算的原则和方法,并在企业财务报告中作相应披露。

(三)会计分期

会计分期是指将一个企业持续经营的生产经营活动期间划分为若干连续的、长短相同的期间。根据持续经营假设,一个企业将按当前的规模和状态持续经营下去。要想最终确定企业的生产经营成果,只能等到企业在若干年后歇业时核算一次盈亏。但是,无论是企业的生产经营决策还是投资者、债权人等的决策都需要及时的信息,不能等到歇业时。因此,通过会计分期,将持续经营的生产经营活动期间划分成连续、相同的期间,据以结算盈亏,按期编报财务报告,从而及时向财务报告使用者提供有关企业财务状况、经营成果和现金流量的信息。

在会计分期假设下,企业应当划分会计期间,分期结算账目和编制财务报告。会计期间分为年度和中期。年度和中期均按公历起讫日期确定。会计中期是指短于一个完整的会计年度的报告期间。它又可分为半年度、季度和月度。

(四)货币计量

货币计量是指会计主体在进行会计核算时以货币作为计量单位,反映会计主体的财务状况、经营成果和现金流量。在会计的确认、计量和报告过程中选择货币作为基础进行计量,是由货币本身的属性决定的。货币是商品的一般等价物,是衡量一般商品价值的共同尺度。因此,只有货币计量单位才能为会计核算提供一个普遍适用的手段,以全面地反映企业的财务状况和经营成果。

在我国,由于人民币是国家法定的货币,因此规定以人民币为记账本位币。外商投资企业等业务收支以外币为主的企业,也可以选定以某种外币为记账本位币,但在编制和提供财务报告时应当将其折算为人民币反映。

二、会计信息质量要求

会计信息质量要求是指在会计假设制约下,会计主体在会计核算中对会计对象进行确认、计量的科学规范。会计信息质量要求是人们从会计实践中总结出来的经验,这些经验在得到会计界公认后,就成为各个会计主体进行会计核算的共同依据,以保证会计信息的质量和可比性,更好地为投资者、债权人作出正确的决策服务,并能为国家进行宏观调控服务。会计信息质量要求包括可靠性、相关性、可理解性、可比性、实质重于形式、重要性、谨慎性和及时性等。

(一) 可靠性

可靠性是指企业应当以实际发生的交易或事项为依据进行会计确认、计量和报告,如实反映符合确认和计量要求的各项会计要素及其他相关信息,保证会计信息真实可靠、内容完整。

会计作为一个信息系统,其提供的会计信息是投资者、债权人、企业内部管理层和国家宏观经济管理部门进行决策的重要依据。如果会计信息不能真实、客观地反映企业经济活动的实际情况,将无法满足有关各方进行决策的需要,甚至导致决策失误。

因此可靠性要求会计核算必须以实际发生交易或事项时所取得的合法的书面凭证为依据,不得弄虚作假,伪造、篡改凭证,以保证所提供的会计信息与会计反映对象的客观事实相一致。

(二) 相关性

相关性是指企业提供的会计信息应当与财务报告使用者的经济决策需要相关,有助于财务报告使用者对企业过去、现在或者未来的情况作出评价或者预测。

会计信息的价值在于其与决策相关,有助于决策。如果提供的会计信息没有满足会计信息使用者的需要,对其经济决策没有什么作用,就不具有相关性。因此相关性要求企业应当在确认、计量和报告会计信息的过程中,充分考虑财务报告使用者的决策模式和对信息的需要。

(三) 可理解性

可理解性是指企业提供的会计信息应当清晰明了、便于财务报告使用者理解和使用。

企业编制财务报告、提供会计信息的目的在于使用,而要使财务报告使用者有效地使用会计信息,应当能让其了解会计信息的内涵,弄懂会计信息的内容,这就要求财务报告所提供的会计信息应当清晰明了,易于理解。只有这样,才能提高会计信息的有用性,实现财务报告的目标,满足向财务报告使用者提供决策有用信息的要求。

（四）可比性

可比性是指企业提供的会计信息应当具有可比性。它具体包括下列两个要求。一是同一企业不同时期发生的相同或者相似的交易或事项,应当采用一致的会计政策,不得随意变更;确实需要变更的,应当在附注中说明。二是不同企业发生的相同或者相似的交易或事项,应采用规定的会计政策,确保会计信息口径一致、相互可比。

可比性要求各企业都采用一致的、规定的会计政策进行核算,使企业不同时期和各企业之间的会计信息建立在相互可比的基础上,使其提供的会计信息便于比较、分析、汇总,这样既能使投资者和债权人对企业的财务状况、经营成果和现金流量以及发展趋势作出准确的判断,又能满足国民经济宏观调控的需要。

（五）实质重于形式

实质重于形式是指企业应当按照交易或事项的经济实质进行会计确认、计量和报告,不应仅以交易或事项的法律形式为依据。

在实际工作中,交易或事项的外在法律形式并不总能完全、真实地反映其实质内容。所以,会计信息要想反映其拟反映的交易或事项,就必须根据交易或事项的实质和经济现实来进行判断,而不能仅仅根据它们的法律形式。例如,融资租入的固定资产,在租赁期未满之前,从法律形式上来看,企业并不拥有其所有权,但是由于融资租赁合同中规定的租赁期长,该资产的租赁期限通常超过了该资产使用寿命的75%,而且租赁期满时,承租人能以很低的价格购置该项资产。因此,从经济实质上来看,承租人能够控制融资租入固定资产所创造的未来经济利益,所以应将融资租入固定资产视为企业自有的固定资产。

（六）重要性

重要性是指企业提供的会计信息应当反映企业财务状况、经营成果和现金流量等有关的所有重要交易或事项。

重要性与会计信息的成本效益直接相关。因此,对于那些对企业资产、负债、损益等有较大影响的,进而影响财务报告并据以作出合理判断的重要的交易或事项,必须按照规定的会计方法和程序进行处理,并在财务报告中予以充分、准确的披露;而对于次要的交易或事项,在不影响会计信息真实性和不至于误导财务报告使用者作出正确判断的前提下,则可适当简化处理。这样,有利于抓住那些对企业经济发展和制定经营决策有重大影响作用的关键性内容,达到事半功倍的效果,有助于企业简化核算工作和提高工作效率。

（七）谨慎性

谨慎性是指企业对交易或事项进行会计确认、计量和报告应当保持应有的谨慎，不应高估资产或者收益，低估负债或者费用。

在市场经济环境下，企业的生产经营活动面临着许多风险和不确定性，如应收账款的可收回性，固定资产的使用寿命，无形资产的使用寿命等。谨慎性要求企业对存在的风险和不确定性作出合理的预计，既不高估资产或者收益，也不低估负债或者费用。

（八）及时性

及时性是指企业对于已经发生的交易或事项，应当及时进行会计确认、计量和报告，不得提前或者延后。

在市场经济环境下，市场瞬息万变，企业之间的竞争日趋激烈，这就要求企业及时收集、整理、提供会计信息，以利于企业加强经营管理和经营决策，满足国家宏观经济管理的要求。企业在不影响会计信息真实性和不至于误导财务报告使用者作出正确判断的前提下，则可适当简化处理。

第三节　商品流通企业的会计要素和会计科目

一、商品流通企业的会计要素

会计要素是指按照交易或者事项的经济特征所作的基本分类。它分为反映企业财务状况的会计要素和反映企业经营成果的会计要素。它既是会计确认和计量的依据，也是确定财务报表结构和内容的基础。

我国企业的会计要素，按照其性质不同，可分为六项，其中，构成资产负债表的要素有资产、负债和所有者权益三项；构成利润表的要素有收入、费用和利润三项。

1. 资产　　资产是指企业过去的交易或者事项形成的、由企业拥有或者控制的、预期会给企业带来经济利益的资源。它包括各种财产、债权和其他权利。资产可以是货币的，也可以是非货币的；可以是有形的，也可以是无形的，它是商品流通企业从事商品经营业务必须具备的物质基础。

2. 负债　　负债是指企业过去的交易或者事项形成的、履行该义务预期会导致经济利益流出企业的现时义务。它是企业筹措资金的重要渠道，但不能归企业永久支配使用，必须按期归还或偿付，它实质上反映了企业与债权人之间的一种债权债务关系。

3. 所有者权益　　所有者权益是指企业资产扣除负债后，由所有者享有的剩余权益。所有者权益主要有实收资本、资本公积、其他综合收益、盈余公积和未分配利润等。

4. 收入　　收入是指企业在日常活动中形成的、会导致所有者权益增加的、与所有者投入资本无关的经济利益的总流入。收入主要有主营业务收入和其他业务收入。企业应当合理确认收入的实现,并将实现的收入按时入账。

5. 费用　　费用是指企业在日常活动中发生的、会导致所有者权益减少的、与向所有者分配利润无关的经济利益的总流出。费用主要有主营业务成本、其他业务成本、销售费用、管理费用和财务费用等。企业应当以权责发生制为基础,合理地确认本期的费用。

6. 利润　　利润是指企业在一定会计期间的经营成果。反映利润的指标有营业利润、利润总额和净利润。利润是评价企业经济效益最主要的依据。

二、商品流通企业的会计科目

会计科目是指为记录各项经济业务而对会计要素按其经济内容所进行分类的项目。

商品流通企业在商品经营活动中,各项资产、负债和所有者权益必然会发生增减变动,并会发生收入和费用,这些业务都是会计核算和监督的具体内容,然而资产包括不少的内容,它们分布在不同的形态上,发挥着各自的作用;负债和所有者权益也包括了不少内容,它们又来自不同的渠道;收入的来源和费用的用途又是多种多样。为了全面、系统、分类地核算和监督商品流通企业的各项经济活动,以及由此而引起资金的增减变动情况,就必须结合经营管理的需要,通过设置会计科目,对会计要素的具体内容进行科学的分类。

商品流通企业的会计科目,按照其反映的经济内容,可以划分为资产类科目、负债类科目、所有者权益类科目、成本类科目和损益类科目五个大类,损益类科目又可分为费用类科目和收入类科目两个小类。商品流通企业会计科目的具体项目如图表1-1所示。

图表1-1

会 计 科 目 表

顺序号	编号	名　　称	顺序号	编号	名　　称
		一、资产类	6	1121	应收票据
1	1001	库存现金	7	1122	应收账款
2	1002	银行存款	8	1123	预付账款
3	1003	备用金	9	1131	应收股利
4	1015	其他货币资金	10	1132	应收利息
5	1101	交易性金融资产	11	1221	其他应收款

（续表）

顺序号	编号	名　称	顺序号	编号	名　称
12	1231	坏账准备	42	1703	无形资产减值准备
13	1321	受托代销商品	43	1711	商誉
14	1402	在途物资	44	1801	长期待摊费用
15	1403	原材料	45	1811	递延所得税资产
16	1405	库存商品	46	1901	待处理财产损溢
17	1406	发出商品			二、负债类
18	1407	委托代销商品	47	2001	短期借款
19	1408	商品进销差价	48	2101	交易性金融负债
20	1409	委托加工物资	49	2201	应付票据
21	1411	包装物	50	2202	应付账款
22	1412	低值易耗品	51	2203	预收账款
23	1471	存货跌价准备	52	2211	应付职工薪酬
24	1481	待摊费用	53	2221	应交税费
25	1501	持有至到期投资	54	2231	应付利息
26	1502	持有至到期投资减值准备	55	2232	应付股利
27	1503	可供出售金融资产	56	2241	其他应付款
28	1511	长期股权投资	57	2314	受托代销商品款
29	1512	长期股权投资减值准备	58	2401	递延收益
30	1521	投资性房地产	59	2501	长期借款
31	1522	投资性房地产累计折旧	60	2502	应付债券
32	1523	投资性房地产减值准备	61	2701	长期应付款
33	1531	长期应收款	62	2702	未确认融资费用
34	1601	固定资产	63	2711	专项应付款
35	1602	累计折旧	64	2801	预计负债
36	1603	固定资产减值准备	65	2901	递延所得税负债
37	1604	在建工程			三、所有者权益
38	1605	工程物资	66	4001	实收资本（股本）
39	1606	固定资产清理	67	4002	资本公积
40	1701	无形资产	68	4003	其他综合收益
41	1702	累计摊销	69	4101	盈余公积

(续表)

顺序号	编号	名　　称	顺序号	编号	名　　称
70	4103	本年利润	81	6113	资产处置损益
71	4104	利润分配	82	6301	营业外收入
72	4201	库存股			（二）费用类
		四、成本类	83	6401	主营业务成本
73	5002	进货费用	84	6402	其他业务成本
74	5201	劳务成本	85	6403	税金及附加
75	5301	研发支出	86	6601	销售费用
		五、损益类	87	6602	管理费用
		（一）收入类	88	6603	财务费用
76	6001	主营业务收入	89	6701	资产减值损失
77	6051	其他业务收入	90	6711	营业外支出
78	6101	其他收益	91	6801	所得税费用
79	6111	投资收益	92	6901	以前年度损益调整
80	6112	公允价值变动损益			

判　断　题

一、是非题

1. 商品流通企业会计具有核算和监督两大职能。　　　　　　　　　　　（　　）

2. 会计监督是会计核算的基础,而会计核算则是会计监督的继续。　　　（　　）

3. 谨慎性是指企业对交易或事项进行会计确认、计量和报告应当保持应有的谨慎,不应高估负债或者费用,低估资产或者收益。　　　　　　　　　　　　　　　　　　　　　（　　）

4. 会计要素由资产、负债、所有者权益、收入和费用组成。　　　　　　（　　）

5. 负债是企业筹措资金的重要渠道,它实质上反映了企业与债务人之间的一种债权债务关系。　　　　　　　　　　　　　　　　　　　　　　　　　　　　　　　　　　（　　）

6. 所有者权益包括企业投资者对企业的投入资本、资本公积和留存收益等。（　　）

二、单项选择题

1. 可理解性会计信息质量要求是指企业提供的_____,应当清晰明了。

A. 会计记录　　　　　B. 财务报表　　　　　C. 会计信息　　　　　D. 会计资料

2. 资产是指企业过去的交易或者事项形成的、由企业拥有或者控制的、预期会给企业带来经济利益的资源。它包括_____。

A. 各种财产   B. 各种财产和债权

C. 各种财产和其他权利   D. 各种财产、债权和其他权利

3. 所有者权益是指企业的资产扣除负债后，由_____享有的剩余利益。

A. 国家   B. 所有者

C. 企业职工   D. 国家和企业投资人

三、多项选择题

1. 会计的核算职能是指将企业已经发生的个别的、大量的经济业务，通过确认、计量、记录、_____，转化为全面、连续、系统的会计信息，以反映企业经济活动的全过程及其结果。

A. 报告   B. 分析   C. 比较   D. 汇总

2. 会计的基本假设包括会计主体、_____等内容。

A. 会计分期   B. 自主经营   C. 货币计量   D. 持续经营

3. 会计信息质量要求包括相关性、可理解性、重要性、谨慎性、_____和及时性。

A. 实质重于形式   B. 可靠性   C. 持续性   D. 可比性

4. 商品流通企业的会计科目按照其反映的经济内容不同，可划分为资产类、负债类和_____。

A. 所有者权益类   B. 损益类   C. 成本类   D. 费用类

第二章 商品流通核算概述

第一节 商品流通的含义

商品流通又称商品流转,是指商品流通部门通过购销活动,将工农业生产者生产的商品从生产领域向消费领域转移的过程,它是社会再生产过程的重要环节。科学地组织商品流通,对于促进工农业生产的发展,满足人民生活的需要,提高经济效益有着重要的意义。

商品流通业务主要包括商品购进、商品销售和商品储存三个环节。

一、商品购进的含义

商品购进是指商品流通企业为了销售或加工后销售,通过货币结算而取得商品所有权的交易行为,它是商品流通的起点。商品购进的过程,也就是货币资金转变为商品资金的过程。商品流通企业商品购进的主要渠道有:向工农业生产部门购进的商品;向商品流通部门内其他独立核算单位购进的商品以及从国外进口的商品等。

凡是不通过货币结算而收入的商品,或者不是为销售而购进的商品,都不属于商品购进的范围,它主要有:收回加工的商品;溢余的商品;收回销货退回的商品和购货单位拒收的商品;因财产交接而接受的商品和其他单位赠送的样品;为收取手续费替其他单位代购的商品以及购进专供本单位自用的商品等。

二、商品销售的含义

商品销售是指商品流通企业通过货币结算而售出商品的交易行为,它是商品流通的终点。商品销售的过程,也就是商品资金转变为货币资金的过程。商品流通企业商品销售的主要对象有:销售给工农业生产部门的商品;销售给机关、团体、事业单位和个人消费者的商品;销售给商品流通部门内其他独立核算单位的商品以及供应出口的商品等。

凡是不通过货币结算而发出的商品,则不属于商品销售的范围,它主要有:发出加工的商品;损耗和短缺的商品;进货退出的商品和退出拒收的商品;因财产交接而交出的商品和赠送其他单位的样品;为收取手续费替其他单位代销的商品;虽已发出但仍属于本单位所有的委托代销商品和分期收款发出商品等。

三、商品储存的含义

商品储存是指商品流通企业购进的商品被销售以前在企业的停留状态。它以商品资金的形态存在于企业之中。商品储存是商品购进和商品销售的中间环节，也是商品流通的重要环节，它是商品流通企业开展经营活动必不可少的。

商品储存包括库存商品、委托代销商品、受托代销商品和分期收款发出商品等。

第二节　商品购销的交接方式和入账时间

一、商品购销的交接方式

在商品购销业务活动中，商品的交接方式一般有送货制、提货制和发货制三种。

送货制是销货单位将商品送到购货单位指定的仓库或其他地点，由购货单位验收入库的一种方式。

提货制又称取货制，是购货单位指派专人到销货单位指定的仓库或其他地点提取并验收商品的一种方式。

发货制是销货单位根据购销合同规定的发货日期、品种、规格和数量等条件，将商品委托运输单位由铁路或公路、水路、航空运送到购货单位所在地或其他指定地区，如车站或码头、机场等，由购货单位领取并验收入库的一种方式。

二、商品购销的入账时间

商品购进和商品销售是商品流通企业重要的经济指标，为了使商品流通部门内各企业统一核算口径，以保证经过汇总后商品购销指标的正确性，需要明确规定商品购销的入账时间。

在市场经济条件下，商品购销的过程，也就是商品所有权的转移过程，因此，商品购销的入账时间应以商品所有权转移的时间为依据。也就是说购货方以取得商品所有权的时间作为商品购进的入账时间，销货方以失去商品所有权的时间为商品销售的入账时间。

（一）商品购进的入账时间

商品购进以支付货款或收到商品的时间为入账时间。在商品先到、货款尚未支付的情况下，以收到商品的时间作为购进的入账时间。因为商品到达，并经验收入库，购货方即有权安排商品。同时供货方也取得了向购货方索取货款的权利。在货款先付、商品后到的情况下，以支付货款的时间作为商品购进的入账时间。因为购货方收到供货方发货凭证后，支付了货款，说明购货方已取得商品的所有权。

商品流通企业正确确定商品购进的入账时间是正确核算商品购进总额和监督检查商品采购计划完成情况的前提条件，它对正确掌握商品储备力量，合理组织商品供应具有重要的作用。

（二）商品销售的入账时间

商品销售是以发出商品、收取货款的时间，或以发出商品、取得收取货款权利的时间作为入账时间。

商品流通企业正确确定商品销售的入账时间，是正确核算商品总销售额和监督检查销售指标完成情况的基础，它对正确核算企业的经营利润有着重要的意义。

第三节　商品销售收入确认的条件

企业在进行商品销售收入核算时，必须先确认商品销售收入实现的条件。企业实现商品销售收入必须同时符合下列五个条件。

一、企业已将商品所有权上的主要风险和报酬转移给购货方

风险主要是指商品由于贬值、损坏、报废等所造成的损失。报酬是指商品中包含的未来的经济利益，包括商品因升值等给企业带来的经济利益。当一项商品发生的任何损失均不需要本企业承担，带来的经济利益也不归本企业所有时，则意味着该商品所有权上的风险和报酬已转移出该企业。

判断一项商品所有权上的主要风险和报酬是否已转移给购货方，需要视不同情况而定。

一是在大多数情况下，所有权上的风险和报酬的转移伴随着所有权凭证的转移或实物的交付而转移，如大多数零售交易。

二是在有些情况下，企业已将所有权凭证或实物交付给购货方，但商品所有权上的主要风险和报酬并未转移。企业可能在以下几种情况下保留商品所有权上的主要风险和报酬。

第一，企业销售的商品在质量、品种、规格等方面不符合合同规定的要求，又未根据正常的保证条款予以弥补，因而仍负有责任。

第二，企业销售商品的收入是否能够取得，取决于销货方销售其商品的收入是否能够取得，如代销商品，委托方应在受托方售出商品，并取得受托方提供的代销清单时确认收入。

第三，企业尚未完成售出商品的安装或检验工作，且此项安装或检验任务是销售合同的重要组成部分。

第四，销售合同中规定了由于特定原因购货方有权退货的条款，而企业又不能确定退货的可能性。

三是在有些情况下，企业已将商品所有权上的主要风险和报酬转移给购货方，但实物尚未交付。这时应在所有权上的主要风险和报酬转移时确认收入，而不管实物是否交付。例如，交款提货的销售，购货方支付完货款，并取得提货单，即认为该商品所有权已经转移,销货方应确认收入。

二、企业失去了对商品的管理权与控制权

企业失去对商品的管理权与控制权是指企业既没有保留通常与所有权相联系的继续管理权,也没有对已售出的商品实施控制权。

企业将商品所有权上的主要风险和报酬转移给购货方后,如仍然保留通常与所有权相联系的继续管理权,或仍然对售出的商品实施控制,则此项销售不能成立,不能确认相应的销售收入。

三、收入的金额能够可靠地计量

收入能否可靠地计量是确认收入的基本前提。企业在销售商品时,售价通常已经确定。但在销售过程中由于某种不确定因素,也有可能出现售价变动的情况,则在新的售价未确定前不应确认收入。

四、相关的经济利益能够流入企业

经济利益是指直接或间接流入企业的现金或现金等价物。在销售商品的交易中,相关的经济利益即为销售商品的价款。销售商品的价款能否有把握收回,是收入确认的一个重要条件,企业在销售商品时,如估计价款收回的可能性不大,即使收入确认的其他条件均已满足,也不应确认收入。

销售商品的价款能否收回,主要根据企业以前和购货方交往的直接经验,或从其他方面取得的信息,或政府的有关政策等进行判断。企业在判断价款收回的可能性时,应进行定性分析,当确定价款收回的可能性大于不能收回的可能性时,即认为价款能够收回。

在一般情况下,企业售出的商品符合合同或协议规定的要求,并已将发票账单交付购货方,购货方也承诺付款,即表明销售商品的价款能够收回。如企业判断价款不能收回的,应提供可靠的证据。

五、相关的已发生或将发生的成本能够可靠地计量

通常收入和费用应当配比,与同一项销售有关的收入和成本应在同一会计期间内予以确认。因此,即使在其他条件均已满足的情况下,若成本不能可靠地计量,则相关的收入也不能确认。例如,订货销售,企业已收到购货方全部或部分货款,但库存无现货,对收到的价款仅能确认其为一项负债。

第四节　商品流通企业的类型和商品流通业务的核算方法

一、商品流通企业的类型

商品流通企业作为生产与消费的枢纽,对促进生产、引导生产、繁荣市场起着积极

作用。为此,必须科学地、合理地设置各种组织形式,使商品流通渠道畅通无阻。

商品流通企业的组织形式,按其在商品流通中所处的地位和作用不同,可以分为批发企业和零售企业两种类型。

(一)批发企业

批发企业是指向生产企业或其他企业购进商品,供应给零售企业或其他批发企业用以转售,或供应给其他企业用以进一步加工的商品流通企业。它处于商品流通的起点或中间环节,是组织城乡之间、地区之间商品流通的桥梁。

(二)零售企业

零售企业处于商品流通的终点,是指向批发企业或生产企业购进商品,销售给个人消费,或销售给企事业单位等用以生产和非生产消费的商品流通企业,是直接为人民生活服务的基层商品流通企业。

零售企业按其经营商品种类的多少,可分为专业性零售企业和综合性零售企业。专业性零售企业是指专门经营某一类或几类商品的零售企业,如钟表、眼镜、交通器材、家用电器、照相器材、金银首饰等商店。综合性零售企业是指经营商品类别繁多的零售企业,如百货、食品、服装鞋帽、五金、日用杂货、综合商店等。

在实际工作中,有的批发企业还兼营零售业务,以了解市场信息;有的零售企业也兼营批发业务,以扩大经营范围。

二、商品流通业务的核算方法

商品流通企业类型较多,它们的规模大小不同,经营方式、经营商品的品种不同,购销对象也不同。企业根据各自经营的特点和管理的需要,对商品流通业务的核算,采用了各种不同的方法,归纳起来主要分为进价核算和售价核算两种类型。进价核算和售价核算又各分为金额核算和数量金额核算两种。

(一)进价核算

进价核算是指以库存商品的购进价格来反映和控制商品购进、销售和储存情况的一种核算方法。这种核算方法又可再分为进价金额核算和数量进价金额核算两种。

1. 进价金额核算 它是指库存商品总分类账户和明细分类账户都只反映商品的进价金额,不反映实物数量的一种核算方法。采用这种方法,由于缺乏实物数量的记载,必须通过对库存商品进行实地盘点,计算出期末结存金额后,才能倒挤商品销售成本。

这种核算方法的优点是,记账手续最为简便,工作量小。缺点是平时不能反映商品进、销、存的数量,由于月末采用盘存计销的办法,将商品销售成本、商品损耗和差错事故混在一起,容易产生弊端,不易发现企业经营管理中存在的问题。因此,这种方法只适用于经营鲜活商品的零售企业。

2. 数量进价金额核算 它是指库存商品的总分类账户和明细分类账户除均按进

价金额反映外,同时明细分类账户还必须反映商品实物数量的一种核算方法。采用这种核算方法,可以根据已销商品的数量按进价结转商品销售成本。

这种核算方法的优点是,能够按品名、规格来反映和监督每种商品进、销、存的数量和进价金额的变动情况,有利于加强对库存商品的管理与控制。缺点是每笔销售业务都必须填制销售凭证,并按商品的品名、规格登记商品明细账,记账工作量较大。这种方法适用于批发企业和部分专业性零售企业。

（二）售价核算

售价核算是指以库存商品的销售价格来反映和控制商品购进、销售和储存情况的一种核算方法。这种核算方法又可再分为售价金额核算和数量售价金额核算两种。

1. 售价金额核算　　它是指库存商品总分类账户和明细分类账户都只反映商品的售价金额,不反映实物数量的一种核算方法。采用这种核算方法,库存商品的结存数量,只能通过实地盘点来掌握,其商品明细分类账则按经营商品的营业柜组或门市部（也称实物负责人）设置。营业柜组或门市部对其经营的商品承担经济责任。财会部门通过商品的售价来控制营业柜组或门市部的商品。

这种核算方法的优点是,控制了商品的售价,一般不必为每笔销售业务填制销售凭证,也不必登记大量的实物数量明细账,记账较为简便。缺点是由于明细分类核算不反映和控制商品的数量,平时不易发现商品溢缺,一般要定期盘点时才能发现,难以分清溢缺商品的品种与数量,也难以分析溢缺的原因和责任。这种核算方法适用于综合性零售企业和部分专业性零售企业。

2. 数量售价金额核算　　它是指库存商品除总分类账户和明细分类账户均按售价金额反映外,同时明细分类账户还必须反映商品实物数量的一种核算方法。采用这种核算方法,必须按每一商品的品名、规格设置商品明细账,以随时掌握各种商品的结存数量。

这种核算方法的优点是,能够按商品的品名、规格来反映和监督每种商品进、销、存的数量和售价金额的变动情况,便于加强对库存商品的管理和控制。由于按售价记账,对商品销售收入的管理与控制也较为严密。缺点是在进货时既要复核商品的进价,又要计算商品的售价和进销差价,每笔销售业务都要填制销售凭证或做好销售记录,并按商品的品名、规格登记商品明细账,记账的工作量较大。这种核算方法适用于小型批发企业和部分专业性零售企业。

第五节　商品采购费用的处理方法和商品采购成本的确定

商品流通企业在采购商品过程中会发生运输费、装卸费、保险费等商品采购费用,对于商品的采购费用有三种不同的处理方法,以下分别予以阐述。

一、商品采购费用直接计入商品采购成本

商品流通企业将发生的商品采购费用直接计入商品采购成本,这样商品的货款和采购费用就构成了商品采购成本。采用这种方法核算的工作量大,适用于经营商品品种不多的或者商品采购费用较大的企业。

二、商品采购费用先在"进货费用"账户中归集

商品流通企业将发生的商品采购费用先在"进货费用"账户中归集,期末再将所归集的商品采购费用按照商品的存销比例进行分摊。对于已销商品的采购费用,应作为已销商品成本的组成部分,将其转入"主营业务成本"账户;对于未销商品的采购费用,应计入期末存货成本,将其转入"库存商品"账户。这样,在平时,商品的货款就是商品采购成本,而到期末,商品采购成本由商品的货款和采购费用构成。采用这种方法核算,工作量较大,适用于商品经营品种较多的企业。

三、商品采购费用直接计入当期损益

商品流通企业将发生的商品采购费用直接计入当期损益,列入"销售费用"账户。月末再将其全部转入"本年利润"账户。这样商品的货款就是商品的采购成本。采用这种方法核算虽然最为简便,但商品的采购费用全部由当期销售的商品负担,显然是不够合理的。这种方法适用于经营商品规格繁多,且商品采购费用较小的企业。

第六节　商品购销的结算方式

商品流通企业在商品购销活动中,必然要与其他企业或个人发生账款的结算关系。账款的结算方式主要有现金结算和转账结算两大类。

现金结算是指单位和个人在社会经济活动中使用现金进行货币给付的行为。根据国务院颁发的我国《现金管理暂行条例》规定,现金结算应在一定限额以内采用,目前限额定为1 000元。一般在与其他企业发生限额以内小额购销业务时,或者与个人发生结算关系时采用这种方式。

转账结算又称非现金结算,是指单位和个人在社会经济活动中,使用票据、信用卡和托收承付、委托收款、汇兑等结算方式,进行货币给付及其资金清算的行为。

企业的各项结算业务,除了按照国家现金管理的规定可以采用现金结算外,都必须通过银行办理转账结算。没有开立账户的个人,在向银行交付款项后,也可以办理转账结算。

单位、个人和银行办理转账结算,必须遵守"恪守信用,履约付款;谁的钱进谁的账,由谁支配;银行不予垫款"的原则。票据和结算凭证是办理转账结算的工具。使用票据和结算凭证,必须符合下列规定。

第一，必须使用按中国人民银行统一规定印制的票据和结算凭证。

第二，签发票据、填写结算凭证要标准化、规范化，要要素齐全、数字正确、字迹清晰，不错漏、不潦草、防止涂改，票据的出票日期必须使用中文大写，单位和银行的名称要记全称或规范化简称。

第三，票据和结算凭证的金额、出票或签发的日期、收款人的名称不得更改。而票据和结算凭证上的其他记载事项，原记载人可以更改，但应由原记载人在更改处签章证明。

第四，票据和结算凭证金额以中文大写和阿拉伯数字同时记载，两者必须一致。

第五，票据和结算凭证上的签章和其他记载事项要真实，不得伪造、变造。

目前采用的转账结算方式有：支票、银行本票、银行汇票、商业汇票、汇兑、托收承付、委托收款和信用卡八种。

一、支票结算

（一）支票结算概述

支票是指出票人签发的、委托办理支票存款业务的银行在见票时无条件支付确定的金额给收款人或者持票人的票据。

开立支票存款账户，申请人必须使用其本名，提交证明其身份的合法证件，并应当预留其本名的签名样式或印鉴，以便付款银行在支付票款时进行核查。开立支票存款账户和领用支票，应当有可靠的资信，并存入一定的资金。

根据支票支付票款的方式不同，可分为普通支票、现金支票和转账支票三种。普通支票是指既可以转账也可以支取现金的支票。由于普通支票未限定支付方式，采用画线来区分用于转账或用于支取现金。如用于转账，应在支票左上角画两条平行线，未画线的可用于支取现金。现金支票是指专门用于支取现金的支票，转账支票是指专门用于转账的支票，这两种支票在支票上端分别印明"现金"或"转账"字样。

支票具有清算及时、使用方便、收付双方都有法律保障和结算灵活的特点。转账支票适用于单位和个人在同一票据交换区域的商品交易、劳务供应、资金调拨和其他款项的结算，同城异地均能使用。

（二）支票结算的主要规定

1. 支票的填写要求　　签发支票应使用蓝黑墨水、墨汁或碳素墨水填写。未按规定填写，被涂改冒领的，由出票人负责。

2. 支票必须记载的六个事项　　①表明支票字样。②无条件支付的委托。③确定的金额。④付款人名称。⑤出票日期。⑥出票人签章。

3. 支票的金额和收款人名称可以由出票人授权补记　　由于支票在使用中，往往会发生难以确定支票金额的情况，况且在活跃的市场经济活动中，使用支票采购商品时，出票人往往不能事先确定收款人，为了方便支票使用人，因此对支票的金额和收款人名称,出票人可以授权他人补记,未补记前的支票不得背书转让和提示付款。

4. 禁止签发空头支票和签章与预留银行签章不符的支票 空头支票是指出票人所签发支票的金额超过其付款时在付款人处实有的存款金额。银行对签发空头支票和签章与预留银行签章不符的支票,予以退票,并按票面金额处以 5% 但不低于 1 000 元的罚款。同时持票人有权要求出票人支付支票金额 2% 的赔偿金。

5. 支票的提示付款期限 提示付款期限为 10 天,自出票日起算。超过提示付款期限提示付款的,持票人开户银行不予受理,付款人不予付款。

6. 支票权利的转让 持票人可以通过背书将支票权利转让给他人。背书是指在票据背面或者粘单上记载有关事项并签章的票据行为。

7. 支票持票人委托开户银行收款的手续 持票人应在支票背面背书人签章栏签章,记载"委托收款"字样、背书日期,在被背书人栏记载开户银行名称,并将支票和填制的进账单送交开户银行。收款人持支取现金的支票向付款人提示付款时,应在支票背面"收款人签章"处签章。

8. 支票的追索权 支票被拒绝付款的,持票人可以对背书人、出票人行使追索权。持票人行使追索权时,应当向其前手提供被拒绝付款的有关证明。

9. 支票丧失的处理 丧失记载内容完整的支票,失票人应填写挂失止付通知书,列明票据丧失的时间、地点、原因;票据的种类、号码、金额、出票日期、付款日期、付款人名称、收款人名称;挂失止付人的姓名、营业场所或者住所以及联系方法等,然后递交出票人开户银行申请挂失止付。如在挂失止付前支票已经支付,则银行不予受理。

(三)支票结算的核算

现金支票签发后,留下存根联作为取款或付款的入账依据,在支票联上加盖预留印鉴,并凭支票联向开户银行提取现金,或者通过银行支付款项。

出票人签发转账支票后,留下存根联作为付款的入账凭证,在支票联上加盖预留印鉴,然后将支票联送交收款人,收款人据以填制进账单,一式两联,然后连同支票联一并送交其开户银行,取回银行加盖收款章的进账单收账通知联,作为收款的入账凭证。收款人开户银行留存另一联进账单,将支票联转交出票人开户银行划转款项。

企业购进商品以转账支票支付货款①时,根据购进商品凭证和支票存根联,借记"在途物资"账户,贷记"银行存款"账户;根据商品验收入库凭证,借记"库存商品"账户,贷记"在途物资"账户。

企业销售商品收到转账支票并解存银行时,根据进账单收账通知联和销售凭证,借记"银行存款"账户,贷记"主营业务收入"账户。

---

① 本节主要阐述各种结算方式,暂不涉及增值税额。

二、银行本票结算

（一）银行本票结算概述

银行本票是指由银行签发的，承诺自己在见票时无条件支付确定的金额给收款人或者持票人的票据。

银行本票可以用于转账，注明"现金"字样的银行本票只能向出票银行支取现金。银行本票分为不定额本票和定额本票两种。定额银行本票面额为 1 000 元、5 000 元、10 000 元和 50 000 元。

银行本票具有信誉高、支付能力强，并有代替现金使用功能的特点。它适用于单位和个人在同一票据交换区域内的商品交易、劳务供应和其他款项的结算。

（二）银行本票结算的主要规定

1. 银行本票必须记载以下六个事项　① 表明"银行本票"的字样。② 无条件支付的承诺。③ 确定的金额。④ 收款人名称。⑤ 出票日期。⑥ 出票人签章。

2. 出票人的责任　银行本票的出票人在持票人提示见票时，必须承担付款的责任。

3. 申请人办理银行本票的手续　申请人应向出票银行填写"银行本票申请书"，填明收款人名称、申请人名称、支付金额、申请日期等事项并签章。申请人和收款人均为个人的，若需要支取现金的应在"支付金额"栏先填写"现金"字样，后填写支付金额。申请人或收款人为单位的，不得申请签发现金银行本票。

4. 银行本票的提示付款期限　银行本票自出票日起，提示付款期限为 1 个月，最长不得超过 2 个月。

5. 银行本票权利的转让　持票人可以通过背书将银行本票权利转让给他人，但填明"现金"字样的银行本票不得背书转让。具体转让办法与支票相同，不再重述。

6. 银行本票的追索权　银行本票被拒绝付款的，持票人可以对背书人、出票人行使追索权。具体追索办法与支票基本相同。

7. 银行本票遇到意外的处理　申请人因银行本票超过提示付款期限或其他原因要求退款时，应将银行本票提示出票银行办理退款手续。银行本票丧失，失票人可凭人民法院出具的其享有票据权利的证明，向出票银行请求付款或退款。

（三）银行本票结算的核算

企业需要使用银行本票时，应填制一式数联的"银行本票申请书"，在支款凭证联上加盖预留印鉴，留下存根联作为入账依据，将其余各联送交银行。银行受理后，凭支款凭证扣取款项，并据此为企业签发银行本票。企业取得银行本票时，根据银行本票申请书存根联，借记"其他货币资金——银行本票"账户，贷记"银行存款"账户；企业购进商品以银行本票支付货款时，根据购进商品凭证，借记"在途物资"账户，贷记"其他货币资金——银行本票"账户。

企业销售商品收到银行本票,审查无误后,应在银行本票上背书,并据以填制"进账单",进账单一式两联,然后连同银行本票一并送交开户银行。银行审核无误后,在进账单上加盖收款章,企业取回进账单收账通知联。届时,企业根据销售凭证和进账单收账通知联,借记"银行存款"账户,贷记"主营业务收入"账户。

三、银行汇票结算

(一)银行汇票结算概述

银行汇票是指出票银行签发的,由其在见票时按照实际结算金额无条件支付给收款人或者持票人的票据。

银行汇票具有使用面广泛,通汇面广,使用方便,灵活安全,兑现性强的特点。它主要用于异地单位和个人之间的商品交易和劳务供应等的结算。

(二)银行汇票结算的主要规定

1. 银行汇票必须记载以下七个事项　　① 表明"银行汇票"的字样。② 无条件支付的委托。③ 确定的金额。④ 付款人名称。⑤ 收款人名称。⑥ 出票日期。⑦ 出票人签章。

2. 申请人办理银行汇票的手续　　申请人应向出票银行填写"银行汇票申请书",填明收款人名称、汇票金额、申请人名称、申请日期等事项并签章。签章应为其预留银行的签章。申请人和收款人均为个人,需要使用银行汇票向代理付款人支取现金的,申请人须在"银行汇票申请书"上填明代理付款人名称,在汇票金额栏先填写"现金"字样,后填写代理付款人名称。代理付款人是指根据付款人的委托代理其支付票据金额的银行。申请人或者收款人为单位的,不得在"银行汇票申请书"上填明"现金"字样。

3. 银行汇票的提示付款期限　　银行汇票的提示付款期限为出票日起 1 个月。持票人超过期限向代理付款银行提示付款不获付款的,需要在票据权利时效内向出票银行作出说明,并提供本人身份证件或单位证明,持银行汇票和解讫通知向出票银行请求付款。

4. 收款人受理银行汇票的处理　　在受理申请人交付的银行汇票时,应在出票金额以内,将实际结算金额和多余金额准确、清晰地填入银行汇票和解讫通知的有关栏内。未填明实际结算金额和多余金额或实际结算金额超过出票金额的,银行不予受理。更改实际结算金额的银行汇票无效。

5. 银行汇票权利的转让　　持票人可以通过背书将银行汇票权利转让给他人,但填明"现金"字样的银行汇票不得背书转让。具体转让办法与支票相同,不再重述。

6. 银行汇票的追索权　　银行汇票被拒绝付款的,持票人可以对背书人、出票人行使追索权。具体追索办法与银行本票相同。

7. 银行汇票遇到意外的处理　　申请人因银行汇票超过付款提示期限或由于其他原因要求退款时,应将银行汇票和解讫通知同时提交到出票银行,出具有关证明或证件,办理退款手续。银行汇票丧失的具体处理办法与银行本票相同,不再重述。

(三)银行汇票结算的核算

申请人向银行申请签发银行汇票时,应填制一式数联的"汇票申请书",并在支款凭证联上加盖预留印鉴,留下存根联作为入账凭证,将其余两联送交签发银行,银行凭支款凭证扣取款项,并据以签发银行汇票,将银行汇票和汇款解讫通知两联结算凭证交与申请人,然后由申请人自带这两联结算凭证去异地与收款人办理结算。异地购进商品发生的运杂费等采购费用,应计入商品的采购成本。

收款人将银行汇票审查无误后,应在汇票金额以内填写实际结算金额,多余的金额应填入多余金额栏内。如是全额解付的,在多余金额栏内写上零,然后在汇票上加盖单位在银行的预留印鉴,填写进账单解入银行。经银行审核无误,在进账单上加盖收款章,收款人取回进账单收账通知联,作为收款的入账凭证,银行留下另一联进账单和银行汇票,将汇票解讫通知寄往签发银行,签发银行收到汇票解讫通知后,据以入账,将汇票多余的款项主动退还申请人账户,并将汇票多余款收账通知送交申请人,作为其退回余款的入账依据。

采用银行汇票结算的核算方法与银行本票基本相同。

【例】 上海服装公司去广州采购商品,发生下列业务:

(1)3月5日,填制银行汇票申请书30 000元,银行受理后收到同等数额的银行汇票,财会部门根据银行汇票申请书存根联,作分录如下:

借:其他货币资金——银行汇票　　　　　　　　　　　　30 000.00

　　贷:银行存款　　　　　　　　　　　　　　　　　　　　　　　30 000.00

(2)3月10日,公司向广州服装厂购进服装一批,货款28 500元,运杂费300元,一并以面额30 000元的银行汇票支付,余款尚未退回,商品也未运到,作分录如下:

借:在途物资——广州服装厂　　　　　　　　　　　　　28 800.00

　　贷:其他货币资金——银行汇票　　　　　　　　　　　　　　　28 800.00

(3)3月15日,上项商品运到验收入库,作分录如下:

借:库存商品　　　　　　　　　　　　　　　　　　　　28 800.00

　　贷:在途物资——广州服装厂　　　　　　　　　　　　　　　　28 800.00

(4)3月18日,银行转来多余款收账通知,金额为1 200元,系本月5日签发的银行汇票使用后的余款,作分录如下:

借:银行存款　　　　　　　　　　　　　　　　　　　　1 200.00

　　贷:其他货币资金——银行汇票　　　　　　　　　　　　　　　1 200.00

"其他货币资金"是资产类账户,用以核算企业的银行汇票存款、银行本票存款、信用卡存款和外埠存款等其他货币资金。企业取得银行汇票、银行本票、信用卡存款和外埠存款时,记入借方;企业支用或转入银行存款时,记入贷方;期末余额在借方,表示企业的其他货币资金的结存数额。

四、商业汇票结算

(一)商业汇票结算概述

商业汇票是指出票人签发的、委托付款人在指定日期无条件支付确定的金额给收款人或者持票人的票据。

商业汇票根据承兑人的不同,可分为商业承兑汇票和银行承兑汇票两种。商业承兑汇票是指由出票人(收款人或付款人)签发、经付款人承兑的票据;银行承兑汇票是指由出票人(付款人)签发,并经其开户银行承兑的票据。承兑是指汇票付款人承诺在汇票到期日支付汇票金额的票据行为。

在银行开立存款账户的法人以及其他组织之间,必须具有真实的交易关系或债权债务关系,才能使用商业汇票。出票人不得签发无对价的商业汇票,用以骗取银行或者其他票据当事人的资金。

商业汇票同城和异地均能使用,具有信用性强和结算灵活的特点。它适用于各企业单位之间根据购销合同进行延期付款或分期付款的商品交易或债权债务关系。

(二)商业汇票结算的主要规定

1. 商业汇票必须记载以下七个事项　①注明"商业承兑汇票"或"银行承兑汇票"的字样。②无条件支付的委托。③确定的金额。④付款人名称。⑤收款人名称。⑥出票日期。⑦出票人签章。

2. 商业汇票的付款期限　付款期限最长不超过6个月。付款期限应当清楚、明确。

3. 商业汇票的提示承兑　商业汇票可以在出票时向付款人提示承兑后使用,也可以在出票后先使用再向付款人提示承兑。

4. 商业汇票的承兑　商业承兑汇票由银行以外的付款人承兑;银行承兑汇票由银行承兑。商业汇票的付款人为承兑人。银行承兑汇票的出票人或持票人向银行提示承兑时,银行按照有关规定和审批程序,对出票人的资格、资信、购销合同和汇票记载的内容进行认真审查,符合承兑条件的,与出票人签订承兑协议。

付款人应当自收到提示承兑的汇票之日起3日内承兑或者拒绝承兑。付款人承兑商业汇票时,应当在汇票正面记载"承兑"字样和承兑日期并签章;银行承兑汇票的承兑银行应按票面金额向出票人收取5‰的手续费。付款人若拒绝承兑的,必须出具拒绝承兑的证明。

5. 商业汇票的提示付款期限　商业汇票的提示付款期限,自汇票到期日起10日内。持票人应在提示付款期限内通过开户银行委托收款或直接向付款人提示付款。对异地委托收款的,持票人可匡算邮程,提前通过开户银行委托收款。持票人超过提示付款期限提示付款的,持票人开户银行不予受理。

6. 商业汇票权利的转让   持票人可以通过背书将商业汇票权利转让给他人,具体转让办法与支票相同,不再重述。

7. 商业汇票到期日的处理   商业承兑汇票的付款人或银行承兑汇票的出票人应于汇票到期日前,将票款足额交存其开户银行,如付款人存在合法抗辩事由拒绝付款,应在汇票到期日前将拒绝付款证明交给其开户银行。商业承兑汇票到期日,付款人存款账户不足支付或汇票上签章与预留银行签章不符时,其开户银行应填制付款人未付款通知书,连同商业承兑汇票提交持票人开户银行转交持票人。银行承兑汇票的出票人到期日未能足额交存票款时,承兑银行除凭票向持票人无条件付款外,并对出票人尚未支付的汇票金额按每天 5‰ 计收利息。

8. 商业汇票的追索权   商业汇票到期被拒绝付款的,持票人可以对背书人、出票人以及商业汇票的其他债务人行使追索权。具体追索办法与银行本票基本相同。

9. 商业汇票遇到意外的处理   商业汇票的持票人超过规定期限提示付款的,丧失对其前手的追索权,持票人在作出说明后,仍可以向承兑人请求付款。已承兑的商业汇票丧失,失票人可以向出票人开户银行申请挂失,具体挂失办法与支票相同。

(三)商业汇票结算的核算

企业购进商品,签发商业汇票支付货款时,借记"在途物资"账户,贷记"应付票据"账户。等商业汇票到期日兑付票款时,应借记"应付票据"账户,贷记"银行存款"账户。

应付票据到期时,如企业无力支付票款,应按应付票据的账面价值,借记"应付票据"账户,贷记"应付账款"账户。

企业销售商品,收到商业汇票时,借记"应收票据"账户,贷记"主营业务收入"账户。

等到商业汇票到期日,应填制委托收款凭证,连同商业汇票一并送交开户银行办理收款,等收到银行转来委托收款的收账通知联时,借记"银行存款"账户,贷记"应收票据"账户。

应收票据到期,如果付款人无力支付票款,应按应收票据的账面价值,借记"应收账款"账户,贷记"应收票据"账户。

"应付票据"是负债类账户,用以核算企业因购进商品和接受劳务供应所签发并承兑的商业汇票的数额。企业以商业汇票抵付款项时,记入贷方;企业收到银行支付到期票据的付款通知时,记入借方;期末余额在贷方,表示企业尚未兑付的商业汇票的数额。

"应收票据"是资产类账户,用以核算企业因销售商品、提供劳务而收到商业汇票的。企业收到商业汇票时,记入借方;企业持有的商业汇票到期兑现或到期前背书转让,及向银行贴现时,记入贷方;期末余额在借方,表示企业尚未兑现的商业汇票的数额。

（四）商业汇票的贴现和核算

贴现是指票据持有人在票据到期前为获取票款，向银行贴付一定的利息，而将商业汇票的债权转让给银行的一种票据转让行为。

商业汇票持票人向银行办理贴现必须具备三个条件：第一，在银行开立存款账户的企业法人以及其他组织；第二，与出票人或者直接前手之间具有真实的商品交易关系；第三，提供与其直接前手之间的增值税发票和商品发运单据复印件。

当商业汇票的收款人需要资金时，可持未到期的商业汇票向其开户银行申请贴现。银行按上列条件审查同意后，将按票面金额扣除从贴现日至汇票到期日的利息后，予以贴现。

企业将商业汇票贴现，其实收贴现金额的计算公式如下：

$$汇票贴现利息＝汇票面值×月贴现率×\frac{实际贴现天数}{30 天}$$

$$实收贴现金额＝汇票面值－贴现利息$$

实际贴现天数是按贴现银行向申请贴现人支付贴现款之日起至汇票到期前一日止。

【例】　上海五金机械公司发生下列经济业务：

（1）4 月 10 日，销售给彭浦五金商店商品一批，货款 24 000 元，收到已承兑的商业汇票一张，期限 50 天，到期日为 5 月 30 日，作分录如下：

借：应收票据——彭浦五金商店	24 000.00
贷：主营业务收入	24 000.00

（2）4 月 25 日，将上笔业务收到的商业汇票向开户银行申请贴现，贴现的月利率为 6.3‰，其实收贴现金额计算如下：

$$汇票贴现利息＝24 000×6.3‰×\frac{35}{30}＝176.40(元)$$

$$实收贴现金额＝24 000－176.40＝23 823.60(元)$$

经银行审查，同意贴现，企业取得银行贴现款时，根据收账通知，作分录如下：

借：银行存款	23 823.60
借：财务费用——利息支出	176.40
贷：应收票据——彭浦五金商店	24 000.00

企业已贴现的商业承兑汇票，在到期日承兑人的银行存款账户不足支付时，其开户银行应立即将汇票退给贴现银行。贴现银行则将从贴现申请人账户内收取汇票到期本息，届时企业应借记"应收账款"账户，贷记"银行存款"账户。

五、信用卡结算

（一）信用卡结算概述

信用卡是指商业银行向个人和单位发行的、凭以向特约单位购物、消费和向银行存取现金，且具有消费信用的特制载体卡片。

信用卡按使用的对象不同，可分为单位卡和个人卡。单位卡又称商务卡，是指发卡银行向单位发行的以商务为核心的信用卡。个人卡是指发卡银行向自然人发行的信用卡。

信用卡具有安全方便、可以先消费后付款的特点。它适用于单位和个人的商品交易和劳务供应的结算。

（二）信用卡结算的主要规定

1. 单位卡账户的资金和使用额度　单位卡账户的资金一律从其基本存款账户转账存入，不得交存现金，也不得支取现金，不得将其他存款账户和销货收入的款项存入其账户。单位卡不得用于 100 000 元以上的商品交易和劳务供应款项的结算。

2. 信用卡的使用与销户　信用卡仅限于合法持卡人本人使用，持卡人不得出租或转借信用卡。持卡人可持信用卡在特约单位购物、消费。届时需将信用卡交特约单位。

3. 特约单位受理信用卡后的处理　信用卡审查无误后，在签购单上压卡，填写实际结算金额、用途、持卡人身份证件号码、特约单位名称和编号，然后交持卡人在签购单上签名确认，并将信用卡、身份证件和签购单回单交还给持卡人。

在每日营业终了，将当日受理的信用卡签购单汇总，计算手续费和净计金额，并填写汇计单和进账单，连同签购单一并送交收单银行办理进账。

4. 持卡人退货的处理　持卡人要求退货时，特约单位应使用退货单办理压卡，并将退货单金额从当日签购单累计金额中抵减，退货单随签购单一并送交收单银行。

5. 信用卡透支及计息的规定　信用卡的透支额由各商业银行自行确定。但不得发生恶意透支。

信用卡透支的利息，自付息日起按日息 5‰ 计算。信用卡恶意透支的利息在按日息 5‰ 的基础上再增加 50% 计算。

6. 信用卡丧失的处理　信用卡丧失，持卡人应立即持本人身份证件或者其他有效证明，并按规定提供有关情况，向发卡银行或代办银行申请挂失。

（三）信用卡结算的核算

企业在银行开户存入信用卡备用金时，借记"其他货币资金——信用卡存款"账户，贷记"银行存款"账户。在开户时支付的手续费，应列入"财务费用"账户。企业持信用卡支付货款或费用时，根据购进商品或支付费用的凭证和签购单回单，借记"在途物资"或"管理费用"等账户，贷记"其他货币资金——信用卡存款"账户。

【例】　南方商厦在中国工商银行开立信用卡存款账户,发生下列经济业务:

(1)3月1日,存入信用卡备用金30 000元,发生开户手续费40元,一并以银行存款支付,根据银行付款回单,作分录如下:

借:其他货币资金——信用卡存款　　　　　　　　　　　　　　　30 000.00
借:财务费用　　　　　　　　　　　　　　　　　　　　　　　　40.00
　　贷:银行存款　　　　　　　　　　　　　　　　　　　　　　30 040.00

(2)3月5日,购进商品一批,货款20 000元,以信用卡存款付讫,根据发票及签购单回单,作分录如下:

借:在途物资　　　　　　　　　　　　　　　　　　　　　　　　20 000.00
　　贷:其他货币资金——信用卡存款　　　　　　　　　　　　　20 000.00

特约单位销售商品受理客户信用卡结算时,应取得客户签字的签购单。当日营业终了,根据签购单存根联汇总后,编制计汇单,计算总计金额;根据发卡银行规定的手续费率,计算手续费。总计金额扣除手续费后为净计金额,并按净计金额填制进账单,然后一并送交开单银行办理进账,取回进账单回单入账。届时根据进账单金额,借记"银行存款"账户;根据计汇单上列明的手续费,借记"财务费用"账户;根据发票与计汇单上的总计金额,贷记"主营业务收入"账户。

【例】　南方商厦采用信用卡结算,销售商品25 000元,信用卡结算手续费率为9‰,根据销售发票、签购单存根联及计汇单回单和进账单回单,作分录如下:

借:银行存款　　　　　　　　　　　　　　　　　　　　　　　　24 775.00
借:财务费用　　　　　　　　　　　　　　　　　　　　　　　　225.00
　　贷:主营业务收入　　　　　　　　　　　　　　　　　　　　25 000.00

六、汇兑结算

(一)汇兑结算概述

汇兑是指汇款人委托银行将其款项支付给收款人的结算方式。

汇兑结算具有适用范围大,服务面广,手续简便,划款迅速和灵活易行的特点。它适用于异地各单位和个人之间的商品交易、劳务供应、资金调拨、清理旧欠等各种款项的结算。

(二)汇兑结算的主要规定

1. 签发汇兑凭证必须记载的事项　　必须记载的事项包括:表明"汇兑"的字样;无条件支付的委托;确定的金额;收款人名称、汇入地点、汇入银行名称;汇款人名称、汇出地点、汇出银行名称;委托日期和汇款人签章等。

2. 收款人为个人的处理方法　　汇兑凭证上记载收款人为个人的,收款人需要到汇入银行领取汇款,汇款人应在汇兑凭证上注明"留行待取"字样;留行待取的汇款,需要指定单位的收款人领取汇款的,应注明收款人的单位名称。

3. 需要在汇入银行支取现金的处理方法　汇款人和收款人均为个人,需要在汇入行支取现金时,应在汇兑凭证的"汇款金额"大写栏,先填写"现金"字样,后填写汇款金额。如未填明"现金"字样,需要支取现金的,由汇入银行按照国家现金管理规定审查支付。

4. 汇款的撤销　汇款人对汇出银行尚未汇出的款项可以申请撤销,届时应出具正式函件及原信、电汇回单。

5. 汇款的退汇　对在汇入银行开立存款账户的收款人,由汇款人与收款人自行联系退汇;对未在汇入银行开立存款账户的收款人,汇款人应出具正式函件或本人身份证件以及原信、电汇回单,由汇出银行通知汇入银行,经汇入银行证实汇款确未支付,并将款项汇回汇出银行,方可办理退汇。

（三）汇兑结算的核算

汇款人委托银行办理汇兑时,应填制一式数联的汇兑凭证,全部送交开户银行;开户银行审查无误同意汇款时,在回单联上加盖印章后,退回汇款人,作为其汇款的入账依据。开户银行留下一联,其余各联转交收款人开户银行。收款人开户银行留下一联,将收款通知联转交收款人,作为其收款的入账凭证或取款的依据。

汇款人汇出款项函购商品时,凭汇兑凭证回单联借记"应付账款"账户,贷记"银行存款"账户;收到函购商品购进凭证时,借记"在途物资"账户,贷记"应付账款"账户。

企业收到客户汇入函购商品的汇兑收款通知联时,借记"银行存款"账户,贷记"应收账款"账户;发出函购商品时,借记"应收账款"账户,贷记"主营业务收入""银行存款"账户。

汇款人派采购员到异地进行临时或零星采购时,应在汇兑凭证上注明"留行待取"字样。若需支取现金,汇兑凭证上必须有汇出银行按规定填明的"现金"字样才能办理。未填明"现金"字样,需要支取现金的,由汇入银行按照现金管理规定审查支付。采购员应在汇入银行以汇出单位名称或采购员的名义开立采购专户,采购专户只付不收,付完清户,不计付利息。

汇款人在汇出采购资金开立临时存款账户时,根据汇兑凭证回单联,借记"其他货币资金——外埠存款"账户,贷记"银行存款"账户;收到采购商品购进凭证时,借记"在途物资"账户,贷记"其他货币资金——外埠存款"账户。

七、托收承付结算

（一）托收承付结算概述

托收承付是指根据购销合同由收款人发货后,委托银行向异地付款人收取款项,由付款人向银行承认付款的结算方式。

托收承付结算具有物资运动与资金运动紧密结合,由银行维护收付双方正当权益的特点。它适用于商品交易,以及因商品交易而产生的劳务供应。

（二）托收承付结算的主要规定

1. 办理托收承付结算的条件　　收付双方必须签有符合《合同法》的购销合同,并在合同上订明使用托收承付结算方式;收款人办理托收,必须具有商品确已发运的证件（包括铁路、航路、公路等运输部门签发的运单、运单副本和邮局包裹回执）;每笔金额的起点为 10 000 元,新华书店系统每笔的金额起点为 1 000 元。

2. 签发托收承付凭证必须记载的事项　　必须记载的事项包括:表明"托收承付"的字样;确定的金额;付款人名称、账号及开户银行名称;收款人名称、账号及开户银行名称;托收附寄单证张数或册数;合同名称、号码;委托日期和收款人签章等。

3. 托收　　收款人按照签订的购销合同发货后,应将托收凭证并附发运证件和交易单证送交银行,委托银行办理托收。托收款收回的划转方式有邮划和电划两种,由托收方选用。

4. 承付　　付款人收到托收承付结算凭证后,应在承付期内审查核对安排资金。

承付货款的方式主要采取验单付款。验单付款是指付款方接到开户银行转来的承付通知联及有关单证等,与合同核对相符后就应承付货款,承付期为 3 天,从付款人开户银行发出承付通知联的次日算起（承付期内遇法定休假日顺延）。

5. 拒绝付款　　付款人若发现收款人的托收款不符合托收承付结算的有关规定,或者在验单或验货过程中发现货物的品种、规格、数量、质量、价格与合同规定不符,应在承付期内填写"拒绝付款理由书"并签章,注明拒绝理由,并连同有关证明,一并送交开户银行。开户银行审查后,同意部分或全部拒绝付款的,在拒绝付款理由书上签注意见后,将拒绝付款理由书连同拒付证明和拒付商品清单邮寄收款人开户银行转交收款人。付款人在承付期内,未向银行表示拒绝付款,银行即视作承付,并在承付期满的次日（法定休假日顺延）上午银行开始营业时,将款项主动从付款人账户划转给收款人。

6. 逾期付款　　付款人在承付期满日银行营业终了时,如无足够资金支付,其不足部分按逾期付款处理。付款人开户银行根据逾期付款金额和天数,按每天 5‰ 计算逾期付款赔偿金。赔偿金实行定期扣付,每月计算一次,于次月 3 日内单独划给收款人。在月内有部分付款的,其赔偿金随同部分支付的款项划给收款人。

付款人开户银行对付款人逾期未能付款的情况,应及时通知收款人开户银行,由其转告通知收款人。

付款人开户银行对逾期未付的托收凭证,负责进行扣款的期限为 3 个月（从承付期满日算起）。期满时,付款人仍无足够资金支付该笔尚未付清的欠款,银行应于次日通知付款人将有关交易单证或填制应付款项证明单在 2 日内退回银行。银行将有关结算凭证连同交易单证或应付款项证明单退回收款人开户银行转交收款人。

7. 重办托收　　收款人对被无理拒绝付款的托收款项,在收到退回的结算凭证及所附单据后,可填写"重办托收理由书",连同购销合同、有关单证和退回的原托收凭证及交易单证,一并送交银行。经开户银行审查同意后,可以重办托收。

(三)托收承付结算的核算

收款人在发货后,应填制一式数联的托收承付结算凭证,连同发票及运单等一并送交银行。审核无误后,银行在回单联上加盖业务公章,退回收款人,表示同意托收。银行留下一联,其余三联连同有关单证一并寄交付款人开户银行,付款人开户银行留下两联,将承付通知联及有关单证送交付款人。付款人承付后,以承付通知联作为付款凭证,付款人开户银行自留一联,将收账通知联通过收款人开户银行转交收款人,作为其收款的依据。

企业异地销货发生的运杂费一般由购货方负担。销货方在垫付时,应借记"应收账款"账户,贷记"银行存款"账户。

收款人在办理托收时,应将垫付的运杂费与销货款一并向购货方托收,届时根据托收承付结算凭证存根联,借记"应收账款"账户;根据销货凭证和代垫运杂费凭证,分别贷记"主营业务收入"和"应收账款"账户。当银行转来托收承付结算凭证收账通知联时,再借记"银行存款"账户,贷记"应收账款"账户。

【例】 上海交电公司销售给天津交电公司商品一批,货款 60 000 元。发生经济业务如下:

(1) 10 月 10 日,以银行存款为天津交电公司代垫商品的运杂费 750 元,根据付款回单联,作分录如下:

```
借:应收账款——代垫运费                              750.00
    贷:银行存款                                      750.00
```

(2) 10 月 11 日,向天津交电公司销售商品,货已发运,今连同垫付运杂费 750 元一并向银行办妥托收承付手续,根据托收承付凭证回单联及有关单证,作分录如下:

```
借:应收账款——天津交电公司                        60 750.00
    贷:主营业务收入                                60 000.00
    贷:应收账款——代垫运费                            750.00
```

(3) 10 月 20 日,接到银行转来天津交电公司承付款项的收账通知,金额为 60 750 元,作分录如下:

```
借:银行存款                                      60 750.00
    贷:应收账款——天津交电公司                      60 750.00
```

付款人在购进商品承付货款时,根据商品采购凭证、运杂费凭证和托收承付凭证承付通知联,借记"在途物资"账户,贷记"银行存款"账户。

八、委托收款结算

(一)委托收款结算概述

委托收款是指收款人委托银行向付款人收取款项的结算方式。

委托收款结算具有恪守信用、履约付款、灵活性强和不受结算金额起点限制的特点。它适用于单位和个人凭已承兑的商业汇票、债券、存单等付款人债务证明办理款项的结算,同城异地均可以使用。

(二)委托收款结算的主要规定

1. 签发委托收款凭证必须记载的事项　必须记载的事项包括:表明"委托收款"的字样;确定的金额;付款人名称、账号及银行名称;收款人名称、账号及开户银行名称;委托收款凭据名称及附寄单据张数;委托日期和收款人签章等。

2. 委托　收款人办理委托收款应向银行提交委托收款凭证和有关的债务证明。

3. 付款　银行接到寄来的委托收款凭证及债务证明,经审核无误后,应及时通知付款人,并将有关债务证明交给付款人签收。付款人应在接到付款通知的当日书面通知银行付款。付款人在3日付款期内未向银行表示拒绝付款,银行则视作同意付款,就在付款期满的次日上午银行开始营业时,将款项划给收款人。

银行在办理划款时,付款人存款账户不足支付的,应通过被委托银行向收款人发出未付款项通知书。按照有关规定,应将其债务证明连同未付款项通知书通过付款人开户银行邮寄被委托银行转交收款人。

4. 拒绝付款　付款人审查有关债务证明后,对收款人委托收取的款项需要拒绝付款的,应在接到通知日的次日起3日内出具拒绝证明,持有债务证明的,应将债务证明送交开户银行,由开户银行将拒绝证明、债务证明和有关凭证一并寄给被委托银行转交收款人。

收款人在收到托收款项时,借记"银行存款"账户,贷记"应收票据"等有关账户;付款人收到委托收款的付款通知,支付款项时,借记"应付票据"等有关账户,贷记"银行存款"账户。

目前,随着银行服务的提升,信用好的企业可以通过网上银行进行结算,既简便又迅速。个人消费者还可以通过微信和支付宝与企业进行结算,增加了新的结算方式。

判　断　题

一、是非题

1. 向外单位购进专供本单位自用的商品不属于商品购进的范围。　　　　　　(　　)

2. 批发企业是指向生产企业或其他企业购进商品,供应给零售企业或其他企业用以转售的商品流通企业。　　　　　　(　　)

3. 商品采购费用直接计入当期损益适用于商品经营品种较多的企业。　　　（　　）

4. 支票是指出票人签发的、委托办理支票存款业务的银行在见票时无条件支付确定的金额给收款人或者持票人的票据。　　　（　　）

5. 银行本票和银行汇票的提示付款期限均为1个月。　　　（　　）

6. 商业汇票是指出票人签发的、委托付款人在指定日期无条件支付确定的金额给收款人的票据。

　　　（　　）

7. 商业汇票的付款人应当自收到提示承兑的汇票之日起，3日内承兑或者拒绝承兑。　　　（　　）

8. 与出票人或者直接前手之间具有真实的商品交易关系的商业汇票均可以向银行办理贴现。

　　　（　　）

9. 单位信用卡账户的资金，可以从其基本账户转账存入，也可以交存现金。　　　（　　）

二、单项选择题

1. 具有清算及时、使用方便、收付双方都有法律保障和结算灵活特点的票据是_____。

A. 支票　　　　　B. 银行本票　　　　C. 银行汇票　　　　D. 商业汇票

2. 实际结算金额小于票面金额时，可以按实际结算金额进行结算，多余金额由银行负责退回的票据是_____。

A. 支票　　　　　B. 银行本票　　　　C. 银行汇票　　　　D. 商业汇票

3. 仅适用于企业之间签订购销合同的商品交易，以及由于商品交易而发生的劳务供应的转账结算方式是_____。

A. 银行汇票　　　B. 商业汇票　　　　C. 委托收款　　　　D. 托收承付

4. 金额和收款人名称可以授权他人补记的票据是_____。

A. 支票　　　　　B. 银行本票　　　　C. 银行汇票　　　　D. 商业汇票

5. 进价金额核算适用于_____。

A. 工业品批发公司　　　　　　　　B. 农副产品收购企业

C. 专业性零售企业　　　　　　　　D. 经营鲜活商品的零售企业

三、多项选择题

1. 作为商品购进的入账时间有_____。

A. 付出货款的时间　　　　　　　　B. 收到商品的时间

C. 支付货款同时收到商品的时间　　D. 预付货款的时间

2. 作为商品销售的入账时间有_____。

A. 付出商品的时间

B. 付出商品同时收到货款的时间

C. 付出商品并取得收取货款权利的时间

D. 预收货款的时间

3. 企业实现商品销售收入必须同时符合企业已将商品所有权上的主要风险和报酬转移给购货方、收入的金额能够可靠地计量、_____等条件。

A. 相关的经济利益能够流入企业

B. 企业取得了收取货款的权利

C. 相关的已发生和将发生的成本能够可靠地计量

D. 企业失去了对商品的管理权与控制权

4. 数量进价金额核算适用于_____。

A. 工业品批发公司   B. 综合性零售企业

C. 专业性零售企业   D. 农副产品收购企业

5. 售价金额核算适用于_____。

A. 专业性零售企业   B. 工业品批发公司

C. 经营鲜活商品的零售企业   D. 综合性零售企业

6. 同城异地均可使用的票据和结算凭证有转账支票、信用卡、_____。

A. 银行本票   B. 委托收款   C. 银行汇票   D. 商业汇票

练 习 题

练 习 题 一

一、目的 练习票据转账结算的核算。

二、资料 上海百货公司为信用卡结算特约单位,4月份发生下列经济业务:

1. 2日,向上海日化厂购进商品一批,货款 42 500 元,货款当即以银行存款支付。

2. 3日,上海日化厂商品运到,验收入库。

3. 4日,销售商品一批,货款 57 600 元,当即收到款项,存入银行。

4. 6日,填制银行本票申请书一份,金额 25 000 元,银行受理后,收到同等数额的银行本票。

5. 7日,向大华伞厂购进商品一批,货款 25 000 元,当即以昨天银行签发的银行本票付讫。

6. 8日,大华伞厂商品运到,验收入库。

7. 10日,签发 1 800 元现金支票,提取现金备用。

8. 11日,填制银行汇票申请书一份,金额 32 000 元,银行受理后,收到同等数额的银行汇票。

9. 12日,销售商品一批,货款 29 460 元,收到票面金额为 29 500 元的银行汇票一张,当即按实际销售金额结算,并存入银行。

10. 13日,向无锡日化厂购进商品一批,货款 30 240 元,运杂费 600 元,款项一并以面额 32 000 元的银行汇票支付,余款尚未退回。

11. 14日,无锡日化厂的商品运到,验收入库。

12. 15日,销售给沪光商厦商品一批,货款 27 000 元,收到 2 个月到期的商业汇票一张。

13. 16日,银行转来多余款收账通知,金额为 1 160 元,系本月 11 日签发的银行汇票使用后的余款。

14. 18日,存入信用卡备用金 30 000 元,发生开户手续费 40 元,一并以银行存款支付。

15. 20日,将本月 15 日收到的商业汇票一张,金额 27 000 元,向银行申请贴现,月贴现率为 6.3‰,银行审查后同意贴现,并将贴现金额存入银行。

16. 23日,销售商品一批,货款 20 000 元,当即收到银行本票一张,金额 20 000 元。

17. 24日,向沪东毛巾厂购进商品,货款 21 000 元,将 23 日收到的 20 000 元银行本票一张,背书转让给沪东毛巾厂抵付货款,其余 1 000 元以银行存款支付。

18. 25 日,45 天前签发并承兑给新光灯具厂的商业汇票已到期,金额为 35 000 元,当即以银行存款支付。

19. 26 日,由城东批发市场购进商品一批,货款 23 400 元,以信用卡存款支付。

20. 27 日,销售商品一批,货款 22 000 元,采用信用卡结算,信用卡结算手续费率为 9‰,当即将签购单和计汇单送交银行。

21. 29 日,将本月 18 日收到的商业汇票一张,金额 25 000 元,向银行申请贴现,月贴现率为 6.3‰,银行审查后,同意贴现,并将贴现金额存入银行。

22. 30 日,2 个月前收到浦江商厦的商业汇票一张,金额为 27 600 元已经到期,收到款项,存入银行。

三、要求 编制会计分录。

练 习 题 二

一、目的 练习转账结算的核算。

二、资料 上海文具公司 1 月份发生下列经济业务:

1. 2 日,向厦门文教用品厂函购商品一批,填制汇兑结算凭证,汇出金额 36 000 元。

2. 3 日,电汇中国工商银行深圳分行 50 000 元,开立采购专户。

3. 5 日,银行转来汇兑收账通知一张,金额为 30 000 元,系西安文具公司汇来函购商品的款项。

4. 8 日,将西安文具公司所需的函购商品一批,委托运输公司代运,当即以银行存款支付运费 400 元。

5. 9 日,销售给西安文具公司的函购商品一批,货款 29 000 元,今扣除货款和运费后,填制汇兑结算凭证将余款汇还对方。

6. 11 日,厦门文教用品厂发来函购商品一批,并收到对方寄来发票和运费凭证,计商品货款 35 200 元,运费 500 元,余款 300 元也已汇还,存入银行。

7. 12 日,厦门文教用品厂发来的函购商品全部验收入库。

8. 15 日,从深圳制笔厂购进商品一批,货款 48 800 元,已运到验收入库,运费 600 元,一并以本月 3 日在深圳开立的采购专户支付。

9. 18 日,深圳采购专户已结清,余款已退回存入银行。

10. 21 日,以银行存款为郑州文具公司代垫运费 420 元。

11. 22 日,销售给郑州文具公司商品一批,货款 27 600 元,今连同 21 日垫付的运费,一并向银行办妥托收承付结算手续。

12. 26 日,银行转来郑州文具公司承付货款及运费的收账通知,金额为 28 020 元。

13. 28 日,银行转来广州文具用品厂托收承付结算凭证付款通知联,金额为 42 560 元,并附来发票和运费凭证,其中:商品货款 42 000 元,运费 560 元,经审核无误,当即承付。

14. 31 日,广州文具用品厂商品运到,全部验收入库。

三、要求 编制会计分录。

第三章　商品流通的核算(一)

第一节　数量进价金额核算之一
——购进的核算

数量进价金额核算是以实物数量和进价金额两种指标来反映商品流通过程及其结果的一种核算方法。这种核算商品购、销、存的方法,主要为商业批发企业所采用。

批发企业大批地向工农业生产部门采购商品,又成批地供应出去,将社会产品从生产领域转入流通领域和再生产领域,它是工业与农业、地区与地区、生产企业与零售企业之间的纽带。批发企业需要储备一定数量的商品,随时掌握各种商品进、销、存的数量和结存金额;同时,批发企业是经营大宗的商品购销活动,交易次数较少,而每次的成交额却较大,且每次交易都必须填制各种有关凭证,以反映和控制商品的交易活动,因此,一般采用数量进价金额核算。

现以批发企业为例,阐述按数量进价金额核算的方法。

批发企业商品购进的主要业务过程是由企业内部的业务、储运和财会等部门共同完成的。因此,企业除了要合理组织商品购进的业务外,还要求各职能部门密切配合、相互合作,以加速商品的流通。商品购进按照地区不同,可分为同城购进和异地购进两种。

一、商品购进的业务程序及其核算

(一)同城商品购进的业务程序及其核算

我国税法规定,企业销售货物或者劳务、服务要缴纳增值税。增值税是价外税,不包括在货物货款或者劳务收入、服务收入之中。增值税的纳税人和负税人是分离的,纳税人是销售货物或者劳务、服务的单位和个人,负税人却是消费者,因此,企业在购买货物或者劳务、服务时,除了要支付货款或者劳务费、服务费外,还要为消费者垫支增值税。这部分垫支的增值税,在企业转售货物或者劳务、服务后,在按期缴纳增值税时,予以抵扣。因此,企业在购进商品时,必须取得增值税专用发票(简称专用发票),其格式见图表3-1。

同城商品购进,主要是批发企业从当地的生产企业或其他批发企业购进商品。商品的交接方式一般采用"送货制"或"提货制"。货款的结算方式通常采用转账支票和商业汇票结算,也有采用银行本票结算的。

图表 3-1

上海市增值税专用发票

发票联

编号：317801

开票日期：2021 年 2 月 1 日

购买方	名　　　称：上海交电公司 纳税人识别号：310678154379612 地　址、电话：（略） 开户行及账号：工行上海分行 11014322560				密码区	（略）		
货物及应税劳务、服务名称	规格型号	单位	数量	单价	金额	税率	税额
永久牌自行车	28 英寸	辆	320	250.00	80 000.00	13%	10 400.00
合　计					80 000.00		10 400.00
价税合计（大写）人民币玖万零肆佰元整　　　（小写）￥90 400.00							
销售方	名　　　称：上海自行车厂 纳税人识别号：310578183660461 地　址、电话：（略） 开户行及账号：工行上海分行 11013781882				备注			

收款人：周强　　　复核：刘克明　　　开票人：王琳　　　销售方：（章）　上海自行车厂 发票专用章

　　同城商品购进的业务程序，一般由业务部门根据事先制订的进货计划，与供货单位签订购销合同，组织进货。如果采取送货制，业务部门根据供货单位开来的专用发票，与合同核对相符后，即填制"收货单"，一式数联，将专用发票和"收货单"（结算联）送交财会部门，其余各联收货单送交储运部门。财会部门将购货凭证审核无误后，作为付款依据，根据专用发票（发票联）上列明的货款，借记"在途物资"账户；根据列明的增值税额，借记"应交税费"账户；根据列明的价税合计额，贷记"银行存款"账户。储运部门根据"收货单"验收商品，如商品的数量、质量全部相符，应在"收货单"各联上加盖"收讫"印章，其中一联退回业务部门，由其注销合同；储运部门自留一联，登记商品保管账；将"收货单"（入库联）送交财会部门，财会部门审核无误后，据以借记"库存商品"账户，贷记"在途物资"账户。

　　如果采取"提货制"，当业务部门收到供货单位的专用发票，并将其与合同核对相符后，填制"收货单"，一式数联，连同专用发票（提货联）一并送交储运部门提货，并将专用发票（发票联）和"收货单"（结算联）送交财会部门，财会部门审核无误后，据以支付货款。储运部门提回商品验收入库后，自留一联收货单登记商品保管账；将一联退回业务部门,由其注销合同;将"收货单"(入库联)送交财会部门,审核无误后,据以借记"库存商品"账户。

【例】　2月1日,上海交电公司向上海自行车厂购进28英寸永久牌自行车320辆,每辆250元,计货款80 000元,增值税额10 400元,业务部门根据供货单位的专用发票填制收货单如图表3-2所示。

图表3-2

收　货　单

编号:3071

供货单位:上海自行车厂　　　　　　　2021年2月1日　　　　　　　存放地点:甲库

货号	品　　名	规格	单位	应收数量	实收数量	单价(元)	金额(元)
121	永久牌自行车	28英寸	辆	320	320	250.00	80 000.00

商品类别:自行车类

(1) 财会部门根据业务部门转来的专用发票(发票联)和自行填制的"收货单"(结算联),审核无误后,以银行存款支付货款和增值税额,共计90 400元,作分录如下:

借:在途物资——上海自行车厂　　　　　　　　　　　　　80 000.00
借:应交税费——应交增值税——进项税额　　　　　　　　10 400.00
　　贷:银行存款　　　　　　　　　　　　　　　　　　　　　　　90 400.00

如果以商业汇票支付货款,则贷记"应付票据"账户。

(2) 财会部门根据储运部门转来的"收货单",审核无误后,结转商品采购成本,作分录如下:

借:库存商品——自行车类　　　　　　　　　　　　　　　80 000.00
　　贷:在途物资——上海自行车厂　　　　　　　　　　　　　　80 000.00

(二)异地商品购进的业务程序及其核算

异地商品购进主要是批发企业从其他地区的生产企业或批发企业购进商品,以充实本地区的货源。商品的交接方式,一般采用"发货制"。货款的结算方式,一般采用托收承付结算。

异地商品购进的业务程序一般是供货单位根据购销合同发运商品后,供货单位就可以委托银行向购货单位收取货款(因为此时商品所有权已经转移)。从供货单位所在地的运输单位到购货单位所在地的商品运费,一般由购货单位负担,供货单位先予以垫付,然后同货款一并委托银行收回。购货单位的财会部门收到银行转来的"托收凭证"及附来的专用发票(发票联)和"运单"时,应先将其送交业务部门;经查对购销合同无误后,填制"收货单",一式数联,送交储运部门,并将"托收凭证"及其附件退还财会部门,审核无误后,即承付货款。当商品到达时,由储运部门根据"收货单",将其与供货单位随货同行的专用发票(发货联)核对,核对无误后将商品验收入库,并在"收货单"各联上加盖"收讫"印章。储运部门自留一联以登记商品保管账;一联退回业务部门,由其注销合同;另一联连同专用发票(发货联)一并转交财会部门,经财会部门审核后,据以进行库存商品的总分类核算和明细分类核算。

异地购进商品会发生运输费、装卸费等采购费用,也要为消费者垫支增值税。异地商品购进发生的采购费用可以有列入商品采购成本、列入进货费用和列入销售费用三种不同的处理方法,支付货款和商品验收入库的核算方法与同城购进基本相同。

【例】 上海木材公司向伊春林业局购进东北松圆木 50 立方米,每立方米 1 500 元,计货款 75 000 元,增值税额 6 750 元,运杂费 3 500 元①,增值税额 315 元②,采用托收承付结算方式。

(1) 银行转来伊春林业局托收凭证,并附来专用发票(发票联),审核无误后,当即承付。

第一种方法:将商品采购费用列入商品采购成本,作分录如下:

借:在途物资——伊春林业局	78 500.00
借:应交税费——应交增值税——进项税额	7 065.00
贷:银行存款	85 565.00

第一种方法就介绍到这里。本节以后阐述的均是第二种方法。

第二种方法:将商品采购费用列入进货费用,作分录如下:

借:在途物资——伊春林业局	75 000.00
借:应交税费——应交增值税——进项税额	7 065.00
借:进货费用——圆木类	3 500.00
贷:银行存款	85 565.00

第三种方法:将在第四章中介绍。

(2) 上项商品运到,储运部门验收入库后,送来"收货单"及随货同行的专用发票(发货联),审核无误后,作分录如下:

第一种方法:

借:库存商品——圆木类	78 500.00
贷:在途物资——伊春林业局	78 500.00

---

① 圆木系农业产品,增值税税率为 9%。
② 运杂费增值税税率为 9%。

圆木单位成本=78 500÷50=1 570(元)

第二种方法:

借:库存商品——圆木类   75 000.00

  贷:在途物资——伊春林业局   75 000.00

"在途物资"是资产类账户,用以核算企业购入商品的采购成本。企业购入商品支付货款,及应计入成本的采购费用时,记入借方;企业将商品验收入库时,记入贷方;期末余额在借方,表示企业货款已付尚未验收入库的在途商品的成本。该账户应按供货单位名称进行明细分类核算。通过"在途物资"账户,可以掌握企业购进商品总额。

"库存商品"是资产类账户,用以核算企业全部自有的库存商品。企业购进、加工收回商品验收入库和发生商品盘盈时,记入借方;企业销售、发出加工、盘亏商品时,记入贷方;期末余额在借方,表示企业库存商品的结存数额。

(三)预付货款购进商品的核算

采用预付货款的方式购进商品,应由业务部门根据购货合同、协议的规定,填制"预付货款审批单",一式数联,经有关领导审批同意后,财会部门据以预付货款,由于预付货款后并没有取得商品的所有权,因此,应借记"预付账款"账户,贷记"银行存款"账户;收到供货方专用发票和商品,付清账款时,借记"在途物资"和"应交税费"账户,贷记"预付账款"和"银行存款"账户;等商品验收入库时,再借记"库存商品"账户,贷记"在途物资"账户。

【例】 上海黑色金属公司向上海钢铁厂采购圆钢 300 吨,每吨2 800元,根据合同规定先预付货款 30%,15 天后交货时,再支付 70%。

(1)2 月 1 日,以银行存款预付上海钢铁厂 300 吨圆钢 30%的货款 252 000 元,作分录如下:

借:预付账款——上海钢铁厂   252 000.00

  贷:银行存款   252 000.00

(2)2 月 16 日,业务部门转来上海钢铁厂开来的专用发票和自行填制的"收货单"(结算联)114 号,开列圆钢 300 吨,每吨 2 800 元,计货款 840 000 元,增值税额 109 200 元,扣除预付货款后,以银行存款支付其余 70%货款和全部增值税额 697 200 元,作分录如下:

借:在途物资——上海钢铁厂   840 000.00

借:应交税费——应交增值税——进项税额 109 200.00

  贷:预付账款——上海钢铁厂   252 000.00

  贷:银行存款   697 200.00

（3）2 月 17 日，储运部门转来"收货单"（入库联）114 号，16 日发来的圆钢 300 吨已全部验收入库，结转商品采购成本，作分录如下：

借：库存商品——圆钢类   840 000.00
 贷：在途物资——上海钢铁厂   840 000.00

"预付账款"是资产类账户，用以核算企业按照购货合同规定，预付给供货单位的货款或定金。企业按规定预付货款或定金时，记入借方；企业收到商品转销时，记入贷方；期末余额在借方，表示企业预付给供货单位的款项。该账户一般按供货单位名称进行明细分类核算。

二、在途物资的明细分类核算

为了掌握在途物资的详细情况，加强对在途物资的管理，并促使在途商品尽快验收入库投放市场，就必须对在途物资进行明细分类核算。在途物资的明细分类核算，主要采用同行登记法和抽单核对法。

（一）同行登记法

同行登记法，又称平行记账法或横线记账法，就是采用两栏式账页，将同一批次购进的商品，在支付货款和商品验收入库时，都分别记入账页同一行次的"借方栏"和"贷方栏"。通过借贷方的相互对照，逐一核销，以反映商品采购的动态，有利于检查和监督购进商品的结算和入库情况。由于同一批次购进的商品可能分批到达，因此在账页每一行次的贷方，可以根据各单位的具体需要，再增加若干小行，以便反映商品分批到达验收入库的情况。在途物资两栏式明细账的格式及登记方法如图表 3-3所示。

从上列"在途物资"明细分类账中可以看到：第一、第二批次的进货，借方栏的金额等于贷方栏的金额，就需要在"转销符号"栏内作转销符号"√"，表示这两批次的进货已经"钱货两讫"；第三、第五批次的进货，只登记了借方栏的金额，表示这两批次的进货，货款已支付，而商品尚未验收入库；第四批次的进货，只登记了贷方栏的金额，表示这批进货已验收入库，而货款尚未支付。

月末应将"在途物资"明细分类账中只有借方栏发生额，没有贷方栏发生额各行次的金额，以及借方栏发生额大于本行贷方栏发生额差额之和，作为"在途物资"明细分类账的借方余额，表示已经支付了货款的在途商品的成本，是企业的资产。将只有贷方栏发生额，没有借方栏发生额各行次的金额之和，作为"在途物资"明细分类账的贷方余额，表示商品已验收入库，而货款尚未支付的应付账款，是企业的负债。为了反映企业资产与负债的真实情况，应根据"在途物资"明细分类账的贷方余款，借记"在途物资"账户，贷记"应付账款"账户。次月初再用红字借记"在途物资"账户，贷记"应付账款"账户，以冲转上月末的会计分录。

图表 3-3

"在途物资"明细分类账

单位：元

进货批次	供货单位	2021年 月	2021年 日	凭证号数	借方 摘要	借方 金额	2021年 月	2021年 日	凭证号数	贷方 摘要	贷方 金额	转销符号
1	上海制皂厂	1	24	3	支付货款 收货单♯521	24 000	1	21	1	商品入库 收货单♯521	24 000	√
2	广州百货公司	1	26	4	承付货款 收货单♯522 收货单♯523	20 000	1	23	2	商品入库 收货单♯522	12 500	
								30	7	商品入库 收货单♯523	7 500	√
3	天津百货公司	1	28	5	承付货款 收货单♯524	37 000						
4	上海日用化学品厂						1	29	6	商品入库 收货单♯525	36 000	
5	重庆百货公司	1	31	8	承付货款 收货单♯526	24 800						
		1	31		借方余额	61 800				贷方余额	36 000	

这两笔业务应记入相关的总分类账户,而不必记入相关的明细分类账户。以便在结算凭证到达支付货款时,能记入"在途物资"账户该批商品同一行次的借方。

因此,上例中第三、第五批次借方发生额相加之和为 61 800 元,作为"在途物资"明细分类账的借方余额,第四批次贷方发生额为 36 000 元,作为"在途物资"明细分类账的贷方余额,这两笔金额应分别列入账页下端的"借方余额"和"贷方余额"空格内。还应根据其贷方余额 36 000 元,作分录如下:

借:在途物资　　　　　　　　　　　　　　　　　　36 000.00
　　贷:应付账款　　　　　　　　　　　　　　　　　　　36 000.00

该业务记入"在途物资"总分类账户后,其余额应与"在途物资"明细分类账的借方余额相一致。

次月初再根据"在途物资"明细分类账的贷方余额 36 000 元,用红字作分录如下:

借:在途物资　　　　　　　　　　　　　　　　　　 36 000.00

　　贷:应付账款　　　　　　　　　　　　　　　　　　 36 000.00

上述同行登记法是根据经济业务发生的顺序,以供货单位分行次进行记载,对在途物资进行明细分类核算的。在进货业务频繁的企业可以按照供货单位的户名,分户设置"在途物资"明细分类账进行同行登记,以便反映向每一供货单位购进商品的入库与结算情况。

(二)抽单核对法

抽单核对法就是不设置"在途物资"明细分类账,而是充分利用自制的两联收货单,即"结算联"和"入库联",来代替"在途物资"明细分类账的一种简化的核算方法。

企业在购进商品时,财会部门根据业务部门转来的"收货单"(结算联)支付货款后,在"收货单"(结算联)上加盖付款日期的戳记,以代替"在途物资"明细分类账借方发生额的记录,根据储运部门转来的"收货单"(入库联)作商品入库的核算后,在"收货单"(入库联)上加盖入库日期的戳记,以代替"在途物资"明细分类账贷方发生额的记录。

在收货单中,表示"在途物资"明细分类账借方发生额和贷方发生额的两套凭证,应用专门的账夹或账箱分别存放。每日通过核对,将供货单位名称、凭证号数、商品的数量和金额均相符的"收货单"(结算联)和"收货单"(入库联)从账夹或账箱中抽出,表示这批购进业务已经钱货两讫,予以转销,并将抽出的凭证,按抽出的日期,分别装订成册,与其他会计账簿一样归入会计档案。期末结账时,检查账夹或账箱,将尚存的"收货单"(结算联)加总的金额,表示"在途物资"明细分类账的借方余额;将尚存的"收货单"(入库联)加总的金额,表示"在途物资"明细分类账的贷方余额。

采取抽单核对法，一定要严格遵守凭证传递的程序，加强凭证的管理和对账工作，以防凭证散乱丢失，造成核算工作的紊乱。

现将在途物资这两种明细分类核算方法的记账方式及优缺点如图表3-4所示。

图表3-4

两种记账方法优缺点对照表

核算方法	记账方式	优　　点	缺　　点
同行登记法	用两栏式账页记载	能清楚地反映每批购进商品结算和验收入库的情况；便于加强对在途商品的管理；督促在途商品的及时到达；发生差错后，便于查找	核算工作量大，发生悬账，往往拖延日久，账页长期不能结清
抽单核对法	以收货单代替账簿	能简化核算手续，节省人力、物力，提高核算的工作效率	以单代账，对在途商品的管理不够严密；发生差错时，查找比较困难

此外，"在途物资"明细分类账也可以采用三栏金额式账页，其登记方法与一般账户相同，不再重述。

三、进货退出的核算

进货退出是指商品购进验收入库后，因质量、品种、规格不符，再将商品退回原供货单位的行为。

批发企业由于进货量大，一般对于原箱整件包装的商品，在验收时只作抽样检查，因此，在入库后复验商品时，往往会发现商品的数量、质量、品种、规格不符，为此，批发企业应及时与供货单位联系，调换或补回商品，或者作进货退出处理。在发生进货退出业务时，由供货单位开出红字专用发票，企业收到后由业务部门据以填制"进货退出单"，通知储运部门发运商品；财会部门根据储运部门转来的"进货退出单"，据以进行进货退出的核算。

【例】 上海百货公司日前向上海保温杯厂购进海豹牌保温杯500箱，每箱100元，货款已付讫。今复验发现其中50箱质量不符要求，经联系后同意退货。

（1）3月5日，收到上海保温杯厂退货的红字专用发票，开列退货款5 000元，退增值税额650元，并收到业务部门转来的"进货退出单"（结算联）011号，作分录如下：

借：在途物资——上海保温杯厂　　　　　　　　　　　5 000.00

借：应交税费——应交增值税——进项税额　　　　　　650.00

　　贷：应收账款——上海保温杯厂　　　　　　　　　　　　5 650.00

（2）3月6日，收到本公司储运部门转来的"进货退出单"（出库联）011号，作分录如下：

借：库存商品——保温杯类 | 5 000.00
　　贷：在途物资——上海保温杯厂 | 5 000.00

（3）3月6日，收到对方退来货款及增值税额5 650元，存入银行，作分录如下：

借：银行存款 5 650.00
　　贷：应收账款——上海保温杯厂 5 650.00

四、购进商品退补价的核算

有时批发企业购进的商品，由于供货单位疏忽，发生单价开错，价格计算错误；或者发货时是试销，按暂定价结算，后又正式定价等情况，需要调整商品货款，因此就发生了商品退补价的核算。在发生商品退补价时，应由供货单位填制更正发票交给购货单位，由业务部门审核后，送交财会部门，经复核无误，据以进行退补价款的核算。

（一）购进商品退价的核算

购进商品退价是指原先结算货款的进价高于实际进价，应由供货单位将高于实际进价的差额退还给购货单位。

【例】上海百货公司向上海洗涤剂厂购进白猫洗衣液1 000箱，每箱94.30元，已钱货两讫。今收到上海洗涤剂厂开来红字更正发票，列明每箱应为93.40元，应退货款900元，应退增值税额117元，退货款和退税款尚未收到。

（1）冲减商品采购额和增值税额，作分录如下：

借：在途物资——上海洗涤剂厂 | 900.00
借：应交税费——应交增值税——进项税额 | 117.00
　　贷：应收账款——上海洗涤剂厂 | 1 017.00

（2）同时冲减库存商品的价值，作分录如下：

借：库存商品——洗衣粉类 | 900.00
　　贷：在途物资——上海洗涤剂厂 | 900.00

（二）购进商品补价的核算

购进商品补价是指原先结算货款的进价低于实际进价，应由购货单位将低于实际进价的差额补付给供货单位。

【例】上海百货公司日前向上海洗涤剂厂购进五洲洗衣液1 200箱，每箱90元，已钱货两讫。今收到上海洗涤剂厂更正发票,列明每箱应为91元,应补付货款1 200元,增值税额156元。

(1)增加商品采购额和增值税额,作分录如下:

借:在途物资——上海洗涤剂厂　　　　　　　　　　　　　　1 200.00
借:应交税费——应交增值税——进项税额　　　　　　　　　 156.00
　　贷:应付账款——上海洗涤剂厂　　　　　　　　　　　　　 1 356.00

(2)同时增加库存商品的价值,作分录如下:

借:库存商品——洗衣粉类　　　　　　　　　　　　　　　　1 200.00
　　贷:在途物资——上海洗涤剂厂　　　　　　　　　　　　　1 200.00

"应付账款"是负债类账户,用以核算企业因购买商品、原材料和接受劳务供应等而应付给供应单位的款项。企业发生应付账款时,记入贷方;企业偿还应付账款时,记入借方;期末余额在贷方,表示企业尚欠供应单位的款项。该账户应按供应单位进行明细分类核算。

五、购进商品发生短缺和溢余的核算

批发企业购进商品,应认真进行验收,以确保账实相符。如果商品发生短缺或溢余情况,除根据实收数量入账外,还应查明缺溢原因,及时予以处理。购进商品发生短缺或溢余的主要原因是:在运输途中由于不可抗拒的自然条件和商品性质等因素,使商品发生损耗或溢余;运输单位的失职造成事故或丢失商品;供货单位工作上的疏忽造成少发或多发商品,以及不法分子贪污盗窃等。因此,对于商品短缺或溢余,要认真调查、具体分析、明确责任、及时处理,以保护企业财产的安全。

储运部门在验收商品时,如发现实收商品与供货单位专用发票(发货联)上所列数量不符时,必须会同运输单位进行核对,做好鉴定证明,以便查明原因后进行处理,并在"收货单"上注明实收数量,填制"商品购进短缺溢余报告单",一式数联。其中一联连同鉴定证明送业务部门,由其负责处理;另一联送交财会部门,审核后作为记账的依据。

(一)购进商品发生短缺的核算

购进商品发生短缺时,在查明原因前,应通过"待处理财产损溢"账户进行核算。查明原因后,如果是供货单位少发商品,经联系后,可由其补发商品或作进货退出处理;如果是运输途中的自然损耗,则应在"进货费用"账户中列支;如果是责任事故,应由运输单位或责任人承担经济责任的,则作为"其他应收款"处理;如由本企业承担损失的,报经批准后,在"营业外支出"账户列支。

【例】　上海烟糖公司向哈尔滨烟糖公司购进绵白糖8 000千克,每千克5.50元,计货款44 000元,增值税额5 720元,运杂费600元,增值税额54元,采用托收承付结算方式。

(1)接到银行转来的托收凭证及附来专用发票(发票联),审核无误后,予以承付,作分录如下：

借：在途物资——哈尔滨烟糖批发公司		44 000.00
借：应交税费——应交增值税——进项税额		5 774.00
借：进货费用——食糖类		600.00
贷：银行存款		50 374.00

(2) 商品到达后，储运部门验收时，实收 7 958 千克，发现短缺 42 千克，计货款 231 元，填制"商品购进短缺溢余报告单"如图表 3-5 所示。

图表 3-5

商品购进短缺溢余报告单

2021 年 3 月 15 日　　　　　　　　　　　　　金额单位：元

货号	品名	数量单位	应收数量	实收数量	单价	短　缺		溢　余	
						数量	金额	数量	金额
5167	绵白糖	千克	8 000	7 958	5.50	42	231		
合　　　计							231		
供货单位：哈尔滨烟糖批发公司 专用发票号码：30114			处理意见：		溢余或短缺原　　因：	待查			

财会部门根据储运部门转来的"收货单"及"商品购进短缺溢余报告单"，复核无误后，结转已入库的商品采购成本，并对短缺商品进行核算，作分录如下：

借：库存商品——食糖类	43 769.00
借：待处理财产损溢	231.00
贷：在途物资——哈尔滨烟糖公司	44 000.00

(3) 经联系，查明短缺的绵白糖中，有 40 千克是对方少发商品，已开来退货的红字专用发票，应退货款 220 元，增值税额 28.60 元。

A. 冲减商品采购额和增值税额，作分录如下：

借：在途物资——哈尔滨烟糖公司	220.00
借：应交税费——应交增值税——进项税额	28.60
贷：应收账款——哈尔滨烟糖公司	248.60

B. 冲转待处理财产损溢，作分录如下：

借：待处理财产损溢　　　　　　　　　　　　　　　　 220.00

　　贷：在途物资——哈尔滨烟糖公司　　　　　　　　　　 220.00

(4) 今查明其余 2 千克短缺的绵白糖是自然损耗,经批准予以转账,作分录如下:

借：进货费用——食糖类　　　　　　　　　　　　　　 11.00

　　贷：待处理财产损溢　　　　　　　　　　　　　　　 11.00

(二) 购进商品发生溢余的核算

购进商品发生溢余,在查明原因前,应通过"待处理财产损溢"账户进行核算。查明原因后,如果是运输途中的自然升溢,应冲减"进货费用"账户,如果是供货单位多发商品,可与对方联系,由其补来专用发票后,作为商品购进处理。

【例】　上海烟糖公司向广州烟糖公司购进白砂糖 12 000 千克,每千克 4.80 元,计货款 57 600 元,增值税额 7 488 元,运杂费 800 元,增值税额 72 元,采用托收承付结算方式。

(1) 接到银行转来的托收凭证及附来的专用发票(发票联),审核无误后,予以承付,作分录如下:

借：在途物资——广州烟糖公司　　　　　　　　　 57 600.00

借：应交税费——应交增值税——进项税额　　　　　 7 560.00

借：进货费用——食糖类　　　　　　　　　　　　　　 800.00

　　贷：银行存款　　　　　　　　　　　　　　　　 65 960.00

(2) 商品到达后,验收时实收 12 110 千克,溢余 110 千克,计货款 528 元。财会部门根据储运部门转来的"收货单"及"商品购进短缺溢余报告单",复核无误后,结转入库商品采购成本,并对溢余商品进行核算,作分录如下:

借：库存商品——食糖类　　　　　　　　　　　　　 58 128.00

　　贷：在途物资——广州烟糖公司　　　　　　　　 57 600.00

　　贷：待处理财产损溢　　　　　　　　　　　　　　　 528.00

(3) 经联系后查明,溢余的白砂糖中,有 100 千克是对方多发商品,已补来专用发票,开列货款 480 元,增值税额 62.40 元,现作为商品购进,其余 10 千克系自然升溢,作分录如下:

借：待处理财产损溢　　　　　　　　　　　　　　　　 528.00

　　贷：在途物资——广州烟糖公司　　　　　　　　　　 480.00

　　贷：进货费用——食糖类　　　　　　　　　　　　　 48.00

(4) 从银行汇付广州烟糖公司 100 千克白砂糖的货款 480 元及增值税额 62.40 元,

作分录如下：

借：在途物资——广州烟糖公司　　　　　　　　　　　　　480.00

借：应交税费——应交增值税——进项税额　　　　　　　62.40

　　贷：银行存款　　　　　　　　　　　　　　　　　　　542.40

"待处理财产损溢"是资产类账户，用以核算企业已发生的各项财产物资的盘亏、盘盈、短缺、溢余、收益和损失。企业发生盘亏、短缺、损失以及转销盘盈、溢余、收益时，记入借方；企业发生盘盈、溢余、收益以及转销盘亏、短缺、损失时，记入贷方；该账户应在期末结账前处理完毕，处理完毕后应无余额。

六、购进商品发生拒付货款和拒收商品的核算

批发企业从异地购进商品，对于银行转来供货单位的托收凭证及其所附的专用发票（发票联）、运费凭证等，必须认真地与合同进行核对，如发现与购销合同不符、重复托收以及货款或运费多计等情况，应在银行规定的承付期内填制"拒绝承付理由书"，拒付货款。对于与购销合同不符或重复托收的，应拒付全部托收款；对于部分与购销合同不符的，应拒付不符部分的托收款；对于货款或运费多计的，则应拒付多计的数额。企业在提出拒付款项时，应实事求是，不能因供货单位的部分差错而拒付全部货款，更不能借故无理拒付货款，从而损害供货单位的利益。

对于供货单位发来的商品及随货同行的专用发票（发货联），同样要与购销合同进行核对，并要认真检验商品的品种、规格、数量和质量，如有不符，可以拒收商品。在拒收商品时，应由业务部门填制"拒收商品通知单"，尽快通知供货单位，并需填制"代管商品收货单"，一式数联，其中两联送交储运部门。储运部门验收后，加盖"收讫"戳记，将其数量作账外记录，并将拒收商品妥善保管，与库存商品分别存放，不能动用。一联由储运部门转交会财部门，据以记入"代管商品物资"账户的借方。

"代管商品物资"是表外账户，用以核算企业受托代管的各项商品、物资及借入的包装物等。收进时，记入借方；发出时，记入贷方。该账户可只记数量，不记金额。"代管商品物资"账户不与其他账户发生对应关系，只作单式记录。

异地商品购进，由于托收凭证的传递与商品运送的渠道不同，因此，支付货款与商品验收入库的时间往往不一致，从而引起拒付货款与拒收商品有先有后，这样将会出现下列三种情况。

1. 先拒付货款，后拒收商品　　企业收到银行转来的托收凭证，发现内附的专用发票与购销合同不符，拒付货款。等商品到达后，再拒收商品。由于没有发生结算与购销关系，只需在拒收商品时，将拒收商品记入"代管商品物资"账户。

2. 先拒收商品，后拒付货款　　企业收到商品时，发现商品与购销合同不符，可拒收商品，将拒收商品记入"代管商品物资"账户的借方，等银行转来托收凭证时，再拒付货款。

3. 先承付货款,后拒收商品　　企业收到银行转来的托收凭证,将内附的专用发票与购销合同核对相符后,承付了货款。等商品到达验收时,发现商品与购销合同不符,除了将拒收商品记入"代管商品物资"账户的借方外,还应将拒收商品的货款、增值税额及运费,分别从"在途物资"账户、"应交税费"账户和"进货费用"账户一并转入"应收账款"账户。等业务部门与供货单位协商解决后,再进一步作出账务处理。

对于拒收商品运费中所含的增值税额,在实际工作中,倘若购进的商品全部拒收,应从进项税额中予以冲转;倘若少量商品拒收,由于冲转的手续麻烦,且进项税额可以从销项税额中抵扣,为了简化手续,因此,一般不予冲转。

【例】　上海服装公司向天津服装厂购进男牛仔裤 2 000 条,每条 48 元,计货款 96 000 元,增值税额 12 480 元,运杂费 500 元,增值税额 45 元,采用托收承付结算方式。

(1) 银行转来天津服装厂托收凭证,内附专用发票(发票联)等,经审核无误,予以承付,作分录如下:

借:在途物资——天津服装厂	96 000.00
借:应交税费——应交增值税——进项税额	12 525.00
借:进货费用——男装类	500.00
贷:银行存款	109 025.00

(2) 商品到达后,验收时发现其中有 200 条男牛仔裤质量不符合同规定,予以拒收,由业务部门与对方联系解决,拒收商品代为保管,合格的 1 800 条男牛仔裤已验收入库。

A. 1 800 条男牛仔裤验收入库,结转商品采购成本,作分录如下:

借:库存商品——男装类	86 400.00
贷:在途物资——天津服装厂	86 400.00

B. 将拒收 200 条男牛仔裤的货款、增值税额及该部分商品应承担的运杂费转入"应收账款"账户,作分录如下:

借:在途物资——天津服装厂	9 600.00
借:应交税费——应交增值税——进项税额	1 252.50
借:进货费用——男装类	50.00
贷:应收账款——天津服装厂	10 902.50

并在"代管商品物资"账户内借记 9 600 元。

(3) 经联系后,天津服装厂同意将拒收的 200 条男牛仔裤退回。

A. 以现金垫付退回 200 条男牛仔裤的运杂费 40 元,增值税额 3.60 元,作分录如下:

借：应收账款——代垫费税　　　　　　　　　　　　　43.60
　　贷：库存现金　　　　　　　　　　　　　　　　　　　　43.60

B. 天津服装厂汇来退货款、增值税额及垫付的税费计 10 946.10 元，存入银行，作分录如下：

借：银行存款　　　　　　　　　　　　　　　　　10 946.10
　　贷：应收账款——天津服装厂　　　　　　　　　　10 902.50
　　贷：应收账款——代垫费税　　　　　　　　　　　　　43.60

并在"代管商品物资"账户内贷记 9 600 元。

七、购货折扣和购货折让的核算

（一）购货折扣的核算

商品流通企业在赊购商品时，赊销方为了促使赊购方尽快清偿账款而给予一定的折扣优惠，从而产生了购货折扣。购货折扣是指赊购方在赊购商品后，因迅速清偿赊购账款而从赊销方取得的折扣优惠。

商品流通企业赊购商品，当出现以付款日期为条件而发生购货折扣时，应采用总价法。总价法是以商品的发票价格作为其买价入账，当企业取得购货折扣时，再冲减当期的财务费用。

【例】　上海百货公司向东海日化厂赊购太阳牌洗发露，厂方给予的付款条件为：10 天内付清货款，购货折扣为 1%，超过 10 天支付的为全价。

（1）4 月 1 日，赊购太阳牌洗发露一批，货款为 50 000 元，增值税额为 6 500 元，洗发露已验收入库。

A. 根据增值税专用发票，作分录如下：

借：在途物资——东海日化厂　　　　　　　　　　50 000.00
借：应交税费——应交增值税——进项税额　　　　　6 500.00
　　贷：应付账款——东海日化厂　　　　　　　　　　56 500.00

B. 根据收货单，作分录如下：

借：库存商品——洗发露　　　　　　　　　　　　50 000.00
　　贷：在途物资——东海日化厂　　　　　　　　　　50 000.00

（2）4 月 11 日，以银行存款支付太阳牌洗发露货款和增值税额 56 000 元，作分录如下：

借：应付账款——东海日化厂　　　　　　　　　　56 500.00
　　贷：银行存款　　　　　　　　　　　　　　　　　56 000.00
　　贷：财务费用　　　　　　　　　　　　　　　　　　500.00

（二）购货折让的核算

购货折让是指企业购进的商品,因品种、规格和质量等原因,从销货单位所取得的价格上的减让。

商品流通企业在发生购货折让时,应以商品的买价扣除购货折让后的净额入账,而且增值税额与货款同步,享有购货折让。

【例】 上海纺织品公司向上海毛纺厂购进毛涤花呢 1 000 米,每米 36 元,计货款 36 000元,增值税额 4 680 元。

（1）签发转账支票 40 680 元支付货款及增值税额,作分录如下:

借:在途物资——上海毛纺厂	36 000.00
借:应交税费——应交增值税——进项税额	4 680.00
贷:银行存款	40 680.00

（2）验收商品时,发现质量不符要求,与对方联系后,同意给予 5% 的购货折让。

A. 收到厂方的销货折让发票,并收到对方退回的折让款 1 800 元及增值税额 234 元,存入银行,作分录如下:

借:银行存款	2 034.00
贷:在途物资——上海毛纺厂	1 800.00
贷:应交税费——应交增值税——进项税额	234.00

B. 将商品验收入库,作分录如下:

借:库存商品——呢绒类	34 200.00
贷:在途物资——上海毛纺厂	34 200.00

第二节 数量进价金额核算之二
——销售的核算

商品销售是商品流通的重要环节,它是将采购的商品及时供应给购货单位。批发企业的销售业务一般是根据批准的销货计划,与购货单位订立购销合同,或由购货单位提出要货计划,然后有计划地组织供应的业务。

商品销售按照地区不同,可分为同城销售和异地销售。

一、同城商品销售的业务程序及其核算

批发企业的同城商品销售主要是将商品销售给零售企业、生产企业、个体经营者或基层批发企业等。同城商品销售的交接方式一般采用"送货制"或"提货制",货款结算方式一般采用转账支票和商业汇票结算,也有采用银行本票和现金结算的。

同城商品销售的业务程序,一般是由购货单位提出要货计划,派采购员来批发企业看样,由批发企业业务部门根据购货单位选定的商品品种和数量,填制专用发票,一式数联,业务部门自留一联外,将其余各联交与采购员,据以向财会部门结算组办理结算。结算组根据销售业务的需要,收取转账支票、商业汇票、银行本票或现金。办好结算后,结算组在专用发票各联上加盖"货款收讫"戳记,留下记账联,将其余各联退还给采购员。采购员凭"提货联"和"出库联"向储运部门提运商品或委托其送货,"发票联"和"抵扣联"由采购员带回入账。储运部门发出商品后,根据"提货联"登记商品保管账,将"出库联"转交财会部门据以登记"库存商品"账户。

批发企业在销售商品后,应按专用发票列明的价税合计数收款,若收取转账支票、银行本票的,在存入银行时,借记"银行存款"账户;若收取的是商业汇票,则借记"应收票据"账户;若收取的是现金,则借记"库存现金"账户;若尚未收取货款的,则借记"应收账款"账户。按专用发票列明的货款,贷记"主营业务收入"账户;按列明的增值税额,贷记"应交税费"账户。

【例】 上海百货公司销售五洲洗衣液 200 箱,每箱 100 元,计货款 20 000 元,增值税额 2 600 元,收到账款 22 600 元,存入银行,作分录如下:

借:银行存款	22 600.00
贷:主营业务收入——洗衣液类	20 000.00
贷:应交税费——应交增值税——销项税额	2 600.00

当计算出销售商品的进价成本,予以结转时,借记"主营业务成本"账户,贷记"库存商品"账户。

【例】 上海百货公司销售的五洲洗衣液,每箱进价成本为 90 元,计金额 18 000 元,予以结转,作分录如下:

借:主营业务成本——洗衣液类	18 000.00
贷:库存商品——洗衣液类	18 000.00

"主营业务收入"是损益类账户,用以核算企业确认的销售商品等主营业务的收入。企业取得销售商品等主营业务的收入时,记入贷方;企业期末将其结转"本年利润"账户时,记入借方。

"主营业务成本"是损益类账户,用以核算企业确认销售商品等主营业务收入应结转的成本。当企业结转商品销售等主营业务成本时,记入借方;企业期末将其结转"本年利润"账户时,记入贷方。

在实际工作中,由于商品种类繁多,每天计算商品销售成本工作量很大,为了简化核算手续,主营业务成本一般在期末结转。

二、异地商品销售的业务程序及其核算

批发企业的异地商品销售主要是将商品销售给其他地区的批发企业或零售企业。

商品的交接方式,一般采用"发货制";货款的结算方式,一般采用托收承付结算。

异地商品销售的业务程序一般是:由业务部门根据购销合同填制专用发票,一式数联,业务部门留下存根联备查外,将其余各联转交储运部门。储运部门根据专用发票提货、包装,并委托运输单位发运商品,发货联随货同行,留下提货联登记商品保管账,将发票联、出仓联转交财会部门。运输单位在发运商品后,送来运单,向财会部门结算运费。财会部门收到发票联、出仓联及运单后,一方面支付运输单位运费;另一方面填制托收凭证,附上发票联和运单,向银行办理托收手续。银行受理后,取回托收回单,据以作商品销售的核算,并根据出仓联登记"库存商品"账户。

异地商品的销售业务,商品要委托运输单位运往购货单位,至于支付给运输单位的运费,根据购销合同规定,一般由购货单位负担。销货单位在垫支时,通过"应收账款"账户进行核算,然后连同销货款、增值税额一并通过银行向购货单位办理托收。

【例】 上海百货公司根据购销合同开出专用发票,销售给福州百货公司达尔美洗洁精300箱,每箱180元,计货款54 000元,增值税额7 020元,商品委托上海铁路局运送。

(1)7月10日,上海铁路局开来专用发票,列明运杂费800元,增值税额72元,当即以银行存款支付,作分录如下:

    借:应收账款——代垫费税   872.00
        贷:银行存款   872.00

(2)7月11日,上海百货公司凭专用发票(发票联)及运杂费凭证,共计61 892元,一并向福州百货公司收取。根据银行给予的托收凭证回单联,作商品销售处理,作分录如下:

    借:应收账款——福州百货公司   61 892.00
        贷:主营业务收入——洗洁精类   54 000.00
        贷:应交税费——应交增值税——销项税额   7 020.00
        贷:应收账款——代垫费税   872.00

(3)7月20日,接到银行转来福州百货公司承付61 892元货款、增值税额及运杂费的收款通知,作分录如下:

    借:银行存款   61 892.00
        贷:应收账款——福州百货公司   61 892.00

三、直运商品销售的业务程序及其核算

批发企业按照发货地点的不同,可分为仓库商品销售和直运商品销售两种。仓库商品销售是指批发企业购进商品后先验收入库,销售时再从本企业仓库发运给购货单位的一种销售方式,前面介绍的销售业务均是仓库商品销售。直运商品销售是指批发

企业购进商品后,不经过本企业仓库储备,直接从供货单位发运给购货单位的一种销售方式。

直运商品销售涉及批发企业、供货单位和购货单位三方,并且三方不在同一地点,因此,批发企业一般派采购员驻在供货单位,当供货单位根据购销合同发运商品时,由派驻采购员填制专用发票,一式数联,其中发货联随货同行,作为购货单位的收货凭证,其余各联寄回批发企业。供货单位在商品发运后,即可向批发企业收取货款,批发企业支付货款后,反映为商品购进。批发企业凭采购员寄回的专用发票(发票联),向购货单位收取货款,反映为商品销售。批发企业为了尽快收回结算资金,在征得银行同意后,采购员可以在供货单位所在地委托银行向购货单位办理托收,由购货单位开户银行将货款直接划拨给批发企业。采购员在办妥托收后,将托收凭证回单联寄回批发企业,据以作商品销售处理。在这种情况下,批发企业的购销业务几乎同时发生。

采用直运商品销售,商品不通过批发企业仓库的储存环节,这样就可以不通过"库存商品"账户,直接在"在途物资"账户进行核算。由于直运商品购进和销售的专用发票上已经列明商品的购进金额和销售金额,因此商品销售成本可以按照实际进价成本,分销售批次随时进行结转。

【例】 上海五金公司向杭州刀剪厂订购剪刀10 000把,每把7.20元,将剪刀直运给福州五金公司,供应价每把8元。购进、销售的增值税税率均为13%,杭州刀剪厂代垫由杭州到福州的运杂费500元,增值税额45元,购销合同规定费税由福州五金公司负担。

(1)上海五金公司根据银行转来杭州刀剪厂的托收凭证,内附专用发票,开列剪刀货款72 000元,增值税额9 360元,运杂费500元,增值税额45元,经审核无误,当即承付,作分录如下:

借:在途物资——杭州刀剪厂	72 000.00
借:应交税费——应交增值税——进项税额	9 360.00
借:应收账款——代垫费税	545.00
贷:银行存款	81 905.00

(2)上海五金公司直运销售剪刀10 000把,每把8元,货款80 000元,增值税额10 400元,连同垫付的费税545元,一并向福州五金公司托收。根据专用发票(记账联)及托收凭证(回单联),作分录如下:

借:应收账款——福州五金公司	90 945.00
贷:主营业务收入——刀类	80 000.00
贷:应交税费——应交增值税——销项税额	10 400.00
贷:应收账款——代垫费税	545.00

同时结转商品销售成本,作分录如下:

借:主营业务成本——刀类   72 000.00

 贷:在途物资——杭州刀剪厂   72 000.00

  在以上直运商品销售核算中,商品的运杂费是全部由购货单位负担的。若合同规定运杂费由购销双方各负担一部分,那么,批发企业在支付供货单位垫付的运杂费时,对应由购货单位负担的部分,仍通过"应收账款"账户核算,对应由批发企业负担的部分,则列入"进货费用"账户。

  批发企业采用直运商品销售,可以将商品及时供应给工农业生产部门和城乡消费市场,防止迂回运输,加速商品流通,降低商品损耗,节约进货费用,增加企业利润,加快流动资产的周转速度。

四、预收货款销售商品的核算

  批发企业采用预收货款的方式销售商品,事先应订立预收货款的销售合同或协议。企业根据合同规定预收货款时,并没有转移商品所有权,因此,应借记"银行存款"账户,贷记"预收账款"账户。当企业根据合同规定的日期,开出专用发票交付对方商品时,借记"预收账款"账户,贷记"主营业务收入"账户。

  【例】 上海黑色金属公司采用预收货款的方式向上海电器厂销售圆钢 100 吨,每吨 3 100 元。合同规定先预收货款 30%,在 15 天后交货时,再收取 70% 的货款余额。

  (1)2 月 2 日,预收上海电器厂 100 吨圆钢 30% 的货款 93 000 元,存入银行,作分录如下:

借:银行存款   93 000.00

 贷:预收账款——上海电器厂   93 000.00

  (2)2 月 17 日,发给上海电器厂圆钢 100 吨,每吨 3 100 元,计货款 310 000 元,增值税额 40 300 元。收到厂方支付其余 70% 的货款及全部增值税额 257 300 元,存入银行,作分录如下:

借:银行存款   257 300.00

借:预收账款——上海电器厂   93 000.00

 贷:主营业务收入——圆钢类   310 000.00

 贷:应交税费——应交增值税——销项税额   40 300.00

  "预收账款"是负债类账户,用以核算企业按照合同规定向购货单位或个人预收的货款或定金。企业按规定预收货款或定金时,记入贷方;企业发付对方商品,销售实现时,记入借方;期末余额在贷方,表示企业预收购货单位或个人的款项。该账户应按购货单位名称进行明细分类核算。

五、代销商品销售的核算

代销商品是销售商品的一种方式,牵涉委托方和受托方两个方面,处在委托方立场上的商品称为委托代销商品,处在受托方立场上的商品称为受托代销商品。

代销商品销售后有两种不同的处理方法。一种是受托方和委托方分别作商品购销处理;另一种是受托方根据销售额向委托方结算代销手续费,委托方作商品销售处理。

(一)作商品购销业务的核算

1. 委托方的核算   批发企业对于新产试销商品、季节性商品、呆滞积压商品等,为了加速商品周转、推销新产品和呆滞积压商品、合理地使用仓位和节约仓储费用,可以将商品先发往购货单位,委托其代销,等商品销售后,再定期结算货款。

采取委托代销方式销售商品,一般先由业务部门确定委托代销商品的品种、规格、数量和金额,经领导批准后,由业务部门与各购货单位订立"商品委托代销购销合同"。合同上注明结算方式、货款清偿时间、商品保管的要求及双方承担的责任等。

委托代销商品的业务程序一般是:由业务部门根据"商品委托代销购销合同",填制"委托代销商品发货单";然后由储运部门将商品发运给受托单位,由于商品所有权上的风险和报酬并未转移给受托方,还不能确认销售收入,等结算届期时,由受托单位将已售代销商品的清单交付委托方,委托方据以填制专用发票作为商品销售收入入账,并向受托单位收取账款。

【例】 上海交电公司根据商品委托代销合同,将红星牌收录机100只委托人民商厦代销,其购进单价为500元,销售单价550元,增值税税率为13%,合同规定每个月末受托方向委托方开具代销商品清单,并据以结算货款。

(1)7月5日,发运商品时,作分录如下:

借:委托代销商品——人民商厦	50 000.00
贷:库存商品——收录机类	50 000.00

(2)7月31日,收到人民商厦送来代销商品清单,据以填制专用发票,开列红星牌收录机50只,单价550元,货款27 500元,增值税额3 575元,作分录如下:

借:应收账款——人民商厦	31 075.00
贷:主营业务收入——收录机类	27 500.00
贷:应交税费——应交增值税——销项税额	3 575.00

同时结转已售委托代销商品的销售成本25 000元,作分录如下:

借:主营业务成本	25 000.00
贷:委托代销商品——人民商厦	25 000.00

"委托代销商品"是资产类账户,用以核算企业委托其他单位代销的商品。企业将

商品交付受托单位代销时,记入借方;企业收到受托单位已售代销商品清单并据以开出专用发票时,记入贷方;期末余额在借方,表示企业尚有委托代销商品的数额。该账户应按受托单位进行明细分类核算。

2. 受托方的核算　　接受代销商品的批发企业在收到代销商品并已验收入库时,虽然企业尚未取得商品的所有权,但是企业对代销商品有支配权,可以开展商品销售业务,以有效地利用供货单位的资金开展经营业务。受托单位为了加强对代销商品的管理和核算,在收到商品时,应借记"受托代销商品"账户,贷记"受托代销商品款"账户。

代销商品在销售后,应填制专用发票,据以借记"银行存款"或"应收账款"账户,贷记"主营业务收入"账户和"应交税费"账户;并按进价货款借记"主营业务成本"账户,贷记"受托代销商品"账户;同时借记"受托代销商品款"和"应交税费"账户,贷记"应付账款"账户。结算届期时,将代销商品清单交付委托方,等收到委托方专用发票时,再据以支付货款和增值税额,届时借记"应付账款"账户,贷记"银行存款"账户。

【例】　上海交电公司根据受托代销合同,接受凯乐电器厂 100 只幸福牌手机的代销业务,该机购进单价为 1 620 元,销售单价为 1 800 元,增值税税率为 13%,合同规定每个月末结算货款。

(1) 3 月 1 日,收到 100 只幸福牌手机,作分录如下:

借:受托代销商品——凯乐电器厂　　　　　　　　　　　　　　162 000.00
　　贷:受托代销商品款——凯乐电器厂　　　　　　　　　　　　　162 000.00

(2) 3 月 15 日,销售幸福牌手机 25 只,计货款 45 000 元,增值税额为 5 850 元,收到全部账款存入银行。

A. 反映商品销售收入和销项税额,作分录如下:

借:银行存款　　　　　　　　　　　　　　　　　　　　　　　50 850.00
　　贷:主营业务收入——手机类　　　　　　　　　　　　　　　45 000.00
　　贷:应交税费——应交增值税——销项税额　　　　　　　　　　5 850.00

B. 结转商品销售成本,作分录如下:

借:主营业务成本——手机类　　　　　　　　　　　　　　　　40 500.00
　　贷:受托代销商品——凯乐电器厂　　　　　　　　　　　　　40 500.00

C. 结转受托代销商品款,作分录如下:

借:受托代销商品款——凯乐电器厂　　　　　　　　　　　　　40 500.00
　　贷:应付账款——凯乐电器厂　　　　　　　　　　　　　　　40 500.00

(3) 3 月 31 日,开出代销商品清单后,收到凯乐电器厂的专用发票,开列幸福牌手机 25 只,每只 1 620 元,计货款 40 500 元,增值税额 5 265 元,当即以银行存款支付,作分录如下:

借:应付账款——凯乐无线电厂 40 500.00
借:应交税费——应交增值税——进项税额 5 265.00
　　贷:银行存款 45 765.00

"受托代销商品"是资产类账户,用以核算企业接受其他单位委托代销的商品。企业收到代销商品时,记入借方;企业接受代销商品销售后,结转其销售成本时,记入贷方;期末余额在借方,表示企业尚未销售的代销商品数额。该账户应按委托单位进行明细分类核算。

"受托代销商品款"是负债类账户,用以核算企业接受代销商品的货款。企业在收到代销商品时,记入贷方;企业销售代销商品时,记入借方;期末余额在贷方,表示尚未销售的代销商品的货款。该账户应按委托单位进行明细分类核算。

(二)结算代销手续费方式的核算

1. 委托方的核算　　企业委托其他企业代销商品时,采取支付代销手续费方式,其业务程序与代销商品销售的核算方法,与作商品购销业务处理的方式基本相同。所不同的是由于受托方是商品购销双方的中介人,委托方要根据合同的规定,按销售额的一定比例,支付受托方代销手续费,届时借记"销售费用"账户。

【例】　上海服装公司将男风衣 200 件委托江浦商厦代销,该男风衣购进单价为 220元,销售单价为 250 元,增值税税率为 13%,合同规定每月末结算一次,代销手续费率为 6%。

(1)4 月 1 日,将男风衣交付江浦商厦时,作分录如下:

借:委托代销商品——江浦商厦 44 000.00
　　贷:库存商品——男装类 44 000.00

(2)4 月 30 日,对方送来代销商品清单,代销了男风衣 100 件,计货款 25 000 元、增值税额 3 250 元。

A. 填制专用发票,据以按销售处理,作分录如下:

借:应收账款——江浦商厦 28 250.00
　　贷:主营业务收入——男装类 25 000.00
　　贷:应交税费——应交增值税——销项税额 3 250.00

B. 同时结转已售委托代销商品成本,作分录如下:

借:主营业务成本——男装类 22 000.00
　　贷:委托代销商品——江浦商厦 22 000.00

(3) 4 月 30 日,江浦商厦扣除了代销手续费 1 500 元后,付来了已售代销的 100 件男风衣的货款及增值税额 26 750 元,存入银行,作分录如下:

借:银行存款	26 750.00
借:销售费用——代销手续费	1 500.00
贷:应收账款——江浦商厦	28 250.00

2. 受托方的核算　接受代销商品的企业,采用收取代销手续费方式,在收到代销商品时的核算方法与作商品购销业务处理的方法,除了代销商品按售价记账外,其在账务处理上基本相同,在此不再重述。

代销商品在销售后,应根据规定向购货方填制专用发票,按价税合计收取的款项,借记"银行存款"账户;按实现的销售收入,贷记"应付账款"账户;按收取的增值税额,贷记"应交税费"账户。同时注销代销商品,借记"受托代销商品款"账户,贷记"受托代销商品"账户。

企业根据合同规定在向委托方结算代销手续费时,作为其他业务收入处理。

【例】　上海服装公司根据受托代销合同接受精艺服装厂代销 500 套女时装,该时装每套售价为 250 元,增值税率为 13%,合同规定每月末结算一次,代销手续费率为 6%。

(1) 1 月 15 日,销售女时装 200 套,计货款 50 000 元,增值税额 6 500 元,收到全部账款存入银行,作分录如下:

A. 反映商品销售收入和销项税额,作分录如下:

借:银行存款	56 500.00
贷:应付账款——精艺服装厂	50 000.00
贷:应交税费——应交增值税——销项税额	6 500.00

B. 同时注销代销商品,作分录如下:

借:受托代销商品款——精艺服装厂	50 000.00
贷:受托代销商品——精艺服装厂	50 000.00

(2) 1 月 30 日,开出代销商品清单及代销手续费发票,开列代销手续费 3 000 元,作分录如下:

借:应付账款——精艺服装厂	3 000.00
贷:其他业务收入	3 000.00

(3) 1 月 31 日,收到精艺服装厂开来专用发票,开列女时装 200 套,每套 250 元,计货款 50 000 元,增值税额 6 500 元,今扣除代销手续费 3 000 元后,以银行存款支付精艺服装厂已售代销商品货款及增值税额,作分录如下:

借：应付账款——精艺服装厂	47 000.00
借：应交税费——应交增值税——进项税额	6 500.00
贷：银行存款	53 500.00

六、分期收款商品销售的核算

批发企业对于产销具有季节性的商品、呆滞积压商品等，还可以采取先发商品、分期收款的销售方式。采用这种销售方式事先由业务部门订立"分期收款商品购销合同"，合同内应注明发货日期、分期收款的期限和金额。

分期收款商品销售的业务程序一般是：由业务部门根据"分期收款商品购销合同"，填制"分期收款商品发货单"，然后由储运部门发运商品。财会部门根据"分期收款商品发货单"，借记"发出商品"账户，贷记"库存商品"账户。

商品发出以后，批发企业在合同规定的结算日期，填制专用发票收取货款，等收到分期收款销售商品货款及增值税额时，借记"银行存款"账户，贷记"主营业务收入"账户和"应交税费"账户；同时结转其销售成本，借记"主营业务成本"账户，贷记"发出商品"账户。

【例】 上海交电公司根据分期收款商品购销合同。将 60 只如意牌电冰箱发往光明商厦，该电冰箱购进单价为 1 800 元，销售单价为 2 000 元，增值税税率为 13%，合同规定每月末结算一次货款，收取全部货款的 50%，两个月后全部结清。

(1) 4 月 1 日，发给光明商厦如意牌电冰箱 30 只，作分录如下：

借：发出商品——光明商厦	108 000.00
贷：库存商品——电冰箱类	108 000.00

(2) 4 月 30 日，收到光明商厦付来第一期如意牌电冰箱货款 60 000 元，增值税额 7 800 元。

A. 将收到的款项存入银行，作分录如下：

借：银行存款	67 800.00
贷：主营业务收入	60 000.00
贷：应交税费——应交增值税——销项税额	7 800.00

B. 同时结转分期收款商品的销售成本，作分录如下：

借：主营业务成本——电冰箱类	54 000.00
贷：发出商品——光明商厦	54 000.00

"发出商品"是资产类账户，用以核算企业未满足收入确认条件但已发出商品的成本。企业发出商品时，记入借方；企业在发出商品满足收入确认条件，结转其销售成本时，记入贷方；期末余额在借方，表示企业发出商品的成本。"发出商品"应按购货单位名称分户设置明细分类账。

七、销货退回的核算

批发企业在商品销售后,购货单位发现商品的品种、规格、质量等与购销合同不符等原因而提出退货。经批发企业业务部门同意后,由其填制红字专用发票送各有关部门办理退货手续,财会部门根据储运部门转来的专用发票(记账联)结算货款,并进行账务处理。

【例】 上海百货公司日前销售给上海商厦喜珠牌电热杯 600 只,每只 25 元,增值税税率为 13%。今购货方发现其中 40 只质量不好,要求退货。经业务部门同意,商品已退回并验收入库。以银行存款支付退货款及退还增值税额 1 130 元。作分录如下:

借:主营业务收入——电热杯类 1 000.00
借:应交税费——应交增值税额——销项税额 130.00
　　贷:银行存款 1 130.00

如果退回的商品已经结转了销售成本,那么,同时还应借记"库存商品"账户,贷记"主营业务成本"账户。

八、销售商品退补价的核算

批发企业在商品销售后,发现商品的规格和等级错发、货款计算错误或先按暂定价结算后又正式定价等原因,需要向购货单位退还或补收货款。

实际销售价格低于已经结算货款的价格,为销货退价,销货单位应将多收的差额退还给购货单位。实际销售价格高于已经结算货款的价格,为销货补价,销货单位应向购货单位补收少算的差额。销售商品发生退补价时,先由业务部门填制专用发票予以更正,财会部门审核无误后,据以结算退补价款并进行账务处理。

【例】 上海交电公司日前销售给沪光商厦 200 台 800 W 微波炉,其单价为 480 元,增值税税率为 13%。今发现单价开错,该微波炉单价应为 478 元,开出红字专用发票,应退对方货款 400 元及增值税额 52 元,以银行存款支付。作分录如下:

借:主营业务收入——微波炉类 400.00
借:应交税费——应交增值税——销项税额 52.00
　　贷:银行存款 452.00

以上是销货退价的核算,若发生销货补价时,则借记"银行存款"账户或"应收账款"账户,贷记"主营业务收入"账户和"应交税费"账户。

九、购货单位拒付货款和拒收商品的核算

批发企业在异地商品销售业务中,一般采用发货制,并采用托收承付结算方式,在商品已发运,并向银行办妥托收手续后,即作为商品销售处理。当购货单位收到托收凭证时,发现内附专用发票开列的商品与合同不符,或者与收到的商品数量、品种、规格、质量不符等,就会拒付货款和拒收商品。当财会部门接到银行转来购货单位的"拒绝付款理由书"时,

暂不作账务处理,但应立即通知业务部门,及时查明原因,并尽快与购货单位联系进行协商,然后根据不同的情况作出处理。

对于商品少发的处理有两种情况:如果补发商品,在商品发运后,收到购货单位货款、增值税额及垫付运费时,借记"银行存款"账户,贷记"应收账款"账户;如果不再补发商品,则由业务部门填制红字专用发票,作销货退回处理。

对于商品货款开错的,也应由业务部门填制红字专用发票,财会部门据以作销货退价处理。

对于因商品质量不符要求,或因商品品种、规格发错而退回时,应由储运部门验收入库,财会部门根据转来的红字专用发票作销货退回处理,退回商品的运费列入"销售费用"账户。

对于商品短缺的情况,先要冲减"主营业务收入"账户、"应交税费"账户和"应收账款"账户,再根据具体情况进行账务处理。如属于本企业储运部门责任,应由其填制"财产损失报告单",将商品的短缺金额转入"待处理财产损溢"账户,等领导批准后,再转入"营业外支出"账户。

如果购货单位支付了部分款项,而又拒付了部分款项,应将收到的款项借记"银行存款"账户,对于尚未收到的款项,则仍保留在"应收账款"账户内,在与对方协商解决后,再予以转销。

【例】 上海百货公司销售给福州百货公司玻璃花瓶 500 箱,每箱 80 元,计货款 40 000 元,增值税额 5 200 元,代垫运杂费 400 元,增值税额 36 元,日前已支付。

(1) 9 月 11 日,向银行办妥托收销货款、增值税额和代垫运费的手续,作分录如下:

借:应收账款——福州百货公司	45 636.00	
贷:主营业务收入——器皿类		40 000.00
贷:应交税费——应交增值税——销项税额		5 200.00
贷:应收账款——代垫费税		436.00

(2) 9 月 20 日,银行转来收账通知,福州百货公司支付货款、增值税额及运杂费 41 072.40 元,同时收到"拒绝付款理由书",拒付其中 50 箱花瓶货款、增值税额及该部分商品的费税计 4 563.60 元,作分录如下:

借:银行存款	41 072.40	
贷:应收账款——福州百货公司		41 072.40

(3) 查明原因后,针对不同情况,分别进行账务处理。

A. 如查明该 50 箱花瓶是质量不好,经协商后决定给予 10% 的销货折让,业务部门转来专用发票,退还其货款 400 元,增值税额 52 元。今收到对方汇来的货款、增值税额及该部分商品的费税计 4 111.60 元,作分录如下:

借：主营业务收入　　　　　　　　　　　　　　　　　　　400.00

借：应交税费——应交增值税——销项税额　　　　　　　　52.00

借：银行存款　　　　　　　　　　　　　　　　　　　　4 111.60

　　贷：应收账款——福州百货公司　　　　　　　　　　　　　4 563.60

B. 如查明该 50 箱花瓶是质量不好,商品已退回,业务部门转来红字专用发票,财会部门审核无误后,作分录如下：

借：主营业务收入——器皿类　　　　　　　　　　　　4 000.00

借：应交税费——应交增值税——销项税额　　　　　　523.60

借：销售费用——运杂费　　　　　　　　　　　　　　40.00

　　贷：应收账款——福州百货公司　　　　　　　　　　　　4 563.60

同时汇给福州百货公司退回花瓶的运杂费 45 元,增值税额 4.05 元,作分录如下：

借：销售费用——运杂费　　　　　　　　　　　　　　45.00

借：应交税费——应交增值税——进项税额　　　　　　4.05

　　贷：银行存款　　　　　　　　　　　　　　　　　　　　49.05

十、进货费用的分摊

商品流通企业平时将各种商品发生的采购费用按商品类别在“进货费用”账户中归集,期末应将其在已销商品和期末结存商品之间进行分摊,其计算公式如下：

$$\text{某类商品进货费用分摊率} = \frac{\text{该类商品期初结存进货费用} + \text{该类商品本期增加进货费用}}{\text{该类商品期初余额} + \text{该类商品本期增加额}}$$

某类结存商品应分摊进货费用＝该类商品期末余额×该类商品进货费用分摊率

某类已销商品应分摊进货费用＝该类商品进货费用合计－该类结存商品应分摊进货费用

【例】　上海木材公司“库存商品——圆木类”账户 1 月份期初余额为 363 000 元,本月份增加 312 000 元,期末余额为 355 000 元,“进货费用——圆木类”账户 1 月份期初余额为 19 056 元,本月份增加 16 584 元。1 月 31 日,按商品存销比例分摊进货费用如下：

$$\text{圆木类进货费用分摊率} = \frac{19\,056 + 16\,584}{363\,000 + 312\,000} \times 100\% = 5.28\%$$

圆木类结存商品应分摊进货费用＝355 000×5.28%＝18 744(元)

圆木类已销商品应分摊进货费用＝19 056＋16 584－18 744＝16 896(元)

根据计算的结果,作分录如下：

借：主营业务成本——圆木类——进货费用　　　　　　16 896.00

借：库存商品——圆木类——进货费用　　　　　　　　18 744.00

　　贷：进货费用——圆木类　　　　　　　　　　　　　　35 640.00

通过分摊进货费用后,"主营业务成本"账户反映的是含采购费用的商品销售成本,"库存商品"账户反映的是含采购费用的商品进价,这样就简化了逐一计算商品采购成本的工作。

下月初再将上月月末转入"库存商品"账户的进货费用,重新转回"进货费用"账户。

【例】 2月1日,将上例中"库存商品——圆木类"账户中的进货费用转账,作分录如下:

借:进货费用——圆木类   18 744.00

  贷:库存商品——圆木类——进货费用   18 744.00

"进货费用"是资产类账户,它是"库存商品"账户的附加账户,用以核算企业发生的商品采购费用。企业发生商品采购费用时,记入借方;企业月末按商品存销比例分摊进货费用时,记入贷方,分摊后应无余额。

第三节 数量进价金额核算之三
——储存的核算

商品储存是指商品流通企业已经购进而尚未销售的商品,主要包括库存商品、委托代销商品、受托代销商品和发出商品等。

为了加强对商品储存的核算与管理,批发企业财会部门必须与有关各部门密切配合,做到库存结构合理、商品保管完好、收发制度严密、定期盘点商品,以达到账实相符,并正确计算和结转商品销售成本,以保证企业利润核算的准确性。

一、商品盘点短缺和溢余的核算

批发企业储存的商品是保证市场供应、满足生产和人民生活需要的物质基础。但是,这些商品在储存过程中,由于自然条件或人为原因,可能会引起商品数量上的短缺或溢余以及质量上的变化,因此必须建立和健全各项规章制度,并采取财产清查的措施,以确保商品的安全。财产清查是提高商品储存质量的必要手段,它的方法主要是进行定期盘点和不定期盘点。通过盘点,清查商品在数量上有无短缺损耗和溢余,在质量上有无残次、损坏、变质等情况。同时,通过盘点还可以发现在库存结构上可能出现呆滞冷背商品、销小存大商品等问题,这样就能及时采取措施,减少企业损失,达到保护企业财产安全和改善企业经营管理的目的。

商品盘点是一项细致复杂的工作,必须有领导、有组织、有计划地进行。在盘点前,应根据盘点的范围,确定参加盘点的人员与组织分工,财会部门与储运部门应将有关商品收发业务的凭证全部登记入账,并结出余额,以便与盘点出来的实存数量进行核对。盘点时,要根据商品的特点,采用不同的盘点方法和操作规程,避免发生重复盘、遗漏盘和错盘的现象。盘点以后,由保管人员负责填制"商品盘存表",先根据账面资料填写商品名称、规格、单价及账存数量,再填列实存数量。"商品盘存表"上账存数与实存数如不相符,应填制"商品盘点短缺溢余报告单",一式数联,其中一联转交财会部门,财会部门据以将商品短缺或溢余的金额分别转入"待处理财产损溢"账户,以做到账实相符。等查明原因后,再区别情况,转入各有关账户。

【例】 上海烟糖公司根据盘点的结果,填制"商品盘点短缺溢余报告单"如图表 3-6 所示。

图表 3-6

商品盘点短缺溢余报告单

2021 年 3 月 26 日   金额单位:元

品 名	计量单位	单价	账存数量	实存数量	短 缺		溢 余		原因
					数量	金额	数量	金额	
白砂糖	千克	4.80	25 750	25 740	10	48			
绵白糖	千克	5.40	17 843	17 793	50	270			待查
冰 糖	千克	9.00	9 455	9 560			105	945	
合 计	—	—	—	—		318		945	

(1) 财会部门审核无误后,据以调整库存商品结存额。

A. 根据短缺金额,作分录如下:

借:待处理财产损溢   318.00

    贷:库存商品——食糖类   318.00

B. 根据溢余金额,作分录如下:

借:库存商品——食糖类   945.00

    贷:待处理财产损溢   945.00

(2) 查明原因后的账务处理。

A. 现查明白砂糖短缺 10 千克是自然损耗,经领导批准,予以转账,作分录如下:

借:销售费用——商品损耗   48.00

    贷:待处理财产损溢   48.00

B. 现查明绵白糖短缺 50 千克是商品收发过程中的差错,经领导批准作企业损失处理,作分录如下:

借:营业外支出   270.00

    贷:待处理财产损溢   270.00

C. 现查明冰糖溢余 105 千克,其中 100 千克是销货时少发商品,当即补发对方冰糖

100 千克,其余 5 千克系自然升溢,作分录如下:

借:待处理财产损溢　　　　　　　　　　　　　　　　　945.00
　　　贷:库存商品——食糖类　　　　　　　　　　　　　　900.00
　　　贷:销售费用——商品损耗　　　　　　　　　　　　　 45.00

二、存货成本与可变现净值孰低

(一)存货成本与可变现净值孰低概述

存货成本与可变现净值孰低是指对期末存货按照成本与可变现净值两者之中的低者计量。即当期末存货的成本低于可变现净值时,按存货的成本计价;当期末存货可变现净值低于成本时,则按存货可变现净值计价。可变现净值是指在日常活动中,存货估计的售价减去存货的成本、估计的销售费用以及相关税费后的金额。

存货通常是按照历史成本计价的。然而当期末存货可变现净值低于成本时,表明该存货给企业带来的未来的经济利益低于其账面价值,将会给企业造成损失。按照谨慎性的要求,这种损失应按照存货成本与可变现净值孰低予以确认。

(二)商品可变现净值低于成本的核算

企业在期末,如果由于商品遭受毁损、陈旧过时等原因使其可变现净值低于成本,应将其低于成本的金额计提存货跌价准备。存货跌价准备应按单个商品项目计提。对于数量繁多、单价较低的商品,也可以按商品类别计提。

不同的商品,计提存货跌价准备的核算方法也有所不同,现分别予以阐述。

1. 尚有使用价值和转让价值的商品　　当企业的商品存在下列情况之一的,则属尚有使用价值和转让价值的存货。① 市价持续下跌,并且在可预见的未来无回升的希望。② 企业因商品更新换代,原有商品已不适应新商品的需要;而该商品的市场价格又低于其账面成本。③ 因企业所提供的商品或劳务过时,或者消费者偏好改变,而市场的需求发生变化,导致市场价格逐渐下跌。④ 其他足以证明该商品实质上已经发生减值的情形。

由于这些商品尚有使用价值和转让价值,因此在期末,企业计算出商品可变现净值低于成本的差额时,借记"资产减值损失——存货减值损失"账户,贷记"存货跌价准备"账户。如已计提跌价准备的商品的价值以后又得以恢复,应按恢复增加的数额,借记"存货跌价准备"账户,贷记"资产减值损失——存货减值损失"账户。

【例】　上海交电公司发生商品可变现净值低于成本的有关业务如下:

(1) 2021 年 1 月 31 日,储运部门送来商品可变现净值低于成本报告单,列明 26 英寸凤凰牌自行车 100 辆,成本单价 268 元,可变现净值单价 250 元,估计每辆销售费用 2元,计减值金额 2 000 元,予以转账,作分录如下:

借:资产减值损失——存货减值损失　　　　　　　　　　2 000.00
　　　贷:存货跌价准备　　　　　　　　　　　　　　　　　2 000.00

(2) 2021 年 2 月 15 日,销售 26 英寸凤凰牌自行车 100 辆,每辆 250 元,计货款 25 000 元、增值税额 3 250 元,收到全部账款,存入银行。

A. 反映销售收入,作分录如下:

借:银行存款	28 250.00
贷:主营业务收入	25 000.00
贷:应交税费——应交增值税——销项税额	3 250.00

B. 结转销售成本,作分录如下:

借:主营业务成本	26 800.00
贷:库存商品	26 800.00

(3) 2021 年 2 月 28 日,结转其已计提的存货跌价准备,作分录如下:

借:存货跌价准备	2 000.00
贷:主营业务成本	1 800.00
货:销售费用	200.00

"存货跌价准备"是资产类账户,它是"库存商品""原材料"等存货账户的抵减账户,用以核算企业提取的存货跌价准备。期末企业发生存货可变现净值低于成本时,记入贷方;企业在已计提跌价准备的存货出售、领用或者价值恢复,转销其已计提的跌价准备时,记入借方;期末余额在贷方,表示企业已经计提但尚未转销的存货跌价准备。

2. 完全丧失使用价值和转让价值的商品　　当企业的商品存在以下一项或若干项情况的,则属完全丧失使用价值和转让价值的商品。① 已霉烂变质的商品。② 已过期且无转让价值的商品。③ 其他足以证明已无使用价值和转让价值的商品。

这些商品已经完全丧失了使用价值和转让价值,届时,应区别情况进行核算。企业对于未计提过跌价准备的商品,应按其账面价值,借记"资产减值损失——存货减值损失"账户,贷记"库存商品"等账户。对于事前曾计提过跌价准备的商品,则应按该商品已计提的跌价准备,借记"存货跌价准备"账户;按商品的账面价值,贷记"库存商品"账户;两者的差额则应列入"资产减值损失——存货减值损失"账户的借方。

三、商品非正常损失的核算

企业的商品有时会发生火灾、水灾等非正常损失,那么商品购进时所发生的进项税额将不能从销项税额中抵扣,因此要按照规定从进项税额中予以转出。届时,按非正常损失商品的成本及其进项税额,借记"待处理财产损溢"账户;按非正常损失商品的成本,贷记"库存商品"账户;按非正常损失商品的进项税额,贷记"应交税费——应交增值税——进项税额转出"账户。然后与保险公司联系,按保险公司承诺理赔的金额,借记"其他应收款"账户;按作为企业损失的金额,借记"营业外支出"账户;按损失的总金额,贷记"待处理财产损溢"账户。

【例】 精工针织品公司因火灾损失毛巾一批。

(1)火灾损失毛巾的成本为 10 000 元,进项税额为 1 300 元,予以转账,作分录如下:

借:待处理财产损溢	11 300.00
贷:库存商品——毛巾类	10 000.00
贷:应交税费——应交增值税——进项税额转出	1 300.00

(2)与保险公司联系后,保险公司同意赔偿 7 000 元,其余部分作为企业损失,作分录如下:

借:其他应收款——保险公司	7 000.00
借:营业外支出	4 300.00
贷:待处理财产损溢	11 300.00

四、库存商品账户的设置与登记方法

批发企业财会部门为了加强对库存商品的管理和控制,正确计算库存商品的期末结存额与商品销售成本,采取数量进价金额核算,对库存商品实行总账、类目账、明细账三级控制。

(一)库存商品类目账的设置与登记方法

库存商品类目账又称大类账,是指按商品类别分户设置,登记其收入、发出与结存情况的账簿。一般采用数量金额三栏式账页(见图表 3-16),它是处于总账与明细账之间的二级账户。由于批发企业商品品种规格繁多,通过类目账可以加强和完善对商品明细账的数量和金额的双重控制,有利于账账之间的核对,如有不符时,可缩小查找的范围;通过类目账集中计算商品销售成本,可以简化计算工作,减轻工作量,还有利于掌握各类商品进、销、存的动态和毛利,为企业领导经营决策提供依据。

库存商品类目账的登记方法,因企业计算和结转商品销售成本的时间不同而有所区别。逐日结转商品销售成本的企业,应根据每日收入与发出商品的数量和金额,登记库存商品类目账;定期结转商品销售成本的企业,应根据每日收入与非销售发出商品的数量和金额,登记库存商品类目账;对于每日销售的商品平时只登记数量,待月末计算出商品销售成本后,再将金额一次记入库存商品类目账。

(二)库存商品明细账

库存商品明细账是指按商品的品名、规格、等级分户设置,登记其收入、发出和结存情况的账簿。一般采用数量金额三栏式账页,以反映和控制每一种商品的数量和金额。

第三章 商品流通的核算(一)

图表 3-7

"库存商品"明细账

类别＿＿＿＿　品名＿＿＿＿　金额单位　元
货号＿＿＿＿　规格＿＿＿＿　数量单位　只

凭证号数	2021年 月	日	摘要	收入 购进数量	收入 其他数量	收入 单价	收入 金额	发出 销售数量	发出 其他数量	发出 单价	发出 金额	结存 数量	结存 单价	结存 金额	牌价 甲库	牌价 乙库	待运
			购进	24 000		1.55	37 200.00					24 000			24 000		
			进货补价			0.05	1 200.00					24 000			24 000		
			进货退出	500		1.60	800.00					23 500			23 500		
			销售					12 000				11 500			11 500		
			销货退回					1 000				12 500			12 500		
			分期收款发出商品						7 000	1.60	11 200.00	5 500			5 500		
			商品加工收回		6 000	1.60	9 600.00					11 500			11 500		
			商品发出加工						5 000	1.60	8 000.00	6 500			6 500		
			商品盘点溢余		10	1.60	16.00					6 510			6 510		
			商品盘点短缺						15	1.60	24.00	6 495			6 495		
			开单待运									6 495			2 495		4 000

由于企业的商品销售成本主要是通过库存商品明细账进行计算的,因此要求库存商品明细账能够正确地反映商品的购进、销售和结存的情况。而库存商品明细账的记账方法与一般明细账有所不同,现说明如下:

1. 购进　　根据商品入库凭证记入该账户收入方的购进数量、单价和金额栏。

2. 销售　　根据商品销售的发货凭证,记入该账户的发出方。若逐日结转成本的,应登记销售数量、单价和金额栏;若定期结转成本的,则平时只登记销售数量栏,不登记单价和金额栏,销售成本金额在月末一次登记。

3. 进货退出　　根据进货退出凭证,用红字记入该账户收入方的购进数量和金额栏,表示购进的减少,并用蓝字登记单价。

4. 销货退回　　根据销货退回凭证记入该账户的发出方。若逐日结转成本的,用红字登记销售数量栏和金额栏,用蓝字登记单价栏;若定期结转成本的,平时只用红字登记销售数量栏,不登记单价和金额栏,红字表示销售的减少。

5. 购进商品退补价　　将退补价款的差额记入收入方的单价和金额栏,退价用红字反映,补价用蓝字反映。

6. 发出商品　　根据发出商品相关凭证记入该账户发出方的其他数量、单价和金额栏。

7. 商品加工收回　　根据商品加工成品收回单记入该账户收入方的其他数量、单价和金额栏。

8. 商品发出加工　　根据商品加工发料单记入该账户发出方的其他数量、单价和金额栏。

9. 商品溢余　　根据商品溢余报告单记入该账户收入方的其他数量、单价和金额栏。

10. 商品短缺　　根据商品短缺报告单记入该账户发出方的其他数量、单价和金额栏。

库存商品明细账的格式及具体登记方法列示如图表 3-7 所示。

现将库存商品总账账户与库存商品类目账及库存商品明细账三者之间的相互关系如图表 3-8 所示。

图表 3-8

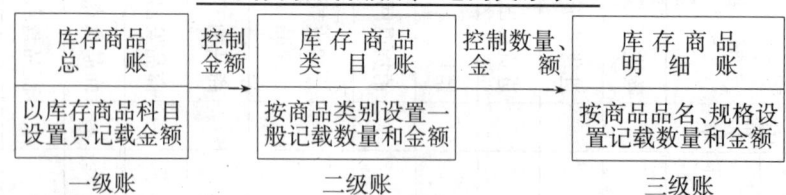

库存商品各级账户之间关系表

库存商品明细账反映的是会计库存。会计库存以商品验收入库作为商品收入,以商品销售的入账时间作为商品发出。财会部门通过会计库存全面掌握商品资金的运用情况,据以了解库存商品动态,加强商品资金管理。

(三)商品保管账

商品保管账是储运部门按不同货号、品名、规格和等级分户,记载保管商品收、发、存数量的明细账。只登记数量,不登记金额,商品保管账反映的是保管库存。

保管库存以商品验收入库作为商品收入,不论货款是否结算,以商品出库作为商品发出。储运部门通过保管库存,掌握仓库中商品收、发、存的数量,明确物资保管责任。

(四)商品调拨账

商品调拨账是业务部门按不同货号、品名、规格和等级分户,登记可供调拨销售商品收、发、存数量的明细账,也只登记数量,不登记金额。商品调拨账反映的是可调库存。

可调库存又称业务库存,以商品验收入库作为商品收入,不论商品是否出库,货款是否结算,以开出专用发票作为商品发出。业务部门通过可调库存,掌握随时可以调拨销售的库存商品数量。

异地商品销售业务在采用发货制时,从业务部门开单到提货发运办妥托收手续,一般难以在当天完成。可调库存以开出专用发票作为商品发出,而会计库存以办妥托收手续商品销售成立时才作为商品发出。由于双方入账时间不同,因此将处在开出专用发票到办妥托收手续前的商品称为待运商品。可调库存加上待运商品,应等于会计库存。

综上所述,财会、储运和业务三个部门都从自身的需要对库存商品进行了明细分类核算。在实际工作中,为了简化记账手续,财会部门和业务部门也可以合并设置一套库存商品明细账,实行"两账合一"。具体做法是在库存商品明细账的"存放地点"栏内,设立"待运"分栏,见图表3-7。异地销售业务在开出专用发票时,将商品从原存放地点栏转入待运分栏内,作为"移库"处理,不改变库存商品明细账内的结存数量,当该批商品办妥托收手续作商品销售处理时,再注销待运分栏内的数量。这样,库存商品明细账内的结存数量表示会计库存,待运分栏内的数量表示待运商品,各仓库内数量之和则为可调拨库存。

五、商品销售成本的计算和结转

商品流通企业在商品销售后,一方面要核算取得的商品销售收入;另一方面还需要计算并结转商品销售成本。

按照商品销售成本结转的时间分,有逐日结转和定期结转两种。逐日结转是逐日计算出商品销售成本后,逐日从"库存商品"账户上转销,故又称随销随转。这种方法能随时反映库存商品的结存金额,但工作量较大。定期结转是在期末即月末集中计算出商品销售成本后,从"库存商品"账户上一次转销,故又称月末一次结转。这种方法,工作量较小,但不能随时反映库存商品的结存金额。

按照商品销售成本计算的程序分,有顺算成本和逆算成本两种。顺算成本是先计算各种商品的销售成本后,再计算各种商品的结存金额。这种方法一般采用逐日结转,所以工作量较大。逆算成本又称倒挤成本，是先计算各种商品的期末结存金额，然后据以计算商品销售成本。这种方法一般采用定期结转，所以工作量较小。

按照商品销售成本的结转方式分，有分散结转和集中结转两种。分散结转先按每一库存商品明细账户逐户计算出商品销售成本，逐户转销，然后加总后作为类目账结转商品销售成本的依据。采用这种方法，账簿记录清楚完整，有利于加强对各种商品的经营业绩进行分析考核，但工作量较大。集中结转先在每一库存商品明细账上只结出期末结存金额，再按类目加总后作为类目账的期末结存金额，然后在类目账上计算并结转商品销售成本。这种方法可以简化计算和记账手续，但账簿记录不够完整，只能按商品类别来考核分析其经营业绩。

计算商品销售成本是一项重要而繁重的工作，它直接关系到期末库存商品的价值及企业的经营成果是否正确。因此，就有必要根据各企业的特点，采用适当的方法，正确地计算商品销售成本。一旦确定了计算商品销售成本的方法后，在同一会计年度内不得随意变更。计算商品销售成本的方法，主要有个别计价法、加权平均法、移动加权平均法、先进先出法和毛利率推算法等。

（一）个别计价法

个别计价法又称分批实际进价法，是指认定每一件或每一批商品的实际进价，计算该件或该批商品销售成本的一种方法。在整批购进分批销售时，可以根据该批商品的实际购进单价，乘以销售数量来计算商品销售成本。其计算公式如下：

$$商品销售成本 = 商品销售数量 \times 该件（批次）商品购进单价$$

个别计价法的具体计算方法见图表 3-9 至图表 3-11。

采用个别计价法，对每件或每批购进的商品应分别存放，并分户登记库存商品明细账。对每次销售的商品，应在专用发票上注明进货件别或批次，便于按照该件或该批的实际购进单价计算商品销售成本。

采用个别计价法计算商品销售成本，可以逐日结转商品销售成本。这种方法计算的商品销售成本最为准确，但计算起来工作量最为繁重，适用于能分清进货件别或批次的库存商品、直运商品、委托代销商品和发出商品的核算等。

（二）加权平均法

加权平均法是指在一个计算期内（一般为 1 个月）综合计算每种商品的加权平均单价，再将其乘以销售数量，计算商品销售成本的一种方法。其计算公式如下：

$$加权平均单价 = \frac{期初结存商品金额 + 本期收入商品金额 - 本期非销售发出商品金额}{期初结存商品数量 + 本期收入商品数量 - 本期非销售发出商品数量}$$

$$本期商品销售成本 = 本期商品销售数量 \times 加权平均单价$$

在计算公式中，本期非销售发出商品数量和金额，是指除销售以外其他的商品发出，包括发出商品、发出加工商品、盘缺商品等。这些非销售发出的商品,在发生时,即在库存商品账户予以转销,所以在期末计算加权平均单价时要剔除这些因素。

在日常工作中,由于计算加权平均单价往往不能整除,计算的结果必然会产生尾差,为了保证期末库存商品数额的准确性,可以采用逆算成本的方法。其计算公式如下:

$$期末结存商品金额=期末结存商品数量×加权平均单价$$

$$\frac{本期商品}{销售成本}=\frac{期初结存}{商品金额}+\frac{本期收入}{商品金额}-\frac{本期非销售发}{出商品金额}-\frac{期末结存}{商品金额}$$

加权平均法的具体计算方法见图表 3-9 和图表 3-12。

采用加权平均法计算出来的商品销售成本较为均衡,也较为准确,但计算的工作量较大,一般适用于经营品种较少,或者前后购进商品的单价相差幅度较大,并定期结转商品销售成本的企业。

(三)移动加权平均法

移动加权平均法是指以各次收入数量和金额与各次收入前的数量和金额为基础,计算出移动加权平均单价,再将其乘以销售数量,计算商品销售成本的一种方法。其计算公式如下:

$$\frac{移动加权}{平均单价}=\frac{本次收入前结存商品金额+本次收入商品金额}{本次收入前结存商品数量+本次收入商品数量}$$

$$商品销售成本=商品销售数量×移动加权平均单价$$

移动加权平均法的具体计算方法分别见图表 3-9 和图表 3-13。

采用移动加权平均法,计算出来的商品销售成本比加权平均法更为均衡和准确,但计算起来的工作量大,一般适用于经营品种不多,或者前后购进商品的单价相差幅度较大、并逐日结转商品销售成本的企业。

(四)先进先出法

先进先出法是指根据先购进先销售的原则,以先购进商品的价格,先作为商品销售成本的一种计算方法。这种方法根据需要,可以用顺算成本的方法逐日结转成本,也可以用逆算成本的方法定期结转成本。

采用顺算成本方法计算商品销售成本的具体做法是:先按最早购进商品的进价计算,销售完了,再按第二批购进商品的进价计算,以此类推。如果销售的商品属于前后两批购进的,单价又不相同时,就要分别用两个单价计算。其具体计算方法分别见图表 3-9 和图表 3-14。

采用逆算成本方法计算商品销售成本的具体做法是:根据先进先出原则的推理也就是后进后出的原则,在先计算期末结存商品金额时,若期末结存商品数量小于或等于最后一批购进商品的数量,即按该批商品的单价计算期末结存商品金额;若期末结存商品数量大于最后一批购进商品的数量,即从该批商品开始向前推算,直到与期末结存商品数量相等时为止,然后,将这一系列金额相加,其总和即为期末结存商品金额。计算出期末结存商品金额后,再采用逆算成本的方法,计算本期商品销售成本。其具体计算方法见图表3-9和图表3-15。

采用先进先出法计算商品销售成本,由于期末结存商品金额是根据近期进价成本计价的,因此,它的价值接近于市场价格,但每次销售要根据先购进的单价计算,工作量较大,一般适用于核算收、发货次数不多的商品。

(五)毛利率推算法

毛利率推算法是指根据本期商品销售收入乘以上季度实际毛利率,或本季度计划毛利率,推算出本期商品销售毛利,进而推算出本期商品销售成本的一种方法。其计算公式如下:

本期商品销售毛利＝本期商品销售收入×上季度实际毛利率

本期商品销售成本＝本期商品销售收入－本期商品销售毛利

上列计算公式可以化简如下:

本期商品销售成本＝本期商品销售收入×(1－上季度实际毛利率)

采用毛利率推算法,不是按库存商品品名、规格逐一计算商品销售成本,而是按商品类别进行计算,大大简化了企业的计算工作。由于同一类别内商品的毛利率不尽相同,因此,计算出来的商品销售成本不够准确,一般适用于经营商品品种较多、按月计算商品销售成本有困难的企业。

不论采用哪一种计算方法,都要根据计算的结果,编制结转商品销售成本的会计分录,届时借记"主营业务成本"账户,贷记"库存商品"账户。

现举例说明上述五种商品销售成本的计算方法。

【例】 上海百货公司1月份有关不锈钢保温杯的期初余额、进销业务记录等有关资料如图表3-9所示。

图表3-9

不锈钢保温杯期初余额及进销业务资料

金额单位:元

| 商品类别 | 货号 | 品　名 | 数量单位 | 期　初　余　额 | | | 销售牌价 | 购进批次 |
				数　量	单　价	金　额		
保温杯	105	不锈钢保温杯	只	4 000	22.00	88 000.00	24.00	104

(续表)

本 月 份 进 销 业 务 记 录

2021年		业务	购　进				销　售			
月	日	号数	批次	数量	单价	金　额	批次	数量	单价	金　额
1	2	1	001	2 000	22.15	44 300				
	5	2					104	2 000	24.00	48 000
	10	3					001	1 000	24.00	24 000
	14	4	002	2 500	22.16	55 400				
	18	5					002	1 200	24.00	28 800
	21	6					104 002	1 200 1 100	24.00	55 200
	26	7	003	3 000	22.20	66 600				
	30	8					104	780	24.00	18 720
1	31	合计		7 500		166 300		7 280		174 720

1月31日盘缺①　　　　数量：20　购进批次：104

(1) 用个别计价法计算商品销售成本(见图表3-10)。

图表3-10

成 本 计 算 表

金额单位：元

销售日期	销售批次	商品销售数量(只)	成本单价	商品销售成本
(1)	(2)	(3)	(4)	(5)=(3)×(4)
1月5日	104	2 000	22.00	44 000
1月10日	001	1 000	22.15	22 150
1月18日	002	1 200	22.16	26 592
1月21日	104 002	1 200 1 100	22.00 22.16	26 400 24 376
1月30日	104	780	22.00	17 160
合　　计		7 280	—	160 678

---

①　盘缺商品的计价：采用个别计价法的，根据盘缺商品购进批次的购进单价；采用毛利率推算法的，根据期初结存商品的单价；采用其他各种方法的，如采用逆算成本法的，在难以确定盘缺商品单价时，可根据期初结存商品的单价；如采用顺算成本法的则根据盘缺时结存商品的单价计价。

采用这种方法,一般是逐日结转商品销售成本的。结转成本后,1月31日砂光铝锅"库存商品"明细账的结存数额如下(见图表3-11):

图表3-11

库存商品结存金额计算表

金额单位:元

批　　　次	结存数量(只)	成本单价	结存金额
001	1 000	22.15	22 150
002	200	22.16	4 432
003	3 000	22.20	66 600
合　　　计	4 200	—	93 182

(2)用加权平均法计算商品销售成本。

$$加权平均单价① = \frac{88\,000 + 166\,300 - 440}{4\,000 + 7\,500 - 20} = 22.113\,2(元)$$

期末结存商品金额 = 4 200 × 22.113 2 = 92 875.44(元)

本期商品销售成本 = 88 000 + 166 300 - 440 - 92 875.44 = 160 984.56(元)

(3)用移动加权平均法计算商品销售成本。

(4)用先进先出法计算商品销售成本:① 用先进先出法顺算成本。② 用先进先出法逆算成本。

(5)用毛利率推算法计算商品销售成本。

不锈钢保温杯上季度实际毛利率为7.87%

不锈钢保温杯本月份销售收入 = 7 280 × 24 = 174 720(元)

不锈钢保温杯本月份销售成本 = 174 720 × (1 - 7.87%) = 160 969.54(元)

不锈钢保温杯期末结存金额 = 88 000 + 166 300 - 440 - 160 969.54 = 92 890.46(元)

(六)不同成本计算方法的结合应用

由于毛利率推算法计算简便,因此,采用逆算成本方法计算商品销售成本的企业,在毛利率相对稳定的情况下,为了既能准确计算商品销售成本,又能减少计算工作量、提高工作效率,可以将毛利率推算法与先进先出法或加权平均法结合应用。即在每个季度的前两个月采用毛利率推算法,第3个月采用先进先出法或加权平均法计算商品销售成本。

---

① 在计算加权平均单价时,若不能整除,应保留四位小数,第五位四舍五入。采用其他的方法在计算单价时均应如此。

图表 3-12

"库存商品"明细账

类别：保温杯　货号：105　品名：不锈钢保温杯　规格：500 ml　数量单位：只　金额单位：元　售价：24.00 元

2021年 月	日	凭证号数	摘要	收入 购进数量	其他数量	单价	金额	发出 销售数量	其他数量	单价	金额	结存 数量	单价	金额
1	1		余额									4 000	22.00	88 000.00
	3	1	购进	2 000		22.15	44 300					6 000		
	5	2	销售					2 000				4 000		
	10	3	销售					1 000				3 000		
	14	4	购进	2 500		22.16	55 400					5 500		
	18	5	销售					1 200				4 300		
	21	6	销售					2 300				2 000		
	26	7	购进	3 000	—	22.20	66 600					5 000		
	30	8	销售					780				4 220		
	31	9	盘缺						20	22.00	440.00	4 200		
	31	10	结转销售成本								160 984.56	4 200	22.113 2	92 875.44
1	31		本月合计	7 500			166 300	7 280	20		161 424.56	4 200	22.113 2	92 875.44

图表 3-13

"库存商品"明细账

类别：保温杯　　货号：105　　品名：不锈钢保温杯　　规格：500 ml　　数量单位：只　　金额单位：元　　牌价：24.00 元

2021年		凭证号数	摘要	收入				发出				结存		
月	日			购进数量	其他数量	单价	金额	销售数量	其他数量	单价	金额	数量	单价	金额
1	1		余额									4 000	22.00	88 000.00
	2	1	购进	2 000		22.15	44 300					6 000	22.05	132 300.00
	5	2	销售					2 000		22.05	44 100.00	4 000	22.05	88 200.00
	10	3	销售					1 000		22.05	22 050.00	3 000	22.05	66 150.00
	14	4	购进	2 500		22.16	55 400					5 500	22.10	121 550.00
	18	5	销售					1 200		22.10	26 520.00	4 300	22.10	95 030.00
	21	6	销售					2 300		22.10	50 830.00	2 000	22.10	44 200.00
	26	7	购进	3 000		22.20	66 600					5 000	22.16	110 800.00
	30	8	销售					780		22.16	17 284.80	4 220	22.16	93 515.20
	31	9	盘缺						20	22.16	443.20	4 200	22.16	93 072.00
1	31		本月合计	7 500			166 300	7 280	20		161 228.00	4 200	22.16	93 072.00

1 月 2 日加权平均单价＝$\dfrac{88\,000＋44\,300}{4\,000＋2\,000}$＝22.05(元)

1 月 14 日加权平均单价＝$\dfrac{66\,150＋55\,400}{3\,000＋2\,500}$＝22.10(元)

1 月 26 日加权平均单价＝$\dfrac{44\,200＋66\,600}{2\,000＋3\,000}$＝22.16(元)

图表3-14

"库存商品"明细账

类别：保温杯　货号：105　品名：不锈钢保温杯　规格：500 ml　数量单位：只　金额单位：元　牌价：24.00 元

2021年 月	日	凭证号数	摘要	收入 其他数量	购进数量	单价	金额	发出 销售数量	其他数量	单价	金额	结存 数量	单价	金额
1	1		余额									4 000	22.00	88 000.00
	2	1	购进		2 000	22.15	44 300					6 000	4 000×22.00 2 000×22.15	132 300.00
	5	2	销售					2 000		22.00	44 000.00	4 000	2 000×22.00 2 000×22.15	88 300.00
	10	3	销售					1 000		22.00	22 000.00	3 000	1 000×22.00 2 000×22.15	66 300.00
	14	4	购进		2 500	22.16	55 400					5 500	1 000×22.00 2 000×22.15 2 500×22.16	121 700.00
	18	5	销售					1 200		1 000×22.00 200×22.15	26 430.00	4 300	1 800×22.15 2 500×22.16	95 270.00
	21	6	销售					2 300		1 800×22.15 500×22.16	50 950.00	2 000	22.16	44 320.00
	26	7	购进		3 000	22.20	66 600					5 000	2 000×22.16 3 000×22.20	110 920.00
	30	8	销售					780		22.16	17 284.80	4 220	1 220×22.16 3 000×22.20	93 635.20
	31	9	盘缺						20	22.16	443.20	4 200	1 200×22.16 3 000×22.20	93 192.00
1	31		本月合计		7 500		166 300	7 280	20		161 108.00	4 200	1 200×22.16 3 000×22.20	93 192.00

图表3-15

类别：保温杯　货号：105　品名：不锈钢保温杯　规格：500 ml　数量单位：只　金额单位：元　牌价：24.00元

"库存商品"明细账

2021年		凭证号数	摘要	收入				发出				结存		
月	日			购进数量	其他数量	单价	金额	销售数量	其他数量	单价	金额	数量	单价	金额
1	1		余额									4 000	22.00	88 000
	2	1	购进	2 000		22.15	44 300					6 000		
	5	2	销售					2 000				4 000		
	10	3	销售					1 000				3 000		
	14	4	购进	2 500		22.16	55 400					5 500		
	18	5	销售					1 200				4 300		
	21	6	销售					2 300				2 000		
	26	7	购进	3 000		22.20	66 600					5 000		
	30	8	销售					780				4 220		
	31	9	盘缺						20	22.00	440	4 200		
	31	10	结转销售成本						20		160 668	4 200	1 200×22.16 3 000×22.20	93 192
1	31		本月合计	7 500			166 300	7 280	20		161 108	4 200	1 200×22.16 3 000×22.20	93 192

期末结存商品金额＝3 000×22.20＋1 200×22.16＝93 192（元）
商品销售成本＝88 000＋166 300－440－93 192＝160 668（元）

【例】　上海百货公司不锈钢锅类内有 24 cm 不锈钢锅和 20 cm 不锈钢锅两种商品，在第 1 季度内，前 2 个月采用毛利率推算法，3 月份采用先进先出法，其库存商品类目账和明细账记载如图表 3-16 至图表 3-18 所示。

图表 3-16

"库存商品"类目账

商品类别：不锈钢锅　　　　　　　　　　　　　　　　数量单位：只　金额单位：元

2021年		凭证号数	摘　要	收　入		发　出		结　存	
月	日			数量	金　额	数量	金　额	数量	金　额
1	1		上年结转					2 200	56 900.00
	15		购　进	1 800	46 676.00			4 000	
	25		销　售			1 780		2 220	
	31		结转商品销售成本				46 060.28	2 220	57 515.72
2	10		购　进	1 800	45 698.00			4 020	
	20		销　售			1 780		2 240	
	28		结转商品销售成本				45 472.12	2 240	57 741.60
3	5		购　进	1 700	43 660.00			3 940	
	30		销　售			1 840		2 100	
	31		结转商品销售成本				47 063.60	2 100	54 338.00

图表 3-17

"库存商品"明细账

商品类别：不锈钢锅类　品名：24 cm 不锈钢锅　数量单位：只　金额单位：元　牌价：30.00 元

2021年		凭证号数	摘　要	收　入		发出数量	结　存		
月	日			数量	单价		数量	单　价	金额
1	1		上年结转				1 200	27.50	33 000
	15		购　进	1 000	27.54		2 200		
	25		销　售			960	1 240		
2	10		购　进	700	27.60		1 940		
	20		销　售			800	1 140		
3	5		购　进	800	27.62		1 940		
	30		销　售			840	1 100	300×27.60 800×27.62	20 376

图表 3-18

"库存商品"明细账

商品类别：<u>不锈钢锅类</u>　品名：<u>20 cm 不锈钢锅</u>　数量单位：<u>只</u>　金额单位：<u>元</u>　牌价：<u>26.00 元</u>

| 2021年 | | 凭证号数 | 摘　要 | 收　入 | | 发出数量 | 结　　存 | | |
月	日			数量	单价		数量	单　价	金额
1	1		上年结转				1 000	23.90	23 900
	15		购　进	800	23.92		1 800		
	25		销　售			820	980		
2	10		购　进	1 100	23.98		2 080		
	20		销　售			980	1 100		
3	5		购　进	900	23.96		2 000		
	30		销　售			1 000	1 000	100×23.98 900×23.96	23 962

采用这一方法,其商品销售成本在库存商品类目账上计算和结转。库存商品类目账结存栏平时只反映商品的数量,等月末结转商品销售成本时才反映结存商品的金额。

上例中不锈钢锅类商品第一季度的销售收入为：1 月份 50 120 元；2 月份 49 480 元；3 月份 51 200 元。

该类别商品上季度的实际毛利率为 8.10%。

1 月份不锈钢锅类商品销售成本＝50 120×(1－8.10%)＝46 060.28(元)

2 月份不锈钢锅类商品销售成本＝49 480×(1－8.10%)＝45 472.12(元)

3 月份采用倒轧商品销售成本的方法,先在"库存商品"明细账上用先进先出法计算商品结存金额,然后将该类别所属的"库存商品"明细账的结存金额相加,就是该类别商品类目账上的期末余额。"库存商品"明细账的结存栏内,平时只反映数量,只有在季末才反映其结存金额。

不锈钢锅类库存商品类目账 3 月末余额＝30 376.00＋23 962.00＝54 338.00(元)

3 月份不锈钢锅类商品销售成本＝57 741.60＋43 660.00－54 338.00＝47 063.60(元)

对上述业务,如果 3 个月全部采用先进先出法计算,则不锈钢锅类所属的"库存商品"明细账每个月都要计算出期末结存金额,加总后作为不锈钢锅类类目账的期末结存金额,进而倒轧每个月的商品销售成本。现将上列资料每个月都采用先进先出法的计算结果列示如图表 3-19。

图表 3-19

成本计算结果表

单位：元

项目 月份	期初结存 商品金额	本期收入 商品金额	期末结存 商品金额	本期商品销售成本
(1)	(2)	(3)	(4)	(5)=(2)+(3)-(4)
1 月份	56 900.00	46 676.00	57 578.00	45 998.00
2 月份	57 578.00	45 698.00	57 815.60	45 460.40
3 月份	57 815.60	43 660.00	54 338.00	47 137.60

兹将两种方法计算商品销售成本的结果对比如图表 3-20 所示。

图表 3-20

两种方法计算商品销售成本结果对比表

单位：元

时　　期	毛利率推算法 结合先进先出法	先进先出法	差　异　数
1 月份	46 060.28	45 998.00	+62.28
2 月份	45 472.12	45 460.40	+11.72
3 月份	47 063.60	47 137.60	-74.00
第一季度	138 596.00	138 596.00	0

通过对比可以看出：虽然 3 个月的商品销售成本各不相同,但从整个季度来看,两种方法计算的商品销售成本还是一致的。用毛利率推算法与其他成本计算方法结合应用,虽然前 2 个月的成本计算不够准确,但是在每个季度的第 3 个月,既结转了当月的商品销售成本,又调整了该季度前 2 个月多转或少转商品销售成本的份额。因此,两种方法的结合应用,既减少了计算的工作量,又保证了核算资料的准确性,达到事半功倍之效果。

第四节　农副产品的核算

农副产品是农、林、牧、副、渔业生产产品的总称。农副产品收购企业也采用数量进价金额核算。

一、农副产品购进的核算

(一)农副产品购进的业务程序

农副产品的交售者主要是集体或个体的农、林、牧、副、渔业的生产者,商品流通企业必须严格按照规定的质量标准和收购价格,做好评级、验质、定价、点数、过秤、开票和结算工作。由于农副产品的生产与工业品的生产不同,它受自然条件的制约,生产有一定的季节性,因此,农副产品收购有旺季和淡季之分。同时农副产品的品种、规格、等级复杂,又不易保管,容易变质,所以需要多设收购网点,配备必要的设备和人员,以便利生产者交售,并筹备好必要的收购资金,做好农副产品的收购工作。

商品流通企业收购农副产品的业务程序一般是:经过评级、验质、定价、过秤后,由收购员填制"收购凭证",一式数联,一联由收货员作为农副产品验收入库的依据,一联交付款员复核后据以支付货款,一联给交售方作为其交售农副产品的凭证。

(二)农副产品购进的核算

由于农、林、牧、副、渔产品生产分散,为了便于收购,有的商品流通企业委托其他企业代购,需要支付代购企业代购费用和手续费,因此,农副产品的采购成本由买价和代购费用组成。此外,税法规定对农业产品的进项税额,按买价依照 9% 的扣除率计算,其计算公式如下:

$$购进农业产品进项税额＝买价×扣除率(9\%)$$

这样农业产品的采购成本由买价减去进项税额再加上代购费用组成。农副产品的购进按收购方式的不同,可分为直接购进和委托代购两种。

1. **农副产品直接购进的核算**　直接购进是指企业直接向交售人收购农副产品的方式。这是商品流通企业主要采用的收购方式,其核算方法与前述的数量进价金额核算基本相同。企业对其所属的报账制单位,一般根据收购计划和淡旺季节等不同情况拨给一定数额的备用金。备用金只能用于商品收购和与其有关的费用开支,不得挪作他用,其使用和补充通常采用报账付款的方法。

报账付款是指拨款单位先拨付一定数额农副产品收购的铺底资金给收购单位,收购单位使用后,向拨款单位报送"农副产品收购汇总表",拨款单位据以补足其收购的铺底资金。这种方式适用于收购农副产品的品种、数量和资金需要比较稳定的单位。

【例】　奉贤食品公司收购生猪,对其所属的报账单位南桥收购站采用报账付款方式。

(1)根据南桥收购站收购业务的需要拨付其收购农副产品的铺底资金 75 000 元,当即从银行汇付,作分录如下:

借:其他应收款——南桥收购站　　　　　　　　　　　　　　　　75 000.00
　　贷:银行存款　　　　　　　　　　　　　　　　　　　　　　　　　　75 000.00

(2)南桥收购站报来"农业产品收购汇总表",计收购生猪金额60 000元,其中9%作为进项税额,经审核无误,当即以银行存款补足其铺底资金,作分录如下:

借:在途物资——南桥收购站	54 600.00
借:应交税费——应交增值税——进项税额	5 400.00
贷:银行存款	60 000.00

(3)生猪采购完毕,结转生猪的采购成本,作分录如下:

借:库存商品——南桥收购站	54 600.00
贷:在途物资——南桥收购站	54 600.00

2. 农副产品委托代购的核算　　委托代购是指商品流通企业在未设收购网点的地区,委托其他企业代购的一种收购农副产品的方式。采用这一方式,代购资金一般由受托单位自行解决。委托单位除了要承担代购农副产品的收购价格外,还要承担代购费用和代购手续费。

委托代购的农副产品,其代购费用有"费用包干"和"实报实销"两种方式。

代购费用包干是指委托单位只按代购额的一定比例支付代购费用,如实际发生的代购费用超过包干定额费用,由代购单位负担,如有节余,作为其收益,采用这种方式能促进代购单位改善经营管理,精打细算,节约费用开支。

代购费用实报实销是指委托单位根据受托单位实际支出的代购费用给予报销。这种方式一般在代购费用难以预先确定时采用。

无论代购费用采用包干方式,还是采用实报实销方式,发生的代购费用和代购手续费均应计入农副产品成本。

【例】　松江食品公司委托牛桥购销站代购鸭蛋3 000千克,合同规定每千克收购价9元,计收购金额27 000元,代购包干费用率为5%,收购手续费率为5.5%,鸭蛋已运到。

(1)财会部门将业务部门送来的商品验收单进行审核,审核无误后,将全部收购款项汇付对方,按收购金额的9%作为进项税额,作分录如下:

借:在途物资——牛桥购销站	27 405.00
借:应交税费——应交增值税——进项税额	2 430.00
贷:银行存款	29 835.00

(2)鸭蛋已由第一仓库全部验收入库,结转鸭蛋的采购成本,作分录如下:

借:库存商品——第一仓库	27 405.00
贷:在途物资——牛桥购销站	27 405.00

(三)农副产品预购的核算

农副产品预购是国家为了支持一些主要农副产品的生产,以保证收购计划的完成,对一些主要农副产品实行预购的形式,由收购企业与生产单位或个人签订预购合同,明确规定预购农副产品的品种、等级、数量、价格、发放定金的时间和金额、交货和收回定金的时间等。

预购定金的款项来源由收购企业根据国家政策的规定,向银行办理农副产品预购定金借款。企业取得和归还借款时,通过"短期借款"账户核算;发放和收回预购定金时,通过"预付账款"账户核算。

【例】 沈庄供销社与李江专业户签订预购棉花合同,预购棉花合同规定,预购棉花90 000元,按收购金额发放预购定金40%;分批交售时,按同等比例收回预购定金。

(1)向银行办理并取得预购定金借款36 000元时,作分录如下:

借:银行存款　　　　　　　　　　　　　　　　　36 000.00
　　贷:短期借款——预购定金借款　　　　　　　　　　　　36 000.00

(2)向李江专业户发放预购定金36 000元时,作分录如下:

借:预付账款——李江　　　　　　　　　　　　　36 000.00
　　贷:银行存款　　　　　　　　　　　　　　　　　　　36 000.00

(3)李江专业户交售第一批棉花,收购金额45 000元,其中9%作为进项税额,作分录如下:

借:在途物资——李江　　　　　　　　　　　　　40 950.00
借:应交税费——应交增值税——进项税额　　　　 4 050.00
　　贷:预付账款——李江　　　　　　　　　　　　　　　45 000.00

(4)扣回定金18 000元,以银行存款清偿李江专业户第一批棉花货款27 000元,作分录如下:

借:预付账款——李江　　　　　　　　　　　　　27 000.00
　　贷:银行存款　　　　　　　　　　　　　　　　　　　27 000.00

(5)收购的棉花采购完毕,结转其采购成本,作分录如下:

借:库存商品　　　　　　　　　　　　　　　　　40 950.00
　　贷:在途物资——李江　　　　　　　　　　　　　　　40 950.00

(6)归还银行18 000元预购定金借款时,作分录如下:

借:短期借款——预购定金借款　　　　　　　　　18 000.00
　　贷:银行存款　　　　　　　　　　　　　　　　　　　18 000.00

二、农副产品挑选整理的核算

对农副产品的挑选整理是指对农副产品进行分等、分级、清除杂质、包装整理,以提高质量和防止变质,但不改变其外形、性质或口味的工作。通过这项工作,以便对农副产品进行保管、运输和按质论价、分等销售。

（一）农副产品挑选整理核算的原则

农副产品经过挑选整理后,清除了杂质,使其数量和等级发生了变化,同时也发生了费用开支,但它仍属于商品流通性质的业务活动。因此,在会计核算时应遵循下列四个原则:① 在"库存商品"账户下设置"挑选整理"专户,以专门核算挑选中的农副产品。② 农副产品在挑选整理过程中发生的费用,可以列入"进货费用"账户,也可以计入农副产品成本。③ 农副产品因挑选整理而发生等级、规格和数量变化,以及发生的商品损耗,均应调整商品的数量和单价,不变更总金额。④ 农副产品挑选整理过程中发生的事故损失,经批准后列入"营业外支出"账户,不得计入商品成本。

（二）农副产品挑选整理的核算

农副产品在进行挑选整理时,应指定专人负责管理。实物保管部门在拨出商品进行挑选整理时,应填制"商品内部调拨单",一式数联,其中,自留一联,另两联送交仓库,仓库据以验收产品,留下一联登记商品保管账,另一联转交财会部门入账。

农副产品通过挑选整理后,可能会出现下列三种情况。

1. 挑选整理后发生数量变化　　农副产品挑选整理后,由于清除了水分和杂质,因而发生了数量的变化,应按挑选整理后的实际数量入账,并调整商品的单价,其计算公式如下:

$$挑选整理后农副产品成本单价 = \frac{挑选整理前商品进价总额}{挑选整理后实际数量}$$

2. 挑选整理后由一种等级变为另一种等级　　农副产品挑选整理后,由一种等级变为另一种等级,同时数量也发生了变化,应以原来的成本总额作为新等级的成本总额,并调整等级、数量和单价,其计算公式如下:

$$新等级农副产品单价 = \frac{挑选整理前商品进价总额}{挑选整理后新等级实际数量}$$

3. 挑选整理后由一个等级变为几个等级　　农副产品挑选整理后,由一个等级变为几个等级的,应按各种等级的数量和售价的比例,分摊原成本总额。其计算公式如下:

$$每种新等级农副产品售价总额 = 每种新等级农副产品数量 \times 每种新等级农副产品销售单价$$

$$\frac{每种新等级农副产品}{应分配的成本总额} = \frac{每种新等级农副}{产品售价总额} \times \frac{挑选整理前商品进价总额}{全部新等级农副产品售价总额}$$

$$\frac{每种新等级农副}{产品成本单价} = \frac{每种新等级农副产品分配的成本总额}{每种新等级农副产品数量}$$

【例】　泰安果品公司发生下列挑选整理业务:

(1) 所属郑桥收购站将收购的统货红富士苹果 10 000 千克,拨交挑选组进行挑选整理,红富士苹果每千克 3.78 元。根据商品内部调拨单,作分录如下:

借:库存商品——挑选组　　　　　　　　　　　　　　　　　37 800.00
　　贷:库存商品——郑桥收购站　　　　　　　　　　　　　　　　37 800.00

(2) 红富士苹果挑选整理完毕,分为一级品 5 800 千克,每千克售价 6 元;二级品 4 000 千克,每千克售价 4.80 元。

A. 计算每种新等级红富士苹果售价总额:

一级红富士苹果售价总额＝5 800×6.00＝34 800(元)

二级红富士苹果售价总额＝4 000×4.80＝19 200(元)

合计　　　　　　　54 000(元)

B. 计算每种新等级红富士苹果应分配的成本总额:

$$一级红富士苹果应分配的成本总额＝34 800×\frac{37 800}{54 000}＝24 360(元)$$

$$二级红富士苹果应分配的成本总额＝19 200×\frac{37 800}{54 000}＝13 440(元)$$

C. 计算每种新等级红富士苹果成本单价:

$$一级红富士苹果成本单价＝\frac{24 360}{5 800}＝4.20(元)$$

$$二级红富士苹果成本单价＝\frac{13 440}{4 000}＝3.36(元)$$

挑选组根据挑选整理和计算的结果编制"农副产品挑选整理单",其格式如图表 3-21 所示。

图表 3-21

农副产品挑选整理单

编号:2461

2021 年 2 月 1 日

挑选整理部门:挑选组　　　　　　验收部门:甲库　　　　　　金额单位:元

品名	数量单位	挑选整理前				挑选整理后			
		等级	数量	单价	金　额	等级	数量	单价	金　额
红富士苹果	千克	统货	10 000	3.78	37 800.00	一级 二级	5 800 4 000	4.20 3.36	24 360.00 13 440.00
合计			10 000		37 800.00		9 800		37 800.00

备注:清除杂质及商品损耗计 200 千克

(3) 财会部门将农副产品挑选整理单复核无误后,作分录如下:

借:库存商品——甲库　　　　　　　　　　　　　　　　37 800.00

贷:库存商品——挑选组　　　　　　　　　　　　　　　　　　37 800.00

然后按红富士苹果的等级登记库存商品明细分类账。

三、农副产品销售的核算

(一)农副产品销售的业务程序

农副产品销售的交接货方式有送货制、提货制和发货制三种。由于农副产品的规格、等级复杂,鲜活商品多,有些农副产品还需要由收货单位验收后定级定价,因此,主要采取送货制的方式。其结算方式可以采用汇兑结算或银行汇票结算。

企业销售商品在采取送货制时,一般要派押运员将货押送到收货单位;在发运商品时,一般应重新过磅、点数,按照实际数填制"农副产品拨付验收单",一式数联,其中,业务部门自留一联存根备查,将记账联转交财会部门作为商品运出的入账依据,其余各联随货同行。调入单位据以验收后,应根据验收的情况填列实收的等级、数量、单价和金额,并加盖公章后,将验收联交押运员带回。销售单位凭押运员带回的验收联填制专用发票,据以作为商品销售的入账凭证。"农副产品拨付验收单"的格式如图表3-22所示。

(二)农副产品销售的核算

企业采用送货制销售农副产品时,在收货单位验收前,商品的所有权尚未转移,仍属于送货单位。为了加强对这部分商品的管理,监督货款及时结算,应在"库存商品"账户下设置"运出在途商品"专户,在发出商品时,应将其采购成本从库存商品有关明细分类账户转入"运出在途商品"明细分类账户,等收到押运员带回对方验收凭证后,填制专用发票再作商品销售处理。同时结转商品销售成本,将发出的在途商品转入"主营业务成本"账户。

图表3-22

农副产品拨付验收单　　　　　　　　　编号:1021

发运日期 2021 年 1 月 20 日　　　发货单位:周浦镇食品购销站

收货单位:南汇肉食品厂　　收到日期 2021 年 1 月 22 日　　所属部门:李村收购站

品名	数量单位	原　发　数					验　收　数				
		等级	数量	重量(千克)	成本单价(元)	成本金额(元)	等级	数量	重量(千克)	销售单价(元)	销售金额(元)
生猪	头	一等	30	2 675	17.60	47 080.00	一等	28	2 500	20.00	50 000.00
		二等	14	1 000	15.75	15 750.00	二等	16	1 140	18.00	20 520.00
合计			44	3 675		62 830.00		44	3 640		70 520.00

备注:

【例】 周浦镇食品购销站所属李村收购站采用送货制销售给南汇肉食品厂生猪一批,已由押运员运出。

(1)根据农副产品拨付验收单记账联成本金额 62 830 元(见图表 3-22),作分录如下:

借:库存商品——运出在途商品　　　　　　　　　　　62 830.00
　　贷:库存商品——李村收购站　　　　　　　　　　　　　62 830.00

(2)根据专用发票(记账联)列明的销售金额 70 520 元,增值税额 6 346.80 元,作分录如下:

借:应收账款——南汇县肉食品厂　　　　　　　　　　76 866.80
　　贷:主营业务收入——李村收购站　　　　　　　　　　　70 520.00
　　贷:应交税费——应交增值税——销项税额　　　　　　　6 346.80

同时结转已销商品成本,作分录如下:

借:主营业务成本——李村收购站　　　　　　　　　　62 830.00
　　贷:库存商品——运出在途商品　　　　　　　　　　　　62 830.00

(3)收到南汇肉食品厂汇款收账通知 76 866.80 元时,作分录如下:

借:银行存款　　　　　　　　　　　　　　　　　　　76 866.80
　　贷:应收账款——南汇县肉食品厂　　　　　　　　　　　76 866.80

对于活畜禽在销售过程中,在头数、只数不变的情况下,发生等级升降,增重或减重,先按验收的等级和价格作为商品销售,然后仍按原发的等级和价格结转商品销售成本,其等级的升降,重量的增减均体现在商品经营损益中;若发生零星死亡,或急宰的销售收入低于进价的差额,以及肉食蛋品的自然损耗,应列入"销售费用——商品损耗"账户;若发生零星走失、疫病流行、自然灾害,以及责任事故所造成的大量死亡、走失、被盗等损失,经批准后作营业外支出处理或由责任人赔偿。

四、农副产品储存的核算

农副产品在储存过程中发生盘点缺溢的核算方法与工业品基本相同,此处不再重复,现仅阐述其独特的活畜禽减重增重的核算。

商品流通企业储存的活畜禽,按其储存的目的不同,分为周转性储存和饲养性储存两种。

(一)周转性储存活畜禽减重增重的核算

周转性储存是指对收购的活畜禽,为了集中调运,需要有一段较短时间的饲养。在这种储存过程中,所耗费的饲养费用应列入"销售费用——保管费"账户。在头数、只数不变的情况下,对发生减重或增重的变化,只能调整账面重量和单价,不变更金额。

(二)饲养性储存活畜禽减重增重的核算

饲养性储存是指对收购的活畜禽为了育肥或准备节日供应,需要有一段较长时间的饲养。在这种储存过程中,所耗费的饲养费用应列入商品成本,即作为活畜禽增重的成本。若饲养期间反而减重,则不减少商品成本,只调整活畜禽的重量和单价。

【例】 周浦镇食品购销站将收购的 30 头重 2 100 千克,进价成本为 33 180 元的二等生猪,为准备节日供应而进行饲养。

(1)领用饲料 780 元,根据领料汇总表,作分录如下:

借:库存商品——生猪——饲养费 780.00
   贷:原材料 780.00

(2)生猪在出圈屠宰加工前进行过磅,实重 2 200 千克,增重 100 千克,根据畜禽饲养增重报告单,作分录如下:

借:库存商品——生猪(30 头 2 200 千克) 33 960.00
   贷:库存商品——生猪——采购成本(30 头 2 100 千克) 33 180.00
   贷:库存商品——生猪——饲养费 780.00

第五节 商品委托加工的核算

商品流通企业为了适应市场的变化,增加商品花色品种,扩大货源,发扬经营特色,更好地满足社会各方面的需求,以增强企业参与市场竞争的能力,提高企业的经济效益,除了积极开展商品购销业务外,还可以根据经营需要,采取定点、定牌的方式,将初级库存商品委托其他单位进行加工,或者将不适销的库存商品,根据市场新的需求,委托其他企业进行加工改制。当加工成品收回后,按照规定的加工计费标准支付加工费用和增值税额等。

商品流通企业在委托加工前,应先与接受加工的单位签订"委托加工商品合同",列明加工商品的品种、规格、数量、质量要求、交货期限、耗用定额、加工计费标准等,作为双方执行的依据。

商品委托加工的业务程序一般有发出库存商品、支付加工费用和增值税额及加工成品收回验收入库等环节。

一、发出库存商品的核算

企业业务部门在按"委托加工商品合同"发出库存商品给加工单位前,应填制"发出商品委托加工单",一式数联,其格式如图表3-23所示。

"发出商品委托加工单"经收发双方签章后,各自留下一联,加工单位作为收到商品的凭证,发货部门作为发出商品的依据;一联送交财会部门,财会部门复核无误后,据以借记"委托加工物资"账户,贷记"库存商品"账户。

【例】 上海服装公司委托青浦服装厂加工真丝连衫裙1 000条,根据合同规定由仓库发出商品后,填制发出商品委托加工单如图表3-23所示。

图表3-23

发出商品委托加工单

加工单位:青浦服装厂		2021年3月2日				金额单位:元
编号	材料名称	数量单位	应发数量	实发数量	单价	金额
2110	真丝	米	2 000	2 000	90	180 000
	花边、宽紧带等辅料					8 000
	合　计					188 000
加工内容:连衫裙1 000条		成品收回日期:3月26日		商品加工合同:第322号		

借:委托加工物资——连衫裙　　　　　　　　　　　　　95 000.00
　　贷:库存商品　　　　　　　　　　　　　　　　　　　　　 95 000.00

二、支付加工费用和增值税额的核算

商品流通企业一般在收回加工成品时,按"委托加工商品合同"的规定,支付加工企业加工费用,并要缴纳增值税额,届时,借记"委托加工物资"账户和"应交税费"账户,贷记"银行存款"账户。

【例】 3月25日,上海服装公司支付青浦服装厂加工1 000条真丝连衫裙的加工费用24 000元,增值税额3 120元,作分录如下:

借:委托加工物资——连衫裙　　　　　　　　　　　　　24 000.00
借:应交税费——应交增值税——进项税额　　　　　　　　 3 120.00
　　贷:银行存款　　　　　　　　　　　　　　　　　　　　 27 120.00

三、加工成品收回的核算

商品进行委托加工,在发出库存商品时不办理货款结算,不转移商品所有权。但企业有关职能部门要监督"委托加工商品合同"的执行情况,确保按质、按量、按时收回加工成品。

在收回加工成品时,由业务部门填制"委托加工商品收回单",一式数联,其格式如图表 3-24 所示。商品由有关部门负责验收,验收完毕后,由交接双方分别在"委托加工商品收回单"上签章,接受加工企业留下一联,作为交货凭证;收货部门自留一联,作为收货凭证;另一联送交财会部门,复核无误后,据以入账。届时,应根据加工商品的实际成本,借记"库存商品"账户,贷记"委托加工物资"账户。

【例】 青浦服装厂送来加工完毕的真丝连衫裙 1 000 条,经仓库验收全部合格,填制委托加工商品收回单如图表 3-24 所示。

图表 3-24

委托加工商品收回单

收货部门:仓库　　　　　　2021 年 3 月 26 日　　　　　　金额单位:元

货号	加工商品名称	数量单位	数量	库存商品成本	加工费用	加工商品成本	加工商品单位成本
501	真丝连衫裙	条	1 000	188 000	24 000	212 000	212
	合　　计	条	1 000	188 000	24 000	212 000	212

商品加工合同:第 322 号　　　　　　备　　注

财会部门复核无误后,结转加工商品成本,作分录如下:

借:库存商品——连衫裙类　　　　　　　　　　　　　212 000.00
　　贷:委托加工物资——连衫裙　　　　　　　　　　　　　212 000.00

如果收回成品未达到合同规定的数量或质量要求,则应根据合同的有关规定,责成加工单位赔偿损失,以维护企业的经济利益。

"委托加工物资"是资产类账户,用以核算企业加工的各种物资的实际成本,包括发出加工物资的成本和加工费用。企业发生加工物资的各种耗费时,记入借方;企业加工物资完工验收入库、结转加工物资成本时,记入贷方;期末余额在借方,表示企业期末未完工加工物资的成本。

第六节　进价金额核算

进价金额核算又称"进价记账、盘存计销",是以进价总金额控制实物负责人(或柜组)经营商品进、销、存情况的一种核算方法。它的核算特点是:商品购进后,登记按实物负责人设置的库存商品明细账,只记进价金额,不记数量;商品销售后,按实际取得的销售收入,贷记"主营业务收入"账户,平时不结转商品销售成本,定期进行实地盘点,查明实存数量,用最后进价法计算并结转商品销售成本。

这种核算方法,一般为经营鲜活商品的零售企业所采用。鲜活商品包括鱼、肉、禽、蛋、蔬菜和水果等。这是由鲜活商品的特点所决定的。首先,鲜活商品在经营过程中,一般需要经过清选整理,分等分级,按质论价;其次,随着商品鲜活程度的变化,随时需要调整零售价格,由此而产生早晚不同的时价;第三,鲜活商品交易频繁,且数量零星;第四,鲜活商品容易干耗、腐烂变质,损耗数量难以掌握。因此,在会计核算时难以控制其数量,一般只核算其金额。

一、商品购进的核算

经营鲜活商品的零售企业,主要是向批发企业购进商品,也可以直接向农村专业户采购商品。商品的交接方式,一般采用"提货制"或"送货制"。货款结算方式主要采用转账支票结算。

商品购进的业务程序一般是:由购货单位委派采购员到供货单位采购商品,由供货单位填制专用发票。在采用"提货制"的情况下,采购员取得专用发票后,当场据以验收商品。商品运回后,由实物负责人(或柜组)根据采购员带回的专用发票,对商品进行复验。在采用"送货制"的情况下,则由采购员取回专用发票,直接交与实物负责人(或柜组),由其负责验收。

不论采用何种商品交接方式,实物负责人(或柜组)验收商品后,都要填制"收货单",一式数联,其中一联连同供货单位的专用发票一并送交财会部门。财会部门审核无误后,根据专用发票和转账支票存根联,借记"在途物资"账户和"应交税费"账户,贷记"银行存款"账户;根据"收货单",借记"库存商品"账户,贷记"在途物资"账户。库存商品一般按经营类别进行明细分类核算。

【例】 光华副食品商店向上海肉类加工厂购入各种肉类一批,计货款80 400元,增值税额7 236元,当即以银行存款支付,肉类由营业部门验收后,填制"收货单"如图表3-25所示。

图表3-25

收 货 单

收货部门:肉食品类　　　　　2021年2月1日　　　　　金额单位:元

品名	计量单位	应收数量	实收数量	单价	应收金额	实收金额	溢余金额	短缺金额	处理意见
猪肉	千克	1 500	1 500	34.80	52 200	52 200			
牛肉	千克	400	400	45.00	18 000	18 000			
羊肉	千克	200	200	51.00	10 200	10 200			
合计		—	—	—	80 400	80 400			

(1) 根据供货单位的专用发票和付款凭证存根,审核无误,作分录如下:

借:在途物资——上海肉类加工厂　　　　　　　　　　　80 400.00

借:应交税费——应交增值税——进项税额　　　　　　　　7 236.00

　　贷:银行存款　　　　　　　　　　　　　　　　　　　　87 636.00

(2) 根据营业部门转来的"收货单"审核无误,作分录如下:

借:库存商品——肉食品类　　　　　　　　　　　　　　80 400.00

　　贷:在途物资——上海肉类加工厂　　　　　　　　　　　80 400.00

并按照商品类别,以进价金额登记"库存商品"明细分类账。

企业验收商品时,如发生实收数量与应收数量不符,要及时查明原因。对于短缺商品,若确属供货单位少发,可以要求其补发商品或退回多收货款;若属途中损耗,则作为销售费用列支。对于溢余商品,若确属供货单位多发,应补作进货,并补付供货单位货款,或者将其多发商品如数退回;若属途中升溢,则冲减"销售费用"账户。

二、商品销售的核算

经营鲜活商品的零售企业,其销售方式主要是采用现金交易。当天营业结束后,由各营业部门根据实收销货款填制"商品销售收入缴款单"一式数联,连同当天的销货款一并送交财会部门。财会部门当面点收无误后,应由出纳员在"商品销售收入缴款单"上签收,并加盖现金收讫章,其中一联退回缴款部门留存备查,财会部门自留一联。然后将各营业部门交来的销售款汇总后,全部解存银行。然而,企业取得的销货款是含税收入,其中包含了销项税额,因此,需要将含税收入调整为销售额。其计算公式如下:

$$销售额=\frac{含税收入}{1+增值税率}$$

然后,根据"商品销售收入缴款单"及计算的结果,借记"库存现金"账户,贷记"主营业务收入"账户和"应交税费"账户;根据银行解款单回单,借记"银行存款"账户,贷记"库存现金"账户。

【例】　2月15日,光华副食品商店财会部门收到各营业部门缴来销货现金及商品销售收入缴款单。其中,肉食品类为10 682元,水产类为9 156元,禽蛋类为8 175元,增值税税率为9%,计算各类商品的销售额如下:

$$肉食品类商品销售额=\frac{10\ 682}{1+9\%}=9\ 800(元)$$

$$水产类商品销售额=\frac{9\ 156}{1+9\%}=8\ 400(元)$$

$$禽蛋类商品销售额=\frac{8\,175}{1+9\%}=7\,500(元)$$

根据计算的结果,作分录如下:

借:库存现金   28 013.00
  贷:主营业务收入——肉食品类   9 800.00
  贷:主营业务收入——水产类   8 400.00
  贷:主营业务收入——禽蛋类   7 500.00
  贷:应交税费——应交增值税——销项税额   2 313.00

将上列现金全部解存银行,取得解款单回单,作分录如下:

借:银行存款   28 013.00
  贷:库存现金   28 013.00

三、商品储存的核算

鲜活商品在储存过程中发生损耗、调价、削价等情况,不进行账务处理,月末体现在商品销售成本内。但发生责任事故时,应及时查明原因,以分清责任,在报经领导批准后,根据不同情况,若作为企业损失时,应列入"营业外支出"账户;若由当事人承担经济责任时,则列入"其他应收款"账户。

【例】 光华副食品商店有 10 千克带鱼,每千克 48 元,全部变质报废。现查明是保管员失职,报经领导批准,其中 60% 作为企业损失处理,其余 40% 由保管员负责赔偿,作分录如下:

借:营业外支出   288.00
借:其他应收款——保管员   192.00
  贷:库存商品——水产类   480.00

"其他应收款"是资产类账户,用以核算企业除应收票据、应收账款、预付账款、应收股利、应收利息以外的其他各种应收、暂付款项。企业发生其他应收款时,记入借方;企业收回其他应收款时,记入贷方;期末余额在借方,表示企业尚未收回的其他应收、暂付款项。该账户应按债务人进行明细分类核算。

至期末,由各营业部门对实存商品进行盘点,将盘存商品的数量填入"商品盘存表",以最后一次进货单价作为期末库存商品的单价,计算出各种商品的结存金额,进而计算出期末库存商品结存金额,然后采取逆算的方法计算商品销售成本。其计算公式如下:

$$\frac{本期商品}{销售成本}=\frac{期初结存}{商品金额}+\frac{本期收入}{商品金额}-\frac{本期非销售}{发出商品金额}-\frac{期末结存}{商品金额}$$

在实际工作中,一般可编制"商品销售成本计算表"进行计算。

【例】　光华副食品商店 2 月 28 日编制商品销售成本计算表如图表 3-26 所示。

图表 3-26

商品销售成本计算表

2021 年 2 月 28 日　　　　　　　　　　　　　　　　　　单位:元

项目 部门	期初结存 商品金额	本期收入 商品金额	本期非销售 发出商品金额	期末商品 结存金额	本期商品 销售成本
(1)	(2)	(3)	(4)	(5)	(6)=(2)+(3) −(4)−(5)
肉食品类	18 200	266 800	12 000	18 800	254 200
水 产 类	14 000	214 000	—	13 400	214 600
禽蛋类	13 600	205 000	3 000	14 200	201 400
合　　计	45 800	685 800	15 000	46 400	670 200

财会部门据以结转商品销售成本,作分录如下:

借:主营业务成本——肉食品类　　　　　　　　　　　　254 200.00
借:主营业务成本——水产类　　　　　　　　　　　　　214 600.00
借:主营业务成本——禽蛋类　　　　　　　　　　　　　201 400.00
　贷:库存商品——肉食品类　　　　　　　　　　　　　　254 200.00
　贷:库存商品——水产类　　　　　　　　　　　　　　　214 600.00
　贷:库存商品——禽蛋类　　　　　　　　　　　　　　　201 400.00

进价金额核算虽然核算手续简便,便于开展商品销售业务,但是由于平时不能反映出商品的实际库存,月末采用"盘存计销"的方法逆算商品销售成本,将差错事故和商品损耗均计入了商品销售成本,不易发现企业在经营管理中存在的问题,因此,必须加强进货验收制度和严格销货款管理制度。

判　断　题

一、是非题

1. 企业在预付货款时,不能作为商品购进,只有在收到商品时才能作为商品购进。　　　　　　　　( )

2. 抽单核对法是指不设置"在途物资"明细账而是充分利用自制的两联收货单,来代替"在途物资"明细分类账的一种简化的核算方法。　　　　　( )

3. 享有购货折扣和购货折让的情况虽然是不同的,但它们在核算上都以实际支付的货款作为商品的采购成本。 （　　）

4. 仓库商品销售和直运商品销售都属于商品销售,因此在核算上没有什么不同。 （　　）

5. 企业在预收货款时,由于转移了商品所有权,因此可以作为商品销售。 （　　）

6. 作商品购销业务核算的受托代销商品,在商品销售的同时转销受托代销商品,并将受托代销商品款确认为应付账款。 （　　）

7. 库存商品发生短缺,不论是自然损耗还是责任事故,经领导批准由企业列支时,均列入"销售费用"账户。 （　　）

8. 可变现净值是指企业在日常活动中,存货估计的售价减去存货的成本、估计的销售费用以及相关税费后的金额。 （　　）

9. 企业对于未计提过跌价准备的、完全丧失了使用价值的商品,应按其账面价值,借记"资产减值损失"账户,贷记"存货跌价准备"账户。 （　　）

10. 加权平均法是指在一个计算期内,综合计算每种商品的加权平均单价,再乘以销售数量,计算商品销售成本的一种方法。 （　　）

11. 采用先进先出法计算出来的商品销售成本,比采用加权平均法计算出来的商品销售成本更准确。 （　　）

12. 由于农副产品收购与工业品收购都采用数量进价金额核算,因此,当发生预购业务时,它们在核算上没有什么区别。 （　　）

13. 农副产品在被挑选整理过程中发生的自然损耗可以列入"进货费用"账户。 （　　）

14. 饲养性储存所耗费的饲养费应列入"销售费用——保管费"账户。 （　　）

15. 采用进价金额核算的企业,其用逆算成本方法计算商品销售成本的公式,虽然与数量进价金额核算相同,但它们计算商品销售成本的方法却有本质上的不同。 （　　）

二、单项选择题

1. 企业取得的购货折扣应_____。

A. 列入"营业外收入"账户　　　　　　B. 冲减"财务费用"账户

C. 归入小金库不入账　　　　　　　　D. 冲减商品采购成本

2. 上海百货公司日前售给春风百货商店搪瓷烧锅 800 只,每只 11.56 元,今发现单价开错,每只应为 11.66 元,当即开出更正发票予以更正,该笔业务属于_____。

A. 购进商品退价　　B. 购进商品补价　　C. 销售商品退价　　D. 销售商品补价

3. 直运商品、委托代销商品和分期收款发出商品销售成本的计算方法,应采用_____。

A. 个别计价法　　　B. 加权平均法　　　C. 移动加权平均法　　D. 先进先出法

4. 期末结存商品的价值比较接近市场价格的计算方法是_____。

A. 个别计价法　　　B. 加权平均法　　　C. 移动加权平均法　　D. 先进先出法

5. 应在库存商品明细账发出方"其他数量"栏内登记的业务是_____。

A. 商品短缺　　　　B. 进货退出　　　　C. 销货退回　　　　D. 销售商品

6. 毛利率推算法与先进先出法结合运用,计算出来第三个月的商品销售成本,实际上是_____。

A. 第三个月的商品销售成本

B. 对前 2 个月商品销售成本的调整

C. 第三个月的商品销售成本及对前两个月商品销售成本的调整

D. 对第三个月商品销售成本的调整

7. 期末结存商品金额偏低,_____。

A. 商品销售成本就会偏高,毛利额就偏低

B. 商品销售成本就会偏高,毛利额也偏高

C. 商品销售成本就会偏低,毛利额就偏高

D. 商品销售成本就会偏低,毛利额也偏低

三、多项选择题

1. "在途物资"账户用以核算企业购入商品的采购成本,它包括_____。

A. 商品的货款   B. 应计入成本的采购费用

C. 采购商品的运杂费   D. 采购商品的税金

2. "在途物资"明细分类账可采用的登记方法有_____。

A. 采用三栏式账页进行登记   B. 采用两栏式(平行式)账页进行登记

C. 采用多栏式账页进行登记   D. 采用抽单核对法以单代账

3. 购进商品发生拒付货款和拒收商品一般会出现的各种情况有_____。

A. 先拒收商品,后拒付货款   B. 先拒付货款,后拒收商品

C. 先商品验收入库,后拒付货款   D. 先支付货款,后拒收商品

4. 直运商品销售的运费根据具体情况不同,可以由_____负担。

A. 供货单位   B. 批发企业

C. 购货单位   D. 批发企业与购货单位共同

5. 采用逆算成本的可以是_____。

A. 逐日结转   B. 定期结转   C. 分散结转   D. 集中结转

6. 采用顺算成本的计算方法有_____。

A. 移动加权平均法   B. 加权平均法   C. 个别计价法   D. 先进先出法

7. 采用逆算成本的计算方法有_____。

A. 移动加权平均法   B. 加权平均法   C. 个别计价法   D. 先进先出法

8. 毛利率推算法可以与_____结合运用。

A. 移动加权平均法   B. 加权平均法   C. 个别计价法   D. 先进先出法

9. 委托代购商品采用实报实销方式发生的收购货款、_____等均应计入农副产品成本。

A. 代购运杂费   B. 代购包装费   C. 代购手续费   D. 代购保管费

10. 活畜禽在调运过程中,发生_____等情况,应列入"销售费用——商品损耗"账户。

A. 零星死亡   B. 减重

C. 零星走失   D. 急宰的销售收入低于进价的差额

练 习 题

练 习 题 一

一、**目的** 练习同城异地商品购进的核算。

二、**资料** 上海百货公司1月份发生下列经济业务:

1. 2日,业务部门转来上海制皂厂开来的专用发票,开列白丽美容皂500箱,每箱134元,计货款67 000元,增值税额8 710元,并收到自行填制的收货单(结算联)101号,经审核无误,当即以银行存款支付。

2. 5日,储运部门转来收货单(入库联)101号,向上海制皂厂购进的白丽美容皂500箱,每箱134元,已全部验收入库,结转白丽美容皂的采购成本。

3. 8日,业务部门转来上海不锈钢器皿厂开来的专用发票,开列不锈钢汤盆300箱,每箱200元,计货款60 000元,增值税额7 800元,并收到自行填制的收货单(结算联)102号,经审核无误,当即以商业承兑汇票支付。

4. 10日,储运部门转来收货单(入库联)102号,向上海不锈钢器皿厂购进的不锈钢汤盆300箱,每箱200元,已全部验收入库,结转不锈钢汤盆的采购成本。

5. 12日,银行转来天津玻璃器皿厂托收凭证,附来专用发票(发票联)369号,开列酒杯360箱,每箱200元,计货款72 000元,增值税额9 360元;运杂费专用发票开列运杂费300元,增值税额27元,并收到自行填制的收货单(结算联)103号,经审核无误,当即承付。

6. 15日,银行转来广州照相机厂托收凭证,附来专用发票(发票联)241号,开列珠江牌照相机200只,每只600元,计货款120 000元,增值税额15 600元,运杂费专用发票开列运杂费300元,增值税额27元,并收到自行填制的收货单(结算联)104号,经审核无误,当即承付。

7. 18日,储运部门转来天津玻璃器皿厂专用发票(发货联)369号,开列酒杯360箱,每箱200元,并收到自行填制的收货单(入库联)103号。酒杯已全部验收入库,结转其采购成本。

8. 23日,银行转来广州玩具厂托收凭证,附来专用发票(发票联)676号,开列火箭赛车400箱,每箱200元,计货款80 000元,增值税额10 400元,运杂费凭证专用发票开列运杂费400元,增值税额36元,并收到自行填制的收货单(结算联)106号。经审核无误,当即承付。

9. 24日,储运部门转来广州照相机厂专用发票(发货联)241号,开列珠江牌照相机200只,每只600元,并收到自行填制的收货单(入库联)104号。照相机已全部验收入库,结转其采购成本。

10. 30日,储运部门转来收货单(入库联)107号,向上海制皂厂购进固本肥皂1 000箱,每箱24.10元。肥皂已全部验收入库,结转其采购成本。

三、**要求**

1. 编制会计分录。

2. 用两栏式账页登记"在途物资"明细分类账。

3. 根据"在途物资"明细分类账登记的结果,编制必要的会计分录。

练 习 题 二

一、**目的** 练习进货退出及购进商品退补价的核算。

二、**资料** 上海交电公司 4 月份发生下列有关的经济业务:

1. 1 日,业务部门转来上海电扇厂开来的专用发票,开列华生牌台扇 400 台,每台 160 元,计货款 64 000 元,增值税额 8 320 元,并收到自行填制的收货单(结算联)233 号。经审核无误,当即以银行存款支付。

2. 3 日,储运部门转来收货单(入库联)233 号,向上海电扇厂购进的华生牌台扇 400 台,每台 160 元。台扇已全部验收入库,结转其采购成本。

3. 7 日,开箱复验商品,发现 3 日入库的华生牌台扇中有 20 台质量不符要求,与上海电扇厂联系后其同意退货,收到其退货的红字专用发票,应退货款 3 200 元,增值税额 416 元,并收到业务部门转来的进货退出单(结算联)011 号。

4. 8 日,储运部门转来进货退出单(出库联)011 号,将 20 台质量不符要求的华生牌电扇退还厂方,并收到对方退还货款及增值税额 3 616 元,存入银行。

5. 14 日,业务部门转来上海电池厂开来的专用发票,开列大号白象牌电池 300 箱,每箱 120 元,计货款 36 000 元,增值税额 4 680 元;并收到自行填制的收货单(结算联)234 号。经审核无误,当即签发转账支票付讫。

6. 15 日,储运部门转来收货单(入库联)234 号,向上海电池厂购进的大号白象牌电池 300 箱,每箱 120 元。电池已全部验收入库,结转其采购成本。

7. 17 日,业务部门转来上海电池厂的更正专用发票 101 号,更正本月 14 日发票错误,列明大号白象牌电池每箱应为 121 元,补收货款 300 元、增值税额 39 元。经审核无误,当即以银行存款支付。

8. 22 日,储运部门转来收货单(入库联)235 号,向光辉灯具厂购进书写台灯 100 箱,每箱 498 元。台灯已全部验收入库,结转其采购成本。

9. 26 日,业务部门转来光辉灯具厂开来的专用发票,开列书写台灯 100 箱,每箱 498 元,计货款 49 800 元,增值税额 6 474 元;并收到自行填制的收货单(结算联)235 号。经审核无误,当即以银行存款支付。

10. 28 日,业务部门转来光辉灯具厂的更正专用发票 248 号,更正本月 22 日发票错误,列明书写台灯每箱应为 488 元,应退货款 1 000 元,增值税额 130 元。

11. 30 日,收到光辉灯具厂付来退价款及增值税额 1 130 元,存入银行。

三、**要求** 编制会计分录。

练 习 题 三

一、**目的** 练习购进商品发生短缺溢余的核算。

二、**资料** 上海烟糖公司 3 月份发生下列有关经济业务:

1. 1 日,银行转来哈尔滨制糖厂托收凭证,附来专用发票(发票联)537 号,开列绵白糖15 000 千克,每千克 5.60 元,计货款 84 000 元,增值税额 10 920 元,运杂费专用发票开列运费 900 元,增值税额 81 元。查验与合同相符,当即承付。

2. 5 日,银行转来福州制糖厂托收凭证,附来专用发票(发票联)911 号,开列白砂糖 16 000 千克,每千克 5 元,计货款 80 000 元,增值税额 10 400 元,运杂费专用发票开列运杂费 700 元,增值税额 63 元,查验与合同相符,当即承付。

3. 8 日,哈尔滨制糖厂发来绵白糖,附来专用发票(发货联)537 号,验收时实收绵白糖14 948 千克,短缺 52 千克,每千克 5.60 元。储运部门送来商品购进短缺报告单,原因待查。

4. 12 日,福州制糖厂发来白砂糖,附来专用发票(发货联)911 号,验收时实收白砂糖 16 054 千克,溢余 54 千克,每千克 5 元。储运部门送来商品购进溢余报告单,原因待查。

5. 16 日,业务部门查明 8 日短缺 52 千克绵白糖,每千克 5.60 元,其中 2 千克是运输途中的自然损耗,50 千克系供货单位少发商品,经联系后,已开来退货的红字专用发票,应退货款 280 元,增值税额 36.40 元。

6. 20 日,银行转来广州制糖厂托收凭证,附来专用发票(发票联)567 号,开列白冰糖 6 000 千克,每千克 9 元,计货款 54 000 元,增值税额 7 020 元,运杂费专用发票开列运杂费 300 元,增值税额 27 元,查验与合同相符,当即承付。

7. 22 日,业务部门查明 12 日溢余的 54 千克白砂糖,其中 4 千克是运输途中的自然升溢,50 千克系对方多发,经联系后同意作为购进物,已由对方补来专用发票 922 号;同时,汇出货款 250 元,增值税额为 32.50 元。

8. 28 日,广州制糖厂发来白冰糖,附来专用发票(发货联)567 号,验收时实收 5 950 千克,短缺 50 千克,由储运部门填制商品购进短缺报告单。短缺金额 450 元,原因待查。

9. 31 日,业务部门查明 28 日短缺的 50 千克白冰糖,是储运部门提货人员失职造成的。经领导审批后决定,其中 40％责成失职人赔偿,其余 60％作为企业损失处理。

三、要求 编制会计分录。

练 习 题 四

一、目的 练习购进商品拒付货款和拒收商品的核算。

二、资料 上海百货公司 3 月份发生下列有关的经济业务:

1. 2 日,苏州玩具厂发来小银河飞船 500 箱,每箱 160 元,计货款 80 000 元,附来专用发票(发货联)176 号。验收时,发现其中 25 箱是火箭飞车,予以拒收,商品代为保管,合格的 475 箱全部收入库。

2. 7 日,银行转来苏州玩具厂托收凭证,附来专用发票(发票联)176 号,开列小银河飞船 500 箱,每箱 160 元,计货款 80 000 元,增值税额 10 400 元,运杂费专用发票开列运杂费 200 元,增值税额 18 元。查商品已于 2 日入库,其中有 25 箱拒收,当即开具拒绝付理由书,拒付 25 箱小银河飞船货款、增值税额及其运杂费,同时承付已入库小银河飞船的货款、增值税额及运杂费。

3. 10 日,银行转来无锡灯具厂托收凭证,附来专用发票(发票联)154 号,开列调光书写台灯 400 箱,每箱 200 元,计货款 80 000 元,增值税额 10 400 元,运杂费专用发票开列运杂费 400 元,增值税额 36 元,查验与合同相符,当即承付全部款项。

4. 12 日,本月 2 日拒收的 25 箱商品经联系后同意购进,开来专用发票(发票联)和(发货联)191 号,开列火箭飞车 25 箱,每箱 148 元,计货款 3 700 元,增值税额 481 元。当即由银行汇去款项 4 181 元及以前拒付的运杂费 10 元,及增值税额 0.90 元。

5. 15 日,无锡灯具厂发来调光书写台灯 400 箱,附来专用发票(发货联)154 号,验收时发现其中 40 箱质量不符要求,予以拒收,商品代为保管,由业务部门与对方联系解决,合格的 360 箱台灯已验收入库。

6. 19 日,银行转来苏州照相机厂托收凭证,附来专用发票(发票联)543 号,开列虎丘牌照相机 100

只,每只 780 元,计货款 78 000 元,增值税额 10 140 元,运杂费专用发票开列运费 200 元,增值税额 18 元。查验与合同相符,当即承付款项。

7. 23 日,经联系后,无锡灯具厂要求将拒收的调光书写台灯 40 箱退回,今以现金 43.60 元代垫退回无锡灯具厂的运杂费及增值税额,同时向银行办妥退货款、增值税额及代垫费税的托收手续。

8. 26 日,苏州照相机厂发来虎丘牌照相机 100 只,附来专用发票(发货联)543 号,验收时发现其中短少 10 只,先按实收数入库,短缺的 10 只照相机由业务部门与对方联系解决。

9. 31 日,查明 26 日短缺的 10 只虎丘牌照相机系照相机厂少发,现开来红字专用发票一张,同时汇来退货款及增值税额 8 835.80 元。

三、要求　编制会计分录。

练 习 题 五

一、目的　练习购货折扣和购货折让的核算。

二、资料　上海百货公司 7 月份发生下列有关的经济业务:

1. 1 日,向上海伞厂赊购大号折伞 2 000 把,每把 18 元,计货款 36 000 元,增值税额 4 680 元。厂方给予的付款条件为:10 天内付清货款,购货折扣为 2%;20 天内付清货款,购货折扣为 1%;超过 20 天付款为全价。大号折伞已验收入库。

2. 3 日,向东海伞厂赊购中号折伞 1 500 把,每把 14 元,计货款 21 000 元,增值税额 2 730 元。厂方给予的付款条件为:10 天内付清货款,购货折扣为 1.5%;超过 10 天付款为全价。中号折伞已验收入库。

3. 8 日,向上海不锈钢器皿厂购进保温杯 2 000 只,每只 25 元,计货款 50 000 元,增值税额 6 500 元,当即以银行存款支付。

4. 10 日,上海不锈钢器皿厂发来保温杯 2 000 只,验收时发现外观质量不符要求。与厂方联系后,其同意给予 6% 的购货折让,当即收到厂方的销货折让发票,并收到对方退回的折让款 3 000 元、增值税额 390 元;款项已存入银行,商品也已验收入库。

5. 12 日,以银行存款支付赊购东海伞厂 1 500 把中号折伞,计货款 20 685 元,增值税额 2 730 元。

6. 18 日,银行转来厦门玩具厂托收凭证,附来专用发票(发票联)191 号,开列卡通警车 120 箱,每箱 400 元,计货款 48 000 元,增值税额 6 240 元,运杂费专用发票开列运杂费 300 元,增值税额 27 元。查验与合同相符,当即承付全部款项。

7. 20 日,以银行存款支付赊购上海伞厂 2 000 把大号折伞,计货款 35 640 元,增值税额 4 680 元。

8. 26 日,厦门玩具厂发来卡通警车 120 箱,每箱 400 元,计货款 48 000 元,附来专用发票(发货联)191 号。验收时发现漆水不符合同要求,予以拒收,商品代为保管,由业务部门与对方联系解决。

9. 30 日,经联系后,厦门玩具厂同意对漆水不符要求的卡通警车给予 7% 的购货折让,当即收到厂方的销货折让发票。折让款 3 360 元、增值税额 436.80 元均未收到,商品已验收入库。

三、要求　编制会计分录。

练 习 题 六

一、目的　练习商品销售的核算。

二、资料　上海百货公司 4 月份发生下列经济业务:

1. 1日,销售给顺昌商厦 500 W 调温电熨斗 500 只,每只 30 元,计货款 15 000 元,增值税额 1 950 元。当即收到全部款项,存入银行。

2. 4日,以银行存款支付代垫运杂费和增值税额 545 元,其中天津百货公司 327 元,青岛百货公司 218 元。

3. 5日,销售给天津百货公司牙膏一批,计货款 45 000 元,增值税额 5 850 元;销售给青岛百货公司香皂一批,计货款 36 000 元,增值税额 4 680 元,当即连同代垫费税一并向银行办妥托收手续。

4. 10日,银行转来杭州造纸厂托收凭证,附来专用发票(发票联)111 号,开列白板纸 160 令,每令 550 元,计货款 88 000 元,增值税额 11 440 元。该商品已直接由铁路运给广州百货公司,杭州至广州的费税 436 元。经审核与合同相符,当即承付。

5. 12日,银行转来购货单位支付货款的收账通知,其中天津百货公司 51 177 元,青岛百货公司 40 898元。

6. 14日,收到本公司驻杭州造纸厂采购员寄来专用发票(记账联)282 号,商品已发往广州,该白板纸销售单价为 600 元,计货款 96 000 元,增值税额 12 480 元,当即连同垫付的 436 元费税一并向银行办妥托收手续。

7. 21日,银行转来广州百货公司承付 108 916 元账款的收账通知。

8. 25日,销售给郑州百货公司牙膏一批,计货款 55 000 元,增值税额 7 150 元,垫付费税 381.50 元,当即以银行存款支付,同时将货款、增值税额及垫付的费税一并向银行办妥托收手续。

9. 30日,银行转来郑州百货公司承付 62 531.50 元账款的收款通知。

三、要求 编制会计分录。

练 习 题 七

一、目的 练习预付货款购进和预收货款销售的核算。

二、资料 上海黑色金属公司 3 月份发生下列有关经济业务:

1. 1日,向上海钢铁厂采购扁钢 300 吨,每吨 2 980 元,根据合同规定先预付货款 40%,20 天后交货时,再支付其余 60%的货款,当即以银行存款预付货款 357 600 元。

2. 4日,采用预收货款方式销售给申光机械厂扁钢 100 吨,每吨 3 240 元。根据合同规定先预收货款 40%,20 天后交货时再支付其余 60%的货款。今收到其预付的货款 129 600 元,存入银行。

3. 10日,采用预先收货款方式销售给长江机床厂扁钢 120 吨,每吨 3 240 元。根据合同规定,先预收货款 40%,15 天后交货时,再支付其余 60%的货款。今收到其预付的货款 155 520 元,存入银行。

4. 21日,收到上海钢铁厂发来扁钢 300 吨,并收到专用发票,计全部货款 894 000 元,增值税额 116 220 元,当即以银行存款支付其余 60%的货款及全部增值税额。

5. 22日,储运部门转来收货单(入库联),昨日发来的扁钢 300 吨,已全部验收入库。

6. 24日,发给申光机械厂扁钢 100 吨,每吨 3 240 元,计货款 324 000 元,增值税额 42 120 元,当即收到对方支付的 236 520 元,系扁钢其余 60%的货款及全部增值税额。

7. 25日,发给长江机床厂扁钢 120 吨,每吨 3 240 元,计货款 388 800 元,增值税额 50 544 元,当即收到对方支付的 283 824 元,系扁钢 60%的货款及全部增值税额。

三、要求 编制会计分录。

练 习 题 八

一、目的 练习代销商品和分期收款商品销售的核算。

二、资料

1. 上海交电公司对代销商品采取作商品购销业务处理的核算方法,7～9月份发生下列有关经济业务:

(1) 7月1日,收到上海电扇厂发来委托代销的华生牌台扇400台,每台180元,增值税率为13%,商品已验收入库。合同规定每个月末结算一次货款。

(2) 7月2日,收到常州电扇厂发来委托代销的骆驼牌落地扇500台,每台165元,增值税税率为13%,商品已验收入库。合同规定每个月末结算一次货款。

(3) 7月3日,将长城牌吊扇200台,购进单价160元,销售单价180元,增值税税率为13%,委托广州交电公司代销。合同规定每个月末结算一次货款,商品已发运,以银行存款垫付运杂费200元,增值税额18元。

(4) 7月4日,委托银行向广州交电公司收取垫付费税218元。

(5) 7月6日,将北极牌台扇200台,购进单价155元,销售单价174元,增值税税率为13%,委托顺昌商厦代销,合同规定每个月末结算一次货款,商品已交付对方。

(6) 7月15日,销售上海电扇厂委托代销的华生牌台扇100台,每台202元,计货款20 200元,增值税额2 626元。当即收到全部款项,存入银行,并结转代销商品成本和代销商品款。

(7) 7月31日,向上海电扇厂开出代销商品清单,收到其开来的专用发票,开列华生牌台扇100台,每台180元,计货款18 000元,增值税额2 340元,当即以银行存款支付。

(8) 7月31日,收到顺昌商厦送来代销商品清单,据以填制专用发票,开列北极牌台扇150台,单价174元,货款26 100元,增值税额3 393元,并结转代销商品成本。

(9) 7月31日,收到广州交电公司送来代销商品清单,据以填制专用发票,开列长城牌吊扇100台,单价180元,计货款18 000元,增值税额2 340元,并结转代销商品成本。

(10) 8月10日,将多灵牌收录机200台发给浦江商厦,成本单价为436元,销售单价为480元,增值税税率为13%,采用分期收款销售方式。合同规定发货后隔半个月结算一次,每次收取25%。

(11) 8月24日,销售常州电扇厂委托代销的骆驼牌落地扇150台,每台182元,计货款27 300元,增值税额3 549元。当即收到全部款存入银行,并结转代销商品成本和代销商品款。

(12) 8月25日,收到浦江商厦付来第一期多灵牌收录机货款24 000元,增值税额3 120元,存入银行,并结转其销售成本。

(13) 8月31日,收到常州电扇厂的专用发票,开列骆驼牌落地扇150台,每台165元,计货款24 750元,增值税额3 217.50元,当即将款项汇付对方。

(14) 9月10日,收到浦江商厦付来第2期多灵牌收录机货款24 000元,增值税额3 120元,存入银行,并结转其销售成本。

2. 上海服装公司对代销商品采取代销手续费方式的核算方法,9月份发生下列有关的经济业务:

(1) 1日,将混纺花呢西服200套委托南浦商厦代销,该西服每套进价640元,售价为720元。合同规定代销手续费为6%,代销款和代销手续费每个月末结算一次。

(2) 6日,收到精工服装厂发来代销的男夹克衫500件,每件售价240元,增值税税率13%,合同规定手续费率为 6%,代销款和手续费每个月末结算一次。

(3) 18 日,销售受托代销的男夹克衫 300 件,计货款 72 000 元,增值税额 9 360 元,收到全部款项存入银行,同时注销代销商品成本。

(4) 29 日,收到南浦商厦送来代销商品清单,据以填制专用发票,开列混纺花呢西服 125 套,单价 720 元,计货款 90 000 元,增值税额 11 700 元,据以作销售入账,并结转其销售成本。

(5) 30 日,南浦商厦付来扣除了代销手续费 5 400 元后已售代销的 250 套混纺花呢西服的货款及增值税额,存入银行。

(6) 30 日,收到精工服装厂开来专用发票,开列男夹克衫 300 件,单价 240 元,计货款 72 000 元,增值税额 9 360 元,今扣除代销手续费 4 320 元后,以银行存款支付其已售代销商品的货款及增值税额。

三、要求 编制会计分录。

练习题九

一、目的 练习销货退回和销售商品退补价的核算。

二、资料 上海百货公司 3 月份发生下列经济业务:

1. 1 日,销售给顺昌商厦不锈钢保温杯 1 000 只,每只 25 元,计货款 25 000 元,增值税额 3 250 元,当即收到转账支票存入银行。

2. 3 日,顺昌商厦发现 1 日购入的不锈钢保温杯中有 100 只质量不符要求,经联系后业务部门同意退货。商品已退回并验收入库,退货款 2 500 元、增值税额 325 元,当即签发转账支票付讫。

3. 9 日,销售给新光百货商店白猫洗衣粉 800 箱,每箱 40 元,计货款 32 000 元,增值税额 4 160 元,当即收到全部款项存入银行。

4. 10 日,今发现 9 日所售白猫洗衣粉,每箱应为 40.20 元,当即开出专用发票,应补收货款 160 元、增值税额 20.80 元。

5. 18 日,收到新光百货商店补价款 160 元、增值税额 20.80 元,款项存入银行。

6. 25 日,销售给蓬莱商场舒肤佳香皂 500 箱,每箱 62 元,计货款 31 000 元,增值税额 4 030 元,款项尚未收到。

7. 27 日,发现 25 日所售舒肤佳香皂每箱应为 60 元,当即开出更正发票,应退货款 1 000 元、增值税额 130 元,款项从应收货款中抵扣。

8. 30 日,蓬莱商场付来 500 箱舒肤佳香皂货款及增值税额,当即存入银行。

三、要求 编制会计分录。

练习题十

一、目的 练习购货单位拒付货款和拒收商品的核算。

二、资料 上海百货公司 3 月份发生下列经济业务:

1. 1 日,销售给大连百货公司海鸥牌照相机 120 只,每只 800 元,计货款 96 000 元,增值税额 12 480 元,连同前一日代垫费税 218 元,一并向银行办妥托收手续。

2. 6 日,销售给西安百货公司蝴蝶牌缝纫机 200 架,每架 600 元,计货款 120 000 元,增值税额 15 600 元,以转账支票支付代垫运杂费 500 元,增值税额 45 元,今一并向银行办妥托收手续。

3. 10 日,银行转来大连百货公司承付款项的收账通知,支付 108 只照相机货款、增值税额及运输商品所发生相关的全部费税,同时收到拒绝付款理由书,拒付 12 只照相机货款 9 600 元,增值税额 1 248 元。

4. 12 日,销售给沈阳百货公司海鸥牌照相机 100 只,每只 800 元,计货款 80 000 元,增值税额 10 400 元,以转账支票垫付运杂费 180 元,增值税额 16.20 元,今一向银行办妥托收手续。

5. 17 日,银行转来西安百货公司承付货款的收账通知,支付 190 架缝纫机货款、增值税额及与运输该部分商品相关的费税,同时收到拒绝付款理由书,拒付 10 架缝纫机货款、增值税额及与运输该部分商品相关的费税。

6. 22 日,银行转来沈阳百货公司承付货款的收账通知,支付 90 只照相机货款、增值税额及与运输该部分商品的相关费税,同时收到拒绝付款理由书,拒付 10 只海鸥牌照相机货款、增值税额及运输该部分商品相关的费税。

7. 24 日,经联系查明大连百货公司拒付 12 只照相机货款、增值税额系本单位少发。现同意对方拒付,作销货退回处理。

8. 27 日,经联系查明西安百货公司拒付的 10 架蝴蝶牌缝纫机货款、增值税额,系外观质量不好所致。协商后同意给予 10% 的销货折让,业务部门转来销货折让发票,应退还其货款 600 元、增值税额 78 元。今收到对方汇来的货款、增值税额及与运输该部分商品相关的费税计 6 129.25 元。

9. 31 日,经联系,沈阳百货公司拒付 10 只照相机货款的原因是商品失落,查明系运输单位责任,与运输单位联系后同意按原进价赔偿。该商品的单位进价为 720 元,拒付与运输该部分商品相关的费税也由运输单位负担,赔偿款尚未收到。

三、要求　编制会计分录。

练 习 题 十 一

一、目的　练习进货费用分摊的核算。

二、资料　上海服装公司 4 月份有关资料如下:

1. 有关账户的期初余额。

库存商品——男装类 398 200 元　　　　　　进货费用——男装类 1 785 元
库存商品——女装类 375 600 元　　　　　　进货费用——女装类 1 752 元

2. 有关账户的本期增加额。

库存商品——男装类 367 600 元　　　　　　进货费用——男装类 1 663 元
库存商品——女装类 355 900 元　　　　　　进货费用——女装类 1 763 元

3. 有关账户的期末余额。

库存商品——男装类 407 600 元
库存商品——女装类 369 000 元

三、要求　分摊进货费用,并编制本月末和下月初相关的会计分录。

练 习 题 十 二

一、目的　练习商品储存的核算。

二、资料　上海百货公司发生下列有关的经济业务:

1. 1 月 24 日,储运部门送来商品盘点短缺溢余报告单如图表 3-27 所示。

图表 3-27

商品盘点短缺溢余报告单

2021年1月24日   金额单位：元

类别	品　名	数量单位	单价	账存数量	实存数量	溢　余		短　缺		原因
						数量	金额	数量	金额	
香皂类	裕华硼酸浴皂	10块	12.00	2 256	2 253			3	36.00	
	扇牌檀香皂	10块	18.00	1 775	1 875	100	1 800.00			
	白丽美容皂	10块	24.00	3 692	3 672			20	480.00	待查
其他类	樟脑精	千克	30.00	4 217	4 216			1	30.00	
	合　　计						1 800.00		546.00	

2. 1月27日,查明裕华硼酸浴皂短缺系保管人员责任,决定由保管人员赔偿,赔偿款尚未收到。

3. 1月28日,查明扇牌檀香皂溢余是上海制皂厂多发,作为商品购进,现厂方补来专用发票,列明货款1 800元,增值税额234元,款项尚未支付。

4. 1月30日,查明白丽美容皂短缺是销货多发给华申商厦,补作销货,已开出专用发票,列明货款480元,增值税额62.40元,款项尚未收到。

5. 1月31日,查明樟脑精短缺系自然挥发,作商品损耗处理。

6. 1月31日,储运部门送来商品可变现净值低于成本报告单,列明童车100辆,成本单价160元,可变现单价112元,预计每辆销售费用1元;游戏机60台,成本单价400元,可变现净价350元,预计每台销售费用1元,予以转账。

7. 2月20日,销售童车100辆,每辆120元,计货款12 000元,增值税额1 560元,当即收到全部款项,存入银行。

8. 2月28日,结转已销的100辆童车的销售成本,并结转其跌价准备。

9. 3月15日,销售游戏机60台,每台360元,计货款21 600元,增值税2 808元,当即收到全部款项,存入银行。

10. 3月20日,因火灾损失牙刷一批,计成本8 000元,进项税额1 040元,予以转账。

11. 3月31日,结转已销的60台游戏机的销售成本,并结转其跌价准备。

12. 3月31日,与保险公司联系后,其同意赔偿火灾损失的牙刷7 500元,其余部分作为企业损失。

三、要求　编制会计分录。

练 习 题 十 三

一、目的　练习商品销售成本的计算和结转。

二、资料　上海百货公司3月份有关印花毛巾被期初余额、进销业务记录等有关资料如图表3-28所示。

图表 3-28

印花毛巾被期初余额及进销业务记录

金额单位:元

商品类别	货号	品名	规格	数量单位	数量	单价	金额	销售牌价	购进批次
					期 初 余 额				
巾被类	1271	印花毛巾被	120×60 cm	条	2 400	16.75	40 200	18.20	211

本 月 份 进 销 业 务 记 录

2021年		业务号数	购 进				销 售			
月	日		批次	数量	单价	金额	批次	数量	单价	金额
3	1	1					211	1 000	18.20	18 200
	3	2	212	3 000	16.80	50 400				
	6	3					212	1 500	18.20	27 300
	9	4					211 212	1 000 800	18.20	32 760
	12	5	213	4 000	16.85	67 400				
	15	6					213	1 400	18.20	25 480
	17	7					211 213	400 1 600	18.20	36 400
	20	8	214	3 000	16.88	50 640				
	23	9					214	1 200	18.20	21 840
3	30	10					212 214	690 600	18.20	23 478
		合计								

3月31日盘缺 数量:10 购进批次:212 上季度毛利率7.96%

三、要求 分别用各种商品销售成本计算方法,计算和结转商品销售成本,并分别计算其毛利率。

练习题十四

一、目的 练习各种不同商品销售成本计算方法的结合应用。

二、资料

1. 上海百货公司1月份库存商品不锈钢锅类目账及其所属明细分类账的期初余额如图表3-29所示。

图表 3-29

不锈钢锅类类目账及其所属明细账的期初余额

金额单位：元

品　　名	规　格	数量单位	数　量	单　价	金　　额
抛光不锈钢锅	18 cm	只	3 200	19.80	63 360
砂光不锈钢锅	20 cm	只	2 400	24.40	58 560
不锈钢锅类			5 600		121 920

2. 1～3 月份不锈钢锅类进销业务记录及商品盘点短缺溢余等有关资料如图表 3-30 所示。

图表 3-30

不锈钢锅类商品进销业务及商品盘点短缺溢余表

金额单位：元

2021年 月	2021年 日	业务单位	原始凭证	品名	规格	数量单位	数量	单价	金额
1	2	中华钢锅厂	收货单 678	抛光不锈钢锅	22 cm	只	2 000	19.84	39 680
	7	浦江商厦	专用发票 311	抛光不锈钢锅	22 cm	只	800	21.60	17 280
	7	浦江商厦	专用发票 312	砂光不锈钢锅	24 cm	只	700	26.70	18 690
	14	联华百货商店	专用发票 313	抛光不锈钢锅	22 cm	只	400	21.60	8 640
	14	联华百货商店	专用发票 314	砂光不锈钢锅	24 cm	只	200	26.70	5 340
	21	中华钢锅厂	收货单 679	砂光不锈钢锅	24 cm	只	2 000	24.44	48 880
	28	兴旺商场	专用发票 315	抛光不锈钢锅	22 cm	只	300	21.60	6 480
	28	兴旺商场	专用发票 316	砂光不锈钢锅	24 cm	只	500	26.70	13 350
2	1	沪光百货商店	专用发票 317	抛光不锈钢锅	22 cm	只	600	21.60	12 960
	1	沪光百货商店	专用发票 318	砂光不锈钢锅	24 cm	只	540	26.70	14 418
	9	中华钢锅厂	收货单 680	抛光不锈钢锅	22 cm	只	1 800	19.88	35 784
	12	中华钢锅厂	进货退出单 101	抛光不锈钢锅	22 cm	只	100	19.88	1 988
	18	浦江商厦	专用发票 319	抛光不锈钢锅	22 cm	只	550	21.60	11 880
	18	浦江商厦	专用发票 320	砂光不锈钢锅	24 cm	只	450	26.70	12 015

（续表）

2021年 月	日	业务单位	原始凭证	品名	规格	数量单位	数量	单价	金额
2	26	联华百货商店	专用发票321	抛光不锈钢锅	22 cm	只	400	21.60	8 640
3	6	中华钢锅厂	收货单681	砂光不锈钢锅	24 cm	只	1 600	24.48	39 168
	14	光明商场	专用发票322	抛光不锈钢锅	22 cm	只	550	21.60	11 880
	14	光明商场	专用发票323	砂光不锈钢锅	24 cm	只	450	26.70	12 015
	18	光明商场	专用发票324（红字）	砂光不锈钢锅	24 cm	只	50	26.70	1 335
	26	沪光百货商店	专用发票325	抛光不锈钢锅	22 cm	只	800	21.60	17 280
	26	沪光百货商店	专用发票326	砂光不锈钢锅	24 cm	只	600	26.70	16 020
	31		商品盘点短缺报告单	抛光不锈钢锅	22 cm	只	10	19.80	198
	31		商品盘点溢余报告单	砂光不锈钢锅	24 cm	只	5	24.40	122

注：上列表格原始凭证栏内凡是专用发票均为销货业务。

3. 上年第四季度不锈钢锅类的实际毛利率为8.16%。

三、要求

1. 设置"库存商品——不锈钢锅类"类目账及其所属的抛光不锈钢锅和砂光不锈钢锅商品明细账；设置"主营业务收入——不锈钢锅类""主营业务成本——不锈钢锅类"明细账及"本年利润"账户。

2. 编制会计分录并登记"要求1"所开设的账户。

3. 1月份、2月份用毛利率推算法，3月份用先进先出法计算并结转商品销售成本。

4. 月末将损益类账户结转"本年利润"账户。

5. 计算第一季度毛利率。

练 习 题 十 五

一、目的　练习农副产品购进的核算。

二、资料

1. 泰安食品公司为独立核算单位，下设泰东收购站和泰西收购站两报账单位，采用报账付款的方法，9月份发生下列经济业务：

(1) 2日，以银行存款拨付备用金110 000元，其中泰东收购站为60 000元，泰西收购站为50 000元。

(2) 4日，泰东收购站报来农副产品收购汇总表，计收购生猪金额55 000元，其中9%作为进项税额，当即以银行存款补足其铺底资金。

(3) 5日，生猪采购完毕，结转其采购成本。

(4) 9 日,泰西收购站报来农副产品收购汇总表,计收购生猪金额 46 000 元,其中 9% 作为进项税额,当即以银行存款补足其铺底资金。

(5) 10 日,生猪采购完毕,结转其采购成本。

(6) 15 日,委托高庙乡购销站代购的冻鸡 2 000 千克,合同规定每千克 16 元,其中 9% 作为进项税额,代购包干费用率为 5%,代购手续费为 6%,商品送到。当即将款项全部汇付对方。

(7) 20 日,19 日购进的冻鸡已由第一仓库全部验收入库,结转冻鸡的采购成本。

(8) 26 日,委托李村购销站代购二等生猪 4 000 千克,合同规定每千克收购价 12 元,其中 9% 作为进项税额,代购手续费为 6%,李村购销站垫付运费 500 元,保管费 600 元。业务部门送来商品验收单,经审核无误,当即将款项汇付对方。

(9) 27 日,26 日购进的生猪已由第二仓库全部验收入库,结转生猪的采购成本。

2. 益都供销社与农户签订预购棉花合同,合同规定预购棉花 78 000 元,按收购金额发放预购定金 40%,分两批交售,交售时按同等比例收回预购定金,现发生下列有关的经济业务:

(1) 4 月 24 日,为了向农户预购棉花,向银行申请并取得预购定金借款 31 200 元,存入银行。

(2) 4 月 25 日,以银行存款向赵仁农户发放预购定金 31 200 元。

(3) 10 月 5 日,赵仁专业户交售第一批棉花,收购金额为 40 000 元,其中,9% 作为进项税额,扣回预购定金 16 000 元后,以银行存款 24 000 元清偿棉花收购款。

(4) 10 月 6 日,10 月 5 日收购棉花采购完毕,结转其采购成本。

(5) 11 月 15 日,赵仁专业户交售第二批棉花,收购金额为 38 000 元,其中,9% 作为进项税额,扣回预购定金 15 200 元后,以银行存款 22 800 元清偿棉花收购款。

(6) 11 月 16 日,11 月 15 日收购的棉花采购完毕,结转其采购成本。

(7) 11 月 18 日,以银行存款 31 200 元归还银行预购定金借款。

三、要求 编制会计分录。

练习题十六

一、目的 练习农副产品挑选整理的核算。

二、资料 高阳果品公司 11 月下旬发生下列有关挑选整理的经济业务:

1. 22 日,所属石门收购站开出商品内部调拨单将收购的河北鸭梨 20 000 千克,每千克 3 元,计 60 000 元,拨交挑选组进行挑选整理。

2. 23 日,购进挑选整理用箩筐 20 只,每只 50 元,计金额 1 000 元,增值税额 130 元,款项以银行存款支付,箩筐当即由挑选组领用。

3. 30 日,河北鸭梨经挑选整理完毕,分为一级品 5 500 千克,每千克售价 5 元;二级品 8 000 千克,每千克售价 4.60 元;三级品 6 000 千克,每千克售价 4 元。全部交由甲库验收保管,其余作为杂质和商品损耗,予以转账。

三、要求

1. 编制农副产品挑选整理单。

2. 编制会计分录。

练习题十七

一、目的 练习农副产品销售的核算。

二、资料 南汇食品公司3月中旬发生下列销售经济业务:

1. 11日,公司本部从乙库销售给上海肉食品一厂一等生猪100头,生猪重8 460千克,每千克成本单价17.60元,计成本金额148 896元,当即开出农副产品拨付验收单,生猪已由押运员运出。

2. 12日,收到押运员带回的农副产品拨付验收单验收联,在验收联栏内填列实收生猪100头,生猪重8 400千克,每千克销售价20元,计销售金额168 000元,增值税额15 120元。

3. 14日,收到上海肉食品一厂汇来款项183 120元,存入银行。

4. 16日,公司本部从甲库销售给上海肉食品二厂二等生猪80头,生猪重5 760千克,成本单价15.75元,计成本金额90 720元,当即开出农副产品拨付验收单,生猪已由押运员运出。

5. 17日,收到押运员带回的农副产品拨付验收单验收联,在验收联栏内填列实收生猪79头,其重5 600千克,每千克销售价18元,计销售金额100 800元;备注栏内注明死猪一头,估重70千克,作价500元,增值税额为9 117元,共计款项110 417元。

6. 20日,收到上海肉食品二厂汇来款项110 417元,存入银行。

三、要求 编制会计分录。

练习题十八

一、目的 练习商品委托加工的核算。

二、资料 上海服装公司3月份发生下列经济业务:

1. 1日,仓库根据合同发给精工针织厂全毛针织绒450千克,每千克202元,计货款90 900元,委托其加工1 000件男式羊毛衫。

2. 5日,仓库根据合同发给申新针织厂全毛针织绒800千克,每千克205元,计货款164 000元,委托其加工2 000件女式羊毛衫。

3. 15日,精工针织厂送来加工完毕的男式羊毛衫1 000件,加工费为40 000元,增值税额为5 200元,当即以银行存款支付。

4. 16日,1 000件男式羊毛衫全部验收入库,结转加工商品成本。

5. 26日,申新针织厂送来加工完毕的2 000件女式羊毛衫,加工费为80 000元,增值税额为10 400元,当即以银行存款支付。

6. 28日,2 000件女式羊毛衫全部验收入库,结转加工商品成本。

三、要求

1. 编制会计分录。

2. 开设并登记"委托加工物资"总账账户和明细分类账户。

练习题十九

一、目的 练习进价金额核算。

二、资料 上海副食品商店1月份发生下列经济业务:

1. 3日,向肉食品公司购进各种肉类一批,计货款156 300元,增值税额14 067元,当即以银行存款支付。

2. 3日,业务部门转来收货单,向肉食品公司购进猪肉3 000千克,每千克34.80元;牛肉700千克,每千克45元;羊肉400千克,每千克51元,商品全部验收入库。

3. 9日,业务部门转来收货单,向水产公司购进鲳鱼1 500千克,每千克60元。验收时发现短少1

千克,系途中损耗,货款尚未支付。

4. 10 日,以银行存款支付前欠水产公司货款 90 000 元,增值税额 8 100 元。

5. 15 日,收到各营业部门交来销货现金及商品销售收入缴款单,其中:肉食品类 200 342 元,水产类 122 952 元,现金已全部解存银行。

6. 24 日,向肉食品公司购进猪肉 3 600 千克,计货款 126 000 元,增值税额 11 340 元;向水产公司购进黄鱼 2 500 千克,计货款 105 000 元,增值税额 9 450 元,分别以银行存款支付。

7. 24 日,业务部门转来收货单,从肉食品公司购进猪肉 3 600 千克,每千克 35 元;从水产公司购进黄鱼 2 500 千克,每千克 42 元,均已验收入库。

8. 28 日,发现仓库内有 10 千克黄鱼变质报废,购进单价为 42 元,经领导批准作为企业损失处理。

9. 31 日,收到各营业部门交来销货现金及商品销售收入缴款单,其中:肉食品类 174 945 元,水产类 136 250 元,现金已全部解存银行。

10. 31 日,月末盘点商品,肉食品类结存 67 960 元,水产类结存 37 100 元。期初结存数为:肉食品类 56 900 元,水产类 32 500 元。结转本月份商品销售成本。

三、要求 编制会计分录。

第四章　商品流通的核算(二)

第一节　售价金额核算之一
——购进的核算

售价金额核算,又称"售价核算,实物负责制",是一般零售企业所采用的一种核算方法。零售企业与批发企业在业务经营和管理上不尽相同,它具有自己的特点,主要有:经营的商品品种繁多;交易次数频繁而数量零星;销售的对象主要是广大消费者;销售时一般是"一手交钱,一手交货",并不一定都要填制销货凭证;售货部门对其所经销的商品负有物资保管责任。因此,一般零售企业在进行会计核算时,不具备按照商品的品名、规格、等级设置库存商品明细账的条件来控制每种商品的数量和金额。

为了适应一般零售企业的经营特点,有利于其开展商品经营业务,充分发挥营业员的工作效率,并简化记账工作,零售企业一般采用售价金额核算。

一、售价金额核算的主要内容

(一)建立实物负责制

企业为了加强对库存商品的管理和控制,将经营商品的柜组或门市部划分为若干实物负责小组,实物负责小组对其经管的全部商品承担经济责任。在实物负责小组内,要建立岗位责任制,明确每个成员的职责分工,对商品的购进、销售、调拨、调价、削价、溢缺等,都要建立必要的手续制度,这是实行售价金额核算的基础。

(二)库存商品按售价记账

库存商品总分类账及其所属的明细分类账都必须按售价记账,并按实物负责小组设置库存商品明细分类账,以随时反映和掌握各实物负责小组对其经管商品所承担经济责任的情况,这是售价金额核算的核心。

零售企业售价记账的售价,从理论上讲应是商品的销售价格,然而在实际工作中,零售企业销售商品时在柜面上的标价却包括了销项税额。因此,售价记账的售价由销售价格和销项税额两部分组成,也就是说,售价是含税价格。

(三)设置"商品进销差价"账户

由于库存商品按售价记账,在商品购进时,"库存商品"账户里反映的是商品的售价,这就与购进商品实际支付的价格不一致。因此,需要设置"商品进销差价"账户,以反映商品进价与售价之间的差额。在月末要分摊和结转已销商品所实现的商品进销差价。

（四）加强商品盘点

由于库存商品明细分类账户只反映和控制库存商品的售价金额指标，不反映数量和进价金额指标，期末为了核实各实物负责小组库存商品的实有数额，每月必须进行一次全面盘点，计算出实际结存库存商品的售价金额，并与账面结存金额进行核对。如发生不符时，要及时查明原因，进行处理，以达到账实相符，保护企业财产安全和完整的目的。对于有自然损耗的商品，应当核定损耗率作为考核的依据。此外，遇到实物负责人调动时，必须进行临时盘点，以分清责任；遇到商品调价，必须通过商品盘点，才能确定调价金额，进行账面调整。

二、商品购进的业务程序与核算

零售企业为了满足各层次消费者对商品多样化的需要，应做好商品预测和市场分析工作，有计划地从批发企业和生产企业购进商品。对于商品购进的交接方式，同城购进一般采用"提货制"或"送货制"方式，异地购进一般采用"发货制"方式。

同城商品购进的业务程序一般是：由零售企业的采购员到供货单位挑选商品，取得供货单位的专用发票，据以办理结算，以转账支票、商业汇票、银行本票支付货款和增值税额。如果采用"提货制"，采购员就可以提取商品，取回专用发票（发票联和抵扣联）交与业务部门，由其核对专用发票上开列的购进单价是否正确，以维护企业的利益，经核定零售单价后在发票联上加盖价格核讫章，并根据专用发票上列明的商品货号、品名、规格、等级、数量与实物进行核对，检查其质量是否符合要求。验收无误后，由业务部门在专用发票上签收后，转交财会部门入账。零售企业也可以根据管理上的需要，由业务部门另行填制收货单一式数联，其中一联连同供货单位的专用发票一并送交财会部门。收货单的格式见图表 4-1。如果采取"送货制"，则由采购员去供货单位储运部门办理送货手续。其核价和验收手续与"提货制"基本相同，不再重述。

由于零售企业的商品采购费用数额较小，为了简化核算手续，通常将其直接计入当期损益，因此，本书也按这一方法阐述。

财会部门根据采购员交来的结算凭证和核价人员送来的专用发票（发票联），复核无误后，按其所列明的货款，借记"在途物资"账户；按其所列明的增值税额，借记"应交税费"账户；按价税合计，贷记"银行存款"或"应付票据""其他货币资金"等账户。根据实物负责小组送来的商品验收入库凭证，复核无误后，按售价金额，借记"库存商品"账户；按进价金额，贷记"在途物资"账户；售价金额与进价金额之间的差额，则贷记"商品进销差价"账户。

【例】 上海百货商店向上海针织品公司购进毛巾一批，根据上海针织品公司的专用发票填制收货单如图表 4-1 所示。

图表 4-1

收 货 单

供货单位:上海针织品公司

收货部门:针织柜　　　　　　　　2021 年 1 月 10 日　　　　　　　金额单位:元

商品名称	购 进 价 格				零 售 价 格				进销差价
	数量单位	数量	单价	金额	数量单位	数量	单价	金额	
彩条印花毛巾	10 条	200	45.00	9 000	条	2 000	6.00	12 000	3 000
素色丝光毛巾	10 条	150	55.00	8 250	条	1 500	7.40	11 100	2 850
牙边提花枕巾	10 条	100	59.50	5 950	条	1 000	8.00	8 000	2 050
合　　计				23 200				31 100	7 900

(1) 财会部门收到专用发票(发票联),列明货款 23 200 元,增值税额 3 016 元,当即以银行存款支付,作分录如下:

借:在途物资——上海针织品公司　　　　　　　　　　　　　23 200.00
借:应交税费——应交增值税——进项税额　　　　　　　　　　3 016.00
　　贷:银行存款　　　　　　　　　　　　　　　　　　　　26 216.00

(2) 财会部门收到针织柜转来的收货单,列明售价金额 31 100 元,商品已全部验收入库,结转商品采购成本,作分录如下:

借:库存商品——针织柜　　　　　　　　　　　　　　　　　31 100.00
　　贷:在途物资——上海针织品公司　　　　　　　　　　　23 200.00
　　贷:商品进销差价——针织柜　　　　　　　　　　　　　　7 900.00

"商品进销差价"账户是资产类账户,它是"库存商品"账户的抵减账户,用以反映企业库存商品售价金额与进价金额之间的差额。企业商品购进、溢余及调价增值发生差价时,记入贷方;企业结转已销商品进销差价、商品短缺、削价及调价减值等而注销差价时,记入借方;期末余额在贷方,表示期末企业库存商品的进销差价。期末"库存商品"账户余额,减去"商品进销差价"账户余额,就是库存商品的进价金额。

三、进货退出的核算

零售企业购进商品,一般是整件整箱地验收入库的,事后发现商品的品种、规格与专用发票所列不符,或质量不符要求等情况,应及时与供货单位联系,经其同意后,由供货单位开出退货的红字专用发票,办理退货手续,然后将商品退还供货单位,作进货退出处理。

【例】　上海百货商店发现日前购进的素色丝光毛巾中有 100 条质量不符要求,与上海针织品公司联系,对方同意退货。该毛巾每条进价 5.50 元,售价 7.40 元。

(1) 商品退出后,根据针织柜转来的红字收货单,作分录如下:

借:库存商品——针织柜 740.00

贷:在途物资——上海针织品公司 550.00

贷:商品进销差价——针织柜 190.00

(2) 收到对方开来退货的红字专用发票,应退货款 550 元,增值税额 71.50 元,款项均未收到,作分录如下:

借:在途物资——上海针织品公司 550.00

借:应交税费——应交增值税——进项税额 71.50

贷:应收账款——上海针织品公司 621.50

四、购进商品退补价的核算

零售企业购进商品后,有时会收到供货单位开来的更正发票,更正其开错的商品货款。更正商品货款有两种情况:一种是只更正购进价格;另一种是既更正购进价格,又更正零售价格,以下分别讲述这两种情况的核算方法。

(一)只更正购进价格的核算

当供货单位开来更正发票时,由于只更正购进价格,没有影响到商品的零售价格,因此,核算时应调整"商品进销差价"账户,而不能调整"库存商品"账户。若是供货单位退还货款,应根据其红字专用发票冲减商品采购额和进项税额。用红字借记"在途物资"账户和"应交税费"账户,贷记"应收账款"账户;同时还要增加商品的进销差价,用红字借记"商品进销差价"账户,贷记"在途物资"账户。若是供货单位补收货款,则应根据专用发票增加商品采购额和进项税额,借记"在途物资"账户和"应交税费"账户,贷记"应付账款"账户;同时还要减少商品的进销差价,借记"商品进销差价"账户,贷记"在途物资"账户。

【例】 光明商厦日前从上海五金公司购进钢丝钳 1 000 把,每把购进单价 19.50 元,零售单价 25 元,商品已由五金柜验收入库,现收到供货单位更正专用发票,钢丝钳每把批发单价应为 18.60 元,应退货款 900 元,增值税额 117 元。

(1) 冲减商品采购额和进项税额,作分录如下:

借:在途物资——上海五金公司 900.00

借:应交税费——应交增值税——进项税额 117.00

贷:应收账款——上海五金公司 1 017.00

(2)同时调整商品进销差价,作分录如下:

借:商品进销差价——五金柜　　　　　　　　　　　　900.00
　　贷:在途物资——上海五金公司　　　　　　　　　　　　900.00

(二)购进价格和零售价格同时更正的核算

当供货单位由于商品品种、等级搞错等原因而开错价格,事后开来更正发票需要更正批发价和零售价,如因更正价格而使供货单位应退还货款时,应根据更正专用发票冲减商品采购额和进项税额,其核算方法与只更正购进价格的核算方法相同,同时,还要冲减库存商品的售价金额和进价成本,应用红字按更正后售价金额与原入账售价金额的差额,借记"库存商品"账户;按应退货款的数额,贷记"在途物资"账户;并按照更正后进销差价与原入账进销差价的差额,贷记"商品进销差价"账户。如因更正价格而供货单位应补收货款时,应根据其开来的更正发票增加商品采购额和进项税额,其核算方法与只更正购进价格的核算方法相同,同时还要增加库存商品的售价金额和进价成本。按更正后售价金额与原入账售价金额的差额,借记"库存商品"账户;按补收货款数额,贷记"在途物资"账户;按更正后进销差价与原入账进销差价的差额,贷记"商品进销差价"账户。

【例】 中兴商厦日前从上海百货公司购进尼龙自开伞500把,每把购进单价18元,零售单价24元。商品已由百货柜验收入库,现收到供货单位更正专用发票,每把尼龙自开伞购进单价为15元,零售单价为20元,应退货款1 500元,增值税额195元。

(1)冲减商品采购额和进项税额,作分录如下:

借:在途物资——上海百货公司　　　　　　　　　　　1 500.00
借:应交税费——应交增值税——进项税额　　　　　　　195.00
　　贷:应收账款——上海百货公司　　　　　　　　　　　　1 695.00

(2)同时冲减库存商品的售价金额和进价成本,作分录如下:

借:库存商品——百货柜　　　　　　　　　　　　　　　2 000.00
　　贷:在途物资——上海百货公司　　　　　　　　　　　　1 500.00
　　贷:商品进销差价——百货柜　　　　　　　　　　　　　500.00

五、购进商品发生短缺和溢余的核算

零售企业在购进商品时,必须严格坚持商品验收制度,认真负责地验收商品的数量和质量。营业柜组在验收过程中,发现商品数量有短缺或溢余时,若是同城购进的商品即可与供货单位联系,或从对方补回其少发的商品,或将对方多发的商品退还,这样在会计核算上就不反映商品的短缺或溢余;若是从异地购进的商品,一时难以查明原因,应由验收柜组填制"商品购进短缺溢余报告单",财会部门据以按进价将短缺或溢余的商品先记入"待处理财产损溢"账户,并按实收商品数量的售价金额,借记"库存商品"账户。查明原因后的核算方法与批发企业相同,即区别各种不同的原因从"待处理财产损溢"账户,转入各有关的账户。

【例】 冠生园食品公司向南京食品厂购入咖喱牛肉干 1 000 千克,每千克进价 90 元,售价 120 元,采用托收承付结算。

(1) 3 月 2 日,收到银行转来托收凭证,内附专用发票(发票联)计货款 120 000 元,增值税额 15 600 元,运杂费专用发票开列运杂费 500 元,增值税额 45 元,查验与合同相符,予以承付,作分录如下:

借:在途物资——南京食品厂　　　　　　　　　　　120 000.00
借:应交税费——应交增值税——进项税额　　　　　 15 645.00
借:销售费用——运杂费　　　　　　　　　　　　　　　 500.00
　　贷:银行存款　　　　　　　　　　　　　　　　　 136 145.00

(2) 3 月 5 日,咖喱牛肉干已运到,由零食柜验收,实收 949 千克,短缺 51 千克,原因待查。

A. 根据验收入库的收货单,结转商品采购成本,作分录如下:

借:库存商品——零食柜　　　　　　　　　　　　　 113 880.00
　　贷:在途物资——南京食品厂　　　　　　　　　　 85 410.00
　　贷:商品进销差价——零食柜　　　　　　　　　　 28 470.00

B. 根据商品购进短缺溢余报告单,作分录如下:

借:待处理财产损溢　　　　　　　　　　　　　　　　 4 590.00
　　贷:在途物资——南京食品厂　　　　　　　　　　　 4 590.00

C. 3 月 10 日,查明短缺的牛肉干中有 1 千克是自然损耗,经领导批准予以转账,作分录如下:

借:销售费用——商品损耗　　　　　　　　　　　　　　 90.00
　　贷:待处理财产损溢　　　　　　　　　　　　　　　　 90.00

(3) 3 月 12 日,经查明短缺的牛肉干中有 50 千克是对方少发,经联系后,对方决定不再补发商品,开来红字专用发票,并汇来退货款 4 500 元,增值税额 585 元,已存入银行。

A. 根据红字专用发票冲销商品采购额和进项税额,作分录如下:

借:在途物资——南京食品厂　　　　　　　　　　　　 4 500.00
借:应交税费——应交增值税——进项税额　　　　　　　 585.00
　　贷:应收账款——南京食品厂　　　　　　　　　　　 5 085.00

B. 根据银行收账通知,作分录如下:

借:银行存款　　　　　　　　　　　　　　　　　　　5 085.00
　　贷:应收账款——南京食品厂　　　　　　　　　　　　　　　5 085.00

C. 冲转待处理财产损溢,作分录如下:

借:待处理财产损溢　　　　　　　　　　　　　　　　4 500.00
　　贷:在途物资——南京食品厂　　　　　　　　　　　　　　　4 500.00

第二节　售价金额核算之二
——销售的核算

零售企业商品销售的过程是商品从流通领域进入消费领域的过程,也是商品价值实现的过程,这一过程是实现社会再生产的前提。而零售企业的销售对象,除少量售给企事业单位外,绝大多数是售给广大的个人消费者,零售企业的工作直接影响到人民的生活。因此,零售企业必须积极地组织货源,以满足市场需求。

一、商品销售的业务程序与核算

零售企业的商品销售业务,一般按营业柜组或门市部组织进行。商品销售的业务程序,根据企业的规模、经营商品的特点以及经营管理的需要而有所不同。

零售企业的商品销售收入,除少数企事业单位采取转账结算外,主要是收取现金。收款的方式有分散收款和集中收款两种。分散收款,是指营业员直接收款,除了企事业单位外,一般不填制销售凭证,手续简便,交易迅速,但销货与收款由营业员一人经手,容易发生差错与弊端。集中收款是指设立收款台,由营业员填制销货凭证,消费者据以向收款台交款,然后由消费者凭盖有收款台"现金收讫"印章的销货凭证向营业员领取商品,或者由营业员收款后连同填制的销货凭证由内部传递给收款台,收款员收款盖章后退回销货凭证,营业员据以向消费者交付商品。采用集中收款,每日营业结束后,营业员应根据销货凭证计算出销货总金额,并与收款台实收金额进行核对,以检查收款是否正确,这种方式由于钱货分管,职责分明,制度严密,因此不易发生差错,但手续繁琐。

零售企业销货除了采用现金结算外,也有少量采用转账支票、银行本票和商业汇票结算的。

不论采用哪一种收款方式,均应在当天解缴销货款,解缴的方式有分散解缴和集中解缴两种。分散解缴就是在每天营业结束后,若采取分散收款的,由各营业柜组或门市部安排专人负责;若采取集中收款的,则由收款员负责,都按其所收的销货款,填制解款单,将现金直接解存银行,取得解款单回单后,将其送交财会部门。集中解缴是每天营业结束后,若采取分散收款的,由各营业柜组或门市部安排专人负责;若采取集中收款的,则由收款员负责,都按其所收的销货款填制"商品销售收入缴款单",其格式如图表4-2所示。

图表4-2

商品销售收入缴款单

缴款部门:百货柜　　　　　　　　2021年3月10日　　　　　　　　单位:元

货款种类	张数	金　额	货款种类	张数	金　额
现金		9 651	信用卡签购单	3	2 000
其中:票面100元	62	6 200	转账支票	3	1 640
票面50元	21	1 050	银行本票		
票面20元	32	640	银行汇票		
票面10元	76	760			
票面5元	140	700			
票面2元	125	250			
票面1元	46	46			
角票		5			
分币					

缴款金额人民币(大写)壹万叁仟贰佰玖拾壹元整　　　　　　　　　　¥13 291

　　"商品销售收入缴款单"一式两联,连同销货款一并送交财会部门,财会部门应当面点收,加盖"收讫"戳记,一联退还缴款部门,作为其缴款的依据;一联留在财会部门,作为收款的入账凭证。财会部门将各营业柜组或门市部的销货款集中汇总后填制解款单,将销货收入的现金全部解存银行。

　　零售企业商品销售业务是通过"主营业务收入"和"主营业务成本"账户进行核算。为了简化核算手续,平时在"主营业务收入"账户中反映含税的销售收入,期末再将其调整为真正的商品销售额,即不含税的销售额。商品销售后,财会部门要反映商品销售收入和收入货款的情况,同时为了能及时反映商品实物负责小组库存商品的购销动态和结存情况,便于各实物负责小组随时掌握其经管商品的价值,明确其所承担的经济责任,需要随时转销已销库存商品的成本。由于零售企业库存商品是按售价反映的,因此,转销库存商品的金额同反映商品销售收入增加的金额是一致的。而商品进价与售价之间的差价,在"商品进销差价"账户内反映,所以,当已销商品按售价从"库存商品"账户内转销时,从理论上讲,应该同时将这部分已销商品的进销差价也从"商品进销差价"账户内转销,将已销商品的成本调整为进价,即在"主营业务成本"账户内用进价反映。但是,每天计算已销商品进销差价的工作量很大,因此,在实际工作中,平时把已销商品按售价转入"主营业务成本"账户,月末一次计算出当月已销商品的进销差价,再将商品销售成本调整成为进价。这是售价金额核算法下企业商品销售核算的特点。

【例】 上海商厦为信用卡特约单位,信用卡结算手续费率为1‰,3月10日各营业柜组商品销售及货款收入情况如图表4-3所示。

图表4-3

商品销售收入缴款单汇总表

2021 年 3 月 10 日   单位:元

项 目 柜 别	销售金额	现金收入	信用卡 签购单	转账支票	现金溢缺
百货柜	13 291	9 651	2 000	1 640	
服装柜	12 670	10 870	1 800		
食品柜	10 359	8 079	1 200	1 080	
合 计	36 320	28 600	5 000	2 720	

(1)财会部门根据各营业柜组交来的商品销售收入缴款单及现金、签购单和转账支票,根据签购单编制计汇单,并与转账支票一并存入银行,作分录如下:

借:库存现金   28 600.00
借:银行存款   7 670.00
借:财务费用   50.00
  贷:主营业务收入——百货柜   13 291.00
  贷:主营业务收入——服装柜   12 670.00
  贷:主营业务收入——食品柜   10 359.00

(2)将现金集中解存银行,取得解款单回单,作分录如下:

借:银行存款   28 600.00
  贷:库存现金   28 600.00

同时转销库存商品,作分录如下:

借:主营业务成本——百货柜   13 291.00
借:主营业务成本——服装柜   12 670.00
借:主营业务成本——食品柜   10 359.00
  贷:库存商品——百货柜   13 291.00
  贷:库存商品——服装柜   12 670.00
  贷:库存商品——食品柜   10 359.00

通过转销库存商品,可以及时反映各营业柜组经管商品的库存额和经济责任。

采取集中收款方式的企业,每日营业结束后,收款员应将销货凭证或销货计数卡与收入现金进行核对,如有不符,应填制"销货款短缺溢余报告单",其格式如图表 4-4 所示。

图表 4-4

销货款短缺溢余报告单

部门:百货柜　　　　　　　　2021 年 4 月 10 日　　　　　　　　单位:元

销售金额	12 321.60	溢缺原因	工作疏忽少收款
实收金额	12 319.60		
溢 余 款			
短 缺 款	2.00		
领导审批		部门意见	同意报损

收款员:张瑜

"销货款短缺溢余报告单"一式数联,其中一联送交财会部门,财会部门对于短缺或溢余款,先列入"待处理财产损溢"账户。等查清情况,并经领导批准后,再转入"营业外支出"或"营业外收入"账户。对于短缺款如果确定应由责任人赔偿时,则转入"其他应收款"账户。

二、受托代销商品销售的核算

零售企业进行受托代销业务,事先由业务部门与供货单位订立"受托代销合同",合同上注明货款的结算方式和时间及商品的质量和保管的责任等。

(一)作商品购销方式受托代销商品的核算

企业收到受托代销商品时,并没有取得商品的所有权,为了加强对受托代销商品的管理,在受托代销商品验收入库时,应按售价金额,借记"受托代销商品"账户;按进价金额,贷记"受托代销商品款"账户;售价金额与进价金额之间的差价,则贷记"商品进销差价"账户。

代销商品销售后,借记"库存现金"账户,贷记"主营业务收入"账户;并按售价金额,借记"主营业务成本"账户,贷记"委托代销商品"账户;同时结转代销商品款,借记"受托代销商品款"账户,贷记"应付账款"账户。当按合同规定的日期收到已售代销商品的专用发票,支付其货款和增值税额时,借记"应付账款"账户和"应交税费"账户,贷记"银行存款"账户。

【例】 卢湾商厦根据受托代销合同,接受湖州服装厂 400 件男两用衫的代销业务,该男两用衫购进单价 176 元,零售单价 240 元,合同规定每个月末结算一次货款。

(1)12 月 5 日,收到 400 件男两用衫,由服装柜验收入库,作分录如下:

借:受托代销商品——服装柜　　　　　　　　　　　　　96 000.00
　　贷:受托代销商品款——湖州服装厂　　　　　　　　　70 400.00
　　贷:商品进销差价——服装柜　　　　　　　　　　　　25 600.00

(2) 12 月 21 日,服装柜销售男两用衫 200 件,收到现金 48 000 元。

A. 反映主营业务收入,作分录如下:

借:库存现金 48 000.00
　贷:主营业务收入——服装柜 48 000.00

B. 同时注销受托代销商品,作分录如下:

借:主营业务成本——服装柜 48 000.00
　贷:受托代销商品——湖州服装厂 48 000.00

C. 结转受托代销商品款,作分录如下:

借:受托代销商品款——湖州服装厂 35 200.00
　贷:应付账款——湖州服装厂 35 200.00

(3) 12 月 31 日,收到湖州服装厂的专用发票,开列男两用衫 200 件,每件 176 元,计货款 35 200 元,增值税额 4 576 元,款项当即汇付对方,作分录如下:

借:应付账款——湖州服装厂 35 200.00
借:应交税费——应交增值税——进项税额 4 576.00
　贷:银行存款 39 776.00

(二) 收取代销手续费方式受托代销商品的核算

采用收取代销手续费方式的企业,在收到代销商品时,按代销商品的售价,借记“受托代销商品”账户,贷记“受托代销商品款”账户。

代销商品销售的核算以及结算代销手续费的核算方法,与采用数量进价金额核算的企业基本相同,已在第三章第二节作了阐述,不再重复。

三、商品销售成本的调整

零售企业由于平时按商品售价结转商品销售成本,月末为了核算商品销售业务的经营成果,就需要通过计算和结转已销商品的进销差价,将商品销售成本由售价调整为进价。正确计算已销商品进销差价是正确核算商品销售成本和期末库存商品价值的基础。

零售企业计算已销商品进销差价的方法有综合差价率推算法、分柜组差价率推算法和实际进销差价计算法三种。

(一) 综合差价率推算法

综合差价率推算法是按全部商品的存销比例,推算本期销售商品应分摊进销差价的一种方法。具体的计算方法是先将期末结转前的“商品进销差价”账户余额,除以期末“库存商品”账户余额加上“受托代销商品”账户余额与本期商品销售收入之和,计算出本期商品的综合差价率,再乘以本期商品销售收入,计算出已销商品的进销差价,其计算公式如下：

$$综合差价率=\frac{结转前商品进销差价账户余额}{期末库存商品账户余额+期末受托代销商品账户余额+本期商品销售收入}\times100\%$$

本期已销商品进销差价＝本期商品销售收入×综合差价率

【例】 浦江商厦 12 月 31 日有关账户的资料如下：

结转前商品进销差价账户余额	300 256 元
库存商品账户余额	518 800 元
受托代销商品账户余额	56 000 元
主营业务收入账户余额	577 200 元

用综合差价率推算法计算并结转已销商品进销差价：

$$综合差价率=\frac{300\ 256}{518\ 800+56\ 000+577\ 200}\times100\%=26.06\%$$

$$本期已销商品进销差价=577\ 200\times26.06\%=150\ 418.32(元)$$

根据计算的结果，作分录如下：

借：商品进销差价	150 418.32
贷：主营业务成本	150 418.32

（二）分柜组差价率推算法

分柜组差价率推算法是按各营业柜组或门市部商品的存销比例，推算本期销售商品应摊进销差价的一种方法。这种方法要求按营业柜组分别进行计算，其计算方法与综合差价率推算法相同，财会部门可编制"已销商品进销差价计算表"进行计算。

【例】 浦江商厦采用分柜组差价率推算法。12 月 31 日有关各明细账户的资料如图表 4-5 所示。

图表 4-5

各明细账户余额表

单位：元

营业柜组	结转前商品进销差价账户余额	库存商品账户余额	受托代销商品账户余额	主营业务收入账户余额
百货柜	106 006	179 400	32 000	210 600
服装柜	104 558	178 000	24 000	198 000
食品柜	89 692	161 400		168 600
合　计	300 256	518 800	56 000	577 200

根据资料编制"已销商品进销差价计算表"如图表 4-6 所示。

图表 4-6

已销商品进销差价计算表

2020 年 12 月 31 日　　　　　　　　　　　　　单位：元

营业柜组	期末库存商品账户余额	期末受托代销商品账户余额	主营业务收入账户余额	本期存销商品合计额
(1)	(2)	(3)	(4)	(5)=(2)+(3)+(4)
百货柜	179 400	32 000	210 600	422 000
服装柜	178 000	24 000	198 000	400 000
食品柜	161 400		168 600	330 000
合　计	518 800	56 000	577 200	1 152 000

营业柜组	结转前商品进销差价账户余额	差价率	已销商品进销差价	期末商品进销差价
(1)	(6)	$(7)=\dfrac{(6)}{(5)}$	(8)=(4)×(7)	(9)=(6)-(8)
百货柜	106 006	25.12%	52 902.72	53 103.28
服装柜	104 558	26.14%	51 757.20	52 800.80
食品柜	89 692	27.18%	45 825.48	43 866.52
合　计	300 256	—	150 485.40	149 770.60

根据计算的结果,作分录如下:

借:商品进销差价——百货柜		52 902.72
借:商品进销差价——服装柜		51 757.20
借:商品进销差价——食品柜		45 825.48
贷:主营业务成本——百货柜		52 902.72
贷:主营业务成本——服装柜		51 757.20
贷:主营业务成本——食品柜		45 825.48

(三)实际进销差价计算法

实际进销差价计算法是先计算出期末商品的进销差价,进而逆算已销商品进销差价的一种方法。这种方法的具体做法是:期末由各营业柜组或门市部通过商品盘点,编制"库存商品盘存表"和"受托代销商品盘存表",根据各种商品的实存数量,分别乘以销售单价和购进单价,计算出期末库存商品的售价金额和进价金额及期末受托代销商品的售价金额和进价金额。"库存商品盘存表"和"受托代销商品盘存表"一式数联,其中一联送交财会部门,复核无误后,据以编制"商品盘存汇总表"。期末商品进销差价、已销商品进销差价的计算公式如下：

$$\frac{期末商品}{进销差价} = \frac{期末库存商}{品售价金额} - \frac{期末库存商}{品进价金额} + \frac{期末受托代销}{商品售价金额} - \frac{期末受托代销}{商品进价金额}$$

已销商品进销差价＝结账前商品进销差价账户余额－期末商品进销差价

【例】 浦江商厦采用实际进销差价计算法，12 月 31 日各有关资料如图表 4-7 所示。

图表 4-7

库存商品盘存表

第 10 页

部门：百货柜　　　　　　　　2020 年 12 月 31 日　　　　　　　　金额单位：元

品　　名	规格	数量单位	盘存数量	销售价格		购进价格	
				单价	金额	单价	金额
童棉毛内衣	70 cm	套	96	35	3 360	25.90	2 486.40
女棉毛内衣	90 cm	套	120	40	4 800	29.60	3 552.00
男棉毛内衣	110 cm	套	104	45	4 680	33.30	3 463.20
小　　计					12 840		9 501.60
合　　计					179 400		133 972.01

服装柜和食品柜库存商品盘存表与百货柜和服装柜的受托代销商品盘存表均从略。

根据各营业柜组的库存商品盘存表和受托代销商品盘存表编制商品盘存汇总表如图表 4-8 所示。

图表 4-8

商品盘存汇总表

2020 年 12 月 31 日　　　　　　　　　　　　　　　　单位：元

部　　门	库存商品售价金额	库存商品进价金额	受托代销商品售价金额	受托代销商品进价金额	商品进销差价
百货柜	179 400	133 972.01	32 000	24 278.40	53 149.59
服装柜	178 000	131 300.98	24 000	17 942.60	52 756.42
食品柜	161 400	117 501.30			43 898.70
合　　计	518 800	382 774.29	56 000	42 221.00	149 804.71

各营业柜组结转前商品进销差价账户余额同前例,计算本期已销商品进销差价如下:

百货柜已销商品进销差价＝106 006.00－53 149.59＝52 856.41(元)
服装柜已销商品进销差价＝104 558.00－52 756.42＝51 801.58(元)
食品柜已销商品进销差价＝84 692.00－43 898.70＝45 793.30(元)

根据计算的结果,作分录如下:

借:商品进销差价——百货柜　　　　　　　　　　　　52 856.41
借:商品进销差价——服装柜　　　　　　　　　　　　51 801.58
借:商品进销差价——食品柜　　　　　　　　　　　　45 793.30
　　贷:主营业务成本——百货柜　　　　　　　　　　　　52 856.41
　　贷:主营业务成本——服装柜　　　　　　　　　　　　51 801.58
　　贷:主营业务成本——食品柜　　　　　　　　　　　　45 793.30

从上列实例中可以看出,采用三种不同的计算方法计算已销商品的进销差价,产生了三种不同的结果。这是因为各营业柜组之间商品的差价率不同,在营业柜组内所经营的各种商品之间差价率也不同,而且各种商品之间的存销比例也不可能相同,因此,计算的结果是不相同的。这三种计算方法的适用范围及优缺点如图表4-9所示。

图表4-9

适用范围及优缺点

计算方法 项目	综合差价率推算法	分柜组差价率推算法	实际进销差价计算法
适用范围	适用于所经营商品的差价率较为均衡的企业;或企业规模小,分柜组计算差价率有困难的企业	适用于经营柜组间差价率不太均衡的企业;或需要分柜组核算其经营成果的企业	适用于经营商品品种较少的企业,或在企业需要反映其期末库存商品实际价值时采用
优缺点	计算与核算的手续最为简便,但计算的结果不够准确	计算较为简便,计算的结果较为准确,但与实际相比较,仍有一定的偏差	计算的结果最为准确,但计算起来工作量较大

在实际工作中,为了做到既简化计算手续,又准确地计算已销商品进销差价,往往在平时采取分柜组差价率推算法,到年终采用实际进销差价计算法,以保证整个会计年度核算资料的准确性。

四、商品销售收入的调整

由于零售企业平时在"主营业务收入"账户中反映的是含税收入,因此至月末就需要进行调整,将含税收入中的销项税额分离出来,使"主营业务收入"账户反映企业真正的销售额。含税收入的调整公式如下:

$$销售额 = \frac{含税收入}{1+增值税率}$$

$$销项税额 = 含税收入 - 销售额$$

【例】 申城商厦月末"主营业务收入"账户余额为 662 180 元,增值税税率为 13%,调整商品销售收入,计算的结果如下:

$$销售额 = \frac{662\ 180}{1+13\%} = 586\ 000(元)$$

$$销项税额 = 662\ 180 - 586\ 000 = 76\ 180(元)$$

根据计算的结果,作分录如下:

借:主营业务收入 76 180.00
　　贷:应交税费——应交增值税——销项税额 76 180.00

采取分柜组核算库存商品的企业,对于商品销售收入也要分柜组进行调整。

第三节 售价金额核算之三
——储存的核算

商品储存与商品购进及商品销售是相互联系、相互制约的三个环节。零售企业为了使商品流通正常进行,满足市场的需求,就需要保持适当的商品储存。由于采用售价金额核算,因此平时应特别加强对库存商品的管理和监督,以保护企业财产的安全与完整。

商品储存的核算,包括商品的调价、削价、内部调拨、盘点缺溢及库存商品和商品进销差价明细核算等内容。

一、商品调价的核算

商品调价是商品流通企业根据国家物价政策或市场情况,对某些正常商品的价格进行适当地调高或调低。

由于售价金额核算的企业平时不核算商品的数量,因此,在规定调价日期的前一天营业结束后,由核价人员、财会人员会同营业柜组对调价商品进行盘点,按照实际库存数量由营业柜组填制"商品调价差额调整单",一式数联,其中一联送交财会部门。财会部门复核无误后,将调价差额全部体现在商品经营损益内。发生调高售价金额时,借记"库存商品"账户,贷记"商品进销差价"账户;发生调低售价金额时,则借记"商品进销差价"账户,贷记"库存商品"账户。

【例】 黄浦商厦根据市场情况将部分荧光灯管从 4 月 5 日起调整零售价格,电器柜经过盘点后,编制商品调价差额调整单如图表 4-10 所示。

图表 4-10

商品调价差额调整单

编号:966

填报部门:电器柜　　　　2021 年 4 月 5 日　　　　金额单位:元

品　名	规格	数量单位	盘存数量	零售单价		调整单价差额		调高金额	调低金额
				新价	原价	增加	减少		
荧光灯管	30 W	支	250	9.00	7.80	1.20		300	
荧光灯管	40 W	支	360	12.00	10.50	1.50		540	
合　计								840	

财会部门收到商品调价差额调整单,复核无误,作分录如下:

借:库存商品——电器柜　　　　　　　　　　　　　　　　　840.00
　　贷:商品进销差价——电器柜　　　　　　　　　　　　　　　840.00

二、商品削价的核算

商品削价是对库存中呆滞、冷背、残损、变质的商品作一次性降价出售的措施。

零售企业由于盲目采购造成商品呆滞积压或运输不慎、保管不妥等因素,而发生了商品残损变质等情况,影响了商品内在与外观的质量。为了减少商品损失,应根据商品呆滞积压情况或残损变质的程度,按照规定的审批权限,报经批准后进行削价处理。

残损变质商品削价时,一般由有关营业柜组盘点数量后,填制"商品削价报告单",一式数联,报经有关领导批准后,进行削价处理。

商品削价后的新售价高于其可变现净值时,根据削价减值金额借记"商品进销差价"账户,贷记"库存商品"账户,以调整其账面价值。商品削价后的新售价低于其可变现净值时,除了根据削价减值金额借记"商品进销差价"账户,贷记"库存商品"账户,以调整其账面价值外,还应计提存货跌价准备。

【例】 静安商厦服装柜发现 10 件女时装的式样已陈旧,其原零售单价为 135 元,经批准削价为 101.70 元,该女时装每件进价为 100 元。估计销售费用为 2 元,增值税

税率为 13%,计算其可变现净值如下:

$$女时装削价后不含增值税售价=101.70×10÷1.13=900(元)$$
$$女时装可变现净值=900-(2×10)=880(元)$$
$$女时装可变现净值低于成本的差额=100×10-880=120(元)$$

(1)根据削价减少的售价金额调整其账面价值,作分录如下:

借:商品进销差价——服装柜   333.00
  贷:库存商品——服装柜[(135-101.70)×10]   333.00

(2)同时,根据可变现净值低于存货成本的差额计提存货跌价准备,作分录如下:

借:资产减值损失——存货减值损失   120.00
  贷:存货跌价准备   120.00

(3)销售削价的 10 件女时装,收入现金 1 017 元,作分录如下:

借:库存现金   1 017.00
  贷:主营业务收入——服装柜   1 017.00

(4)同时,结转其销售成本,作分录如下:

借:主营业务成本——服装柜   1 017.00
  贷:库存商品——服装柜   1 017.00

(5)并结转其计提的跌价准备,作分录如下:

借:存货跌价准备   120.00
  贷:主营业务成本——服装柜   100.00
  贷:销售费用   20.00

三、商品内部调拨的核算

商品内部调拨是指零售企业在同一独立核算单位内部各实物负责小组之间的商品转移。具体表现为各营业柜组或门市部之间为了调剂商品余缺所发生的商品转移;或设有专职仓库保管员,对在库商品单独进行核算和管理的企业,当营业柜组或门市部向仓库提取商品时,所发生的商品调拨转移。

商品内部调拨不作为商品销售处理,也不进行结算,而只是转移各实物负责小组所承担的经济责任。在调拨商品时,一般由调出部门填制商品内部调拨单一式数联,调出部门在各联上签章后,连同商品一并转交调入部门。调入部门验收无误后,在调入部门处签章,表示商品已收讫,然后调入与调出部门各留一联,作为商品转移的依据,另一联转交财会部门入账。商品内部调拨,在核算时借记调入部门库存商品的明细分类账户,贷记调出部门库存商品的明细分类账户,"库存商品"账户的总额保持不变。采取分柜组差价率推算法分摊已销商品进销差价的企业,还要相应调整"商品进销差价"账户。

【例】 城南商厦新设立早晚服务部,从百货柜调入商品,百货柜填制商品内部调拨单如图表 4-11 所示。

图表 4-11

商品内部调拨单

金额单位:元

调入部门:早晚服务部　　　　　　　　2021 年 3 月 4 日　　　　　　　　调出部门:百货柜

品　名	规格	数量单位	数量	零售价格		购进价格		商　品进销差价
				单价	金额	单价	金额	
佳洁士牙膏	120 克	支	200	5.00	1 000	3.75	750	250
裕华香皂	100 克	块	150	3.00	450	2.20	330	120
佳美洗衣液	500 克	袋	200	4.50	900	3.33	666	234
合　计					12 762		9 564	3 198

调入部门签章:早晚服务部　　　　调出部门签章:百货柜　　　　经手人:周　海

财会部门复核无误后,作分录如下:

借:库存商品——早晚服务部　　　　　　　　　　　　　12 762.00
　　贷:库存商品——百货柜　　　　　　　　　　　　　　　12 762.00

采取分柜组差价率推算法分摊已销商品进销差价的企业,还要将商品进销差价转账,作分录如下:

借:商品进销差价——百货柜　　　　　　　　　　　　　3 198.00
　　贷:商品进销差价——早晚服务部　　　　　　　　　　　3 198.00

四、商品盘点和商品盘点缺溢的核算

(一)商品盘点

零售企业对库存商品采取售价金额核算时,库存商品明细分类账一般按营业柜组或门市部设置,平时只反映和掌握各营业柜组或门市部商品进、销、存的售价金额,而不反映和掌握各种商品的结存数量。因此,只有通过商品盘点,逐项计算出各种商品的售价金额及售价总金额,再与当天"库存商品"账户余额进行核对,才能了解和控制各种商品的实存数量,确保账实相符。通过商品盘点,可以检查商品的保管情况,如果发现商品残损变质,应及时采取措施,改进商品保管方法,从而减少商品损失。通过商品盘点,还可以为企业决策部门了解和掌握商品库存结构状况,制订最佳进货计划提供依据,促使企业合理使用商品资金,以保证零售企业商品流通的正常进行。

零售企业要严格遵守和执行商品盘点制度,根据规定,每个月至少进行一次定期的全面盘点。在发生部门实物负责人调动、企业内部柜组调整、商品调价等情况时,可根据具体需要,进行不定期的全面盘点或局部盘点,以加强对库存商品的管理。

商品盘点是零售企业的一项重要工作,应力求做到准确、迅速。在商品盘点前,要做好组织安排,确定参加盘点的人员及分工,并整理商品,核对商品标价,校准度量衡器等。在商品盘点时,要有条不紊,做到不重复、不遗漏、不点错。并根据商品盘点的数量,按品名、规格、等级、销售单价填入"商品盘存表"内。在商品盘点后,要正确计算商品盘存表上的售价金额和商品售价总金额,然后与各营业柜组商品明细账的结存金额进行核对,如与账面金额相差较大时,应进行复盘,以防止盘点差错。

库存商品发生账实不符的原因很多,有的是购进商品时验收制度执行不严,收错商品;有的是销售商品时疏忽大意,发错商品或收错货款;有的是在商品储存过程中,发生自然升溢或损耗,以及在商品进、销、存各个环节中,因管理制度不严密而发生的贪污盗窃等,这些因素都会引起商品盘点短缺或溢余。因此,在发生账实不符时,财会部门应会同有关部门及领导,分析研究造成不符的原因,查明问题的症结所在,以明确经济责任,堵塞漏洞,提高企业经营管理水平。

(二)商品盘点短缺与溢余的核算

商品盘点发生账实不符时,营业柜组或门市部应填制"商品盘点短缺溢余报告单"一式数联,其中一联报送领导审批,另一联送交财会部门作为记账的依据。

商品盘点短缺或溢余是以商品的售价金额来反映的,在"商品盘点短缺溢余报告单"中,还需要将其调整为进价金额。财会部门在商品短缺或溢余原因尚未查明前,应将短缺或溢余商品的进价金额先转入"待处理财产损溢"账户,以确保账实相符,等原因查明后,再根据具体情况转入各有关账户。对于商品短缺,如属自然损耗,应转入"销售费用"账户;如属责任事故,则应根据领导的批复,若由企业负担,转入"营业外支出"账户;若由当事人负责赔偿,则转入"其他应收款"账户。对于商品溢余,如属供货单位多发商品,应作为商品购进补付货款,如属自然升溢,则应冲减"销售费用"账户。

【例】 静安商厦服装柜3月25日盘点商品,发现短缺80元,填制商品盘点短缺溢余报告单如下:

图表4-12

商品盘点短缺溢余报告单

部门：服装柜　　　　　　　　　　2021 年 3 月 25 日　　　　　　　　　　单位：元

账存金额	159 780.00	溢余金额		短缺或溢余原因	销货错发商品
实存金额	159 700.00	短缺金额	80.00		
上月本柜组差价率			25%		
溢余商品差价		溢余商品进价			
短缺商品差价	20.00	短缺商品进价	60.00		
领　导批　复	同意3 月 30 日	部门意见		要求作企业损失处理	

（1）财会部门根据商品盘点短缺溢余报告单，作分录如下：

借：待处理财产损溢　　　　　　　　　　　　　　　　　　　60.00
借：商品进销差价——服装柜　　　　　　　　　　　　　　　20.00
　　贷：库存商品——服装柜　　　　　　　　　　　　　　　　　　80.00

（2）30 日领导批复，将 25 日盘缺商品 60 元作企业损失处理，作分录如下：

借：营业外支出　　　　　　　　　　　　　　　　　　　　　60.00
　　贷：待处理财产损溢　　　　　　　　　　　　　　　　　　　　60.00

零售企业在期末或年度终了时，应对商品进行全面的清查盘点，当发现商品成本高于其可变现净值时，应计提存货跌价准备，计提的方法与批发企业相同，不再重述。

五、库存商品和商品进销差价账户的明细分类核算

实行售价金额核算的零售企业，库存商品明细分类账是按营业柜组或门市部设置的，在账户中反映按售价计算的总金额，用以控制各营业柜组或门市部的库存商品数额。采取分柜组差价率推算法调整商品销售成本的企业，还必须按营业柜组或门市部设置"商品进销差价"明细账户，由于"商品进销差价"是"库存商品"账户的抵减账户，在发生经济业务时，这两个账户往往同时发生变动，为了便于记账，可以将"库存商品"与"商品进销差价"账户的明细账合在一起，设置"库存商品和商品进销差价联合明细分类账"，其格式如图表 4-13 所示。

各营业柜组或门市部为了掌握本部门商品进、销、存的动态和销售计划的完成情况，便于向财会部门报账，每天营业结束后，应根据商品经营的各种原始凭证，编制"商品进销存日报表"，一式数联，营业柜组或门市部自留一联，一联连同有关的原始凭证一并送交财会部门。财会部门复核无误后，据以入账。例如，南丰商厦 4 月 25 日编制"商品进销存日报表"如图表 4-14 所示。

图表 4-13

部门：百货柜

库存商品和商品进销差价联合明细分类账

单位：元

2021年		凭证号数	摘要	库存商品 借方				库存商品 贷方					借或贷	余额	商品进销差价 借方	贷方	借或贷	余额
月	日			购进	调入	调价增值	溢余	销售	调出	调价减值	削价	短缺						
3	1		余额										借	136 400			贷	34 782
	1	1	购入	15 000												3 810		
	1	1	进货退出	[1 000]												[256]		
	1	1	调入		5 000											1 270		
	1	1	调价增值			500										500		
	1	1	销售					12 420										
	1	1	调出						3 000						762			
	1	1	调价减值							640			借	140 020	640		贷	38 704

图表4-14

商品进销存日报表

部门：食品柜　　　　　　　　2021年4月25日　　　　　　　编号：360　单位：元

项　目		金　额	项　目		金　额
昨日结存		255 345.60		销　售	10 240.00
今日收入	购　进	13 050.00	今日发出	调　出	
	调　入			发出委托加工	
	加工成品收回			调价减值	
	调价增值	3 210.20		削　价	224.00
	溢　余			短　缺	20.00
				今日结存	261 121.80
本月销售计划		300 000.00	本月销售累计		260 255.00

由于"商品进销存日报表"反映的是各营业柜组或门市部库存商品每天的收发变动和结存情况,其反映的内容与库存商品明细分类账核算的内容是一致的。因此,可以将该表分营业柜组或门市部按时间顺序装订成册,代替库存商品明细分类账,以简化核算手续。

第四节　数量售价金额核算

在专业性较高的零售企业,特别是经营贵重、大件商品的零售企业,只经营一类或几类商品,商品的品种较综合性零售企业要少得多。因此这种零售企业,在商品销售过程中,需要填制销售凭证,在核算与管理上,不仅需要反映和控制商品的售价金额,还需要反映和控制商品的实物数量,根据这些特点,采用数量售价金额核算较为适宜。

一、数量售价金额核算的特点

数量售价金额核算既吸取了售价金额核算的优点,又吸取了数量进价金额核算的优点,具有比售价金额核算更广泛的内容。它除了需要具备：① 建立实物负责制。② 库存商品按售价记账。③ 设置"商品进销差价"账户。④ 加强盘点等四个内容外,还需要按商品品名、规格、等级设置库存商品三级明细分类账,对库存商品实行数量和售价双重控制,这是一种比较完善的核算方法。

二、数量售价金额核算的方法

(一) 库存商品账户的设置

采用数量售价金额核算的企业,设置库存商品总账账户,以售价金额反映库存商品的数额。按商品类别设置库存商品类目账,采用数量金额三栏式账页,分别反映各类库存商品的数量和售价金额,再按商品的品名、规格、等级设置库存商品明细分类账,也可采用数量金额三栏式账页,分别反映各种不同规格商品的数量,并用售价反映商品的单价和金额。这样用库存商品逐级设账的方法,能更好地控制和管理商品进、销、存的数量和售价金额。为了便于查对账目,可以在库存商品明细分类账页上方注明商品的购进单价。

业务部门采取商品分管的办法,一般按商品类别划分营业柜组。营业柜组内的实物负责人,按商品的品名、规格、等级设置商品保管账,采用数量三栏式账页,登记商品的收入、发出和结存数量,并在账页上方注明销售单价和购进单价。这样便于实物负责人直接掌握和控制本类别内商品的数量,并根据商品保管账随时与实物进行核对,做到账实相符。

为了简化核算手续,财会部门的库存商品明细分类账也可以下放到业务部门,与商品保管账合在一起核算。

(二)商品购进和销售的核算

采用数量售价金额核算的零售企业,商品购进的一般业务程序与核算方法,基本上与售价金额核算相同,这里不再重述。所不同的是,采用数量售价金额核算,还需根据进货凭证登记库存商品类目账、"库存商品"明细分类账及商品保管账。

商品销售的业务程序一般是:① 填制销货凭证。由经手人填制销货凭证,销货凭证一式数联,其中发票联给消费者作为付款凭证,记账联作为企业的收款凭证,存根联由营业柜组留存备查。② 收款。收款方式可以由营业员直接收款,也可以设收款台,由收款员集中收款。③ 解缴销货款。每天营业结束后,解缴销货款的手续基本上与售价金额核算相同。④ 编制"商品销售日报表"。各营业柜组还要根据记账联编制"商品销售日报表",一式数联,实物负责人自留一联,以登记商品保管账,减少商品的结存数量;一联送交财会部门,经复核无误,据以入账。

【例】 3月1日,上海钟表商店表类柜营业结束后,交来"商品销售收入缴款单"及现金11 200元,当即存入银行,并交来商品销售日报表如图表4-15所示。

图表4-15

商品销售日报表
2021年3月1日　　　　　　　　　　　　金额单位:元

货号	品　名　规　格	数量单位	数量	单价	金额	备　注
152	钻石牌17钻全钢防震表	块	15	44	660	发票号码#56732~#56859
7120	上海牌19钻全钢防震表	块	30	50	1 500	
5520	上海牌17钻镀金女表	块	32	75	2 400	
	合　计	块	128	—	11 200	

财会部门复核无误后,根据"商品销售日报表",作分录如下:

借：库存现金　　　　　　　　　　　　　　　　　　　　　　11 200.00
　　贷：主营业务收入——表类　　　　　　　　　　　　　　　　11 200.00

根据解款单回单,作分录如下：

借：银行存款　　　　　　　　　　　　　　　　　　　　　　11 200.00
　　贷：库存现金　　　　　　　　　　　　　　　　　　　　　11 200.00

同时转销库存商品,作分录如下：

借：主营业务成本——表类　　　　　　　　　　　　　　　　11 200.00
　　贷：库存商品——表类　　　　　　　　　　　　　　　　　11 200.00

如果"商品销售日报表"金额与柜组交款数额不符,则表示销货款发生了短缺或溢余。对于缺溢款应记入"待处理财产损溢"账户,然后根据会计分录和"商品销售日报表"分别登记库存商品总账账户及类目账和明细分类账,以减少库存商品的结存额。

采用数量售价金额核算的企业,在月末一般采用实际进销差价计算法来调整商品销售成本。有的企业为了简化核算手续,也可以平时采用分商品类别差价率推算法,季末采用实际进销差价计算法来进行调整,其计算方法与售价金额核算相同,不再重述。

（三）商品储存的核算

采用数量售价金额核算的企业,为了加强对商品的管理,对每一种商品,除了要求各实物负责人必须登记商品保管账外,其财会部门也设有相应的三级商品明细分类账,采取随销随转随结余额的方法,进行数量和金额的双重控制,做到各种商品均能随时盘点核实,随时提供各种商品进、销、存的资料。

月末各营业柜组要按照商品类别编制"商品进销存月报表",一式数联,营业柜组自留一联,另两联送交财会部门,财会部门复核无误后,据以编制"商品进销存月报汇总表"。

【例】　上海钟表商店3月末表类柜编制"商品进销存月报表"如图表4-16所示。

图表4-16

商品进销存月报表

编号：

商品类别：表类　　　　　　　　2021年3月份　　　　　　　　金额单位：元

货号	品 名 规 格	数量单位	数　量			本　月　结　存				
			上月结存	本月购进	本月销售	数量	销售价格		购进价格	
							单价	金额	单价	金额
152	钻石牌 17 钻全钢防震表	块	250	220	340	130	44	5 720	33.10	4 303
7120	上海牌 19 钻全钢防震表	块	450	500	480	470	50	23 500	37.60	17 672

（续表）

货号	品 名 规 格	数量单位	数 量			本 月 结 存					
			上月结存	本月购进	本月销售	数量	销售价格		购进价格		
							单价	金额	单价	金额	
7221	上海牌19钻日历全钢防震表	块	160	250	270	140	55	7 700	41.40	5 796	
5520	上海牌17钻镀金女表	块	370	600	690	280	75	21 000	56.40	15 792	
	合　计	块	2 430	3 098	3 459	2 069	—	129 384	—	96 762	

（钟类、表带类的"商品进销存月报表"从略）

财会部门据以编制"商品进销存月报汇总表"如图表 4-17 所示。

图表 4-17

商品进销存月报汇总表

2021 年 3 月份　　　　　　　附件 10 张　金额单位：元

项　目	数量单位	月初结存数量	购进数量	销售数量	月 末 结 存			
					数量	销售金额	购进金额	商品进销差价
库存商品总额	元					153 647	114 801	38 846
其中：表　类	块	2 430	3 098	3 459	2 069	129 384	96 762	32 622
钟　类	只	534	500	498	536	11 765	8 747	3 018
表带类	根	5 906	5 800	5 715	5 991	12 498	9 292	3 206

"商品进销存月报汇总表"一式数份，将"商品进销存月报表"作为其附件，装订成册。一份作为按实际进销差价计算调整商品销售成本的依据，由财会部门保存；另一份送交企业管理当局。企业管理当局能利用这些资料，全面掌握各商品类别及各种具体商品进、销、存的动态，及时了解市场信息，分析各种商品的销售趋势，积极地组织适销对路的商品投放市场，以满足消费者的需要。

三、数量售价金额核算的优越性

（一）与售价金额核算对比

从商品的计价方法来看，数量售价金额核算与售价金额核算是一致的，都采用售价。但售价金额核算，只能反映和控制商品的售价，不能反映和控制商品的数量，平时销货发生差错不易发现,一般要在定期盘点商品时,才能发现差错。由于不按商品品名、规格设置商品明细分类账,商品的短缺或溢余,特别是短缺,究竟发生在进货环节、销货环节,还是储存环节,往往难以分清。短缺商品的具体名称、规格、数量则更难以分清,有的甚至连商品短缺还是现金短缺也分不清。短缺的结果往往由营业柜组集体承担责任,容易造成吃大锅饭、责任心不强的现象。由于零售企业的销售收入主要是现金,因此,这些问题容易给经济犯罪分子有机可乘、浑水摸鱼,造成企业财产的损失。

数量售价金额核算,既反映和控制了商品的售价,又反映和控制了商品的数量,能充分发挥会计的监督作用。采用这种方法,可以及时发现商品的溢缺,基本上能分清溢缺的环节,还能了解到溢缺商品的具体名称、数量和价格,能分清是现金缺溢还是商品缺溢,也就容易分析出缺溢的原因,明确事故的责任,增强企业职工的责任心。因而,采用数量售价金额核算的零售企业,其差错率一般要比采用售价金额核算的企业低。

(二)与数量进价金额核算对比

数量进价金额核算,反映和控制了商品的数量和进价;数量售价金额核算,反映和控制了商品的数量和售价。两种核算方法的共同点是都反映和控制了商品的数量,对商品的管理都很严密,较容易发现商品在数量上的溢缺。

然而,当销货发生差错时,如商品的货款多收或少收,或销货发票上大小数开错,销货日报表也跟发票一起发生差错。当复核环节疏忽时,采用数量进价金额核算的企业,在登记商品明细分类账时,因用进价反映,所以就不易觉察上述所发生的差错。在定期盘点商品时,也不能发现账实不符的现象,差错也就不易暴露。而采用数量售价金额核算的企业,在登记商品明细分类账时,因用售价反映,所以在单价不同时,就比较容易发现差错。即使疏忽了,到月末商品盘点时,库存商品类目账上的金额必然与该类别的实存金额不符,从而促使财会人员去复核与该类别商品有关的原始凭证,查明差错的原因。因此,数量售价金额核算比数量进价金额核算在销货款的管理上更为严密。

综上所述,数量售价金额核算,一方面具有售价金额核算的优点,可以控制商品的售价;另一方面又具有数量进价金额核算的优点,可以控制商品的数量,在账账之间、账实之间层层衔接、相互控制,起到了严密的监督作用,尤其对销货款的管理极为严密。

数量售价金额核算的缺点是工作量比较大,但随着计算工具的发展和核算要求的提高,在专业性的零售企业中,这种方法仍是一种较好的核算方法。

第五节 各种核算方法的结合运用

在实际工作中,有的批发企业也兼营零售业务,这样既可以扩大服务范围,又可以取得市场对商品需求的第一手资料;有的零售企业兼营批发业务;有的综合性零售企业也经营一部分贵重、大件商品。这样,各企业就需要根据各自的经营特点,将各种商品的核算方法,有机地结合起来加以运用。

一、数量进价金额核算与售价金额核算的结合运用

批发企业在兼营零售业务时,应将批发业务和零售业务经营的商品,分别进行管理和核算。对批发业务的商品,按三级设置库存商品账户,采用数量进价金额核算;而对零售业务的商品,则按二级设置库存商品账户,采用售价金额核算。

当商品由批发部门调拨给零售部门时,由调出部门编制商品调拨单。商品交接后,按售价金额,借记调入营业柜组的"库存商品——××柜组"账户金额;按进价金额,贷记调出商品部门的"库存商品——××类别"账户金额;两者之间的差额,则贷记"商品进销差价——××柜组"账户的金额。

当商品销售时,对批发和零售业务要分户进行核算,同时分别按数量进价金额核算和售价金额核算中适用的方法,计算并结转商品销售成本。月末应分别计算盈亏,以考核各自的经济效益。

二、售价金额核算与数量售价金额核算的结合运用

有的大中型综合性零售企业,也经营贵重、大件商品,若都采用售价金额核算,势必要影响对贵重、大件商品的日常管理与会计核算的正确性,故应根据不同情况区别对待。对经营一般商品的营业柜组,可采用售价金额核算;而对经营贵重、大件商品的营业柜组,则应按照商品的品名、规格设置三级商品明细账,采用数量售价金额核算,以适应企业经营管理上不同层次的需要。

判 断 题

一、是非题

1. 售价金额核算的企业发生购进商品退补价时,若更正购进价格,只需调整"商品进销差价"账户和"应交税费"账户,而不必调整"库存商品"账户。　　　　　　　　　　（　　）

2. 售价金额核算的企业购进商品发生短缺或溢余时,应按商品的售价记入"待处理财产损溢"账户。　　　　　　　　　　　　　　　　　　　　　　　　　　　　（　　）

3. 采用分散收款方式容易分清销货现金的缺溢和商品的缺溢。　　　　　（　　）

4. 平时将已销商品按售价转入主营业务成本账户,月末再将其调整为购进价,这是售价金额核算企业商品销售核算的特点。　　　　　　　　　　　　　　　　　（　　）

5. 采用售价金额核算的企业,由于库存商品按售价记账,因此作商品购销货业务处理的受托代销商品也应按售价记账。　　　　　　　　　　　　　　　　　　　（　　）

6. 正确计算已销商品进销差价是正确核算商品销售成本和期末库存商品价值的基础。　（　　）

7. 综合差价率推算法是指按商品的存销比例,推算本期商品应分摊进销差价的一种方法。　　　　　　　　　　　　　　　　　　　　　　　　　　　　　　　（　　）

8. 计算和结转已销商品进销差价是手段,调整商品销售成本是目的。　　（　　）

9. 在年终,企业可以根据具体情况采用分柜组差价率推算法或实际差价计算法计算已销商品进销差价。　　　　　　　　　　　　　　　　　　　　　　　　（　　）

10. 商品发生盘缺由企业负担时,应列入"销售费用"账户。　　　　　　（　　）

11. 实物负责小组为了掌握本部门商品进销存的动态和销售计划完成情况,便于向财会部门报账,因此要编制"商品进销存日报表"。　　　　　　　　　　　　　　　　　　（　　）

12. 数量售价金额核算既控制了商品的售价,又控制了商品的数量,能充分发挥会计的监督作用。　　　　　　　　　　　　　　　　　　　　　　　　　　　　　　　　（　　）

二、单项选择题

1. 采用售价金额核算的企业在商品销售的同时,将库存商品按售价金额转入"主营业务成本"账户是为了_____。

A. 及时反映各营业柜组经营商品的库存额

B. 及时反映各营业柜组的经济责任

C. 月末计算和结转已销商品进销差价

D. 简化核算工作

2. 已销商品进销差价计算偏低,那么_____。

A. 期末库存商品价值偏高,毛利也偏高　　　B. 期末库存商品价值偏高,毛利则偏低

C. 期末库存商品价值偏低,毛利也偏低　　　D. 期末库存商品价值偏低,毛利则偏高

3. 平时采取分柜组差价率推算法,年终采用实际进销差价计算法计算已销商品进销差价,那么,12月份结转的已销商品进销差价是_____。

A. 12月份的已销商品进销差价

B. 对前11个月已销商品进销差价偏差的调整

C. 12月份的已销商品进销差价及对前11个月已销商品进销差价偏差的调整

D. 12月份已销商品进销差价的调整数

4. 经营贵重、大件商品的大中型综合性零售企业对库存商品可采取_____的结合运用。

A. 数量进价金额核算和售价金额核算　　　B. 售价金额核算和数量售价金额核算

C. 进价金额核算和售价金额核算　　　　　D. 数量进价金额核算和数量售价金额核算

三、多项选择题

1. 售价金额核算的主要内容有_____。

A. 库存商品按售价记账　　　　　　　　　B. 建立实物负责制

C. 设置"商品进销差价"账户　　　　　　　D. 加强商品盘点

2. 购进商品发生补价,同时更正零售价格,核算时采用的有"银行存款""在途物资"""_____""等账户。

A. 应交税费　　　　B. 应收账款　　　　C. 库存商品　　　　D. 商品进销差价

3. 用综合差价计算法计算已销商品进销差价,需要根据期末"商品进销差价""库存商品"及_____等账户余额。

A. "主营业务收入"

B. 作商品购销业务处理的"受托代销商品"

C. 结算代销手续费方式的"受托代销商品"

D. "主营业务成本"

4. 用实际进销差价计算法计算已销商品进销差价需要根据期末的"商品进销差价"账户余额、库存商品售价总金额及_____等资料。

A. "主营业务收入"账户余额 　　　　B. 受托代销商品售价总金额

C. 库存商品进价总金额 　　　　　　D. 受托代销商品进价总金额

5. 借记"商品进销差价"账户，贷记"库存商品"账户的会计分录反映的经济业务有_____。

A. 购进商品退价　　B. 商品调价　　　　C. 商品削价　　　　D. 商品内部调拨

6. 采用售价金额核算，月末需要调整的账户有"_____"。

A. 库存商品　　B. 商品进销差价　　　C. 主营业务收入　　D. 主营业务成本

练 习 题

练 习 题 一

一、目的　练习商品购进的核算。

二、资料　华申商厦2月份发生下列经济业务：

1. 2日，业务部门转来上海百货公司的专用发票，开列向阳牌保温杯1 000只，每只25.20元，计货款25 200元，增值税额3 276元，经审核无误，当即以银行存款支付。

2. 5日，百货柜转来收货单，2日购进的1 000只向阳牌保温杯已验收入库，结转其采购成本。该保温杯零售单价为35元。

3. 12日，银行转来宁波电器厂托收凭证，附来专用发票（发票联），开列灵光牌手机100只，每只840元，计货款84 000元，增值税额10 920元，运杂费专用发票开列运杂费200元，增值税额18元，经审核无误，当即承付。

4. 18日，宁波电器厂发来灵光牌手机100只，附来专用发票（发货联），开列手机货款84 000元，商品由电器柜验收。该手机每只零售价为1 100元。

5. 22日，向上海五金公司购进商品一批，五金柜验收后转来收货单如图表4-18所示。结转商品采购成本。

图表4-18

收 货 单
金额单位：元

品　名	购 进 价				零 售 价			
	数量单位	数量	单价	金　额	数量单位	数量	单价	金　额
指甲钳	10只	110	86.40	9 504	只	1 100	12	13 200
单开刀	10把	100	117.12	11 712	把	1 000	16	16 000
水果刀	10把	120	133.20	15 984	把	1 200	18	21 600

6. 25 日,收到上海五金公司专用发票,开列货款 37 200 元,增值税额 4 836 元,查商品已验收入库,款项以商业汇票付讫。

三、要求　编制会计分录。

练习题二

一、目的　练习进货退出及购进商品退补价的核算。

二、资料　中兴商厦 3 月份发生下列经济业务:

1. 1 日,业务部门转来上海百货公司专用发票,购进各种牙膏香皂等商品一批,计货款 22 600 元,增值税额 2 938 元,当即以银行存款支付。

2. 2 日,百货柜转来收货单如图表 4-19 所示,1 日向上海百货公司购进的商品全部验收入库,结转商品采购成本。

图表 4-19

收　货　单

金额单位:元

品　名	规格	购　进　价				零　售　价			
		数量单位(支)	数量	单价	金额	单位	数量	单价	金额
中华牙膏	120 克	10	250	25.10	6 275	支	2 500	3.40	8 500
高露洁牙膏	120 克	10	250	28.10	7 025	支	2 500	3.80	9 500
佳洁士牙膏	120 克	10	250	37.20	9 300	支	2 500	5.00	12 500

3. 4 日,上海百货公司开来专用发票,更正本月 1 日所售佳洁士牙膏的单价,每 10 支应为 37 元,应退货款 50 元,退增值税额 6.50 元。

4. 10 日,业务部门转来上海玩具厂的专用发票,购进玩具一批,计货款 50 200 元,增值税额 6 526 元,以商业承兑汇票付讫。

5. 11 日,玩具柜转来收货单如图表 4-20 所示,11 日向上海玩具厂购进的玩具已全部验收入库,结转玩具的采购成本。

图表 4-20

收　货　单

金额单位:元

品　名	购　进　价				零　售　价			
	数量单位(辆)	数量	单价	金额	数量单位(辆)	数量	单价	金额
电动发火坦克	10	50	432.00	21 600.00		500	60.00	30 000.00
轨道火车	10	50	572.00	28 600.00		500	80.00	40 000.00

6. 12 日,玩具厂开来更正专用发票,更正本月 10 日所售轨道火车货款,该火车的单价每 10 辆应为

592元,补收货款1 000元、增值税额130元。

7.16日,业务部门转来上海服装公司专用发票,开列女牛仔裤1 000条,每条58元,计货款58 000元,增值税额7 540元,经审核无误,当即以银行存款支付。

8.17日,服装柜转来收货单,16日向服装公司购进的女牛仔裤1 000条全部验收入库,结转其采购成本,该商品零售单价为80元。

9.20日,复验17日入库的女牛仔裤,发现其中有50条质量不符要求,经联系后,对方同意原货退回。现收到退货的专用发票,今退出50条女牛仔裤,应退货款及增值税额尚未收到。

10.24日,业务部门转来上海皮鞋厂的专用发票,开列女牛皮鞋200双,每双100元,计货款20 000元,增值税额2 600元,经审核无误,当即以银行存款支付。

11.25日,鞋帽柜转来收货单,24日向上海皮鞋厂购进的女牛皮鞋200双全部验收入库,该皮鞋的零售单价为140元,结转女牛皮鞋的采购成本。

12.29日,上海皮鞋厂开来更正专用发票,更正25日所售女牛皮鞋单价,每双应为110元,补收货款2 000元,增值税额260元,并更正零售单价,每双零售单价为152元。

三、要求 编制会计分录。

练 习 题 三

一、目的 练习购进商品发生短缺溢余的核算。

二、资料 城南商厦11月份发生下列经济业务:

1.1日,银行转来厦门服装公司托收凭证,附来专用发票(发票联)261号,开列男牛仔裤1 000条,每条66元,计货款66 000元,增值税额8 580元,运杂费专用发票开列运杂费200元,增值税额18元,经审核无误,当即承付。

2.6日,厦门服装公司发来男牛仔裤,附来专用发票(发货联)261号,牛仔裤已由服装柜验收。男牛仔裤实收990条,短缺10条,服装柜送来商品购进短缺报告单,原因待查。结转男牛仔裤的采购成本,男牛仔裤每条零售价为90元。

3.10日,银行转来天津果品公司托收凭证,附来专用发票(发票联)413号,开列红枣2 000千克,每千克18元,计货款36 000元,增值税额4 680元,运杂费专用发票开列运杂费200元,增值税额18元,查验与合同相符,当即承付。

4.15日,天津果品公司发来红枣,附来专用发票(发货联)413号。红枣由食品柜验收,实收2 102千克,溢余102千克,食品柜送来商品购进溢余报告单,原因待查,结转红枣采购成本,红枣每千克零售价为24元。

5.18日,银行转来云南制糖厂托收凭证,附来专用发票(发票联)398号,开列白砂糖10 000千克。每千克6.40元,计货款64 000元,增值税额8 320元,运杂费专用发票开列运杂费300元,增值税额27元,查验与合同相符,当即承付。

6.22日,云南制糖厂发来白砂糖,附来专用发票(发货联)398号。白砂糖由烟糖柜验收,实收9 896千克,短缺104千克。烟糖柜送来商品购进短缺报告单,原因待查。结转白砂糖采购成本,白砂糖每千克零售价8.80元。

7.27日,今查明6日短缺牛仔裤10条是提货人员失职所造成,经领导审批决定,其中30%责成提货人员赔偿,其余70%作为企业损失。

8.29 日,今查明 15 日溢余红枣 102 千克中,有 100 千克是对方多发商品,经联系后同意作为购进。天津果品公司已补来专用发票。其余 2 千克是自然升溢,予以转账。

9.30 日,今查明 22 日短缺的白砂糖中,有 100 千克是对方少发,联系后,云南制糖厂决定不再补发商品,已开来红字专用发票作退货处理。其余 4 千克是自然损耗,予以转账。

三、要求　编制会计分录。

练习题四

一、目的　练习商品销售的核算。

二、资料　宏伟商厦为信用卡特约单位,信用卡手续费率为 1‰,2 月份发生下列经济业务:

1. 5 日,各营业柜组商品销售收入的情况如图表 4-21 所示。

图表 4-21

商品销售收入缴款单汇总表

单位:元

项目 柜组	销货收入	实收现金	信用卡签购单	应收货款
百货柜	62 750	55 210	6 000	1 540
服装柜	71 630	61 130	10 500	
食品柜	60 980	57 980	3 000	
合　计	195 360	174 320	19 500	1 540

实收现金和根据签购单编制的计汇单当天已解存银行,应收货款 1 540 元的客户是第八中学。

2. 6 日,第八中学付来前欠货款 1 540 元,存入银行。

3. 20 日,各营业柜组商品销售收入情况如图表 4-22 所示。

图表 4-22

商品销售收入缴款单汇总表

单位:元

项目 柜组	销货收入	实收现金	信用卡签购单	应收货款	现金溢缺
百货柜	59 110	50 530	6 800	1 780	
服装柜	63 760	52 745	11 000		—15
食品柜	57 250	54 460	2 800		+10
合　计	180 120	157 735	20 600	1 780	—5

实收现金和根据签购单编制的计汇单当天已解存银行,现金溢缺的原因待查,应收货款 1 780 元的客户是新沪工厂。

4. 28 日,本月发生的销货溢缺款,查明系工作中的差错,经领导批准予以转账。

三、要求　编制会计分录。

练 习 题 五

一、目的　练习受托代销商品的核算。

二、资料　卢湾商厦发生下列有关的经济业务：

1. 1月31日，服装柜根据受托代销合同，将精工服装厂1000条代销的男牛仔裤验收入库，该牛仔裤购进单价72元，销售单价96元。合同规定每个月末结算一次货款。

2. 2月14日，服装柜销售200条代销的男牛仔裤，收到现金19200元，已全部解存银行，并结转受托代销商品款。

3. 2月28日，收到精工服装厂的专用发票，开列男牛仔裤200条，每条72元，计货款14400元，增值税额1872元，款项当即汇付对方。

4. 3月10日，服装柜销售300条代销的男牛仔裤，实收现金28780元，短缺现金20元，原因待查，现金已存入银行，并结转受托代销商品款。

5. 3月24日，服装柜销售250条代销的男牛仔裤，收到现金24000元，现金已全部解存银行，结转受托代销商品款。

6. 3月30日，今查明本月份销货短款是工作中的差错，经领导批准，予以转账。

7. 3月31日，收到精工服装厂的专用发票，开列男牛仔裤550条，每条72元，计货款39600元，增值税额5148元，款项当即汇付对方。

三、要求　编制会计分录。

练 习 题 六

一、目的　练习商品销售成本和商品销售收入的调整。

二、资料

1. 新昌商厦12月31日有关账户余额（单位：元）如下：

库存商品账户余额	739 900.00	受托代销商品账户余额	61 400.00
其中：百货柜	247 800.00	其中：百货柜	25 400.00
服装柜	256 500.00	服装柜	36 000.00
食品柜	235 600.00		
主营业务收入账户余额	744 000.00	主营业务成本账户余额	744 000.00
其中：百货柜	248 600.00	其中：百货柜	248 600.00
服装柜	257 200.00	服装柜	257 200.00
食品柜	238 200.00	食品柜	238 200.00
商品进销差价账户余额	407 429.00		
其中：百货柜	133 375.00		
服装柜	145 556.00		
食品柜	128 498.00		

2. 各柜组商品的增值税税率均为13%。

3. 年末各营业柜组编制商品盘存表，分别计算出实际结存商品的购进金额，百货柜为203388元，服装柜为 215 176 元,食品柜为 171 812 元。

三、要求

1. 根据"资料1",分别用综合差价率推算法和分柜组差价率推算法调整商品销售成本。

2. 根据"资料1""资料2",调整本月份商品销售收入。

3. 根据"资料1""资料3",用实际进销差价计算法调整商品销售成本。

4. 比较用三种调整方法的结果,并说明它们为何不同。

练习题七

一、目的 练习商品储存的核算。

二、资料 杨浦商厦7月份发生下列有关经济业务:

1. 4 日,根据市场情况,羊毛衫调整零售单价。该羊毛衫原零售单价300元,调整为320元。服装柜盘点后,确定库存羊毛衫220件。

2. 10 日,食品柜有半年内到期的雀巢咖啡50瓶,每瓶零售单价为80元,经批准削价为67.80元。该咖啡每瓶进价为59元,估计销售费用为0.60元,增值税税率为13%,予以转账。

3. 14 日,电器柜有式样陈旧的骆驼牌台扇20台,销售单价186元,经批准削价为124.30元,该台扇每台进价为142元,估计销售费用为1.50元,增值税税率为13%,予以转账。

4. 18 日,从食品柜调拨给早晚服务部奶油巧克力200盒,零售单价18元,购进单价13.20元;从百货柜调拨给早晚服务部高露洁牙膏400支,零售单价3.80元,购进单价2.80元。

5. 20 日,百货柜送来商品盘点短缺报告单,短缺商品30元,上月该柜组差价率为25%,原因待查。

6. 22 日,食品柜送来商品盘点溢余报告单,溢余商品28元,上月该柜组差价率为26%,原因待查。

7. 24 日,早晚服务部送来商品短缺报告单,短缺商品10元,上月该柜组差价率为25.4%,原因待查。

8. 26 日,食品柜销售削价的雀巢咖啡50瓶,每瓶67.80元;电器柜销售削价的骆驼牌电扇20台,每台124.30元,全部收到现金,存入银行。

9. 28 日,今查明百货柜和早晚服务部短缺商品均系工作中的差错,经领导批准予以转账。

10. 30 日,今查明食品柜溢余商品系自然升溢,经领导批准,予以转账。

三、要求 编制会计分录。

练习题八

一、目的 练习商品进销存核算。

二、资料

1. 徐汇商厦1月31日发生下列经济业务:

(1) 业务部门转来上海百货公司专用发票,开列长城牌保温杯600只。保温杯每只28.50元,计货款17 100元,增值税额2 223元,经审核无误,当即以银行存款支付。

(2) 百货柜转来收货单,今日购进的600只保温杯全部验收入库,该保温杯零售单价38元。

(3) 业务部门转来上海食品厂开来专用发票,开列苏打饼干1 000盒,每盒17.80元,计货款17 800元,增值税额2 314元,款项以商业汇票付讫。

（4）食品柜转来收货单，今日购进的 1 000 盒苏打饼干全部验收入库，该苏打饼干零售单价为 24 元。

（5）百货柜销货收入为 13 540 元，食品柜销货收入为 12 980 元，全部为现金，并已解存银行。

（6）接到上海百货公司更正发票，日前购进的不锈钢锅 300 只，原购进单价为 25 元，更正为 26 元，应补付货款 300 元，增值税额 39 元。

（7）根据市场情况，将下列商品调整零售价。自动伞原零售单价为 23 元，调整为 20 元，百货柜盘点后，库存自动伞 420 把；光明牌奶粉原零售单价 32 元，调整为 35 元，食品柜盘点后，库存光明牌奶粉 800 袋。

（8）接到上海食品公司开来的更正发票，1 月 30 日购进并验收入库的糖水菠萝 500 听，原购进单价为 3.70 元，更正为 4.10 元，应补付货款 200 元，增值税额 26 元，同时更正零售单价为 5.60 元，其原零售单价为 5.10 元。

（9）食品柜有即将到期的雀巢咖啡 100 瓶，零售单价 80 元，经批准削价为 56.50 元。该咖啡每瓶进价 59.20 元，估计销售费用 0.50 元，增值税税率为 13%，予以转账。

（10）百货柜送来商品盘点短缺报告单，列明短缺商品 30 元，上月该柜组的差价率为 25.24%，其原因待查。

（11）食品柜送来商品盘点溢余报告单，列明溢余商品 10 元，上月该柜组的差价率为 26.48%，其原因待查。

（12）本企业经营商品的增值税率均为 13%，调整本月份各营业柜组的商品销售收入。

2. 徐汇商厦 1 月 30 日的有关资料如下：

库存商品账户的结存额：百货柜为 318 031.60 元，食品柜为 291 230.30 元。本月销货累计额：百货柜为 324 321.68 元，食品柜为 303 961.70 元。

3. 徐汇商厦 1 月份的商品销售计划如下：

百货柜 326 500 元；食品柜为 305 400 元。

三、要求

1. 编制会计分录。
2. 编制商品进销存日报表。

第五章 货币资金和其他流动资产的核算

第一节 库存现金的管理与核算

货币资金是企业的经营资金在循环周转过程中停留在货币形态的资金,是流动资产的一个重要组成部分,它由库存现金、备用金、银行存款和其他货币资金组成。其他货币资金在本书第二章第三节中已作了阐述,不再重复。

一、库存现金的管理

库存现金是指财会部门为了备付日常零星开支而保管的现金。根据我国《现金管理暂行条例》的规定,各企业的库存现金都要核定限额。库存现金限额的大小原则上根据该企业 3～5 天的日常零星开支的需要确定,边远地区和交通不发达地区的库存现金限额可以适当放宽,但最多不得超过 15 天的日常零星开支。库存现金限额由企业提出计划,报开户银行审核批准,经核定的库存现金限额,企业必须严格遵守。

为了严格库存现金的管理,应坚持"钱账分管"的原则,企业库存现金的收付保管,应由专职或兼职的出纳人员负责,出纳人员除了登记现金日记账和银行存款日记账外,不得兼办费用、收入、债务、债权账簿的登记工作,以及稽核和会计档案的保管工作。

企业的库存现金如果超过限额,必须在当天解存银行。企业需要补充库存现金时,必须签发现金支票,向银行提取现金。未经银行批准不得"坐支"现金。"坐支"是指企业从经营业务所收入的现金中直接进行支付。

根据财务制度规定,企业库存现金的使用范围有:支付职工的工资、津贴和补贴;支付个人劳务报酬;支付给个人的各种奖金,包括根据国家规定颁发给个人的各种科学技术、文化艺术、体育等各种奖金;各种劳保、福利费用以及国家规定的对个人的其他现金支出;收购单位向个人收购农副产品和其他物资支付的现金;出差人员必需随身携带的差旅费;结算起点以下的零星开支和其他确实需要现金支付的其他支出[1]。

---

[1] 指因采购地点不确定、交通不便、抢险救灾以及其他特殊情况,办理转账结算不够方便,必须使用现金的单位,要向开户银行提出书面申请,由本单位财会负责人签字盖章,开户银行审批后,才能支付现金。

企业必须按照规定的用途使用现金，不准用不符合财务制度的凭证顶替库存现金；不准单位之间相互借用现金；不准谎报用途套取现金；不准利用银行账户代其他单位和个人存入或支取现金；不准将单位收入的现金以个人名义存入银行；不准保留账外公款；禁止发行变相货币，不准任何票券代替人民币在市场上流通。

企业若违反了有关的规定，银行有权处以不同程度的罚款。

二、库存现金的核算

库存现金是通过"库存现金"账户进行核算的，这是资产类账户，用以核算企业的库存现金。企业收入现金时，记入借方；企业付出现金时，记入贷方；期末余额在借方，表示企业持有的库存现金。

企业除了要对库存现金进行总分类核算外，还要设置"现金日记账"，按照库存现金收支发生的时间先后顺序逐笔进行登记，并逐日结出余额，以便与实存现金相核对，做到账款相符。"现金日记账"的格式如图表 5-1 所示。

图表 5-1

现 金 日 记 账

单位：元

2021年		凭证号数	摘　要	对方科目	收入	付出	结存
月	日						
1	1		上年结转				1 285
	2	2	提取现金	银行存款	2 100		
	2	4	采购员王铭预支差旅费	其他应收款		1 800	
	2	8	销货收入	主营业务收入	25 600		
	2	9	销货款解存银行	银行存款		25 600	
	2	12	支付招待客户费用	管理费用		560	1 025

若有外币现金的企业，应分别人民币现金和外币现金设置"现金日记账"进行明细分类核算。

第二节　备用金的管理与核算

一、备用金的管理

备用金是指商品流通企业拨付所属有关职能部门用于收购农副产品、日常零星开支、收款部门或个人用于现金结算的找零等所必需的周转金。

企业对备用金实行定额管理。备用金的定额应由有关职能部门或工作人员根据工作上的需要提出申请,经财会部门审核同意,报经开户银行审批后才能确定。一经确定,不得任意变更。使用备用金的部门和工作人员应根据用款情况,定期或不定期地凭付出现金时取得的原始凭证向财会部门报账,财会部门收到报账的付款凭证时,应审核其是否符合财务制度规定的现金支用范围,审核无误后,根据付款凭证的金额拨付现金,以补足其备用金定额。

二、备用金的核算

企业根据核定的定额拨付有关部门备用金,有关部门使用现金后,凭付出现金取得的原始凭证或原始凭证汇总表向财会部门报账,经财会部门审核无误后,补足其原有备用金的数额。它包括各职能部门的备用金和营业找零的现金,以及采用报账付款方式采购农副产品的铺底资金等。

【例】 经银行核准,总务部门的备用金定额为 1 000 元。

(1)3 月 1 日,签发现金支票 1 000 元,拨付总务部门备用金定额,作分录如下:

借:备用金——总务部门   1 000.00

    贷:银行存款   1 000.00

(2)3 月 5 日,总务部门送来报账发票,其中:铁门修理费 250 元;招待客户费用 360 元;快递费 120 元;账页 110 元,市内交通费 96 元,财会部门审核无误,当即以现金补足其备用金定额,作分录如下:

借:管理费用——修理费   250.00

借:管理费用——业务招待费   360.00

借:管理费用——其他费用   326.00

    贷:库存现金   936.00

"备用金"是资产类账户,用以核算企业内部周转使用的备用金。企业拨付内部职能部门或个人备用金时,记入借方;企业收回备用金时,记入贷方;期末余额在借方,表示企业备用金的结存额。

第三节 银行存款的管理与核算

一、银行存款的管理

银行存款是指企业存放在银行或其他金融机构的货币资金。企业应根据业务的需要在当地银行开设账户,进行存款、取款和各种收支转账业务的结算。

企业的银行存款账户分为基本存款账户、一般存款账户、临时存款账户和专用存款账户四类。

企业只能选择一家银行的一个营业机构开立一个基本存款账户,主要用于办理日常的转账结算和现金收付。企业的工资、奖金等现金的支取,只能通过该账户办理。企业可在其他银行的一个营业机构开立一个一般存款账户,该账户可办理转账结算和存入现金,但不能支取现金。临时存款账户是存款人因临时经营活动需要开立的账户,如企业异地产品展销、临时性采购资金等。专用存款账户是企业因特定用途需要开立的账户,如基本建设项目专项资金、农副产品资金等,企业的销货款不得转入专用存款账户。

为了加强对基本存款账户的管理,企业开立基本存款账户,要实行开户许可证制度,必须凭中国人民银行当地分支机构核发的开户许可证办理,企业不得为还贷、还债和套取现金而多头开立基本存款账户;不得出租、出借账户;不得违反规定在异地存款和贷款而开立账户。任何单位和个人不得将单位的资金以个人名义开立账户存储。

商品流通企业通过银行存款账户收付款项的范围是:在收入方面主要有投资者投入企业的现款,企业取得的短期借款、长期借款和发行债券取得的款项,商品销售收入、其他业务收入和营业外收入的款项对外投资收到的现金股利和利润等;支出方面主要有支付购进商品、原材料、包装物和低值易耗品的账款、购置固定资产和无形资产的款项、对外短期投资和长期投资的款项、开支各项费用、缴纳各种税费、支付其他业务成本和营业外支出的款项等。

二、银行存款的核算

企业的银行存款是在"银行存款"账户核算的,这是资产类账户,用以核算企业存入银行或其他金融机构的各种款项。企业存入款项时,记入借方;企业付出款项时,记入贷方;期末余额在借方,表示企业存在银行或其他金融机构的各种款项。

企业除了要对银行存款进行总分类核算外,还要设置银行存款日记账,按照银行存款收支发生的时间先后顺序,逐笔进行登记,逐日结出余额,并与银行存款总分类账户核对,做到账账相符。"银行存款日记账"的格式如图表 5-2 所示。

图表 5-2

银行存款日记账

单位:元

2021年		凭证号数	摘　要	对方科目	银行结算凭证		收入	付出	结存
月	日				种类	号数			
1	1		上年结转						121 980
	2	1	支付大沪工厂账款	在途物资	转支	12546		46 800	

（续表）

2021 年		凭证号数	摘 要	对方科目	银行结算凭证		收入	付出	结存
月	日				种类	号数			
1	2	2	提取现金	库存现金	现支	27893		1 500	
	2	7	销货收入	主营业务收入	转支	93211	67 800		
	2	9	销货现金解行	库存现金	解款单		7 020		
	2	14	汇付江东厂账款	应付账款	电汇			23 400	125 100

三、银行存款日记账与银行对账单的核对

由于企业的银行存款收付比较频繁，为了加强对银行存款的管理与监督，保证银行存款账目的正确性，企业的银行存款日记账应经常与银行对账单核对，每月至少核对一次，以做到账实相符，防止发生弊端。

企业与银行对账的方法是：根据银行送来的"对账单"，与银行存款日记账逐笔进行核对。在核对过程中，若发现本单位记账错误，应按错账更正的方法予以更正；若是银行送来的"对账单"错误，应通知银行予以更正；若是存在"未达账项"，应通过编制"银行存款余额调节表"进行调节，使双方金额相等。

"未达账项"是指企业与银行之间，由于结算凭证在传递时间上有先有后，因此造成一方已登记入账，而另一方尚未登记入账的款项。"未达账项"的主要情况如图表5-3所示。

图表 5-3

"未达账项"主要情况列示表

结 算 凭 证	银企行业已未收账	银企行业已未付账	企银业行已未收账	企银业行已未付账
（一）转账支票结算 1. 企业签发转账支票付账后，当天对方尚未送存银行，或银行未及办妥转账手续				√
2. 企业收到付款单位转账支票解存银行，取回回单收账，而当天银行未及办妥转账手续			√	
（二）商业汇票结算 1. 企业付出已承兑的商业汇票，侯到期日银行付账后，当天未及通知企业		√		

（续表）

结　算　凭　证	银企行业已未收账	银企行业已未付账	企银业行已未收账	企银业行已未付账
2. 企业收到已承兑的商业汇票,俟到期日送交银行办理收款,而当天银行未及办妥转账手续			✓	
（三）汇兑结算 　　付款单位开来汇兑结算凭证,银行收款后,当天未及通知企业	✓			
（四）托收承付结算 　　收款单位开出托收承付结算凭证,委托银行收款,经付款单位承付后,银行已收账,当天未及通知企业	✓			
（五）委托收款结算 　　收款单位开出委托收款结算凭证,委托银行收款,经付款单位同意付款后,银行已收账,当天未及通知企业	✓			
（六）短期借款、长期借款计息单 　　短期借款、长期借款利息银行结算入账后,当天未及通知企业		✓		
（七）银行存款计息单 　　银行存款利息银行结算入账后,当天未及通知企业	✓			

　　"银行存款余额调节表"是在银行存款日记账余额与银行对账单余额的基础上,加减双方的未达账项,使其达到平衡,其计算公式如下:

$$\frac{银行存款}{日记账余额}+\frac{银行已收账而}{企业尚未收账数}-\frac{银行已付账而}{企业尚未付账数}=$$

$$\frac{银行对账}{单余额}+\frac{企业已收账而}{银行尚未收账数}-\frac{企业已付账而}{银行尚未付账数}$$

　　现对"银行存款余额调节表"的编制方法举例说明如下:

　　【例】　上海百货公司 3 月 31 日银行存款日记账的余额为136 841元,而银行对账单的余额为 188 626 元,经过核对后有以下 5 笔未达账项:

　　（1）签发转账支票#32145 支付采购商品账款 35 100 元,企业已经付账,而银行尚未付账。

　　（2）销货收入转账支票#57641 1 张,金额为 23 400 元,已解存银行,企业已收账,而银行尚未收账。

　　（3）购货单位承付账款的收账通知金额为 48 080 元,银行已经收账,而企业尚未收账。

（4）短期借款计息单 9 240 元，银行已经付账，而企业尚未付账。

（5）银行存款计息单 1 245 元，银行已经收账，而企业尚未收账。

根据以上情况，编制银行存款余额调节表如图表 5-4 所示。

图表 5-4

银行存款余额调节表

2021 年 3 月 31 日　　　　　　　　　　　　　　　　单位：元

项　　目	金额	项　　目	金额
银行存款日记账余额	136 841	银行对账单余额	188 626
加：银行已收账，而企业尚未收账数：		加：企业已收账，而银行尚未收账数：	
托收承付（收到账款）	48 080	转账支票＃57641（销货收入）	23 400
银行存款计息单	1 245		
减：银行已付账，而企业尚未付账数：		减：企业已付账，而银行尚未付账数：	
短期借款计息单	9 240	转账支票＃32145（支付账款）	35 100
调节后余额	176 926	调节后余额	176 926

通过调节后银行存款日记账与银行对账单的余额均为 176 926 元，双方的余额取得了平衡，说明账簿记录基本上是正确的。如果调节后仍不平衡，应重新进行核对，检查是否有记账错误，如企业记账有错误，应按错账更正的方法更正后，重新编制银行存款余额调节表，直至双方余额平衡为止。

第四节　外币业务的核算

一、外币业务概述

外币业务是指企业以记账本位币以外的其他货币进行款项收付、往来结算和计价的经济业务。它主要包括企业购买或销售以外币计价的商品或劳务、企业借人或出借外币资金、承担或清偿以外币计价的债务等。记账本位币是指在会计记账上所采用的、作为会计计量基本尺度的货币币种。

企业外币业务的会计核算有外币统账制和外币分账制两种。企业通常采用外币统账制。外币统账制是指企业发生外币业务时，必须及时将外币折算为记账本位币的记账方法。

二、外币汇率

外币汇率简称汇率，又称汇价，是指一种货币折算为另一种货币的比率，也就是用某一种货币表示的另一种货币的价格,或外币市场买卖外币的价格。

我国的外币汇率采用直接标价法。直接标价法是指以一定单位的外国货币作为标准来折算本国货币的标价方法。采用这种标价方法,外国货币数量固定不变,直接反映本国货币价值的增减变化。目前世界上绝大多数国家都实行直接标价法。中国人民银行公布的外币牌价也采用这种方法。例如,1 美元＝6.88 元人民币。

外币汇率根据其作用不同,有以下三种分类。

（一）按银行买卖外币的汇率分类

按照银行买卖外币的汇率不同,可分为买入汇率、卖出汇率和中间汇率。

1. 买入汇率(买入价)　　它是指银行向客户买入外币时所使用的汇率。

2. 卖出汇率(卖出价)　　它是指银行向客户卖出外币时所使用的汇率。

3. 中间汇率(中间价)　　它是指银行买入外币与卖出外币之间的平均汇率。

（二）按汇率发生的时间分类

按照汇率发生的时间不同,可分为即期汇率和历史汇率。

1. 即期汇率　　它是指企业发生外币业务时的市场汇率,即中国人民银行当日公布的外币汇率。

2. 历史汇率　　它是指企业以前的外币业务发生时所使用的汇率。

（三）按企业记账所依据的汇率分类

按照企业所依据以汇率不同,可分为记账汇率和账面汇率。

（1）记账汇率　　它是指企业对发生的外币业务进行会计核算时所采用的汇率。

（2）账面汇率　　它是指企业以前发生的外币业务登记入账时所采用的汇率。账面汇率也就是历史汇率。

三、外币业务的记账要求

企业发生的外币业务都应当采用复币记账,在按外币原币登记有关外币明细账户的同时,还应当采用外币交易日的即期汇率或者即期汇率的近似汇率将外币金额折算为记账本位币(即人民币)金额记账。即期汇率的近似汇率是指按照系统合理的方法确定的、与交易发生日即期汇率近似的汇率,通常采用当期平均汇率或加权平均汇率等。

企业发生的外币兑换业务或涉及外币兑换的交易事项应当按照交易实际采用的汇率(即银行买入汇率或卖出汇率折算;而发生的其他外币业务,则采用即期汇率的中间汇率折算)。

企业通常应当采用即期汇率进行折算。汇率变动不大的,也可以采用即期汇率的近似汇率进行折算。

四、外币业务汇兑差额的处理

外币业务的汇兑差额在期末企业应当分别外币货币性项目和外币非货币性项目进行会计处理。

（一）外币货币性项目

货币性项目是指企业持有的货币资金和将以固定或可确定的金额收取的资产或者偿付的负债。货币性项目分为货币性资产项目和货币性负债项目。货币性资产项目包括库存现金、银行存款、应收账款、其他应收款和长期应收款等；货币性负债项目包括短期借款、应付账款、其他应付款、长期借款、应付债券和长期应付款等。

外币货币性项目是指以外币计量的货币性项目。对于外币货币性项目，因结算或采用期末的即期汇率折算而产生的汇兑差额，计入当期损益，同时调增或调减外币货币性项目的记账本位币金额。

（二）外币非货币性项目

非货币性项目是指货币性项目以外的项目，包括交易性金融资产、存货、长期股权投资、固定资产、无形资产等。外币非货币性项目是指以外币计量的非货币性项目。

1. 以历史成本计量的外币非货币性项目 这些项目，如存货，由于已在交易发生日按当日即期汇率折算，期末不应改变其原记账本位币金额，不产生汇兑差额。

2. 以公允价值计量的外币非货币性项目 这些项目如交易性金融资产等，采用公允价值确定日的即期汇率折算，折算后的记账本位币金额与原记账本位币金额的差额，作为公允价值变动（含汇率变动）处理，计入当期损益。

（三）外币投入资本

企业收到投资者以外币投入的资本，应当采用交易发生日即期汇率折算，不得采用合同约定汇率和即期汇率的近似汇率折算，外币投入资本与相应的货币性项目的记账本位币金额之间不产生外币资本折算差额。

【例】 上海电器公司 1 月 1 日"银行存款——美元户"明细账余额为 25 000 美元，当日汇率①为 6.50 元，折算人民币为 162 500 元，接着本月份发生下列有关的经济业务：

（1）2 日，向德国西门子进口商品一批，货款 20 000 美元，以美元存款支付，当日汇率为 6.50 元，作分录如下：

借：在途物资 130 000.00
　　贷：银行存款——美元户（20 000×6.50） 130 000.00

（2）10 日，售给美国洛杉矶公司商品一批，货款 27 000 美元，尚未结算。当日汇率为 6.48 元，作分录如下：

借：应收账款——美元户（27 000×6.48） 174 960.00
　　贷：主营业务收入 174 960.00

---

① 是指美元折合人民币的中间汇率，下文中凡汇率均指美元的中间汇率。

（3）22 日，收到美国洛杉矶公司偿还本月 10 日所欠货款 27 000 美元。当日汇率为
6.49 元，作分录如下：

借：银行存款——美元户（27 000×6.49）   175 230.00
   贷：应收账款——美元户（27 000×6.48）   174 960.00
   贷：财务费用——汇兑损失（27 000×0.01）   270.00

（4）26 日，从美元存款户中支取 3 000 美元，兑换成人民币存入银行。当日汇率为
6.48 元，买入汇率为 6.47 元，作分录如下：

借：银行存款——人民币户（3 000×6.47）   19 410.00
借：财务费用——汇兑损失（3 000×0.01）   30.00
   贷：银行存款——美元户（3 000×6.48）   19 440.00

（5）31 日，上列业务记入"银行存款——美元户"明细账户后，美元余额为 29 000 元
（见图表 5-5），月末汇率为 6.47 元，调整人民币余额，作分录如下：

借：财务费用——汇兑损失   660.00
   贷：银行存款——美元户   660.00

根据上列业务，登记"银行存款——美元户"明细账如图表 5-5 所示。

图表 5-5

银行存款——美元户

2021年		凭证号数	摘要	借 方			贷 方			余 额		
月	日			外币（美元）	汇率	人民币（元）	外币（美元）	汇率	人民币（元）	外币（美元）	汇率	人民币（元）
1	1		上年结转							25 000	6.50	162 500
	2		支付商品采购款				20 000	6.50	130 000	5 000		32 500
	22	（略）	收到货款	27 000	6.49	175 230				32 000		207 730
	26		兑换人民币				3 000	6.48	19 440	29 000		188 290
1	31		月末汇率调整						660	29 000	6.47	187 630

第五节   应收账款的核算

应收账款是指企业因销售商品、材料、提供劳务等业务，应向购货单位及接受劳务

的单位收取的款项。

一、应收账款的确认和计价

企业的应收账款主要由销售产品或商品的货款、增值税销项税额和代垫运杂费等组成。应收账款是由于赊销业务而产生的，因此确认应收账款中的货款和增值税销项税额的入账时间与赊销收入实现的时间是一致的，而代垫运杂费则应于发生时确认入账。

应收账款通常按实际发生额计价入账，即按增值税专用发票上列明的货款和增值税额以及代办商品运输的发票上列明的运杂费金额入账。计价时还应考虑商业折扣、现金折扣和销售折让等因素。

二、商业折扣、现金折扣和销售折让的核算

（一）商业折扣的核算

商业折扣是指企业根据市场供需情况，或针对不同的客户，在商品标价上给予的扣除。商业折扣是企业采用销量越多，价格越低的促销策略。商业折扣通常在交易发生时已经确定，它仅仅是确定商品实际销售价格的手段，在销售发票上并不予以反映。因此，在存在商业折扣的情况下，应收账款的入账金额应按扣除商业折扣以后的实际售价确认，这样在会计核算上就不需要予以反映。

（二）现金折扣的核算

现金折扣是指债权人为鼓励债务人在规定的期限内付款，而向债务人提供的债务扣除。企业在赊销商品后，为了鼓励客户提前偿还货款，通常与债务人达成协议，即债务人在不同期限内付款，可享受不同比例的现金折扣。现金折扣一般用"折扣/期限"表示。例如，买方在 10 天内付款可按售价给予 2% 的折扣，用"2/10"表示；在20 天内付款可按售价给予 1% 的折扣，用"1/20"表示；在 30 天内付款，则不给折扣，用"n/30"表示。

采用现金折扣方式，购销双方应事先订立合同，作为落实现金折扣的依据。供货单位对给予购货单位的折扣，应作为企业的理财费用，将其列入"财务费用"账户核算。

【例】　宏光商业集团对赊销商品给予销货折扣优惠，其条件为"2/10、1/20、n/30"。

(1) 3 月 5 日，销售给南门商厦商品一批，货款30 000元，增值税额3 900元，作分录如下：

借：应收账款——南门商厦　　　　　　　　　　　　　　　33 900.00
　　贷：主营业务收入　　　　　　　　　　　　　　　　　　30 000.00
　　贷：应交税费——应交增值税——销项税额　　　　　　　 3 900.00

(2) 3 月 15 日，南门商厦付来赊购商品的货款及增值税额 34 500 元，存入银行，作分录如下：

借：银行存款	33 300.00
借：财务费用	600.00
贷：应收账款——南门商厦	33 900.00

核算时需要注意的是应交税费并不同步享有销货折扣。

（三）销售折让的核算

商品流通企业在销售商品时往往会由于工作上的疏忽而发错商品的品种、规格，或商品由于生产或保管上的原因，在质量上存在问题，为了避免徒劳地往返运输，减少不必要的损失，供货单位可以采用给予购货单位销售折让的方式予以解决。销售折让是指企业在销售商品后，因品种、规格、质量等原因而给予购货单位价格上的减让。供货单位给予购货单位的销售折让，应冲减当期的商品销售收入。

【例】 上海服装公司发生下列有关的经济业务：

（1）3月5日，销售给南京服装公司男牛仔裤2 000条，每条60元，计货款120 000元，增值税额15 600元，以银行存款垫付运输商品的费税545元，今一并向银行办妥托收手续，作分录如下：

借：应收账款——南京服装公司	136 145.00
贷：主营业务收入——男装类	120 000.00
贷：应交税费——应交增值税——销项税项	15 600.00
贷：银行存款	545.00

（2）3月12日，南京服装公司验收商品时，发现牛仔裤的色质与合同不符，予以拒付，经与对方协商后决定给予6%的销售折让，开出专用发票，并收到对方汇来的账款132 531元，作分录如下：

借：银行存款	132 531.00
借：主营业务收入——男装类	7 200.00
借：应交税费——应交增值税——销项税额	936.00
贷：应收账款——南京服装公司	136 145.00

"应收账款"是资产类账户，用以核算企业销售商品、材料、提供劳务等业务，应向购货单位和接受劳务单位收取的款项，以及代垫的运费等。企业经营收入发生应收款项时，记入借方；企业收回应收账项，发生现金折扣、销售折让及坏账损失时，记入贷方；期末余额在借方，表示企业尚未收回的应收款项。

三、坏账损失与坏账准备的核算

坏账是指企业销售商品而产生的应收账款，由于债务人破产、解散以及其他各种原因而无法收回的款项。因坏账而造成的损失称为坏账损失。

企业确认坏账损失的条件有以下两点：一是因债务人破产或者死亡，以其破产财产或者遗产清偿后,仍然无法收回的应收账款;二是因债务人较长时期内未履行偿债义务,并有足够的证据表明无法收回或收回的可能性极小的应收账款。

坏账损失的核算有直接转销法和抵减坏账法两种。

(一)直接转销法

直接转销法是指企业发生坏账损失时,将损失的数额直接从应收账款中转销。企业发生坏账损失时,借记"资产减值损失"账户,贷记"应收账款"账户。

【例】　黄浦商厦应收江桥工厂账款 3 510 元,2 年来因该企业濒临破产,货款无法收回,转作企业坏账损失,作分录如下:

借:资产减值损失——坏账损失　　　　　　　　　　　　　　3 510.00
　　贷:应收账款——江桥工厂　　　　　　　　　　　　　　　　　3 510.00

如果发生坏账损失以后又收回货款时,先冲转原分录,借记"应收账款"账户,贷记"资产减值损失"账户;然后,再借记"银行存款"账户,贷记"应收账款"账户。

直接转销法适用于应收账款较少,很少发生坏账损失的企业。

(二)备抵法

备抵法是指参照历史资料,按期估计可能发生的坏账损失,根据一定比例预提坏账准备,以备实际发生坏账时用以抵偿坏账损失。这种方法一般适用于应收账款较多,容易发生坏账损失的企业。

由于企业的坏账损失与企业销售商品而产生的应收账款有直接的联系,而当期发生的销售业务,一般在后期才会发生坏账损失,而发生坏账时,却列入后期的资产减值损失,这样显然是不合理的。为了使收入与费用相配比,因此企业应定期或者至少在年末对应收账款进行全面检查,预计各项应收款项可能发生的坏账,对于没有把握能够收回的应收款项,应当计提坏账准备。

企业在确定坏账准备的计提比例时,应当根据企业以往的经验、债务单位的实际财务状况和现金流量的情况,以及其他相关信息合理地估计。除有确凿证据表明该项应收款项不能够收回或收回可能性不大外,不能全额计提坏账准备。

坏账准备提取的方法有应收账款发生额百分比法、应收账款余额百分比法及账龄分析法等。

1. 应收账款发生额百分比法　　又称销货百分比法,是指以会计期间因赊销而发生的应收账款按一定的比例提取坏账准备的方法。企业提取坏账准备的比例一般根据历史资料和经验确定。企业在预提坏账准备时,借记"资产减值损失"账户,贷记"坏账准备"账户;当企业发生坏账损失时,则借记"坏账准备"账户,贷记"应收账款"账户。

【例】　上海百货公司对坏账损失采用应收账款发生额百分比法按月提取坏账准备。

(1) 1月31日,应收账款借方发生额为 500 000 元,坏账准备率为 1‰,作分录如下:

借:资产减值损失——坏账损失　　　　　　　　　　　　　　　　　500.00
　贷:坏账准备——应收账款　　　　　　　　　　　　　　　　　　　　　500.00

(2) 2月10日,应收某商店货款 2 340 元,因该企业已破产无法收回,经批准作坏账损失处理,作分录如下:

借:坏账准备——应收账款　　　　　　　　　　　　　　　　　　2 340.00
　贷:应收账款——某商店　　　　　　　　　　　　　　　　　　　　2 340.00

若已转销的坏账损失以后又收回时,应先冲转其原分录,借记"应收账款"账户,贷记"坏账准备"账户;再作反映收回货款的分录,借记"银行存款"账户,贷记"应收账款"账户。

应收账款发生额百分比法也可以与应收账款余额百分比法或账龄分析法结合应用,即月末用应收账款发生额百分比法,年末用应收账款余额百分比法或账龄分析法。

采用应收账款发生额百分比法,每年年末要检查所规定的百分比是否符合企业坏账损失的实际情况,如果发生偏差时,应予以调整。

2. 应收账款余额百分比法　　这是指按应收账款账户余额,根据一定比例提取坏账准备的方法。采用这种方法,企业平时按月提取时,根据历史资料测定的百分比提取,于年末再按应收账款余额的一定比例清算,计入当期损益。企业年终清算坏账准备的计算公式如下:

年末坏账准备账户应保留的余额=年末应收账款账户余额×年末坏账准备率
清算应提坏账准备=年末坏账准备账户应保留的余额-清算前坏账准备账户余额

【例】　上海电器公司采用应收账款余额百分比法,10月31日坏账准备账户的余额在贷方,金额为 1 050 元。

(1) 11月30日,应收账款账户余额为 360 000 元,坏账准备率为 3‰,提取本月份坏账准备,作分录如下:

借:资产减值损失——坏账损失　　　　　　　　　　　　　　　1 080.00
　贷:坏账准备——应收账款　　　　　　　　　　　　　　　　　　1 080.00

(2) 12月5日,应收某商店货款 1 755 元,因该企业已破产而无法收回,经批准作坏账损失处理,作分录如下:

借:坏账准备——应收账款　　　　　　　　　　　　　　　　　1 755.00
　贷:应收账款——某商店　　　　　　　　　　　　　　　　　　　1 755.00

(3) 12月31日,应收账款账户余额为 380 000 元,坏账准备率为 5‰,清算本年度坏账准备,计算结果如下:

年末坏账准备账户的余额＝380 000×5‰＝1 900(元)

清算前坏账准备账户余额＝1 050＋1 080－1 755＝375(元)

清算应提的坏账准备＝1 900－375＝1 525(元)

根据计算的结果,作分录如下:

借:资产减值损失——坏账损失 1 525.00

　　贷:坏账准备——应收账款 1 525.00

3. 账龄分析法　　这是指根据购货单位所欠账款日期的长短来确定计算坏账准备的方法。这种方法认为购货单位拖欠货款的日期越长,收回货款的可能性就越小,那么坏账损失的可能性就越大,应提的坏账准备也就越多。

账龄分析法的具体计算方法,是通过将应收账款拖欠日期的长短划分为若干阶段,根据历史资料和经验为每一阶段确定一个坏账损失比例,以此计算坏账准备总额。这一方法同应收账款余额百分比方法一样,年末要根据前期坏账准备账户的账面余额进行清算调整。

【例】　上海服装公司采用账龄分析法,2020 年 12 月 31 日坏账准备账户余额在贷方,为 1 230 元,应收账款账户余额为 348 000 元,根据拖欠的期限计算坏账准备如图表5-6 所示。

图表5-6

坏账准备计算表

2020 年 12 月 31 日　　　　　　　　　　　　　　　　单位:元

账　　龄	应收账款金额	坏账准备率	坏账准备额
未到期	172 000	—	—
过期 1 个月以内	68 000	3‰	204
过期 1～3 个月	42 000	5‰	210
过期 3～6 个月	31 000	1%	310
过期 6 个月至 1 年	22 000	5%	1 100
过期 1～2 年	10 000	20%	2 000
过期 2 年以上	3 000	60%	1 800
合　　计	348 000	—	5 624

账龄分析法计算的年末坏账准备账户余额为 5 624 元。

清算应计提的坏账准备＝5 624－1 230＝4 394(元)

根据计算的结果,作分录如下:

借：资产减值损失——坏账损失　　　　　　　　　　　　　　4 394.00
　　贷：坏账准备——应收账款　　　　　　　　　　　　　　　　　4 394.00

"坏账准备"是资产类账户，是应收账款、预付账款和其他应收款的抵减账户，用以核算企业提取的坏账准备。企业按规定提取坏账准备时，记入贷方；企业发生坏账损失予以转销时，记入借方；期末余额通常在贷方，表示企业已经提取尚未转销的坏账准备，若期末余额在借方，则表示企业坏账损失超过坏账准备的数额。在"坏账准备"账户下，应分别设置"应收账款""预付账款"和"其他应收款"明细分类账。

第六节　其他应收款的核算

其他应收款主要包括企业应收的各种赔款、罚款、存出保证金、应向职工收取的各种垫付款项等。其中有些内容已在前面有关章节中作了阐述，本节仅阐述职工因工作需要临时借款的核算内容。

当有关职能部门或工作人员因零星采购、出差等业务需要临时借支款项时，应先提出用款申请，并列明借款金额和归还的日期，经领导审批同意后，由财会部门拨付款项。使用后凭付款凭证向财会部门报账，财会部门审核无误后，采用多还少补的方式，予以结清销账。

【例】　业务部门业务员王飞经批准预支差旅费1 600元。

(1) 9月15日，王飞预支差旅费1 600元，以现金付讫，作分录如下：

借：其他应收款——王飞　　　　　　　　　　　　　　　　　　1 600.00
　　贷：库存现金　　　　　　　　　　　　　　　　　　　　　　　1 600.00

(2) 9月20日，王飞出差回来报销差旅费1 675元，补付其现金75元，以结清预支款。作分录如下：

借：销售费用——差旅费　　　　　　　　　　　　　　　　　　1 675.00
　　贷：其他应收款——王飞　　　　　　　　　　　　　　　　　　1 600.00
　　　　库存现金　　　　　　　　　　　　　　　　　　　　　　　　75.00

企业对职工因工作需要的临时借款应加强管理，对于超过报销期限的临时采购、出差的部门或人员应督促其尽快报销清账。

其他应收款的内容较多，在期末企业应对其他应收款进行检查，预计其可能发生的坏账损失，并计提坏账准备。其计提与核算的方法与应收账款相同，不再重述。

"其他应收款"是资产类账户，用以核算企业除应收票据、应收账款、预付账款、应付股利、应付利息和长期应付款等以外的其他各种应收及暂付款项。企业发生各种其他应收、暂付款项时，记入借方；企业收回各种其他应收及暂付的款项和发生确认的坏账损失转销时,记入贷方;期末余额在借方,表示企业尚未收回的其他各种应收及暂付款项。

第七节　原材料的核算

原材料是商品流通企业用于经营业务、设备维修、劳动保护、办公和生活等方面的材料、用品、燃料、药剂、发票,以及报废入库的各种废旧器材等。

一、原材料购进和领用的核算

原材料数量零星且品种繁杂,有不少均是日常生活用品,因此应指定专人负责保管。企业购进原材料时,由保管人员填制"收料单",一式数联,在原材料验收入库后,保管人员自留一联登记保管账,另一联连同专用发票一并转交财会部门入账。

商品流通企业购进原材料的入账价格,由购进时的买价和运杂费等采购费用组成。购进原材料时,除小量立即交付有关部门使用,直接记入有关销售费用或管理费用明细分类账户外,凡是大批购进入库备用的,均应通过"原材料"账户进行核算。

【例】　购入木材 2 立方米,每立方米 3 000 元,计货款 6 000 元,增值税额 780 元,并发生运输木材相关的运杂费 200 元,增值税额 18 元,款项一并以银行存款支付,木材也已验收入库,作分录如下:

借:原材料　　　　　　　　　　　　　　　　　　　　　　　6 200.00
借:应交税费——应交增值税——进项税额　　　　　　　　　　798.00
　　贷:银行存款　　　　　　　　　　　　　　　　　　　　　　　6 998.00

企业有关部门在领用原材料时,要填制领料单,写明领用原材料的名称和用途,并由领料人签章。保管人员应定期将领料单汇总,编制"耗用原材料汇总表"送交财会部门,经审核后,根据其不同的用途列入销售费用和管理费用的有关明细分类账户。

【例】　南浦商厦总务部门转来"耗用原材料汇总表"如图表 5-7 所示。

图表 5-7

耗用原材料汇总表

2021 年 4 月 30 日　　　　　　　　　　　　　　　　　　　金额单位:元

品　名	数量单位	数量	单价	金额	领用部门	用　途
汽　油	升	200	5.90	1 180	运输部门	运送销售商品卡车用
铜　锁	只	2	20.00	40	仓储部门	仓库大门用
日光灯管	支	4	15.50	62	仓储部门	仓库内照明用
日光灯管	支	8	15.50	124	业务部门	商场内照明用
护套线	米	80	3.50	280	业务部门	商场内调换旧电线用

(续表)

品　名	数量单位	数量	单价	金额	领用部门	用　途
开　关	只	5	5.00	25	业务部门	商场内调换坏开关用
账　页	刀	5	20.00	80	财会部门	记账用
信　纸	刀	4	10.00	40	办公室	联系工作用
热水瓶	只	3	25.00	75	业务部门	商场营业员用
发　票	本	40	8.00	320	业务部门	营业用
合　计				2 226		

财会部门复核无误后,作分录如下:

　　借:销售费用——运杂费　　　　　　　　　　　　　　　　1 180.00
　　借:销售费用——保管费　　　　　　　　　　　　　　　　　102.00
　　借:销售费用——修理费　　　　　　　　　　　　　　　　　429.00
　　借:销售费用——其他费用　　　　　　　　　　　　　　　　395.00
　　借:管理费用——其他费用　　　　　　　　　　　　　　　　120.00
　　　贷:原材料　　　　　　　　　　　　　　　　　　　　　2 226.00

二、原材料出售的核算

企业多余的原材料可以出售给其他单位和个人。企业按取得的价税合计,借记"银行存款"账户;按出售原材料的货款,贷记"其他业务收入"账户;按增值税额,贷记"应交税费"账户。结转出售原材料成本时,借记"其他业务成本"账户,贷记"原材料"账户。

【例】　出售木材 1 立方米,单价 4 000 元。

(1)取得出售收入 4 000 元,增值税额 520 元,存入银行时,作分录如下:

　　借:银行存款　　　　　　　　　　　　　　　　　　　　　4 520.00
　　　贷:其他业务收入　　　　　　　　　　　　　　　　　　4 000.00
　　　贷:应交税费——应交增值税——销项税额　　　　　　　　520.00

(2)该木材的成本单价为 3 100 元,结转木材销售成本时,作分录如下:

　　借:其他业务成本　　　　　　　　　　　　　　　　　　　3 100.00
　　　贷:原材料　　　　　　　　　　　　　　　　　　　　　3 100.00

三、原材料盘亏盘盈的核算

商品流通企业应定期对原材料进行清查盘点,若发现账实不符时,应先转入"待处理财产损溢"账户,经领导核准转账时,盘亏应转入"营业外支出"账户,盘盈应转入"营业外收入"账户。

"原材料"是资产类账户,用以核算企业库存的各种材料。企业购进、盘盈原材料时,记入借方;企业领用、出售、盘亏原材料时,记入贷方;期末余额在借方,表示企业原材料的结存额。

原材料应按实际采购成本分品名、规格进行明细分类核算,明细账的格式一般采用数量金额三栏式。领用的原材料可按"先进先出法"或"加权平均法"进行计价和转账。

第八节　包装物的核算

包装物是指为了包装本企业商品而储备的各种包装容器,如瓶、袋、盒、箱、坛、桶、罐等。其作用主要是保护商品的安全与完整,便于商品的运输和保管,减少商品的损耗,使商品更美观和实用等。

一、包装物核算的范围

商品流通企业要加强对包装物的核算与管理,必须明确划分包装物的核算范围。

（一）属于包装物核算的范围

包装物的种类繁多,只有随同商品流转的包装物才属于包装物的核算范围,它主要包括:

（1）用于包装商品作为商品组成部分的包装物。

（2）随同商品出售而不单独计价的包装物。

（3）随同商品出售而单独计价的包装物。

（4）出租或出借给购买单位使用的包装物。

（二）不属于包装物核算的范围

1. 专门用于储存和保管商品而不对外出售、出租或出借的包装容器　　这些包装容器如酒坛、糖缸、油桶、油罐等,应按其价值大小和使用年限长短,分别在"低值易耗品"账户或"固定资产"账户核算。

2. 使用一次就消耗的包装材料　　这些包装材料如纸、绳、袋、铁丝、尼龙带等,在购进验收入库时,应在"原材料"账户核算,如购进后即交付使用,可直接列入"销售费用——包装费"账户。

3. 租入或借入的包装容器　　这些包装容器由于没有取得其所有权,因此不属于企业的财产。

二、包装物购进的核算

（一）单独购进包装物的核算

为了正确核算包装物的成本,单独购进包装物所发生的运费等采购费用,应作为包装物成本的组成部分。

【例】　向宝泰制桶厂购进周转用铁桶 100 只,每只 110 元,计货款 11 000 元,增值

税额 1 430 元,并发生运输铁桶相关的运杂费 200 元,增值税额 18 元,款项一并以银行存款支付,作分录如下:

借:包装物	11 200.00
借:应交税费——应交增值税——进项税额	1 448.00
贷:银行存款	12 648.00

(二)随货购进单独计价包装物的核算

随货购进单独计价的包装物,是指随同商品一起购进而其价格与商品的价格分别列出的包装物。这类包装物一般与商品一起验收入库,其核算方法与单独购进包装物的核算方法基本相同。所不同的是由于随货购进包装物的目的是为了采购商品,因此,购进时发生的运杂费应全部计入商品成本,而不能分摊计入包装物成本。

因此,这类包装物在购进并验收入库时,应根据其购进价格,借记"包装物"账户,贷记"银行存款"账户。

(三)随货购进不单独计价包装物的核算

随货购进不单独计价的包装物,是指随同商品一起购进,其价格已包含在商品价格内的包装物。因此,这类包装物在购进验收入库时,只能与商品合并在一起通过"库存商品"账户核算。

如果随货购进的包装物没有随货销售,对于腾空的包装物,若仍能作包装容器使用的,应借记"包装物"账户,贷记"销售费用"账户;若已有损坏,作为废旧材料验收入库时,则借记"原材料"账户,贷记"销售费用"账户。

三、包装物销售的核算

(一)随货销售单独计价包装物的核算

随货销售单独计价的包装物,按其取得的价税合计,借记"银行存款"账户;按销售额,贷记"其他业务收入"账户;按增值税额,贷记"应交税费"账户;并结转包装物的销售成本,这时,借记"其他业务成本"账户,贷记"包装物"账户。

【例】 销售汽油 20 000 升,每升 5.90 元,计货款 118 000 元;随货销售铁桶 40 只,每只 125 元,计货款 5 000 元,汽油和铁桶的增值税额共 15 990 元。当即收到全部款项,存入银行,铁桶每只进价为 112 元,作分录如下:

借:银行存款	138 990.00
贷:主营业务收入	118 000.00
贷:其他业务收入——包装物出售	5 000.00
贷:应交税费——应交增值税——销项税额	15 990.00

同时,结转铁桶销售成本,作分录如下:

借：其他业务成本　　　　　　　　　　　　　　　　　　　　　　　　　　4 480.00

　　贷：包装物　　　　　　　　　　　　　　　　　　　　　　　　　　　　　　4 480.00

（二）随货销售不单独计价包装物的核算

随货销售的包装物，由于不再另行计价，应作为企业的支出，而这笔支出是由于商品销售业务而发生的。因此在领用时，应将包装物的成本，转入"销售费用——包装费"账户。

四、包装物租借的核算

商品流通企业在开展商品购销活动中，经常会发生相互租借包装物的业务，以充分利用包装物。

（一）包装物租入、借入的核算

企业租入、借入的包装物，其所有权仍属于出租、出借包装物的企业。然而租入、借入企业负有保管责任，因此应设置备查簿，及时登记租入（借入）、归还和结存的数量。

企业租入或借入包装物时，要支付出租或出借企业一定数额的押金，届时借记"其他应收款"账户，贷记"银行存款"账户。

【例】　租用塑料周转箱 50 只，每只支付押金 42 元，当即以银行存款支付，作分录如下：

借：其他应收款——包装物押金　　　　　　　　　　　　　　　　　　　　2 100.00

　　贷：银行存款　　　　　　　　　　　　　　　　　　　　　　　　　　　　2 100.00

租入包装物归还时，要根据租用天数支付租赁费，届时应列入"销售费用"账户。

【例】　归还租入的塑料箱 50 只，共使用 20 天，每只每天按 0.30 元计算租赁费，收到对方开来的专用发票，开列租赁费 300 元，增值税额 39 元，并收到以押金 2 100 元抵付租赁费税 339 元后的差额 1 661 元，存入银行，作分录如下：

借：销售费用——包装费　　　　　　　　　　　　　　　　　　　　　　　　300.00

借：应交税费——应交增值税——进项税额　　　　　　　　　　　　　　　　39.00

借：银行存款　　　　　　　　　　　　　　　　　　　　　　　　　　　　1 661.00

　　贷：其他应收款——包装物押金　　　　　　　　　　　　　　　　　　　　2 100.00

企业对借入的包装物可无偿使用，归还时可收回全部押金。

（二）包装物出租、出借的核算

企业在出租或出借包装物时，均要收取一定数额的押金，届时借记"银行存款"账户，贷记"其他应付款"账户。对出租的包装物，在收回包装物时，要按租用天数收取租赁费，退还押金。收取的租赁费作为"其他业务收入"入账。而出借包装物供对方无偿使用，收回包装物时，全部退还押金。

出租包装物通常采用一次摊销法。一次摊销法是指物品被领用时，一次全额摊销其价值的方法。在第一次领用新包装物时,根据包装物的成本,借记"其他业务成本"账户,贷记"包装物"账户。对于价值较高的包装物,也可以采用五五摊销法。五五摊销法是指领用物品时摊销其价值的 50%,报废时再摊销其余 50% 的方法。

【例】 出租给永新公司新塑料桶 100 只,每只收取押金 40 元,该桶采用五五摊销法。

(1) 6 月 1 日,收到对方付来 4 000 元押金存入银行时,作分录如下:

借:银行存款　　　　　　　　　　　　　　　　　　　　　4 000.00
　　贷:其他应付款——包装物押金　　　　　　　　　　　　　　4 000.00

(2) 6 月 1 日,该塑料桶每只成本 36 元,予以转账,作分录如下:

借:包装物——在用包装物——出租　　　　　　　　　　　　3 600.00
　　贷:包装物——库存包装物　　　　　　　　　　　　　　　　3 600.00

同时,摊销其价值的 50%,作分录如下:

借:其他业务成本——出租包装物　　　　　　　　　　　　　1 800.00
　　贷:包装物——包装物摊销　　　　　　　　　　　　　　　　1 800.00

(3) 6 月 26 日,永新公司还来租用的塑料桶 100 只,每只每天按 0.20 元计算租赁费,当即开具专用发票,列明租赁费 500 元,增值税额 65 元,扣除租赁费税 565 元后,以银行存款退还对方 3 435 元,作分录如下:

借:其他应付款——包装物押金　　　　　　　　　　　　　　4 000.00
　　贷:其他业务收入——出租包装物　　　　　　　　　　　　　500.00
　　贷:应交税费——应交增值税——销项税额　　　　　　　　　65.00
　　贷:银行存款　　　　　　　　　　　　　　　　　　　　　3 435.00

出借包装物通常也采用一次摊销法,在第一次领用新包装物时,根据包装物的成本,借记"销售费用"账户,贷记"包装物"账户。对于价值较高的包装物,也可以采用五五摊销法。

新的包装物在出租或出借后,应有专人负责管理,并应在备查簿上进行记录,登记其租出或借出及收回的情况,以防散失。

企业对于出租、出借包装物逾期未退回而没收的押金,应借记"其他应付款"账户;按应交的增值税,贷记"应交税费——应交增值税——销项税额"账户;按两者的差额,贷记"其他业务收入"账户。

五、包装物修理和报废的核算

(一)包装物修理的核算

商品流通企业为了保持包装物的使用效能,需要加强对包装物的维修,修理包装物所耗费的材料和费用应区别情况,若修理出租用的包装物,则应列入"其他业务成本——出租包装物"账户;若修理出借用的包装物,应列入"销售费用——包装费"账户。

【例】 领用木料 500 元,修理包装商品用木箱,其中 300 元用于出借的木箱,200 元用于出租的木箱,作分录如下:

借:销售费用——包装费	300.00	
借:其他业务成本——出租包装物	200.00	
贷:原材料		500.00

(二)包装物报废的核算

企业出租、出借的包装物因损坏而不能继续使用时,报经批准后予以报废。

采用一次摊销法报废的包装物,应根据验收入库包装物的残值,借记"原材料"账户;出租的包装物,贷记"其他业务成本——出租包装物"账户;出借的包装物,则贷记"销售费用——包装费"账户。

采用五五摊销法报废的包装物,应根据验收入库包装物的残值借记"原材料"账户,根据已摊销 50% 的金额,借记"包装物——包装物摊销"账户,根据尚存 50% 的金额减去残值后的差额,借记"其他业务成本"账户或"销售费用"账户;根据其账面原值,贷记"包装物——在用包装物"账户。

【例】 报废出租用铁桶 50 只,残料估价每只 20 元,已验收入库,该铁桶每只成本 110 元,已摊销了 50%,作分录如下:

借:包装物——包装物摊销	2 750.00	
借:原材料	1 000.00	
借:其他业务成本——出租包装物	1 750.00	
贷:包装物——在用包装物		5 500.00

"包装物"是资产类账户,用以核算企业拥有的随同商品流通的各种包装物的实际成本。企业购进、腾空和盘盈包装物时,记入借方;企业出售、领用和报废包装物时,记入贷方;期末余额在借方,表示企业拥有包装物的实际数额。

包装物应定期进行盘点,如发生盘亏或盘盈,应将其账面价值转入"待处理财产损溢"账户,其核算方法与原材料相同,不再重述。

第九节 低值易耗品的核算

低值易耗品是指使用期限短的,或者单位价值较低的,能多次使用而不改变其原有形态的各种用具物品。商品流通企业的低值易耗品主要有柜台、货架、磅秤、办公桌、文件柜、电扇、计数器等。对某些特殊的用具和设备,如劳动用畜、各种非机动车、苫布、水泥条、枕木、电子秤等,不论其单位价值大小和使用寿命长短,均作为低值易耗品处理。

一、低值易耗品购进的核算

企业购进低值易耗品的计价与包装物相同,由买价和运杂费等采购费用构成。

【例】 购进柜台2只,每只1 000元,计货款2 000元、增值税额260元,运输柜台发生运杂费100元,增值税额9元,款项一并以银行存款支付,柜台已验收入库,作分录如下:

借:低值易耗品——库存低值易耗品	2 100.00
借:应交税费——应交增值税——进项税额	269.00
贷:银行存款	2 369.00

二、低值易耗品领用和摊销的核算

低值易耗品被领用后,在被使用过程中逐渐损耗,其价值也随着逐渐减少,这部分减少的价值,应通过摊销转入期间费用。其摊销的方法有一次摊销法和五五摊销法。

企业领用低值易耗品采用一次摊销法时,应当区别领用的部门,业务部门领用的,借记"销售费用——低值易耗品摊销"账户,行政管理部门领用的,借记"管理费用——低值易耗品摊销"账户,贷记"低值易耗品——库存低值易耗品"账户。

采用一次摊销法,由于在账面上已注销了低值易耗品的价值,因此,企业对这部分财产应加强管理,防止散失,以免造成不必要的浪费。这种方法适用于价值低的低值易耗品。

企业领用低值易耗品采用五五摊销法时,先摊销其价值的50%,报废时再摊销其余50%。

【例】 商场领用库存柜台2只,每只1 050元,作分录如下:

借:低值易耗品——在用低值易耗品	2 100.00
贷:低值易耗品——库存低值易耗品	2 100.00

同时摊销其价值的50%,作分录如下:

借:销售费用——低值易耗品摊销	1 050.00
贷:低值易耗品——低值易耗品摊销	1 050.00

这种方法适用于一般的低值易耗品。

三、低值易耗品修理和报废的核算

商品流通企业维修低值易耗品时,耗用的材料和发生的修理费用,应根据低值易耗品使用的部门不同,分别列入"销售费用——修理费""管理费用——修理费"账户。

低值易耗品在丧失使用效能,经批准报废时,应将残料估价入库或出售。

采用一次摊销法的低值易耗品,由于已经全额注销了账面价值,在残料估价验收入库时,应借记"原材料"账户,贷记"销售费用——低值易耗品摊销"或"管理费用——低值易耗品摊销"账户。

采用五五摊销法的低值易耗品,在低值易耗品报废时,按已摊销的数额,借记"低值易耗品——低值易耗品摊销"账户;按残料估价的价值,借记"原材料"账户;按摊余价值与残值的差额,借记"销售费用——低值易耗品摊销"或"管理费用——低值易耗品摊销"账户;按账面实际成本,贷记"低值易耗品——在用低值易耗品"账户。

【例】 行政管理部门报废传真机一台,账面原值 380 元,已摊销了 50%,残料估价 20 元,已验收入库,作分录如下:

借:低值易耗品——低值易耗品摊销	190.00
借:原材料	20.00
借:管理费用——低值易耗品摊销	170.00
贷:低值易耗品——在用低值易耗品	380.00

四、低值易耗品出售和盘亏盘盈的核算

企业为了充分发挥低值易耗品的使用效能,可将不需用的低值易耗品出售,以调剂余缺。

企业在出售新的库存低值易耗品时,其核算方法与包装物基本相同,不再重述。

企业出售在用低值易耗品时,是需要缴纳增值税的,要将含税收入中的增值税额入账,如该低值易耗品是采用一次摊销法的,应根据出售收入,借记"银行存款"账户,贷记"应交税费""销售费用"或"管理费用"账户;如该低值易耗品是采用五五摊销法的,根据出售收入借记"银行存款"账户,贷记"应交税费"账户和"低值易耗品——在用低值易耗品"账户。并转销低值易耗品的账面价值,届时根据低值易耗品摊销的情况入账,若出售收入小于摊余价值,其差额应列入"销售费用"或"管理费用"账户;反之,若出售收入大于摊余价值,其差额应冲减"销售费用"或"管理费用"账户。

【例】 出售旧柜台一只,含税收入 452 元,增值税税率为 13%,款项收到转账支票,存入银行。该柜台账面原值 900 元,采用五五摊销法,已摊销 450 元。

(1) 将出售低值易耗品收入入账,作分录如下:

借:银行存款	452.00
贷:低值易耗品——在用低值易耗品	400.00
贷:应交税费——应交增值税——销项税额	52.00

(2) 转销低值易耗品剩余的账面价值,作分录如下:

借:低值易耗品——低值易耗品摊销	450.00
借:销售费用——低值易耗品摊销	50.00
贷:低值易耗品——在用低值易耗品	500.00

低值易耗品若发生盘亏盘盈时,应先将其账面价值转入"待处理财产损溢"账户,核算方法与原材料相同,不再重述。

"低值易耗品"是资产类账户,用以核算企业拥有的各种低值易耗品的实际成本。企业购进、盘盈低值易耗品时,记入借方;企业领用、摊销、出售、报废和盘亏低值易耗品时,记入贷方;期末余额在借方,表示企业拥有低值易耗品的净值。

判 断 题

一、是非题

1. 货币资金是指企业的经营资金在循环周转过程中停留在货币形态的资金,它由现金、备用金和银行存款组成。　　　　　　　　　　　　　　　　　　　　　　　　（　　）

2. 库存现金是指企业为了备付日常零星开支而保管的现款。　　　　（　　）

3. 企业可以在其他银行的一个营业机构开立一个一般存款账户,该账户可以办理转账结算、存入现金和支取现金。　　　　　　　　　　　　　　　　　　　　　　（　　）

4. 企业银行存款日记账与银行对账单不符的原因只有两个,一个是记账有错误;另一个是存在未达账项。　　　　　　　　　　　　　　　　　　　　　　　　　　　（　　）

5. 外币业务是指企业以记账本位币以外的其他货币进行款项收付,往来结算的经济业务。
　　　　　　　　　　　　　　　　　　　　　　　　　　　　　　　　　　（　　）

6. 货币性项目是指企业持有的以货币资金和将以固定或可确定的金额收取的资产。（　　）

7. 买入汇率或卖出汇率是指客户向银行买入外汇或客户向银行卖出外汇时所使用的汇率。
　　　　　　　　　　　　　　　　　　　　　　　　　　　　　　　　　　（　　）

8. 现金折扣实质上是供货单位为了促使购货单位提早付款而转让给其的一部分利润。（　　）

9. 备抵法是指参照历史资料,按期估计可能发生的坏账损失,概括一定的比例预提坏账准备,以备实际发生坏账时用以抵偿坏账损失。　　　　　　　　　　　　　　　　　　（　　）

10. 坏账损失采用直接转销法虽然简便易行,却影响了收入和费用的相配比。　　（　　）

11. "坏账准备"账户是"应收账款"账户唯一的抵减账户。　　　　　　　　（　　）

12. 使用一次就消耗的包装用品在购进验收入库时,应记入"包装物"账户,领用时再转入"销售费用"账户。　　　　　　　　　　　　　　　　　　　　　　　　　　　（　　）

二、单项选择题

1. 企业对发生的外币业务,在按外币原币登记有关外币明细账户的同时,还应当采用_____将外币金额折算为记账本位币金额记账。

A. 记账汇率　　　　　B. 即期汇率　　　　　C. 中间汇率　　　　　D. 历史汇率

2. 企业因销售商品在品种、规格、质量等原因而给予购货单位价格上的减让属于_____业务。

A. 商品折扣　　　　　B. 现金折扣　　　　　C. 销售折让　　　　　D. 销货退价

3. 某企业年终"坏账准备"账户的期末余额在借方,为 345 元;"应收账款"账户余额为 270 000 元,按 5‰坏账准备率计算的结果作为坏账准备额,则还应补提坏账准备_____元。

A. 1 350　　　　　　　B. 1 695　　　　　　　C. 1 005　　　　　　　D. 480

4. 购入已验收入库用于_____的原材料不能在"原材料"账户内核算。

A. 业务经营　　　　　　B. 设备维修　　　　　C. 劳动保护　　　　　D. 在建工程

5. 能列入"销售费用——包装费"账户的有_____。

A. 随货销售单独计价的包装物　　　　　B. 随货销售不单独计价的包装物

C. 出租用包装物的摊销　　　　　　　　D. 储存用包装物的摊销

三、多项选择题

1. 为严格现金管理,根据"钱账分管"原则,出纳员不得兼办_____。

A. 现金日记账的登记工作　　　　　　　B. 债务、债权账簿的登记工作

C. 稽核工作　　　　　　　　　　　　　D. 会计档案的保管工作

2. 企业的银行存款账户可分为_____。

A. 基本存款账户　　　　B. 一般存款账户　　　C. 临时存款账户　　　D. 专用存款账户

3. 货币性资产项目包括库存现金、银行存款、_____等内容。

A. 应收账款　　　　　　B. 其他应收款　　　　C. 长期应收款　　　　D. 预收账款

4. 预提坏账准备的方法有_____。

A. 应收账款发生额百分比法　　　　　　B. 备抵法

C. 账龄分析法　　　　　　　　　　　　D. 应收账款余额百分比法

5. 影响应收账款如数收回的因素有_____。

A. 坏账损失　　　　　　B. 商业折扣　　　　　C. 现金折扣　　　　　D. 销货折让

6. 其他应收款包括_____。

A. 应收的各种赔款、罚款　　　　　　　B. 应向职工收取的各种垫付款项

C. 拨付有关职能部门的备用金　　　　　D. 存出保证金

7. 属于包装物的核算范围的有_____。

A. 用于包装商品作为商品组成部分的包装物

B. 随同商品出售而不单独计价的包装物

C. 租入或借入的包装物

D. 出租或出借给购买单位使用的包装物

练 习 题

练 习 题 一

一、目的　练习货币资金的核算。

二、资料

1. 上海服装公司3月下旬发生下列经济业务:

(1) 21日,签发现金支票,提取现金1 500元。

(2) 22日,销售商品收入35 000元,增值税额4 550元,收到全部款项,当即存入银行。

(3) 23日,购进商品货款42 000元,增值税额5 460元,已验收入库,款项当即以银行存款支付。

(4) 23日,购进包扎商品用尼龙带,价款600元,增值税进项税额78元,款项以现金付讫。

(5) 24 日,销售商品收入现金 20 340 元,其中:货款 18 000 元,增值税销项税额 2 340 元。

(6) 24 日,将销货现金收入 21 060 元解存银行。

(7) 25 日,以现金支付销售商品装卸费 200 元,增值税额 18 元,电话费 500 元,增值税额 45 元。

(8) 25 日,签发现金支票 1 500 元,拨付总务部门备用金定额。

(9) 26 日,签发现金支票 1 479 元,提取现金以补足库存限额。

(10) 27 日,收到银行转来专用托收凭证,支付本月份房租 5 500 元,增值税额 605 元。

(11) 28 日,以银行存款支付前欠沪东工厂账款 60 420 元。

(12) 29 日,以现金支付保险箱修理费 200 元,增值税额 26 元。

(13) 30 日,销售商品收入 31 640 元,其中:货款 28 000 元,增值税额 3 640 元,收到全部款项存入银行。

(14) 31 日,总务部门送来报销发票,其中:清扫费 220 元,账页 96 元,快递费 420 元,市内交通费 175 元,招待客户费 350 元。经审核无误,当即以现金补足其备用金定额。

2. 3月20日有关账户余额如下:

库存现金　　1 500 元　　　　　　　　银行存款　　186 580 元

三、要求

1. 根据"资料 1",编制会计分录。

2. 根据"资料 2"和编制的会计分录,开设并逐笔登记"现金日记账"和"银行存款日记账"。

练 习 题 二

一、目的　练习银行存款余额调节表的编制。

二、资料　上海医药公司 4 月 28 日至 30 日的银行存款日记账及银行对账单如图表 5-8、图表 5-9 所示。

图表 5-8

银行存款日记账

单位:元

2021年		摘　　要	收　入	付　出	结　存
月	日				
4	28	承上页			137 640
	28	领取银行汇票(银行汇票委托书)		30 000	107 640
	28	收到货款(转支♯54321)	26 910		134 550
	28	支付货款(转支♯32406)		21 060	113 490
	29	销货款(转支♯51178)	57 330		170 820
	29	支付货款(商业承兑汇票)		28 080	142 740
	30	销货款(转支♯12004)	25 740		168 480
	30	支付货款(转支♯32407)		38 610	129 870
4	30	提取现金(现支♯10211)		1 520	128 350

图表 5-9

中国工商银行对账单

户名：上海医药公司　　　　账号 110144157169　　　　单位：元

2021 年 月	日	摘　要	借　方	贷　方	借或贷	余　额
4	28	承上页			贷	137 640
	28	转支＃54321（收到货款）		26 910	贷	164 550
	28	银行汇票委托书（领取银行汇票）	30 000		贷	134 550
	29	转支＃32406（支付货款）	21 060		贷	113 490
	29	商业承兑汇票（支付货款）	28 080		贷	85 410
	30	转支＃51178（销货款）		57 330	贷	142 740
	30	托收承付（收到货款）		56 160	贷	198 900
	30	委托收款（支付电费）	1 880		贷	197 020
	30	短期借款计息单	9 360		贷	187 660
4	30	现支＃10211（提取现金）	1 520		贷	186 140

三、要求

1. 将银行存款日记账和银行对账单逐笔核对，找出未达账项。

2. 编制银行存款余额调节表，验算企业与银行双方账目是否相符。

练 习 题 三

一、目的　练习外币业务的核算。

二、资料

1. 上海服装公司 1 月 1 日"银行存款——美元户"账户余额为 40 000 美元，当日汇率为 6.50 元，折合人民币为 260 000 元。

2. 1 月份发生下列有关的经济业务：

(1) 3 日，向荷兰飞利浦公司进口商品一批，货款 28 000 美元，以美元存款付讫，当日汇率为 6.50 元。

(2) 8 日，售给美国迪克公司商品一批，货款 30 000 美元，尚未结算，当日汇率为 6.49 元。

(3) 12 日，售给日本东京公司商品一批，货款 18 000 美元，尚未结算。当日汇率为 6.48 元。

(4) 20 日，收到美国迪克公司偿还本月 8 日所欠货款 30 000 美元，当日汇率为 6.50 元。

(5) 22 日，从美元户支取 3 600 美元，兑换成人民币存入银行，当日汇率为 6.49 元，美元买入汇率为 6.47 元。

(6) 26 日，收到日本东京公司偿还本月 12 日所欠货款 18 000 元，当日汇率为 6.47 元。

(7) 31 日，当日汇率为 6.47 元，调整本月份"银行存款——美元户"账户的余额。

三、要求

1. 根据"资料 2"，编制会计分录。

2. 根据"资料 1"和编制的会计分录，开设并逐笔登记"银行存款——美元户"明细账户。

练习题四

一、目的 练习应收账款的核算。

二、资料

1. 上海服装公司对赊销商品给予现金折扣优惠,其条件为"2/10、1/20、n/30",1月份发生下列有关的经济业务:

(1) 5日,赊销给浦江商厦男牛仔服500件,每件90元,计货款45 000元,增值税额5 850元。

(2) 10日,销售给郑州服装公司女牛仔服500件,每件88元,计货款44 000元,增值税额5 720元,签发转账支票垫付运输商品的费税327元,今一并向银行办妥托收手续。

(3) 15日,浦江商厦付来本月5日赊购男牛仔服货款及增值税额的全部款项,存入银行。

(4) 16日,赊销给宝山商厦男夹克衫500件,每件150元,计货款75 000元,增值税额9 750元。

(5) 18日,销售给杭州服装公司女牛仔裤1 000条,每条55元,计货款55 000元,增值税额7 150元,以银行存款垫付运输商品的费税327元,今一并向银行办妥托收手续。

(6) 22日,郑州服装公司因女牛仔服的色泽与合同不符而拒付货款,经联系协商后,决定给予对方5%的折让,开出专用发票,并收到对方扣除折让后汇来账款。

(7) 28日,宝山商厦付来本月16日赊购男夹克衫货款及增值税额的全部款项,存入银行。

(8) 31日,杭州服装公司因女牛仔裤的规格与合同不符而拒付货款,经联系协商后,决定给予对方8%的折让,当即开出专用发票,折让货款4 400元,增值税额572元,寄交对方。

2. 上海百货公司对坏账损失的核算平时采用应收账款发生额百分比法,年末采用应收账款余额百分比法,11月1日"坏账准备"账户的余额在贷方,金额为1 684元,接着又发生下列有关的经济业务:

(1) 11月30日,根据本月份"应收账款"账户借方发生额450 000元,按1‰提取坏账准备。

(2) 12月15日,应收甲商店货款1 960元,因该企业已破产无法收回,报经批准作坏账损失处理。

(3) 12月31日,应收账款账户余额为360 000元,按5‰坏账准备率计算的结果作为坏账准备。

3. 上海电器公司11月30日坏账准备账户为贷方余额3 550元,11月份和12月份应收账款余额分析的结果和各种账龄的坏账准备率如图表5-10所示。

图表5-10

应收账款余额账龄分析表

单位:元

账　龄	坏账准备率	11月末应收账款余额	12月末应收账款余额
未到期		181 000	194 600
过期1个月以内	3‰	59 000	61 000
过期1~3个月	5‰	45 000	48 000
过期3~6个月	1%	38 000	42 000
过期6个月至1年	5%	25 000	18 000
过期1~2年	20%	9 000	11 000
过期2年以上	60%	3 500	2 000
合　计	—	360 500	376 600

三、要求

1. 根据"资料 1""资料 2"和"资料 3",编制会计分录。

2. 若"资料 2"采用直接转销法,则 12 月 15 日发生的坏账损失应如何核算?

练习题五

一、目的 练习原材料的核算。

二、资料 顺昌商厦 1 月份发生下列经济业务:

1. 2 日,购入热水瓶 8 只,每只 25 元,计货款 200 元,增值税额 26 元,拖畚 10 只,每只 10 元,计货款 100 元,增值税额 13 元,由总务部门验收入库,款项以银行存款支付。

2. 8 日,购入木材 3 立方米,每立方米 2 800 元,计货款 8 400 元,增值税额 1 092 元,并发生运输木材相关的运杂费 300 元,增值税额 27 元,款项一并以银行存款支付,木材已由总务部门验收入库。

3. 15 日,购入日光灯管 40 支,每支 15 元,圆珠笔 100 支,每支 1 元,共计货款 700 元,增值税额 91 元,全部由总务部门验收入库,款项一并以银行存款支付。

4. 26 日,销售木材 2 立方米,每立方米售价 3 500 元,增值税税率为 17%,款项当即收到全部款项存入银行。该木材进价成本为每立方米 2 900 元。

5. 31 日,总务部门交来"耗用原材料汇总表"如图表 5-11 所示,据以转账。

图表 5-11

耗用原材料汇总表

2021 年 1 月 31 日 金额单位:元

品 名	数量单位	数量	单价	金额	领用部门	用 途
汽 油	升	220	5.95	1 309		运送销售商品卡车用
账 页	刀	8	20.00	160	财会组	记账
日光灯管	支	12	15.00	180	业务组	商场内照明
日光灯管	支	5	15.00	75	仓储组	仓库内照明
启动器	只	5	1.00	5	业务组	商场内照明
热水瓶	只	4	25.00	100	办公室	饮茶
拖 畚	只	4	10.00	40	业务组	清洁环境
复写纸	盒	3	12.00	36	业务组	业务经营
圆珠笔芯	支	20	0.30	6	业务组	业务经营
圆珠笔	支	10	1.00	10	业务组	业务经营
销货发票	本	48	8.00	384	业务组	业务经营
三夹板	张	3	50.00	150	办公室	修理办公桌
信 纸	本	10	9.00	90	办公室	联系业务用
信 封	刀	4	5.00	20	办公室	联系业务用

三、要求 编制会计分录。

练 习 题 六

一、目的 练习包装物和低值易耗品的核算。

二、资料

1. 新光商贸公司 3 月份发生下列经济业务：

(1) 1 日,购进包装商品用纸一批,货款 600 元,增值税额 78 元,包扎商品用绳一批,货款 400 元,增值税额 52 元,款项一并以银行存款支付,包装用品由总务组验收入库。

(2) 4 日,购进商品周转用塑料箱 400 只,每只 40 元,货款 16 000 元,增值税额 2 080,并发生运输塑料箱相关的运杂费 200 元,增值税额 18 元,款项一并以银行存款支付。

(3) 6 日,购进汽油 30 000 升,每升 5.40 元,货款 162 000 元,增值税额 21 060 元,随货购进铁桶 60 只,每只 110 元,货款 6 600 元,增值税额 780 元,汽油和铁桶均已验收入库,款项一并以银行存款支付。

(4) 8 日,购进商品一批,计 27 000 元,增值税额 3 510 元,包括随货购进不单独计价的木箱 50 只,商品已验收入库,货款尚未支付。

(5) 9 日,销售汽油 15 000 升,每升 5.90 元,计货款 88 500 元,增值税额 11 505 元,随货销售铁桶 30 只,每只 120 元,计货款 3 600 元,增值税额 468 元,当即收到全部款项,存入银行。该铁桶每只进价为 110 元。

(6) 10 日,销售给南市商厦商品一批,货款 50 000 元,增值税额 6 500 元。随货出租新塑料桶 100 只,每只收取押金 50 元,计 5 000 元。当即全部收到全部款项,存入银行。该周转桶成本单价为 45 元,采用五五摊销法摊销。

(7) 12 日,销售给新光商厦商品一批,货款 60 000 元,增值税额 7 800 元,随货出借新塑料箱 180 只,每只押金为 45 元,计 8 100 元,当即全部收到全部款项,存入银行。该塑料箱成本单价 40.50 元,采用五五摊销法摊销。

(8) 15 日,腾空本月 8 日随货购进不单独计价的木箱 50 只,其中 40 只仍可作包装物使用,每只作价 15 元;10 只已损坏,作为废旧材料,估价共 20 元,由总务组验收入库。

(9) 18 日,销售商品一批,货款 25 000 元,增值税额 3 250 元,收到全部款项,存入银行,同时随货销售不单独计价的木箱 40 只,成本单价 30 元。

(10) 20 日,业务部门领用包装纸 150 元,包扎商品用绳 80 元,予以转账。

(11) 21 日,以银行存款支付委托外单位修理包装商品用麻袋的修理费 200 元,增值税额 26 元。

(12) 23 日,向益民食品厂购进商品一批,货款 28 000 元,增值税额 3 640 元。随货租进塑料箱 60 只,每只支付押金 40 元,计押金 2 400 元,款项一并以银行存款支付。

(13) 25 日,新光商厦还来塑料箱 180 只,当即以银行存款退还其押金 8 100 元。

(14) 28 日,报废出租用旧塑料桶 80 只,该桶每只成本 45 元,已摊销了 50%,现每只残料估价 0.70 元;报废出借用塑料箱 60 只,该箱每只成本 40.50 元,已摊销了 50%,现每只残料估价 0.40 元。两种包装物的残料均已验收入库。

(15) 30 日,南市商厦还来租用塑料周转桶 100 只,共租用 20 天,每只塑料周转桶每天应收取租赁费 0.30 元,当即开具专用发票,列明租赁费 600 元,增值税额 78 元,今扣除租赁费税后,当即以银行存款退还其押金。

(16) 31 日,归还益民食品厂塑料桶 60 只,共租用 8 天,每只塑料桶每天应支付租赁费 0.25 元,收到对方开来的专用发票,开列租赁费 120 元,增值税额 15.60 元,并收到以押金抵扣租赁费税后的差额,存入银行。

2. 春风商厦 3 月份发生下列经济业务:

(1) 2 日,购入计数器 5 只,每只 40 元,货款 200 元,增值税额 26 元。货物已验收入库,款项以银行存款支付。

(2) 4 日,购入铁皮橱 2 只,每只 1 400 元,货款 2 800 元,增值税额 364 元,运输铁皮橱发生运杂费 300 元,增值税额 27 元,款项一并以银行存款支付。铁皮橱已验收入库。

(3) 7 日,行政管理部门领用本月 2 日购入的计数器 2 只,采用一次摊销法。

(4) 12 日,行政管理部门领用本月购进的铁皮橱 2 只,采用五五摊销法摊销。

(5) 18 日,业务部门报废旧日光灯 5 套,该日光灯采用一次摊销法,残料出售收入现金 10 元。

(6) 23 日,业务部门修理货架领用三夹板 2 张,每张 50 元,予以转账。

(7) 28 日,行政管理部门报废旧自行车 1 辆,账面原值 240 元,已摊销了 50%,残料估价 30 元,验收入库。

(8) 30 日,出售业务部门的旧货架 1 只,含税收入 452 元,增值税税率为 13%,当即收到全部款项,存入银行,该货架账面原值 1 000 元,已摊销了 50%。

三、要求　编制会计分录。

第六章 固定资产、无形资产和长期待摊费用的核算

第一节 固定资产的核算

一、固定资产概述

(一)固定资产的确认、特点和作用

固定资产是指为生产商品、提供劳务、出租或经营管理而持有的、使用寿命超过一个会计年度、单位价值较高的有形资产。使用寿命是指企业使用固定资产的预计期间,或者该固定资产所能生产产品或提供劳务的数量。

固定资产包括房屋、建筑物、机器、机械、运输工具、器具和工具等。为了便于教学,现将固定资产单位价值定为 2 000 元以上(包括 2 000 元)。在实际工作中,企业应根据不同固定资产的性质和消耗方式,结合本企业的经营管理特点,具体确定固定资产的价值判断标准。

企业确认固定资产必须同时满足以下两个条件:一是与该固定资产有关的经济利益很可能流入企业;二是该固定资产的成本能够可靠地计量。

企业在对固定资产进行确认时,应当按照固定资产定义和确认的条件,考虑企业的具体情况加以判断。比如,企业的环保设备和安全设备,它们的使用虽然不能直接为企业带来经济利益,但是有助于企业从相关资产获得经济利益,或者将减少企业未来经济利益的流出,对于这类设备,企业应当将其确认为固定资产。

固定资产具有使用寿命长、单位价值高,并在使用过程中长期保持其原有实物形态的特点。它在业务经营过程中,由于不断使用而逐渐发生损耗,其损耗的价值逐步转入期间费用中去,并从商品销售收入中得到补偿。

固定资产是商品流通企业进行商品经营业务所必须具备的物质设备,它在改善服务环境、提高服务质量、减轻劳动强度、降低商品损耗和提高经济效益等方面发挥着重要的作用。

(二)固定资产的分类

商品流通企业的固定资产种类繁多,为了正确地组织核算和加强管理,必须对固定资产进行合理的分类。

1. 固定资产按照其经济用途分类　　可分为经营用固定资产和非经营用固定资

两大类。通过这种分类,可以掌握企业各种固定资产的结构和变化情况,并有利于企业合理地配置固定资产。

2.固定资产按照其使用情况分类　　可分为使用中固定资产、未使用固定资产和不需用固定资产三大类。通过这种分类,有利于企业合理地使用固定资产,提高固定资产的使用效率。

3.固定资产按照其经济用途结合使用情况分类　　可分为经营用固定资产、非经营用固定资产、租出固定资产、未使用固定资产、不需用固定资产、土地和融资租入固定资产七大类。

(1)经营用固定资产　　指直接服务于商品流通的固定资产,如商场、仓库、运输设备、空调设备等。

(2)非经营用固定资产　　指为了职工物质文化生活上需要,间接服务于商品流通的固定资产,如食堂、医务室、托儿所、职工宿舍、俱乐部等。

(3)租出固定资产　　指企业出租给外单位的固定资产。

(4)未使用固定资产　　指已购建但尚未投入使用的固定资产和因改建、扩建而暂时停止使用的固定资产。但不包括由于季节性或进行大修理等原因而暂时停止使用的固定资产。

(5)不需用固定资产　　指企业在经营中不需要的各种固定资产。

(6)土地　　指企业过去已经估价单独入账的土地。

(7)融资租入固定资产　　指企业以融资租赁方式租入的固定资产。

二、固定资产的计量

企业由于核算和管理的需要,对固定资产的计量有原始价值、净值和净额三种计量标准。

(一)原始价值

原始价值(简称原值)是指企业取得某项固定资产时的成本。由于固定资产的来源不同,其原始价值的构成也各异,现分别予以阐述。

1.外购的固定资产　　按照购买价款、相关税费、使固定资产达到预定可使用状态前所发生的可归属于该项资产的运输费、装卸费、安装费和专业人员服务费等计量。相关税费是指进口固定资产发生的进口关税、消费税等。

2.自行建造的固定资产　　按照建造该项资产达到预定可使用状态前所发生的必要支出计量。

3.投资者投入的固定资产　　按照投资合同或协议约定的价值计量。

4.融资租入的固定资产　　按租赁开始日租赁资产的公允价值与最低租赁付款额的现值两者中较低者计量。

5.接受捐赠的固定资产　　如捐赠方提供有关凭证的,按照凭证上标明的金额,加上支付的相关税费入账;如捐赠方未提供有关凭证的,按照同类或类似资产的市场价格,加上支付的相关税费计量。

6. 盘盈的固定资产   按照同类或类似固定资产的市场价格减去按该项资产新旧程度估计的价值损耗后的余额计量。

7. 在原有固定资产基础上进行改建、扩建的固定资产   按照原有固定资产账面原值,减去改建、扩建过程中发生的变价收入,加上由于改建、扩建使该项资产达到预定可使用状态前发生的支出计量。

（二）净值

净值是指固定资产原始价值减去累计折旧后的价值。

固定资产按原始价值计量,可以反映投资者对企业固定资产的原始投资额及企业的生产经营能力,并作为计提折旧的依据。净值可以反映企业固定资产的现有价值,将其同原始价值对比,可以看出固定资产的新旧程度。

（三）净额

净额是指固定资产净值减去已计提的减值准备后的价值。它可以反映企业固定资产的实有价值。

三、固定资产取得的核算

商品流通企业取得固定资产的主要渠道有外购、自行建造、投资者投入、接受捐赠和融资租入等。融资租入固定资产将在第八章第三节中阐述。

（一）购建固定资产的核算

企业购进的固定资产,有的不需要安装,如房屋、建筑物、运输设备等;有的需要安装,如机器设备、空调设备等,它们的计量范围和核算方法也各有所不同。

购置不需要安装的固定资产时,其入账的原始价值包括买价、相关税费、运输费、装卸费和专业人员服务费等。相关税费中不包括增值税。

【例】   上海五金公司向天津叉车厂购进叉车一辆,收到专用发票,开列买价 90 000元,增值税额11 700元;运输及装卸费为 300 元,增值税额 27 元。全部款项一并从银行汇付给对方,叉车也已运到,并验收使用,作分录如下:

```
借:固定资产——经营用固定资产                            90 300.00
借:应交税费——应交增值税——进项税额                      11 727.00
    贷:银行存款                                         102 027.00
```

购置需要安装的固定资产时,其入账的价值除了包括买价、相关税费、运输费、装卸费和专业人员服务费外,还要加上安装费。届时应通过"工程物资"和"在建工程"账户核算。

【例】   上海商厦向上海电梯厂购进电梯一部,收到专用发票,开列买价 300 000 元,增值税额 39 000 元。

（1）以银行存款支付电梯买价和增值税额，电梯已验收入库，作分录如下：

借：工程物资　　　　　　　　　　　　　　　　　　　　　　　　300 000.00
借：应交税费——应交增值税——进项税额　　　　　　　　　　　39 000.00
　　贷：银行存款　　　　　　　　　　　　　　　　　　　　　　　　339 000.00

（2）商厦所属的安装公司领用电梯进行安装时，作分录如下：

借：在建工程——安装工程——安装电梯　　　　　　　　　　　　300 000.00
　　贷：工程物资　　　　　　　　　　　　　　　　　　　　　　　　300 000.00

（3）安装电梯耗用其他各种安装材料，计金额 4 500 元，予以转账，作分录如下：

借：在建工程——安装工程——安装电梯　　　　　　　　　　　　4 500.00
　　贷：工程物资　　　　　　　　　　　　　　　　　　　　　　　　4 500.00

（4）安装电梯应分配安装人员的工资 3 000 元，计提职工福利费 420 元，作分录如下：

借：在建工程——安装工程——安装电梯　　　　　　　　　　　　3 420.00
　　贷：应付职工薪酬——工资　　　　　　　　　　　　　　　　　3 000.00
　　贷：应付职工薪酬——职工福利　　　　　　　　　　　　　　　420.00

（5）电梯安装调试完毕，已达到预定可使用状态，经验收合格，交付使用，作分录如下：

借：固定资产——经营用固定资产　　　　　　　　　　　　　　　307 920.00
　　贷：在建工程——安装工程——安装电梯　　　　　　　　　　　307 920.00

"固定资产"是资产类账户，用以核算企业持有的固定资产的原始价值。企业在购建、投资者投入、融资租入、接受捐赠和盘盈固定资产时，记入借方；企业在拨出、出售、盘亏固定资产，以及固定资产报废和毁损转入清理时，记入贷方；期末余额在借方，表示企业现有固定资产的原始价值。

"在建工程"是资产类账户，用以核算企业进行基建、安装和更新改造等在建工程发生的支出。企业发生各项工程支出时，记入借方；企业在工程竣工，达到预定可使用状态，交付使用，结转实际工程成本时，记入贷方；期末余额在借方，表示企业尚未达到预定可使用状态的在建工程的成本。本账户应按各工程项目进行明细分类核算。

"工程物资"是资产类账户，用以核算企业为在建工程准备的各种物资的成本。包括工程用材料、尚未安装的设备等。企业购进各种工程物资时，记入借方；企业领用工程物资时，记入贷方；期末余额在借方，表示企业为在建工程准备的各种物资的成本。

企业自行建造固定资产也要通过"工程物资"和"在建工程"账户进行核算，其核算方法与购置需要安装的固定资产的核算方法基本相同，不再重述。

（二）投资者投入固定资产的核算

投资者投入固定资产是指以投入资本形式进入企业的固定资产。这类投资企业可以根据"固定资产交接清单"等凭证，经审核无误，才能据以入账。

企业收到投资者投入固定资产时，应按投资合同或协议约定的价值，借记"固定资产"账户，贷记"实收资本"账户。

【例】　上海钢铁公司接受沪江钢铁厂投入旧仓库一座，已验收使用。投资合同约定该仓库按 320 000 元计量。经审核固定资产交接清单无误，作分录如下：

借：固定资产——经营用固定资产	320 000.00
贷：实收资本——沪江钢铁厂	320 000.00

（三）接受捐赠的固定资产的核算

企业接受捐赠的固定资产，按捐赠者提供的发票、报关单等有关凭证入账。如接受时没有明确的价目账单，应按照同类资产当前的市场价格入账；接受固定资产时发生的各项费用，应计入固定资产原值；收到捐赠固定资产时，按确定的入账价值借记"固定资产"账户，贷记"营业外收入"账户。

【例】　黑色金属公司收到东方叉车厂捐赠的叉车一辆，市场价格为 120 000 元，另以银行存款支付运输费 1 000 元，增值税额 90 元，叉车已收到，并验收使用，作分录如下：

借：固定资产——经营用固定资产	121 000.00
借：应交税费——应交增值税——进项税额	90.00
贷：营业外收入	120 000.00
贷：银行存款	1 090.00

四、固定资产折旧的核算

（一）固定资产折旧概述

固定资产折旧是指在固定资产的使用寿命内，按照确定的方法对应计折旧额进行系统的分摊。

1. 固定资产的使用寿命和应计折旧额　　使用寿命是指固定资产预期使用的期限。应计折旧额是指应当计提折旧的固定资产的原价扣除其预计净残值后的余额。如果已对固定资产计提减值准备，还应当扣除已计提的固定资产减值准备累计金额。预计净残值是指假定固定资产预计使用寿命已满，并处于使用寿命终了时的预期状态，企业目前从该项资产处置中获得的扣除预计处置费用后的金额。

企业应当根据固定资产的性质和使用情况，合理确定固定资产的使用寿命和预计净残值，除固定资产使用寿命的预期数与原先估计有重大差异外，固定资产的使用寿命和预计净残值一经选用，不得随意调整。

企业确定固定资产使用寿命应当考虑的因素有：预计生产能力或实物产量；预计有

形损耗和无形损耗以及法律或者类似规定对资产使用的限制。有形损耗是指固定资产在使用过程中由于磨损和自然力影响其物理性能而发生的实物损耗;无形损耗是指固定资产由于社会劳动生产率的提高和科学技术的进步,而使原有的固定资产贬值所造成的损耗。

2. 固定资产折旧的计提范围　　企业的固定资产应当按月计提折旧,除了已提足折旧仍继续使用的固定资产和按规定单独估价作为固定资产入账的土地外,所有的固定资产都应计提折旧。

企业在实际计提固定资产折旧时,当月增加的固定资产,当月不提折旧,从下月起计提折旧;当月减少的固定资产,当月仍提折旧,从下月起停止计提折旧。

(二)固定资产折旧的方法

企业应当根据固定资产所含经济利益预期实现方式选择折旧方法。固定资产折旧的方法可分平均折旧法和加速折旧法两类。

1. 平均折旧法　　平均折旧法又称一般折旧法,是指根据固定资产的损耗程度均衡地提取折旧的方法。根据具体的计算方法不同,它又可分为年限平均法和工作量法。

(1)年限平均法　　又称直线法,是指按照固定资产的使用寿命,平均计算折旧的方法,其计算公式如下:

$$年折旧率 = \frac{1 - 预计净残值率}{使用寿命}$$

$$月折旧率 = \frac{年折旧率}{12}$$

$$月折旧额 = 固定资产原始价值 \times 月折旧率$$

预计净残值率是指预计净残值与固定资产原始价值的比率。

【例】　上海百货公司有仓库一座,原始价值 600 000 元,预计可使用 32 年,预计净残值率为 4%,计算该仓库年、月折旧率和月折旧额如下:

$$年折旧率 = \frac{1 - 4\%}{32} = 3\%$$

$$月折旧率 = \frac{3\%}{12} = 0.25\%$$

$$月折旧额 = 600\ 000 \times 0.25\% = 1\ 500(元)$$

以上计算的折旧率是按个别固定资产计算的,称为个别折旧率。个别折旧率是指某项固定资产在一定期内的折旧额与该项固定资产原始价值的比率。

由于商品流通企业拥有一定数量的固定资产,如果对固定资产逐一单独计算折旧,工作量较大。在实际工作中,为了简化计算手续,可以采用分类折旧法。分类折旧法,是指将物理特征相似、使用寿命大致相同的固定资产归并为一类,计算出一个平均的折

旧率,再用该折旧率计算出该类固定资产的折旧额,其计算公式如下:

$$年分类折旧率 = \frac{1-预计该类固定资产净残值率}{该类固定资产预计使用寿命}$$

或

$$= \frac{全年应提该类固定资产折旧总额}{该类固定资产原始价值总额} \times 100\%$$

(2) 工作量法　　它是指按固定资产在预计使用寿命内可以完成工作量的比例计算折旧额的方法。

企业的固定资产中,有些设备各月的使用程度相差较大,因此固定资产各月的损耗程度也各不相同,如采用年限平均法计算折旧,就会与实际损耗的情况不符,对于这类设备可以采用工作量法。其计算公式如下:

$$每单位工作量折旧额 = \frac{固定资产原始价值 \times (1-预计净残值率)}{预计使用寿命内总的工作量}$$

$$固定资产月折旧额 = 每单位工作量折旧额 \times 该固定资产当月实际的工作量$$

2. 加速折旧法　　加速折旧法是指在固定资产预计使用寿命内,前期多提折旧,后期少提折旧的方法。采用加速折旧法计提折旧可以在较短时期内收回固定资产的大部分投资,加速固定资产的更新改造,减少因科技进步带来的固定资产无形损耗的投资风险。加速折旧法有双倍余额递减法和年数总和法两种。

(1) 双倍余额递减法　　它是指在不考虑固定资产净残值的情况下,用固定资产净值乘以直线折旧率的两倍计算固定资产折旧的方法。其计算公式如下:

$$年折旧额 = 固定资产净值 \times 双倍直线折旧率$$

$$双倍直线折旧率 = \frac{1}{预计使用寿命} \times 100\% \times 2$$

【例】　某仪器一台,原始价值 36 000 元,预计净残值 1 800 元,预计使用寿命 5 年,用双倍余额递减法计算该仪器各年的折旧额。

$$双倍直线折旧率 = 1 \div 5 \times 100\% \times 2 = 40\%$$

该仪器各年应提折旧额如图表 6-1 所示。

图表 6-1

双倍余额递减法折旧计算表

单位:元

年　次	年初固定资产净值	双倍直线折旧率	折旧额	累计折旧额	年末固定资产净值
1	36 000	40%	14 400	14 400	21 600
2	21 600	40%	8 640	23 040	12 960

（续表）

年　次	年初固定资产净值	双倍直线折旧率	折旧额	累计折旧额	年末固定资产净值
3	12 960	40%	5 184	28 224	7 776
4	7 776	—	2 988	31 212	4 788
5	4 788	—	2 988	34 200	1 800

采用双倍余额递减法计提固定资产折旧，根据规定，应在其固定资产折旧年限到期以前两年内，将固定资产账面净值，扣除预计净残值后的净值平均折旧。因此，上列表格中，该仪器在第 3 年末的净值为 7 776 元，扣除预计残值 1 800 元，第 4、第 5 年 2 年平均折旧额为 2 988 元。

采用双倍余额递减法计提折旧，在固定资产使用的后期应注意，当发现某一年采用该法计算的折旧额小于用年限平均法计算的折旧额时，可以改用年限平均法计提折旧。通常采用下列公式进行判断：

$$当年按双倍余额递减法计算的折旧额 < \frac{账面净值 - 预计净残值}{剩余使用年数}$$

（2）年数总和法　　又称合计年数法，它是指根据固定资产原始价值减去预计净残值后的余额，乘以逐年递减的分数计算折旧的方法。分数的分子是表示固定资产可继续使用的年数，分母是表示各年可继续使用年数的总和。其计算公式如下：

$$年折旧额 = （固定资产原始价值 - 预计净残值） \times 年折旧率$$

$$年折旧率 = \frac{尚可使用年数}{年数总和}$$

或

$$= \frac{尚可使用年数}{预计使用年数 \times （1 + 预计使用年数） \div 2}$$

$$尚可使用年数 = 预计使用年数 - 已使用年数$$

【例】　某仪器一台，原始价值 36 000 元，预计净残值 1 800 元，预计使用寿命为 5 年，用年数总和法计算该仪器各年的折旧额。

$$年数总和 = 5 + 4 + 3 + 2 + 1 = 15$$

该仪器各年应提折旧额如图表 6-2 所示。

固定资产折旧是按月提取的，因此还要将前述两种加速折旧法计算的结果除以 12，作为每月提取折旧的依据。

固定资产的折旧方法一经确定，不得随意变更。

图表 6-2

年数总和法折旧计算表

单位：元

年次	原始价值减预计净残值	尚可使用年数(年)	折旧率	折旧额	累计折旧
1	34 200	5	5/15	11 400	11 400
2	34 200	4	4/15	9 120	20 520
3	34 200	3	3/15	6 840	27 360
4	34 200	2	2/15	4 560	31 920
5	34 200	1	1/15	2 280	34 200

（三）计提固定资产折旧的核算

企业计提的固定资产折旧，应当根据固定资产的用途，分别计入相关的期间费用。业务部门和储运部门使用的固定资产是为销售商品提供服务的，其计提的折旧应记入"销售费用"账户，行政管理部门的固定资产是为行政管理工作提供服务的，其计提的折旧应记入"管理费用"账户。

【例】 上海百货公司本月份应提取固定资产折旧费 10 140 元，其中：业务、储运部门 6 960 元，行政管理部门 3 180 元，作分录如下：

借：销售费用——折旧费   6 960.00
借：管理费用——折旧费   3 180.00
    贷：累计折旧   10 140.00

"累计折旧"是资产类账户，它是固定资产的抵减账户，用以核算固定资产的累计折旧额。企业在提取固定资产折旧时，记入贷方；企业在处置和盘亏固定资产时，记入借方；期末余额在贷方，表示企业固定资产的累计折旧额。"固定资产"账户余额减去"累计折旧"账户余额，就是固定资产净值。

五、固定资产后续支出的核算

（一）固定资产后续支出概述

企业的固定资产投入使用后，为了维护或提高固定资产的使用效能，或者为了适应新技术发展的需要，往往需要对现有的固定资产进行维护、改建、扩建或者改良，如果这项支出增强了固定资产获取未来经济利益的能力，提高了固定资产的性能，比如延长了固定资产的使用寿命，改善了企业的服务环境，提高了企业的服务质量，从而形成了可能流入企业的经济利益超过了原先的估计，则应将该项后续支出予以资本化，计入固定资产的账面价值；否则应将这些后续支出予以费用化，计入发生当期的损益。

（二）资本化后续支出的核算

企业通过对商场、仓库、办公楼等建筑物进行改建、扩建，使其更加坚固耐用和美观,延长了其使用寿命,扩大了其使用面积,改善了服务环境;企业通过对营业设施的改建,提高了服务质量,也提高了企业在市场上的竞争力。上述这些都表明后续支出提高了固定资产原定的创利能力。因此应将后续支出予以资本化。在将后续支出予以资本化时,后续支出的计入,不应导致计入后的固定资产账面价值超过其可收回的金额。

企业在对固定资产进行改建、扩建或者改良时,应将固定资产的账面价值转入"在建工程"账户,届时根据固定资产净额,借记"在建工程"账户;根据已提累计折旧额,借记"累计折旧"账户;如已计提了减值准备,还应根据已计提的减值准备,借记"固定资产减值准备"账户;根据固定资产原值,贷记"固定资产"账户。在固定资产改建、扩建或者改良时所发生的耗费,都应列入"在建工程"账户;所发生的增值税额,则应列入"应交税费"账户。在改建、扩建或者改良工程竣工,达到预定可使用状态时,如果"在建工程"账户归集的金额小于其可收回金额,应将其全部金额转入"固定资产"账户。如果"在建工程"账户归集的金额大于其可收回金额,则应按其可收回金额,借记"固定资产"账户;按"在建工程"账户归集的金额与可收回金额的差额,借记"营业外支出"账户;按"在建工程"账户归集的金额,贷记"在建工程"账户。

【例】　华夏商厦有商场一幢,原值 500 000 元,已提折旧 200 000 元,已提减值准备 10 000 元,委托建筑公司进行扩建。

(1) 结转扩建商场账面价值,作分录如下:

借:在建工程——扩建商场	290 000.00
借:累计折旧	200 000.00
借:固定资产减值准备	10 000.00
贷:固定资产	500 000.00

(2) 建筑公司开来专用发票,列明扩建商场金额 360 000 元,增值税额 32 400 元,当即以银行存款支付,作分录如下:

借:在建工程——扩建商场	360 000.00
借:应交税费——应交增值税——进项税额	32 400.00
贷:银行存款	392 400.00

(3) 该商场已扩建完毕,已达到预定可使用状态,验收使用,该商场预计可收回金额为 660 000 元,予以转账,作分录如下:

借:固定资产——经营用固定资产	650 000.00
贷:在建工程——扩建商场	650 000.00

（三）费用化后续支出的核算

固定资产在使用过程中会逐渐损耗，为了充分发挥固定资产的使用效能，就需要对固定资产进行修理。

固定资产修理按其规模不同，可分为大修理和小修理。固定资产大修理是指为恢复固定资产的使用价值，对其进行大部或全部的修理。一般是对固定资产的主要组成部分或大多数部件进行修复和更换，具有修理范围大、支出费用多、修理间隔时间长、发生次数少的特点。固定资产小修理是指为保证固定资产的正常使用所进行的小部分修缮和维护。小修理是为保持固定资产的生产能力，对它个别磨损部分所进行的工作量较小的修理，具有修理范围小、支出费用少、修理间隔时间短、发生次数多的特点。

由于固定资产修理而发生的后续支出并未提高固定资产原定的创利能力，因此应予以费用化，在发生时应根据固定资产服务的对象不同，分别列入"销售费用"账户、"管理费用"账户。

【例】 东风汽车修理厂开来专用发票，开列小汽车大修理费用 19 500 元，增值税额 2 535 元，当即以银行存款支付。该车系行政管理部门使用。作分录如下：

借：管理费用——修理费　　　　　　　　　　　　　　　　　　　　19 500.00
借：应交税费——应交增值税——进项税额　　　　　　　　　　　　　 2 535.00
　　贷：银行存款　　　　　　　　　　　　　　　　　　　　　　　　　22 035.00

六、固定资产处置的核算

企业固定资产处置的去向主要有出售、投资转出等。为加强固定资产管理，充分合理地提高固定资产的利用效率，企业在处置固定资产时应严格按规定的程序进行审批，并填制相应的凭证，财会部门根据原始凭证，审核无误后应及时进行账务处理。

（一）出售固定资产的核算

企业为合理使用资金，充分发挥资金的效能，可以将闲置的不需用的固定资产出售。出售固定资产应办理严格的审批手续，在报经批准出售时，按固定资产净额，借记"固定资产清理"账户；按已提累计折旧额，借记"累计折旧"账户；按已提的减值准备，借记"固定资产减值准备"账户；按固定资产原值，贷记"固定资产"账户。当企业出售固定资产时，应填具专用发票，根据列明的价税合计金额，借记"银行存款"或"应收账款"账户，根据列明的出售金额贷记"固定资产清理"账户，根据列明的增值税额贷记"应交税费"账户；发生出售固定资产支出时，记入"固定资产清理"账户的借方，通过"固定资产清理"账户来核算固定资产出售的净收益或净损失，并将其差额转入"资产处置损益"账户。

【例】 黄浦商业集团公司有不需用叉车一辆，原始价值 95 000 元，已提折旧 41 000元，已提减值准备 2 000 元。

（1）经领导批准决定出售，予以转账，作分录如下：

借：固定资产清理——出售叉车	52 000.00	
借：累计折旧	41 000.00	
借：固定资产减值准备	2 000.00	
贷：固定资产		95 000.00

（2）出售叉车开列专用发票，列明出售金额 51 000 元，增值税额 6 630 元，当即收到全部款项，存入银行，作分录如下：

借：银行存款	57 630.00	
贷：固定资产清理——出售叉车		51 000.00
贷：应交税费——应交增值税——销项税额		6 630.00

（3）将出售叉车净损失转账，作分录如下：

| 借：资产处置损益 | 1 000.00 | |
| 　贷：固定资产清理——出售叉车 | | 1 000.00 |

"资产处置损益"是损益类账户，用以核算企业处置固定资产、在建工程、无形资产等资产的处置收益和损失。企业发生资产处置收益或期末将资产处置损失结转"本年利润"账户时，记入贷方；企业发生资产处置损失或期末奖资产处置收益结转"本年利润"账户时，记入借方。

（二）投资转出固定资产的核算

企业为扩大投资范围，减少经营风险向其他企业投资时，可以将自有的固定资产进行对外投资。企业在决定将固定资产对外投资时，应先将固定资产净额转入"固定资产清理"账户。在投出固定资产时，再按投资合同或协议约定的价值，借记"长期股权投资"账户；按固定资产净额，贷记"固定资产清理"账户；两者之间的差额转入"资产处置损益"账户。

【例】　黄浦商业集团公司与某公司合资经营，拨出商场一幢作为新企业营业用房，商场原始价值为 900 000 元，已提折旧额为 190 000 元，已提减值准备10 000 元。

（1）转销商场的账面价值，作分录如下：

借：固定资产清理——商场对外投资	700 000.00	
借：累计折旧	190 000.00	
借：固定资产减值准备	10 000.00	
贷：固定资产——经营用固定资产		900 000.00

（2）将商场拨付对方，投资合同约定商场按 708 000 元计量，作分录如下：

借：长期股权投资	708 000.00	
贷：固定资产清理——商场对外投资		700 000.00
贷：资产处置损益		8 000.00

"固定资产清理"是资产类账户,用以核算企业因处置、报废、毁损等原因转入清理的固定资产净额以及在清理过程中发生的清理费用和清理收入。企业在转入处置、报废、毁损固定资产净额,支付清理费用以及将清理净收益转账时,记入借方;在企业取得清理收入以及将清理净损失转账时,记入贷方;若余额期末在借方,表示企业尚未清理完毕的固定资产净损失;若期末余额在贷方,则表示企业尚未清理完毕的固定资产净收益。

七、报废、毁损固定资产的核算

固定资产由于长期使用而发生损耗,丧失了其原有的功能,不能继续使用,或者由于社会技术进步,必须以先进的设备替代落后的设备,就需要将它们报废。有的固定资产由于遭受意外灾害或非常事故,以致毁损。

商品流通企业在固定资产报废或毁损后,经领导批准进行清理时,按固定资产净额,借记"固定资产清理"账户;按已提折旧额,借记"累计折旧"账户;按已提减值准备,借记"固定资产减值准备"账户;按固定资产账面原值,贷记"固定资产"账户。

固定资产在清理过程中所发生的各种支出,如建筑物的拆除费用,机器设备的拆卸费用等,称为清理费用。固定资产在清理过程中所发生的各种收入,如废弃固定资产的变卖收入,回收残料的变价或作价收入,遭受毁损固定资产取得的保险赔偿等,称为固定资产变价收入。固定资产的清理费用和变价收入都应通过"固定资产清理"账户核算。固定资产净额与清理费用之和,若小于变价收入,其差额称为固定资产清理净收益,应转入"营业外收入"账户;若大于变价收入,其差额称为固定资产清理净损失,则应转入"营业外支出"账户。

【例】 报废仓库一座,原值 360 000 元,已提折旧 351 000 元,已提减值准备 3 000 元。

(1)经领导批准报废清理时,作分录如下:

借:固定资产清理——清理报废仓库		6 000.00
借:累计折旧		351 000.00
借:固定资产减值准备		3 000.00
贷:固定资产——经营用固定资产		360 000.00

(2)收到清理公司开来专用发票,开列仓库清理费用 3 000 元,增值税额 270 元,当即签发转账支票支付,作分录如下:

借:固定资产清理——清理报废仓库		3 000.00
借:应交税费——应交增值税——进项税额		270.00
贷:银行存款		3 270.00

(3)出售残料开具专用发票,开列出售金额 10 000 元,增值税额 1 300 元,当即收到

全部款项存入银行,作分录如下:

借:银行存款　　　　　　　　　　　　　　　　　　　11 300.00
　　贷:固定资产清理——清理报废仓库　　　　　　　　　10 000.00
　　贷:应交税费——应交增值税——销项税额　　　　　　1 300.00

(4)清理仓库完毕,将清理净收益转账,作分录如下:

借:固定资产清理——清理报废仓库　　　　　　　　　1 000.00
　　贷:营业外收入——固定资产报废清理收益　　　　　　1 000.00

八、固定资产清查的核算

固定资产清查是保证固定资产核算的真实性、保护企业财产安全完整,以及发掘企业现有固定资产潜力的一个重要手段。企业在年终决算前,必须对固定资产进行全面的盘点清查。

固定资产清查的方法一般采用"账账核对"和"账物核对"。即先以固定资产总账的金额与固定资产明细账的金额核对相符后,再以固定资产明细账的数量与保管账的数量核对相符。账账相符后,将保管账的数量与固定资产实物逐一清点,做到账实相符。

固定资产清查后,若发现盘亏,应按其净额,借记"待处理财产损溢"账户;按其已提折旧额,借记"累计折旧"账户;按已提减值准备,借记"固定资产减值准备"账户;按其账面原值,贷记"固定资产"账户。关于固定资产盘盈的核算,将在第十二章第七节前期差错更正中阐述。

固定资产发生盘亏,应及时查明原因,报经上级批准后再转入"营业外支出"账户。

【例】　盘亏不需用叉车一辆,原值93 600元,已提折旧86 000元,已提减值准备2 000元。

(1)根据账面价值转账,作分录如下:

借:待处理财产损溢　　　　　　　　　　　　　　　　5 600.00
借:累计折旧　　　　　　　　　　　　　　　　　　　86 000.00
借:固定资产减值准备　　　　　　　　　　　　　　　2 000.00
　　贷:固定资产——不需用固定资产　　　　　　　　　　93 600.00

(2)报经领导批准后,予以核销转账,作分录如下:

借:营业外支出　　　　　　　　　　　　　　　　　　5 600.00
　　贷:待处理财产损溢　　　　　　　　　　　　　　　　5 600.00

九、固定资产减值

(一)固定资产减值概述

企业经营环境的变化和科学技术的进步,或者企业经营管理不善等原因,往往会导致固定资产创造未来经济利益的能力大大下降,使得固定资产可收回金额低于其账面价值而发生固定资产减值。

可收回金额应当根据资产的公允价值减去处置费用后的净额与资产预计未来现金流量的现值两者之间较高者确定。处置费用包括与资产处置有关的法律费用、相关税费、搬运费以及为使资产达到可销售状态所发生的直接费用等。

企业应当在期末判断固定资产是否存在可能发生减值的迹象。存在下列迹象的,表明固定资产可能发生了减值。① 固定资产市价大幅度下跌,其下跌幅度明显高于因时间推移或者正常使用而预计的下跌。② 企业所处的经济、技术或者法律等环境,以及资产所处的市场在当期发生或者将在近期发生重大变化,从而对企业产生不利影响。③ 市场利率或者其他市场投资报酬率在当期已经提高,从而影响企业计算固定资产预计未来现金流量现值的折现率,并导致固定资产可收回金额大幅度降低。④ 有证据表明固定资产已经陈旧过时或者其实体已经损坏。⑤ 固定资产已经或者将被闲置、终止使用或者计划提前处置。⑥ 其他有可能表明资产已发生减值的情况。

（二）固定资产减值的核算

企业判断固定资产发生减值后,应计算确定固定资产可收回金额,按可收回金额低于账面价值的差额计提固定资产减值准备,并计入当期损益,届时借记"资产减值损失"账户,贷记"固定资产减值准备"账户。

【例】 黄浦商厦有电脑 3 台,每台原始价值 9 000 元,已提折旧 2 000 元。现由于市价持续下跌,每台可收回金额仅为 5 000 元。计提其减值准备,作分录如下:

借:资产减值损失——固定资产减值损失　　　　　　　　　　　　　6 000.00
　　贷:固定资产减值准备　　　　　　　　　　　　　　　　　　　　　　6 000.00

固定资产减值损失确认后,减值资产的折旧应当在未来期间作相应调整,以使该资产在剩余使用寿命内,系统地分摊调整后的资产账面价值。资产减值损失一经确认,在以后会计期间不得转回。

"固定资产减值准备"是资产类账户,它是"固定资产"账户的抵减账户,用以核算企业固定资产的减值准备。企业计提固定资产减值准备时,记入贷方;企业对已计提减值准备的固定资产处置时,记入借方;期末余额在贷方,表示企业已提取但尚未转销的固定资产减值准备。

十、固定资产的明细分类核算

固定资产除了进行总分类核算外,为了掌握各项固定资产的利用和分布情况,对它们进行有效的管理,并为计算折旧提供必要的资料,就必须设置固定资产明细分类账(卡),对各项固定资产进行明细分类核算。固定资产明细分类账(卡)应按每一项目设立账户,并兼记固定资产的折旧,其格式如图表 6-3 所示。

图表 6-3

固定资产明细分类账(卡)

类别 ....　　预计残值 ....　　编号 ....

名称 ....　　预计清理费用 ....　　页次 ....

规格 ....　　月折旧率 ....　　所在地 ....

预计使用寿命 ......　　月折旧额 ....

年		凭证号数	摘要	原 始 价 值			累 计 折 旧			净值
月	日			借方	贷方	借方余额	借方	贷方	贷方余额	

企业为了便于分类反映固定资产的增减变动情况,并控制固定资产明细分类账(卡),还可以设置固定资产类目账。经管部门应设置固定资产保管账,核算固定资产的数量。双方应定期核对账目,做到账账、账实相符。

第二节　无形资产的核算

一、无形资产概述

(一)无形资产的定义

无形资产是指企业拥有或者控制的没有实物形态的可辨认非货币性资产。

资产满足以下条件之一的,符合无形资产定义中的可辨认性标准:一是能够从企业中分离或者划分出来,并能单独或者与相关合同、资产或负债一起,用于出售、转移、授予许可、租赁或者交换。二是源自合同性权利或其他法定权利,无论这些权利是否可以从企业或其他权利和义务中转移或者分离。

(二)无形资产确认的条件

1. 与该无形资产有关的经济利益很可能流入企业　　作为无形资产确认的项目,必须具备其所产生的经济利益很可能流入企业这一条件。通常无形资产产生的未来经济利益可能包括在销售商品、提供劳务的收入中,或者企业使用该项无形资产而减少或节约了成本。

企业在判断无形资产产生的经济利益是否很可能流入时,应当对无形资产在预计使用寿命内可能存在的各种经济因素作出合理估计,并且应当有明确证据支持。

2. 该无形资产的成本能够可靠地计量　　成本能够可靠地计量是确认资产的一项基本条件,这个条件对于无形资产就更为重要。

（三）无形资产的特征

无形资产不同于流动资产和具有实物形态的固定资产，它有其自身的特征，主要表现在以下六个方面。

1. 无形资产没有实物形态　　无形资产所体现的是一种权利或获得超额利润的能力，它没有实物形态，但却具有价值，或者能够使企业获得高于同行业平均的盈利能力。它虽然可以买卖，但它看不见摸不着，它以某种特有技术知识和权利形式存在，如专利权、商标权。

2. 无形资产能在较长的时期内使企业获得经济效益　　无形资产能供企业长期使用，从而使企业长期受益，因此属于一项长期资产，企业为取得无形资产所发生的支出，属于资本性支出。

3. 持有无形资产的目的是使用　　企业持有无形资产的目的是用于生产商品或提供劳务，出租给他人；或为了行政管理，而不是为了对外销售。无形资产一旦脱离了生产经营活动，就失去了其经济价值。

4. 无形资产所提供的经济利益具有不确定性　　无形资产的经济价值很大程度上受到市场需求、竞争、地理条件的变化和其他经济因素的影响，其预期盈利能力难以准确地予以确定。例如，某种专利权，企业在自创时估计有 10 年寿命，但在第 6 年，随着技术市场上有更先进的专利替代，那么该项专利权的经济价值也就此终结，由该项专利权可望带来的经济效益也随之告终。

5. 无形资产的经济价值与其成本之间无直接因果关系　　企业获取无形资产的成本不能代表其经济价值。在实际工作中，往往有些无形资产取得成本较低，却能给企业带来较高的经济效益；而有些无形资产取得成本较高，却仅能给企业带来较低的经济效益。

6. 无形资产是有偿取得的　　只有企业发生成本而取得的无形资产才能计价入账，否则，即使具有无形资产的性质，但也不能作为无形资产计价入账。

（四）无形资产的分类

我国将无形资产分为专利权、非专利技术、商标权、著作权、土地使用权和特许权等六项。

1. 专利权　　它是指发明人对其发明的成果提出申请，经国家专利机关审查批准，在一定期限内依法享有的专有权。发明人申请获得专利，需向国家专利机关公开专利的全部秘密；为保护发明人的权益，国家对专利给予法律保护。

2. 非专利技术　　又称专有技术，它是指先进的、未公开的、未申请专利的、可以带来经济效益的技术、资料、技能、知识等。非专利技术不受法律保护，其所有人依靠自我保密来维持其独占权。非专利技术主要包括以下三个方面的内容：

（1）工业专有技术　　它是指生产上已被采用、仅限于少数人知道、不享有专利权或发明权的生产、装配、修理、工艺或加工方法的技术知识。

(2) 商业(贸易)专有技术 它是指具有保密性质的市场情报,原材料价格情报,以及有关用户、竞争对象的情况的有关知识。

(3) 管理专有技术 它是指生产组织的经营方式、管理方法、培训职工方法等保密知识。

3. 商标权 它是指商标使用人向国家商标局申请商标注册,经核准而获得的一定期限内的专用权。商标是指用来辨认特定的商品或劳务的标记。商标权受到法律保护。

4. 著作权 又称版权,它是指公民、法人按照法律规定对文学、艺术和科学作品享有出版、发行等方面的专有权利。这种专有权利除法律另有规定者外,未经著作人许可或转让,他人不得占有和行使。

5. 土地使用权 又称场地使用权,它是指土地使用者对其所使用的土地,按照法律规定在一定期限内,享有开发、利用和经营的权利。

6. 特许权 又称专营权,它是指被获准在一定区域和期限内,以一定的形式生产经营某种特定商品或劳务的专有权利。特许权有两种形式:一种是由政府机关授予的,如电力、电话、煤气、烟草等的特许经营权;另一种是由一个企业授予另一个企业生产经营以该企业商号、商标、专利和非专利技术制造商品或提供劳务的权利,如肯德基快餐、麦当劳快餐等连锁商店。

(五) 无形资产的初始计量

企业取得的无形资产应当按照成本进行计量,由于无形资产的来源不同,其成本的构成也各异,现分别阐述。

1. 外购的无形资产 按照购买价款、相关税费以及直接归属于使该项资产达到预定用途所发生的其他支出计量。

2. 自行开发的无形资产 按照无形资产从开发阶段开始至该项无形资产达到预定用途前所发生的支出总额计量。

3. 投资者投入的无形资产 按照投资合同或协议约定的价值计量。

二、无形资产取得的核算

商品流通企业取得无形资产的主要渠道有企业外购、自行开发和投资者投入等。

(一) 外购无形资产的核算

外购无形资产是指以现款或负债购进的无形资产。它主要有专利权、非专利技术、商标权、著作权和土地使用权等。企业购入的无形资产应按照专用发票上列明的买价和使无形资产达到预定用途发生的专业服务费用、测试无形资产是否能正常发挥作用的费用之和,借记"无形资产"账户;按照列明的税额,借记"应交税费"账户;按照列明的价税合计金额,贷记"银行存款"账户。

【例】 兴隆商业集团向安康地产公司购买 A 地块土地的使用权 30 年,专用发票列明买价 900 000 元,增值税额 81 000 元,在洽购时,发生咨询费 18 000 元,增值税额 1 080 元,款项一并以银行存款支付,作分录如下:

借:无形资产——土地使用权 918 000.00
借:应交税费——应交增值税——进项税额 82 080.00
　　贷:银行存款 1 000 080.00

(二) 自行开发无形资产的核算

企业自行开发无形资产,对于开发项目的支出,应区分研究阶段支出与开发阶段支出,研究是指为获取并理解新的科学或技术知识而进行的独创性的有计划调查。开发是指在进行商业性生产或使用前,将研究成果或其他知识应用于某项计划或设计,以生产出新的或具有实质性改进的材料、装置、商品等。

企业自行开发无形资产,研究阶段的支出,应当于发生时计入当期损益;开发阶段的支出才能确认为无形资产。

企业确认自行开发的无形资产,必须同时满足以下五个条件:① 完成该无形资产以使其能够使用或出售在技术上具有可行性。② 具有完成该无形资产并使用或出售的意图。③ 无形资产产生经济利益的方式,包括能够证明运用该无形资产生产的产品存在市场或无形资产自身存在市场,无形资产将在内部使用的,应当证明其有用性。④ 有足够的技术、财务资源和其他资源支持,以完成该无形资产的开发,并有能力使用或出售该无形资产。⑤ 归属于该无形资产开发阶段的支出能够可靠地计量。

【例】 静安商厦自行研究开发一项管理专有技术,发生下列有关的经济业务:

(1) 3 月 31 日,分配管理专有技术开发人员在研究阶段的工资 5 000 元,并计提职工福利费 700 元,社会保险费 1 050 元,作分录如下:

借:研发支出——费用化支出 6 750.00
　　贷:应付职工薪酬——工资 5 000.00
　　贷:应付职工薪酬——职工福利 700.00
　　贷:应付职工薪酬——社会保险费 1 050.00

(2) 3 月 31 日,结转费用化支出,作分录如下:

借:管理费用——研究费用 6 750.00
　　贷:研发支出——费用化支出 6 750.00

(3) 4 月 5 日,管理专有技术项目进入开发阶段,领用原材料 6 900 元,使用设备计提折旧费 850 元,作分录如下:

```
借：研发支出——资本化支出                                    7 750.00
    贷：原材料                                                        6 900.00
    贷：累计折旧                                                        850.00
```

（4）4月15日，收到社会科学院专用发票，列明开发该项管理专有技术的咨询费9 000元，增值税额540元，当即支付全部款项，作分录如下：

```
借：研发支出——资本化支出                                    9 000.00
借：应交税费——应交增值税——进项税额                          540.00
    贷：银行存款                                                      9 540.00
```

（5）4月30日，分配管理专有技术项目开发人员在开发阶段的工资35 000元，并计提职工福利费4 900元，社会保险费7 350元，作分录如下：

```
借：研发支出——资本化支出                                   47 250.00
    贷：应付职工薪酬——工资                                        35 000.00
    贷：应付职工薪酬——职工福利                                      4 900.00
    贷：应付职工薪酬——社会保险费                                    7 350.00
```

（6）5月5日，管理专有技术项目开发成功，结转其开发成本，作分录如下：

```
借：无形资产——非专利技术                                   64 000.00
    贷：研发支出——资本化支出                                      64 000.00
```

"研发支出"是成本类账户，用以核算企业进行研究与开发无形资产过程中所发生的各项支出。企业发生无形资产研究、开发支出时记入借方；企业结转无形资产研究、开发成本时记入贷方；期末余额在借方，表示企业正在开发的无形资产的成本。

（三）投资者投入无形资产的核算

企业为自身发展，引进技术资金，往往会接受外单位或个人无形资产的投资。投资者投入的无形资产的主要形式有：专利权、非专利技术、商标权、土地使用权等。企业取得投资者投入的无形资产，应按照投资合同或协议约定的价值入账，届时借记"无形资产"账户，贷记"实收资本"账户。

【例】　兴隆商业集团与某百年老店合资经营，该百年老店以其商标权作为兴隆商业集团的投资，按投资合同约定的价值150 000元入账，作分录如下：

```
借：无形资产——商标权                                      150 000.00
    贷：实收资本                                                   150 000.00
```

三、无形资产摊销的核算

无形资产是企业的一项长期资产，在其使用寿命内持续为企业带来经济利益，它的价值却随着使用而不断地减少，直到消失。因此应当于取得无形资产时分析判断其使用寿命。

无形资产的使用寿命为有限的,应当估计该使用寿命的年限或者构成使用寿命的产量等类似计量单位数量;无法预见无形资产为企业带来经济利益期限的,应当视为使用寿命不确定的无形资产。

使用寿命有限的无形资产,其应摊销金额应当在使用寿命内系统合理摊销。企业摊销无形资产,应当自无形资产可供使用时起,至不再作为无形资产确认时止。

企业选择的无形资产摊销方法,应当反映与该项无形资产有关的经济利益的预期实现方式。无法可靠确定预期实现方式的,应当采用直线法摊销。

企业摊销无形资产时,借记"管理费用"账户,贷记"无形资产"账户。

【例】 兴隆商业集团有一项土地使用权,成本为 554 400 元,预计使用寿命为 30年,用直线法计提摊销时,作分录如下:

借:管理费用——无形资产摊销   1 540.00
    贷:累计摊销   1 540.00

"无形资产"是资产类账户。用以核算企业持有的无形资产的成本。企业取得各种无形资产时,记入借方;企业出售、对外投资无形资产时,记入贷方;期末余额在借方,表示企业无形资产的原始价值。无形资产应按不同的类别设置明细分类账,进行明细分类核算。

"累计摊销"是资产类账户,它是"无形资产"账户的抵减账户,用以核算企业对使用寿命有限的无形资产计提的累计摊销额。企业在计提无形资产摊销额时,记入贷方;企业在处置无形资产时,记入借方;期末余额在贷方,表示企业无形资产的累计摊销额。"无形资产"账户余额,减去"累计摊销"账户余额就是无形资产的净值。

使用寿命不确定的无形资产不应摊销。企业应当在每个会计期间对使用寿命不确定的无形资产的使用寿命进行复核,如有证据表明无形资产的使用寿命是有限的,应当估计其使用寿命,并按规定进行摊销。

四、无形资产处置的核算

企业无形资产处置的去向主要有出售、出租和对外投资。

(一)无形资产出售的核算

企业拥有的无形资产可以进行出售,能出售的无形资产有专利权、非专利技术、商标权、土地使用权和特许权等。

出售无形资产是指企业转让无形资产所有权,出售企业对售出的无形资产不再拥有占有、使用以及处置的权利。企业将无形资产出售时,按专用发票上列明价税合计金额,借记"银行存款"或"应收账款"账户;按已计提的累计摊销额,借记"累计摊销"账户;按已计提的减值准备,借记"无形资产减值准备"账户;按专用发票列明的增值税额,贷记"应交税费"账户;按出售无形资产的账面原值,贷记"无形资产"账户;将这些账户相抵后的差额列入"资产处置损益"账户。

【例】　南方商厦将土地使用权出售给华光实业公司,开具专用发票,列明出售金额450 000元,增值税40 500元,当即收到全部款项,存入银行。该项土地使用权账面原值600 000元,已摊销了200 000元,作分录如下:

借:银行存款　　　　　　　　　　　　　　　　　　　　　　490 500.00

借:累计摊销　　　　　　　　　　　　　　　　　　　　　　200 000.00

　　贷:应交税费——应交增值税——销项税额　　　　　　　　　　40 500.00

　　贷:无形资产——土地使用权　　　　　　　　　　　　　　　600 000.00

　　贷:资产处置损益　　　　　　　　　　　　　　　　　　　　50 000.00

（二）无形资产出租的核算

出租无形资产是指企业仅将该项无形资产部分使用权让渡给其他企业,其仍保留对所出租的无形资产的所有权,并拥有占有、使用以及处置该项无形资产的权利。在取得出租收入时,作为企业的其他业务收入入账,但仍应保留该项无形资产的账面价值,在出租过程中发生的增值税额应列入"应交税费"账户的贷方。

【例】　城中商厦将一项非专利技术的使用权出租给大方商厦。

（1）填具专用发票,列明出租非专利技术的租赁金额75 000元,增值税额4 500元,当即收到全部款项存入银行,作分录如下:

借:银行存款　　　　　　　　　　　　　　　　　　　　　　79 500.00

　　贷:其他业务收入——出租无形资产　　　　　　　　　　　　75 000.00

　　贷:应交税费——应交增值税——销项税额　　　　　　　　　　4 500.00

（2）分配去大方商厦指导出租的非专利技术运用的人员的工资5 000元,计提职工福利费700元,社会保险费1 050元,作分录如下:

借:其他业务成本——出租无形资产　　　　　　　　　　　　　6 750.00

　　贷:应付职工薪酬——工资　　　　　　　　　　　　　　　　5 000.00

　　贷:应付职工薪酬——职工福利　　　　　　　　　　　　　　　700.00

　　贷:应付职工薪酬——社会保险费　　　　　　　　　　　　　1 050.00

（三）无形资产对外投资的核算

企业出于自身发展以及减少投资风险、扩大影响的目的,可以将自己的无形资产向外投资以获取投资收益。届时应按投资合同或协议约定的价值,借记"长期股权投资"账户;按该项无形资产已计提的摊销额,借记"累计摊销"账户;按该项无形资产已计提的减值准备,借记"无形资产减值准备"账户;按无形资产的账面原值,贷记"无形资产"账户;借贷方账户相抵后如有差额,应列入"资产处置损益"账户。

【例】 上海交电公司将土地使用权向申江公司投资,土地使用权的账面原值700 000元,该土地使用权已计提摊销额230 000元,但未计提减值准备,按投资合同约定的550 000元计量入账时,作分录如下:

借:长期股权投资——其他股权投资	550 000.00
借:累计摊销	230 000.00
贷:无形资产——土地使用权	700 000.00
贷:资产处置损益	80 000.00

五、无形资产减值准备的核算

企业应当在期末判断各项无形资产是否存在发生减值的迹象,对存在减值迹象的无形资产,应当估计其可收回金额。无形资产的预计可收回金额的确定方法和判断无形资产减值的依据与固定资产相同,不再重述。

企业判断无形资产发生减值后,应计算确定无形资产可收回金额,按可收回金额低于账面价值的差额计提无形资产减值准备,届时借记"资产减值损失"账户,贷记"无形资产减值准备"账户。

【例】 上海食品公司的一项商标权账面原值为125 000元,已摊销了50 000元,因有其他新商品出现,使该项商标权的盈利能力大幅度下降,预计其未来现金流量的现值为60 000元。计提其减值准备,作分录如下:

借:资产减值损失——无形资产减值损失	15 000.00
贷:无形资产减值准备	15 000.00

无形资产减值损失确认后,减值资产应当在未来期间作相应调整,以使该资产在剩余使用寿命内,系统地分摊调整后的资产账面价值。资产减值一经确认,在以后会计期间不得转回。

"无形资产减值准备"是资产类账户,它是"无形资产"账户的抵减账户,用以核算企业提取的无形资产减值准备。企业无形资产发生减值时,记入贷方;企业处置已计提减值准备的无形资产时,记入借方;期末余额在贷方,表示企业已提取的无形资产减值准备。

第三节　长期待摊费用的核算

一、长期待摊费用概述

长期待摊费用是指企业已经发生,但应由本期和以后各期负担的分摊期限在1年以上的各项费用。它包括租入固定资产改良支出、固定资产大修理支出和摊销期在1年以上的其他长期待摊费用。

1. 租入固定资产改良支出 它是指企业为增加以经营租赁方式租入固定资产的效用,进行的改装、翻修、改建支出。由于租入固定资产的所有权是出租单位的,因此,对租入固定资产发生的改良支出,不能追加计入固定资产的原始价值,而作为企业的长期待摊费用。

2. 固定资产大修理支出 固定资产大修理支出通常作为费用化支出列入当期损益。当固定资产大修理支出同时符合下列两个条件时:① 修理支出达到取得固定资产的原始价值的 50% 以上。② 修理后的固定资产的使用寿命延长 2 年以上。应作为长期待摊费用入账。

3. 其他长期待摊费用 它是指摊销期在 1 年以上的除租入固定资产改良支出以外的待摊费用,有股票发行费用等。股票发行费用是指按面值发行新股而发生的股票承销费、注册会计师费、评估费、公关及广告费、印刷费及其他直接费用。

二、长期待摊费用的核算

当企业发生租入固定资产改良支出、固定资产大修理支出(符合确认条件的)和其他长期待摊费用时,借记"长期待摊费用"账户,贷记"银行存款""原材料""应付职工薪酬"等账户。

发生的长期待摊费用应采用直线法分期平均摊销,摊销时借记"销售费用""管理费用"等账户,贷记"长期待摊费用"账户。

对于不同的长期待摊费用,其摊销期限的计算方法有所不同,租入固定资产的改良支出应在租赁期限与租赁资产尚可以使用寿命两者孰短的期限内平均摊销;固定资产大修理支出按受益年限平均摊销;股票发行费用应在不超过 2 年的期限内摊销。

【例】 卢湾商厦将租入商场进行改建,该商场租赁期为 8 年,尚可使用 10 年。

(1) 收到安泰建筑公司开来专用发票,列明商场改建费用 96 000 元,增值税额 8 640 元,当即支付全部款项,作分录如下:

借:长期待摊费用——租入固定资产改良支出	96 000.00
借:应交税费——应交增值税——进项税额	8 640.00
贷:银行存款	104 640.00

(2) 按月摊销租入商场改建支出时,作分录如下:

借:销售费用	1 000.00
贷:长期待摊费用——租入固定资产改良支出	1 000.00

"长期待摊费用"是资产类账户,用以核算企业已经发生,但应由本期和以后各期负担的,分摊期限在 1 年以上的各项费用。企业发生各项费用时,记入借方;企业摊销各项费用时,记入贷方;期末余额在借方,表示企业尚待摊销的长期待摊费用。

判 断 题

一、是非题

1. 固定资产是指为生产商品,提供劳务或经营管理而持有的、使用寿命超过一个会计年度的、单位价值较高的有形资产。　　　　　　　　　　　　　　　　　　　　　　　　　　　（　　）

2. 外购的固定资产应按照购买价款、相关税费、使固定资产达到预定可使用状态前所发生的运输费、装卸费、安装费和专业人员服务费等计量。　　　　　　　　　　　　　　　　　（　　）

3. 固定资产净额可以反映企业固定资产的实有价值。　　　　　　　　　　　　　（　　）

4. 应计折旧额是指应当计提的固定资产损耗的价值。　　　　　　　　　　　　　（　　）

5. 企业除了按规定单独估价作为固定资产入账的土地外,所有的固定资产都应计提折旧。

（　　）

6. 企业在确定固定资产的使用寿命前,应考虑该资产的预计生产能力或实物产量;预计有形损耗和无形损耗以及法律或者类似规定对资产使用的限制等因素。　　　　　　　　（　　）

7. 双倍余额递减法是指根据每期期初固定资产净值乘以直线折旧率的两倍计算固定资产折旧的方法。　　　　　　　　　　　　　　　　　　　　　　　　　　　　　　　（　　）

8. 固定资产可收回金额应当根据固定资产的公允价值减去处置费用后的净额与资产预计未来现金流量的现值两者之间的较高者确定。　　　　　　　　　　　　　　　　　　（　　）

9. 已计提减值准备的固定资产在以后会计期间其价值回升时,可以在原已计提减值金额的范围内予以转回。　　　　　　　　　　　　　　　　　　　　　　　　　　　　　（　　）

10. 固定资产减值损失确认后,减值资产的折旧应当在未来期间作相应的调整。（　　）

11. 无形资产是指企业拥有或者控制的没有实物形态的可辨认的非货币性长期资产。（　　）

12. 专利权和非专利技术均受到国家法律的保护。　　　　　　　　　　　　　　（　　）

13. 企业自行开发无形资产发生的研究、开发支出均应列入无形资产的成本。　　（　　）

14. 使用寿命有限的无形资产应当在使用寿命内系统合理摊销;使用寿命不确定的无形资产不应摊销。　　　　　　　　　　　　　　　　　　　　　　　　　　　　　　　（　　）

15. 长期待摊费用是指企业已经发生的,但应由以后各期负担的,分摊期限在 1 年以上的各项费用。

（　　）

二、单项选择题

1. 企业采用加速折旧法是为了＿＿＿＿。

A. 在较短的时间内收回固定资产的全部投资

B. 合理地提取固定资产折旧

C. 在近期内减少企业的利润

D. 在较短的时间内收回固定资产的大部分投资

2. 对于各月使用程度相差较大的设备采用＿＿＿＿最合理。

A. 年限平均法　　　　　　　　　　　B. 工作量法

C. 年数总和法　　　　　　　　　　　D. 双倍余额递减法

3. 固定资产发生盘亏时应根据_____转入"待处理财产损溢"账户。

A. 原始价值　　　　　B. 净值　　　　　C. 净额　　　　　D. 市场价格

4. _____是指被获准在一定区域和期限内,以一定的形式生产经营某种特定商品或劳务的专有权利。

A. 专利权　　　　　B. 非专利技术　　　　　C. 著作权　　　　　D. 特许权

5. _____是指先进的、未公开的、未申请专利的、可带来经济利益的技术、资料、技能和知识等。

A. 专利权　　　　　B. 非专利技术　　　　　C. 商标权　　　　　D. 著作权

三、多项选择题

1. 固定资产按其经济用途可分为_____。

A. 经营用固定资产　　　　　　　　B. 自有固定资产

C. 融资租入固定资产　　　　　　　D. 非经营用固定资产

2. 企业在确定固定资产折旧使用寿命时,应考虑的因素有该资产的_____。

A. 预计无形损耗　　　　　　　　　B. 预计有形损耗

C. 预计生产能力或实物产量　　　　D. 有关资产使用的法律或类似的限制

3. 计提固定资产折旧的范围有_____。

A. 当月增加的固定资产　　　　　　B. 当月减少的固定资产

C. 大修理停用的固定资产　　　　　D. 作为土地入账的固定资产

4. 通过固定资产清理账户核算的有_____。

A. 报废、毁损的固定资产　　　　　B. 盘亏的固定资产

C. 出售的固定资产　　　　　　　　D. 投资转出的固定资产

5. 固定资产的后续支出包括对现有的固定资产进行扩建、_____。

A. 改建　　　　　B. 重建　　　　　C. 改良　　　　　D. 维护

6. 企业确认无形资产必须同时满足_____的条件。

A. 该无形资产不具备实物形态

B. 与该无形资产有关的经济利益很可能流入企业

C. 该无形资产所提供的经济利益具有不确定性

D. 该无形资产的成本能够可靠地计量

练 习 题

练 习 题 一

一、目的　练习固定资产取得的核算。

二、资料　上海食品公司3月份发生下列有关经济业务:

1. 4日,向南京保险箱厂购进保险箱一只,收到专用发票,开列买价5 000元,增值税额650元,运输及装卸费200元,增值税额18元,全部款项一并汇付对方。保险箱也已运到,验收使用。

2. 8日,向安达汽车公司购进小汽车一辆,收到专用发票,开列买价180.000元,增值税额23 400元,款项当即以银行存款支付,小汽车也已验收使用。

3. 10 日,向苏州电梯厂购进电梯一部,收到专用发票,开列买价 280 000 元,增值税额 36 400 元,运输及装卸费 500 元,增值税额 45 元,款项已承付,电梯也已运到,并验收入库。

4. 11 日,本公司安装队领用电梯进行安装。

5. 12 日,领用其他各种安装材料,计价值 4 000 元,予以转账。

6. 18 日,分配安装电梯人员的工资 2 500 元,并计提职工福利费 350 元。

7. 20 日,电梯安装完毕,已达到预定可使用状态,验收使用,予以转账。

8. 25 日,接受大江公司投入卡车 2 辆,已验收使用。投资合同约定每辆卡车以 120 000 元计价,审核固定资产交接清单无误后,予以入账。

9. 31 日,收到外商捐赠的设备一台,根据提供的发票、报关单等凭证表明设备的买价为 70 200 元,并收到运输单位专用发票,开列设备的运输费计 900 元,增值税额 81 元,账款当即以银行存款支付,设备已达到预定可使用状态,验收使用。

三、要求 编制会计分录。

练习题二

一、目的 练习固定资产折旧的核算。

二、资料

1. 顺昌商厦 3 月 1 日有关固定资产明细分类账户的资料如图表 6-4 所示。

图表 6-4

固定资产明细分类账资料

金额单位:元

固定资产名 称	计量单位	数量	原始价值	预计使用寿命(年)	预计净残值率(%)	月折旧额	使用部门
营业大厅	幢	1	1 256 000	40	4		业 务
仓 库	座	1	480 000	30	4		储 运
电 梯	部	1	192 000	10	5		储 运
卡 车	辆	1	120 000	8	5		储 运
办 公 楼	幢	1	420 000	40	4		行政管理
复 印 机	台	1	24 000	5	5		行政管理
电 脑	台	5	30 000	5	5		行政管理
合 计			2 522 000				

2. 接着发生有关的经济业务如下:

(1) 3 月 20 日,购入小汽车一辆,收到专用发票,开列买价 160 000 元,增值税额 20 800 元,签发商业汇票支付。该小汽车预计使用 8 年,预计净残值率为 4%,小汽车由行政管理部门验收使用。

(2) 3 月 31 日,计提本月份固定资产折旧额。

（3）4 月 30 日，有一辆卡车原值 120 000 元，上月已提足折旧，计提本月份固定资产折旧额。

三、要求

1. 根据"资料 1"，用年限平均法计算各项固定资产的折旧额。

2. 根据"资料 1""资料 2"，编制会计分录。

3. 根据"资料 1"，分别用双倍余额递减法和年数总和法计算卡车和复印机年折旧额。

练 习 题 三

一、目的　练习固定资产后续支出的核算。

二、资料　东海商场发生下列有关经济业务：

1. 9 月 1 日，有一家商场，原值 575 000 元，已提折旧 180 000 元，已提减值准备 8 000 元，将该商场委托建筑公司进行改、扩建，予以转账。

2. 10 月 28 日，以银行存款支付建筑公司改、扩建商场款 350 000 元，增值税额 31 500 元。

3. 10 月 31 日，商场已改、扩建完毕，达到预定可使用状态，验收使用，该商场预计可收回金额为 740 000 元，予以转账。

4. 11 月 5 日，以银行存款支付储运部门卡车大修理费用 15 000 元，增值税额 1 950 元。

5. 11 月 28 日，以银行存款支付行政管理部门的电脑小修理费 200 元，增值税额 26 元。

三、要求　编制会计分录。

练 习 题 四

一、目的　练习固定资产处置和报废的核算。

二、资料　虹桥商厦 7 月份发生下列有关经济业务：

1. 5 日，有不需用吊车一辆，其原始价值 96 000 元，已提折旧 30 000 元，已提减值准备 2 000 元，经领导批准准备出售，予以转账。

2. 7 日，出售上项不需用吊车一辆，填具专用发票，开列金额 65 000 元，增值税额 8 450 元，当即收到全部款项，存入银行。

3. 8 日，将出售不需用吊车的净收益转账。

4. 12 日，拨付给合资经营的昌盛商厦仓库一座，原始价值为 360 000 元，已提折旧额为 58 800 元，已提减值准备 2 200 元，该仓库按投资合同约定的 300 000 元计量，予以转账。

5. 16 日，经营用仓库一座，因损坏严重，无法使用，经批准提前报废进行清理。该仓库原始价值 300 000 元，已使用 30 年，预计净残值率为 4%，已提折旧 285 000 元，已提减值准备 2 400 元，予以转账。

6. 20 日，以银行存款支付仓库清理费用 3 600 元，增值税额 324 元。

7. 22 日，叉车一辆损坏严重，经批准进行报废清理。该叉车原始价值 88 000 元，已提折旧 76 000 元，已提减值准备 2 000 元，予以转账。

8. 24 日，将清理仓库的残料出售，开具专用发票，列明金额 9 300 元，增值税额 1 209 元，当即收到全部款项，存入银行。

9. 25 日，清理仓库完毕，予以转账。

10. 27 日，将报废清理的叉车出售，开具专用发票列明金额 3 200 元，增值税额 416 元，当即收到全部款项，存入银行。

11. 28 日,以银行存款支付叉车的清理费用 900 元,增值税额 117 元。

12. 30 日,清理叉车完毕,予以转账。

三、要求 编制会计分录。

练 习 题 五

一、目的 练习固定资产清查和减值的核算。

二、资料 大华商厦 12 月份发生下列有关的经济业务:

1. 22 日,盘亏不需用叉车一辆,其原始价值为 87 500 元,已提折旧 79 800 元,已提减值准备 2 000 元,予以转账。

2. 30 日,盘亏的叉车报经领导批准,予以核销转账。

3. 31 日,有电脑 5 台,每台原始价值 9 000 元,已提折旧 3 000 元。现由于市场持续下跌,每台可收回金额仅为 4 500 元,计提其减值准备。

三、要求 编制会计分录。

练 习 题 六

一、目的 练习无形资产和长期待摊费用的核算。

二、资料 东方商业集团公司发生有关的经济业务如下:

1. 2 月 28 日,本公司自行研究开发一项管理专有技术,分配管理专有技术开发人员在研究阶段的工资 4 000 元,并计提职工福利费 680 元和社会保险费 840 元。

2. 2 月 28 日,结转研发支出。

3. 3 月 2 日,管理专有技术进入开发阶段,领用原材料 6 600 元,使用设备计提折旧费 900 元。

4. 3 月 10 日,以银行存款支付社会科学院有关管理专有技术的咨询费 9 900 元,增值税额 594 元。

5. 3 月 31 日,分配管理专有技术人员在开发阶段的工资 36 000 元,并计提职工福利费 5 040 元和社会保险费 7 560 元。

6. 4 月 2 日,管理专有技术项目开发成功,结转其开发成本。该项管理专有技术预计使用寿命 8 年。

7. 4 月 10 日,向端安地产公司购买 E 地块土地使用权 30 年,专用发票列明买价 880 000 元,增值税额 79 200 元,在洽购时,发生咨询费 16 400 元,增值税额 984 元,款项一并以银行存款支付。

8. 20 日,与某名店合资经营,名店以商标权作为其投资额,按投资合同约定的 120 000 元入账,该项商标权预计使用寿命 10 年。

9. 4 月 30 日,摊销应由本月份负担的管理专有技术、土地使用权和商标权费用。

10. 5 月 15 日,将本企业的非专利技术出租给大华商厦,填具专用发票列明金额 70 000 元,增值税额 4 200 元,当即收到全部款项存入银行。

11. 5 月 15 日,将本企业的一项专利权出售给飞鹰集团公司,填具专用发票列明金额 200 000 元,增值税额 18 000 元,当即收到全部款项存入银行,该项专利权的账面原值为 220 000 元,已计提摊销额 50 000 元。

12. 5 月 31 日,分配去大华商厦指导应用非专利技术人员的工资 3 500 元,并按工资额的 14% 计提职工福利费,21% 计提社会保险费。

13. 5 月 31 日,有一项专利权的账面原值为 150 000 元,已计提摊销额 30 000 元。因有其他新专利出现,使该专利权的盈利能力大幅度下降,预计其未来现金流量的现值为 112 000 元,计提其减值准备。

14.6 月 5 日,将上项专利权向新阳公司投资,按投资合同约定的 110 000 元计量入账。

15.6 月 6 日,将租入房屋改建为商场,收到沪南建筑公司开来的专用发票,列明商场改建金额 120 000 元,增值税额 10 800 元,当即支付全部款项。

16.7 月 31 日,租入房屋改建商场的工程已竣工达到预定可使用状态。该商场租赁期为 10 年,商场尚可使用 12 年,摊销本月份应负担的商场改建支出。

三、要求　编制会计分录。

第七章 对外投资的核算

第一节 对外投资概述

对外投资是指企业为了通过分配来增加财富,或为了谋求其他利益而将资产让渡给其他企业所获取的另一项资产。

一、对外投资的分类

按照对外投资流动性的强弱不同,可分为短期投资和长期投资两种。

（一）短期投资

短期投资是指能够随时变现并且持有时间不准备超过 1 年的投资。属于短期投资的只有交易性金融资产。

交易性金融资产是指企业持有的以公允价值计量且其变动计入当期损益的金融资产。它包括为交易目的所持有的债券投资、股票投资、基金投资等和直接指定为以公允价值计量且其变动计入当期损益的金融资产。

金融资产是指企业的现金;持有的其他单位的权益工具;从其他方收取现金或其他金融资产的合同权利;在潜在有利条件下,与其他方交换金融资产或金融负债的合同权利和将来须用或可用企业自身权益工具进行结算的衍生工具和非衍生工具的合同权利等资产。

权益工具是指能证明拥有某个企业在扣除所有负债后的资产中的剩余权益的合同。

衍生工具是指具有下列特征的金融工具或其他合同:①其价值随特定利率、金融工具价格、商品价格、汇率、价格指数、费率指数、信用等级、信用指数或其他变量的变动而变动,变量为非金融变量的,该变量不应与合同的任何一方存在特定关系。②不要求初始净投资,或与对市场情况变化有类似反应的其他类型合同相比,要求很少的初始净投资。③在未来某一日期结算。

衍生工具包括远期合同、期货合同、互换合同和期权合同等。

金融工具是指形成一方的金融资产,并形成其他方的金融负债或权益工具的合同。

（二）长期投资

长期投资是指短期投资以外的投资。长期投资按照投资的目的不同,主要可分为持有至到期投资,可供出售金融资产和长期股权投资。

1. 持有至到期投资 它是指到期日固定、回收金额固定或可确定,且企业有明确意图和能力持有至到期的非衍生金融资产。

2. 可供出售金融资产　　它是指初始确认时即被指定为可供出售的非衍生金融资产，以及除下列各类资产以外的金融资产：① 贷款和应收款项。② 持有至到期投资。③ 以公允价值计量且变动计入当期投资损益的金融资产。

3. 长期股权投资　　它是指投资企业对被投资单位实施控制，或与其他方共同控制，或具有重大影响的权益性投资。

二、对外投资的目的和特点

（一）短期投资的目的和特点

企业在生产经营过程中，经常会出现暂时闲置的现金，为了充分发挥现金的利用效果，可以在金融市场上购买其他企业发行的股票、债券、基金等进行短期投资，以谋求更高的股利收入或利息收入。由于股票、债券、基金等的流动性强，一旦企业需要使用现金时，可以随时将这些股票、债券、基金等在金融市场上出售，收回现金。

因此短期投资具有投资收回快，风险小，变现能力强，机动而灵活的特点。

（二）长期投资的目的和特点

长期投资除了要获得投资收益外，更重要的目的有两个：其一是为了与被投资企业建立与保持一定的业务关系，影响和控制其经营业务，以有利于自身业务的经营。例如，为了保持企业正常的原材料供应的来源，或扩大企业产品的销售渠道，可以购进有关企业一定份额的股票或者向有关企业进行直接投资，以取得一定的经营决策权。其二是企业为大规模更新生产经营设施或为将来扩展生产经营规模而筹集资金，企业可以有计划地将平时固定资产损耗的价值和企业短期内不准备使用的盈余公积等款项，用以购进股票和长期债券，以便将来大规模更新生产经营设施或扩展生产经营规模时，既增了值，又可以变现使用。为了这些目的而进行的投资，一般不会在短期内出售，从而形成了长期投资。

因此长期投资具有投资额大，投资回收期长，投资收益大，风险也大的特点。

第二节　交易性金融资产的核算

一、交易性金融资产取得的核算

企业取得交易性金融资产时，应当按照公允价值计量入账。相关的交易费用应当直接计入当期损益。

交易费用是指可直接归属于购买、发行或处置金融工具新增的外部费用。它包括支付的手续费和佣金及其他必要支出。

企业取得交易性金融资产时，按交易性金融资产的公允价值，借记"交易性金融资产"账户；按发生的交易费用，借记"投资收益"账户；按实际支付的金额，贷记"银行存款"账户。

【例】 上海金属公司 2 月 6 日购进锦江公司股票 10 000 股,每股 7.80 元,另以交易金额的 0.3‰支付佣金,款项一并以银行存款支付,该股票为交易目的而持有,作分录如下:

```
借:交易性金融资产——成本——锦江公司股票                78 000.00
借:投资收益                                            23.40
    贷:银行存款                                              78 023.40
```

企业取得的交易性金融资产中,若包含已宣告发放的现金股利或已到付息期但尚未领取的债券利息,应从成本中予以扣除,将其作为应收股利或应收利息处理。在这种情况下,购入的交易性金融资产的成本,应以公允价值减去应收股利或应收利息入账。

【例】 上海金属公司 3 月 6 日购进天华公司股票 20 000 股,每股 4.80 元,另以交易金额的 0.3‰支付佣金,款项一并以银行存款支付。该股票为交易目的而持有。天华公司已于 3 月 1 日宣告将于 3 月 15 日分派现金股利,每股 0.15 元。

(1) 3 月 6 日,购进股票时,作分录如下:

```
借:交易性金融资产——成本——天华公司股票                93 000.00
借:应收股利——天华公司                                3 000.00
借:投资收益                                            28.80
    贷:银行存款                                              96 028.80
```

(2) 3 月 15 日,收到天华公司派发的现金股利 3 000 元,存入银行时,作分录如下:

```
借:银行存款                                            3 000.00
    贷:应收股利——天华公司                                   3 000.00
```

二、交易性金融资产持有期间取得现金股利和利息的核算

交易性金融资产在持有期间,被投资单位宣告发放的现金股利或在期末按分期付息、一次还本债券投资的票面利率计提利息时,借记"应收股利"或"应收利息"账户,贷记"投资收益"账户。

【例】 3 月 31 日,上海服装公司为交易目的而持有的静安公司上月 28 日发行的债券 120 张,计面值 120 000 元,该债券系分期付息,到期一次还本,年利率 8%,计提该债券本月份应收利息,作分录如下:

```
借:应收利息——静安公司                                800.00
    贷:投资收益                                              800.00
```

等收到应收股利或应收利息时,再借记"银行存款"账户,贷记"应收股利"或"应收利息"账户。

三、交易性金融资产的期末计量

交易性金融资产的期末计量是指期末交易性金融资产在资产负债表上反映的价值。

交易性金融资产在取得时按公允价值计量，然而在交易市场上的价格会不断地发生变化。在期末，当交易性金融资产的公允价值高于其账面余额时，将两者之间的差额借记"交易性金融资产——公允价值变动"账户，贷记"公允价值变动损益"账户；当公允价值低于其账面余额时，将两者之间的差额借记"公允价值变动损益"账户，贷记"交易性金融资产——公允价值变动"账户。

【例】 上海金属公司为交易目的持有锦江公司股票 10 000 股，账面价值78 000元。

(1) 2 月 28 日，该股票每股公允价值为 7.98 元，予以转账，作分录如下：

借：交易性金融资产——公允价值变动——锦江公司股票   1 800.00
  贷：公允价值变动损益——交易性金融资产   1 800.00

(2) 将公允价值变动损益结转"本年利润"账户，作分录如下：

借：公允价值变动损益——交易性金融资产   1 800.00
  贷：本年利润   1 800.00

"交易性金融资产"是资产类账户，用以核算企业为交易目的所持有的债券投资、股票投资、基金投资等交易性金融资产的公允价值，以及直接指定为以公允价值计量且其变动计入当期损益的金融资产。企业在取得交易性金融资产和期末交易性金融资产增值时，记入借方；交易性金融资产出售和期末减值时，记入贷方；期末余额在借方，反映企业交易性金融资产的公允价值。该账户应当按交易性金融资产的类别和品种，分别"成本""公允价值变动"进行明细核算。

"公允价值变动损益"是损益类账户，用以核算企业的交易性金融资产以及采用公允价值模式计量的投资性房地产、衍生工具、套期保值业务等公允价值变动形成的应计入当期损益的利得或损失。当取得公允价值变动收益或将公允价值变动损失结转"本年利润"账户时，记入贷方；当发生公允价值变动损失或将公允价值变动收益结转"本年利润"账户时，记入借方。

四、交易性金融资产出售的核算

企业出售交易性金融资产时，也会发生交易费用，届时应按出售交易性金融资产实际收到的金额（即出售价格减去其交易费用后的出售净收入），借记"银行存款"账户；按其账面余额，贷记"交易性金融资产——成本"账户，借记或贷记"交易性金融资产——公允价值变动"账户；实际收到的金额与账面余额的差额，列入"投资收益"账户的贷方或借方。

【例】 3 月 20 日，上海金属公司出售其为交易目的而持有的锦江公司股票10 000

股。出售价每股 8.10 元,按交易金额的 0.3‰ 支付佣金,1‰ 缴纳印花税,收到出售净收入,存入银行。查该股票明细账户余额成本为 78 000 元;公允价值变动为借方余额 1 800 元,作分录如下:

借:银行存款   80 894.70
    贷:交易性金融资产——成本——锦江公司股票   78 000.00
    贷:交易性金融资产——公允价值变动——锦江公司股票   1 800.00
    贷:投资收益   1 094.70

"投资收益"是损益类账户,用以核算企业确认的对外投资的收益或损失。当企业确认投资收益或将投资损失结转"本年利润"账户时,记入贷方;当企业确认投资损失或将投资收益结转"本年利润"账户时,记入借方。

第三节 持有至到期投资的核算

一、持有至到期投资取得的核算

持有至到期投资主要是购买到期日在 1 年以上的长期债券进行投资。企业购买新发行的长期债券进行持有至到期投资时,支付的债券价格,有时与债券的面值相等,有时却与面值不一致。当购进债券的价格与面值相等时,称为按面值购进,如果购进债券的价格高于面值,称为溢价购进;如果购进债券的价格低于面值,则称为折价购进。

持有至到期投资应按取得时的公允价值与交易费用之和作为初始确认金额,如支付的价款中包含已到付息期但尚未领取的债券利息,应当单独确认为应收利息入账。

(一)按面值购进债券的核算

企业按面值购进债券时,按债券的面值和交易费用之和,借记"持有至到期投资——成本"账户,贷记"银行存款"账户。

持有至到期投资应当按期计提利息,计提的利息按债券面值乘以票面利率计算。对于分期付息,到期还本的持有至到期投资,在计提利息时,借记"应收利息"账户,贷记"投资收益"账户。对于到期一次还本付息的持有至到期投资,则借记"持有至到期投资——应计利息"账户,贷记"投资收益"账户。

【例】 新光商厦 9 月 30 日购进新发行的广厦公司 3 年期债券 120 张,每张面值 1 000 元,按面值购进该债券,年利率为 8%,到期一次还本付息。该债券准备持有至到期。

(1)9 月 30 日,以银行存款支付 120 张债券的价款 120 000 元,并按交易金额的 0.2‰ 支付佣金,作分录如下:

借：持有至到期投资——成本——广厦公司债券　　　　　　　　　　120 024.00

　　贷：银行存款　　　　　　　　　　　　　　　　　　　　　　　　　120 024.00

（2）10 月 31 日，预计本月份该债券应收利息入账，作分录如下：

借：持有至到期投资——应计利息——广厦公司债券　　　　　　　　800.00

　　贷：投资收益　　　　　　　　　　　　　　　　　　　　　　　　　　800.00

（3）9 月 30 日，3 年期满，收到债券本息计 148 800 元，其中已预计入账的应收利息为 28 000 元，作分录如下：

借：银行存款　　　　　　　　　　　　　　　　　　　　　　　　　148 800.00

　　贷：持有至到期投资——成本——广厦公司债券　　　　　　　　　120 024.00

　　贷：持有至到期投资——应计利息——广厦公司债券　　　　　　　 28 000.00

　　贷：投资收益　　　　　　　　　　　　　　　　　　　　　　　　　　776.00

（二）溢价购进债券的核算

企业溢价购进债券，是因为债券的票面利率高于市场利率，那么投资企业按票面利率收到的利息将要高于按市场利率所能得到的利息。因此，溢价是为以后各期多得利息而预先付出的款项，也就是说，在投资企业以后各期收到的利息中，还包括溢价购进时预先付出的款项，那么这部分多付的款项在发生时应列入"持有至到期投资——利息调整"账户的借方，在确定各期利息收入时再进行摊销，以冲抵投资收益。利息调整额摊销的方法有直线法和实际利率法两种。直线法是指将债券的利息调整额按债券的期限平均摊销的方法。

【例】 上海服装公司于 3 月 31 日购进新发行的南安公司 3 年期债券 200 张，每张面值 1 000 元，购进价格为 1 025.74 元，该债券票面年利率为 9%，每年 3 月 31 日支付利息，该债券准备持有至到期。

（1）3 月 31 日，以银行存款支付 200 张债券的价款 205 148 元，并按交易金额的 0.2‰ 支付佣金，作分录如下：

借：持有至到期投资——成本——南安公司债券　　　　　　　　　200 041.03

借：持有至到期投资——利息调整——南安公司债券　　　　　　　　 5 148.00

　　贷：银行存款　　　　　　　　　　　　　　　　　　　　　　　　205 189.03

（2）4 月 30 日，预计本月份该债券应收利息入账，并用直线法摊销利息调整额，作分录如下：

借：应收利息——南安公司　　　　　　　　　　　　　　　　　　　1 500.00

　　贷：持有至到期投资——利息调整——南安公司债券　　　　　　　　143.00

　　贷：投资收益　　　　　　　　　　　　　　　　　　　　　　　　　1 357.00

（3）次年 3 月 31 日，收到南安公司一年期债券利息入账，作分录如下：

借：银行存款   18 000.00

    贷：应收利息——南安公司   16 500.00

    贷：持有至到期投资——利息调整——南安公司债券   143.00

    贷：投资收益   1 357.00

"应收利息"是资产类账户，用以核算企业交易性金融资产、持有至到期投资、可供出售金融资产等应收取的利息。发生应收利息时，记入借方；收到应收利息时，记入贷方；期末余额在借方，表示企业尚未收回的应收利息。

采用直线法摊销利息调整额简便易行，然而随着各期利息调整额的摊销，企业的投资额有了减少，而各期的投资收益却始终保持不变，因此反映的投资收益不够准确。为了准确地反映各期的投资收益，可以采用实际利率法。实际利率法是指根据债券期初账面价值减去交易费用后，乘以实际利率确定各期的利息收入，然后将其与按票面利率计算的应计利息收入相比较，将其差额作为各期利息调整额的方法。

采用实际利率计算法摊销借方利息调整额，溢价购进债券的实际利息收入会随着债券账面价值的逐期减少而减少，从而却使利息调整额随之逐期增加。其计算方法如图表 7-1 所示。

【例】 金融市场实际利率为 8%，根据前例购进南安公司溢价发行的债券，用实际利率法计算债券各期摊销的利息调整额如图表7-1 所示。

以下计算的是各年的应计利息收入、实际利息收入和利息调整额。4 月 30 日预计本月份应收利息和利息调整额时，可以将第一期计算的数据除以 12 取得，并据以入账，作分录如下：

借：应收利息——南安公司   1 500.00

    贷：持有至到期投资——利息调整——南安公司债券   132.35

    贷：投资收益   1 367.65

图表 7-1

实际利率法利息调整表（借方余额）

单位：元

付息期数	应计利息收入	实际利息收入	本期利息调整额	利息调整借方余额	债券账面价值（不含交易费用）
（1）	（2）＝面值×票面利率	（3）＝上期（6）×实际利率	（4）＝（2）－（3）	（5）＝上期利息调整余额－（4）	（6）＝面值＋（5）
购进时				5 148.00	205 148.00

（续表）

付息期数	应计利息收入	实际利息收入	本期利息调整额	利息调整借方余额	债券账面价值（不含交易费用）
(1)	(2)=面值×票面利率	(3)=上期(6)×实际利率	(4)=(2)-(3)	(5)=上期利息调整余额--(4)	(6)=面值+(5)
1	18 000	16 411.84	1 588.16	3 559.84	203 559.84
2	18 000	16 284.79	1 715.21	1 844.63	201 844.63
3	18 000	16 155.37①	1 844.63	0	200 000.00

（三）折价购进债券的核算

企业折价购进债券,是因为债券的票面利率低于市场利率,那么,投资企业按票面利率收到的利息将低于市场实际利率所能得到的利息,因此,折价是为了补偿投资企业以后各期少收利息而预先少付的款项,那么这部分少付的款项应在发生时列入"持有至到期投资——利息调整"账户的贷方,在确定各期利息收入时,再进行摊销,以作为投资收益的一部分。

【例】　上海商厦于 6 月 30 日购进新发行的上海交电公司 3 年期的债券 120 张,每张面值 1 000 元,购进价格为 974.20 元,该债券票面利率为 7%,每年 6 月 30 日支付利息,该债券准备持有至到期。

（1）6 月 30 日,以银行存款支付 120 张债券的价款 116 904 元,并按交易金额的 0.2‰支付佣金,作分录如下:

借：持有至到期投资——成本——上海交电公司债券　　　　120 023.38
　　贷：持有至到期投资——利息调整——上海交电公司债券　　　　3 096.00
　　贷：银行存款　　　　116 927.38

（2）7 月 31 日,预计该债券本月份的应收利息入账,并用直线法摊销利息调整额,作分录如下:

借：应收利息——上海交电公司　　　　700.00
借：持有至到期投资——利息调整——上海交电公司债券　　　　86.00
　　贷：投资收益　　　　786.00

（3）次年 6 月 30 日,收到上海交电公司一年期债券利息,作分录如下:

①　由于在计算上存在尾差,因此 16 155.37 元是近似值。

借：银行存款   8 400.00

借：持有至到期投资——利息调整——上海交电公司债券   86.00

  贷：应收利息——上海交电公司   7 700.00

  贷：投资收益   786.00

  以上是采用直线法摊销贷方利息调整额，若采用实际利率法摊销贷方利息调整额，折价购进债券的实际利息收入会随着债券账面价值逐期增加而增加，从而使利息调整额也随之逐期增加。其计算方法如图表 7-2 所示。

  【例】 金融市场实际利率为 8%，根据前例购进上海交电公司折价发行的债券，用实际利率法计算债券各期的利息调整额如图表 7-2 所示。

  图表 7-2

实际利率法利息调整额计算表(贷方余额)

单位：元

付息期数	应计利息收入	实际利息收入	本期利息调整额	利息调整贷方余额	债券账面价值(不含交易费用)
(1)	(2)=面值×票面利率	(3)=上期(6)×实际利率	(4)=(3)—(2)	(5)=上期利息调整余额—(4)	(6)=面值—(5)
购进时				3 096.00	116 904.00
1	8 400.00	9 352.32	952.32	2 143.68	117 856.32
2	8 400.00	9 428.51	1 028.51	1 115.17	118 884.83
3	8 400.00	9 515.17①	1 115.17	0	120 000.00

  采用实际利率法摊销利息调整额的核算方法与直线法相同，不再重述。

  "持有至到期投资"是资产类账户，用以核算企业持有至到期投资的价值。企业取得各种持有至到期投资、计提到期一次还本付息债券利息和摊销利息调整额贷方余额时，记入借方；企业出售、收回持有至到期投资、将持有至到期投资重分类和摊销利息调整额借方余额时，记入贷方；期末余额在借方，表示企业持有至到期投资的摊余成本。

  (四) 持有至到期投资减值的核算

  企业在期末应当对持有至到期投资的账面价值进行检查，如有发行方发生严重财务困难等客观证据表明该持有至到期投资发生减值的，应当计提减值准备。届时将持有至到期投资的账面价值与预计未来现金流量现值之间的差额计算确认减值损失，借

----

  ① 由于在计算上存在尾差，因此 9 515.17 元是近似值。

记"资产减值损失"账户,贷记"持有至到期投资减值准备"账户。

【例】　8月31日,浦江商厦持有泰兴公司去年8月8日溢价发行的3年期债券100张,每张面值1 000元,每年8月8日支付利息。其账面价值投资成本为100 020元,利息调整为借方余额1 716元。因泰兴公司发生严重的财务困难,现1 000元面值的债券市价仅1 000元,其交易费用为0.2‰,计提其减值准备,作分录如下:

持有至到期投资可收回金额＝1 000×100×(1−0.2‰)＝99 980(元)

借:资产减值损失——持有至到期投资减值损失　　　　　　　　1 756.00
　　贷:持有至到期投资减值准备——泰兴公司债券　　　　　　　　　　1 756.00

已计提减值准备的持有至到期投资价值以后又得以恢复时,应在原已计提的减值准备金额内,按恢复增加的金额借记"持有至到期投资减值准备"账户,贷记"资产减值损失"账户。

"持有至到期投资减值准备"账户是资产类账户,也是"持有至到期投资"账户的抵减账户,用以核算企业持有至到期投资的减值准备。计提持有至到期投资减值准备时,记入贷方;当减值的持有至到期投资出售、重分类和减值的金额恢复时,记入借方,期末余额在贷方,表示企业已计提但尚未转销的持有至到期投资减值准备。

(五)持有至到期投资出售和重分类的核算

持有至到期投资出售时,应按实际收到的金额,借记"银行存款"账户;按已计提的减值准备,借记"持有至到期投资减值准备"账户;按其账面余额,贷记"持有至到期投资"账户;将其差额列入"投资收益"账户。

【例】　续前例,9月15日,浦江商厦出售泰兴公司发行的3年期债券100张,每张面值1 000元,现按999.50元出售,按交易金额的0.2‰支付佣金,收到出售净收入,存入银行,作分录如下:

借:银行存款　　　　　　　　　　　　　　　　　　　　　99 930.01
借:持有至到期投资减值准备——泰兴公司债券　　　　　　　1 756.00
借:投资收益　　　　　　　　　　　　　　　　　　　　　　　49.99
　　贷:持有至到期投资——成本——泰兴公司债券　　　　　　100 020.00
　　贷:持有至到期投资——利息调整——泰兴公司债券　　　　　1 716.00

企业因持有意图或能力发生改变,使某项投资不再适合划分为持有至到期投资的,应当将其重分类为可供出售金融资产,并以公允价值扣除交易费用之后的金额进行后续计量。重分类日,该投资的账面价值与公允价值(扣除交易费用)之间的差额列入"其他综合收益"账户。

【例】　9月1日,上海服装公司持有大隆公司按面值发行的3年期债券150 000元,年利率8%,到期一次还本付息,已按持有至到期投资入账。现决定将其重分类为可供出售金融资产,该债券的账面价值成本为 150 030 元,应计利息为 13 200 元,现公允价值为 165 600 元,予以转账,作分录如下:

$$可供出售金融资产入账价值＝165\,600×(1-0.2‰)＝165\,566.88(元)$$

借:可供出售金融资产——成本——大隆公司债券　　　　　165 566.88

　　贷:持有至到期投资——成本——大隆公司债券　　　　　　　150 030.00

　　贷:持有至到期投资——应计利息——大隆公司债券　　　　　　13 200.00

　　贷:其他综合收益　　　　　　　　　　　　　　　　　　　　　2 336.88

"其他综合收益"是所有者权益账户,用以核算根据按其他会计准则规定未在当期损益中确认的各项利得和损失。企业发生未在当期损益中确认的各项利得,以及确认未在前期确认的各项损失时,记入贷方;企业发生未在当期损益中确认的各项损失,以及确认未在前期确认的各项利得时,记入借方;期末余额通常在贷方,表示企业尚未确认的各项利得,若期末余额在借方,则表示企业尚未确认的各项损失。

第四节　可供出售金融资产的核算

一、可供出售金融资产取得的核算

可供出售金融资产包括划分为可供出售的股票投资、债券投资等金融资产。

企业取得可供出售金融资产时,应按可供出售金融资产的公允价值与交易费用之和,借记"可供出售金融资产"账户,贷记"银行存款"账户。

【例】 2月1日,静安商厦购进东海公司股票20 000股,每股 7.50 元,另以交易金额 0.3‰支付佣金,款项一并以银行存款支付,该股票准备日后出售,作分录如下:

借:可供出售金融资产——成本——东海公司股票　　　　150 045.00

　　贷:银行存款　　　　　　　　　　　　　　　　　　　　　150 045.00

如企业取得可供出售金融资产支付的价款中包含的已到付息期但尚未领取的债券利息或已宣告但尚未发放的现金股利时,则将其列入"应收利息"或"应收股利"账户的借方。

可供出售金融资产在持有期间取得被投资单位的债券利息或现金股利时,借记"银行存款"账户,贷记"投资收益"账户。

【例】 续上例,2月24日,静安商厦收到东海公司发放的现金股利,每股 0.15 元,计 3 000 元,存入银行,作分录如下:

借:银行存款　　　　　　　　　　　　　　　　　　　　3 000.00

　　贷:投资收益　　　　　　　　　　　　　　　　　　　　　3 000.00

二、可供出售金融资产期末计量的核算

企业在期末对可供出售金融资产应按公允价值(扣除交易费用)进行调整,如公允价值(扣除交易费用)高于账面余额的,按其差额,借记"可供出售金融资产——公允价值变动"账户,贷记"其他综合收益"账户;如公允价值(扣除交易费用)低于账面余额的,按其差额,借记"其他综合收益"账户,贷记"可供出售金融资产——公允价值变动"账户。

【例】 续上例,2 月 28 日,静安商厦持有东海公司的 20 000 股股票,今日公允价值每股为 7.63 元,调整其账面价值,作分录如下:

公允价值变动额 $= 7.63 \times 20\,000 \times (1 - 1.3‰) - 150\,045 = 2\,356.62$(元)

借:可供出售金融资产——公允价值变动——东海公司股票   2 356.62
    贷:其他综合收益   2 356.62

企业在期末如发现可供出售金融资产的公允价值发生较大幅度的下降,或在综合考虑各种相关因素后,预期这种下降趋势属于非暂时性的,可以认定该可供出售金融资产发生减值的,应当将其可收回金额低于账面价值的差额确认减值损失。届时,按减值的金额,借记"资产减值损失"账户;按应从所有者权益中转出原计入其他综合收益的累计损失金额,贷记"其他综合收益"账户;将两者之间的差额记入"可供出售金融资产——公允价值变动"账户的贷方。

【例】 12 月 31 日,上海百货公司持有列入可供出售金融资产的华源公司股票15 000股,因该公司股票公允价值发生较大幅度下降,每股市价下跌为 6.50 元,该股票的交易费用为 1.3‰。查该股票成本为 102 830 元,公允价值变动为贷方余额1 750 元,因公允价值低于账面余额列入"其他综合收益"账户借方金额为 1 750 元,计提其减值准备,作分录如下:

可供出售金融资产可收回金额 $= 6.50 \times 15\,000 \times (1 - 1.3‰) = 97\,373.25$(元)

借:资产减值损失——可供出售金融资产损失   5 456.75
    贷:其他综合收益   1 750.00
    贷:可供出售金融资产——公允价值变动——华源公司股票   3 706.75

已确认减值损失的可供出售金融资产在随后的会计期间公允价值上升的,应在原已计提的减值准备金额内,按恢复增加的金额,借记"可供出售金融资产——公允价值变动"账户,贷记"资产减值损失"账户。但可供出售金融资产为股票等权益工具投资的,则借记"可供出售金融资产——公允价值变动"账户,贷记"其他综合收益"账户。

三、可供出售金融资产出售的核算

可供出售金融资产出售时,应按实际收到的金额,借记"银行存款"账户;按可供出售金融资产的账面余额,贷记"可供出售金融资产"账户,将其差额列入"投资收益"账

户,并将应从所有者权益中转出的公允价值累计变动额(即原记入"其他综合收益"账户的金额)予以转销。

【例】 3月10日,上海服装公司出售持有的安泰公司股票20 000股,每股7.50元,按交易金额的0.3‰支付佣金,1‰缴纳印花税,收到出售净收入,存入银行。查该股票成本为140 182元,公允价值变动为借方余额3 780元,因公允价值高于账面余额已列入"其他综合收益"账户的贷方余额为3 780元。

(1)将出售净收入存入银行,作分录如下:

借:银行存款		149 805.00
贷:可供出售金融资产——成本——安泰公司股票		140 182.00
贷:可供出售金融资产——公允价值变动——安泰公司股票		3 780.00
贷:投资收益		5 843.00

(2)转销列入其他综合收益的金额,作分录如下:

借:其他综合收益		3 780.00
贷:投资收益		3 780.00

"可供出售金融资产"是资产类账户,用以核算企业持有的可供出售金融资产的公允价值。企业取得可供出售金融资产、期末可供出售金融资产公允价值高于账面余额的差额和持有至到期投资转入时,记入借方;企业在持有期间收到债券利息或现金股利,期末可供出售金融资产公允价值低于账面价值的差额,计提可供出售金融资产减值损失和可供出售金融资产出售时,记入贷方;期末余额在借方,表示企业可供出售金融资产的公允价值。

第五节　长期股权投资的核算

一、长期股权投资初始成本的确定和核算

(一)长期股权投资初始成本的确定

长期股权投资有企业合并形成和以支付现金、非现金资产等其他方式取得两种情况,企业合并又分为同一控制下的企业合并和非同一控制下的企业合并两种方式。

同一控制下的企业合并是指参与合并的企业在合并前后均受同一方或相同的多方最终控制且该控制并非暂时的。非同一控制下的企业合并是指参与合并的各方在合并前后不受同一方或相同的多方最终控制的。

同一方是指对参与合并的企业在合并前后均实施最终控制的投资者。相同的多方是指根据投资者之间的协议约定,在对被投资单位的生产经营决策行使表决权时发表一致意见的两个或两个以上的投资者。控制并非暂时性是指参与合并的各方在合并前

后较长的时间内受同一方或相同的多方最终控制。较长的时间通常是指1年以上(含1年)。

1. 同一控制下企业合并形成的长期股权投资　　同一控制下的企业合并具有两个特点:一是不属于交易事项,而是资产和负债的重新组合;二是合并作价往往不公允,因此,合并方应当在合并日按取得被合并方所有者权益(净资产)账面价值的份额作为初始投资成本。合并日是指合并方实际取得对被合并方控制权的日期。

2. 非同一控制下企业合并形成的长期股权投资　　非同一控制下企业合并具有两个特点:一是它们是非关联企业的合并;二是合并以市价为基础,交易作价相对公平合理。因此,合并方应当在购买日按企业合并成本作为初始投资成本。购买日是指购买方实际取得对被购买方控制权的日期。企业合并成本包括购买方付出的资产,发生或承担的负债,发行权益性证券的公允价值之和。

3. 以支付现金取得的长期股权投资　　应当按照实际支付购买价款作为初始投资成本。它包括取得长期股权投资直接相关的费用、税金及其他必要支出。

4. 以发行权益性证券取得的长期股权投资　　应当按照发行权益性证券的公允价值作为初始投资成本。

5. 投资者投入的长期股权投资　　应当按照投资合同或协议约定的价值作为初始投资成本。

(二)长期股权投资初始成本的核算

1. 同一控制下企业合并形成的长期股权投资的核算　　同一控制下企业合并形成的长期股权投资,应在合并日按取得被合并方所有者权益(净资产)账面价值的份额,借记"长期股权投资"账户;按享有被投资单位已宣告但尚未发放的现金股利或利润,借记"应收股利"账户;按支付的合并对价的账面价值,贷记有关资产或借记有关负债账户;按其差额,贷记"资本公积——资本溢价"账户;为借方差额的,借记"资本公积——资本溢价"账户,若资本公积中的资本溢价不足冲减的,则依次借记"盈余公积""利润分配——未分配利润"账户。

【例】　长江商业集团公司内的泰安商厦"资本公积——资本溢价"账户余额为50 000元,"盈余公积"账户余额为100 000元,现合并本商业集团公司内的泰西商厦,取得该商厦60%的股权,泰西商厦所有者权益账面价值为3 000 000元,泰安商厦支付合并对价资产的账面价值为1 860 000元,其中固定资产960 000元,已提折旧150 000元,其余1 050 000元以银行存款支付,3月31日为合并日。

(1)转销固定资产价值,作分录如下:

借:固定资产清理	810 000.00
借:累计折旧	150 000.00
贷:固定资产	960 000.00

(2) 确认长期股权投资初始成本,作分录如下:

借:长期股权投资——成本	1 800 000.00	
借:资本公积——资本溢价	50 000.00	
借:盈余公积	10 000.00	
贷:固定资产清理		810 000.00
贷:银行存款		1 050 000.00

2. 非同一控制下企业合并形成的长期股权投资的核算　　非同一控制下企业合并形成的长期股权投资,购买方在购买日应当按照企业合并成本(不含应自被投资单位收取的现金股利或利润),借记"长期股权投资"账户;按享有被投资单位已宣告但尚未发放的现金股利或利润,借记"应收股利"账户;按支付合并对价的账面价值,贷记有关资产或借记有关负债账户,将借贷方相抵后的差额计入当期损益。对发生的直接相关费用,借记"管理费用"账户,贷记"银行存款"等相关账户。

非同一控制下的企业合并,购买方作为合并对价付出的资产,应当按照公允价值处置,其中付出资产为固定资产、无形资产的,其公允价值与账面价值的差额,列入"资产处置损益"账户,付出资产为库存商品等作为合并对价的,应按库存商品的公允价值作商品销售处理,并同时结转其销售成本,发生的增值税销项税额也是企业合并成本的组成部分。

【例】　静安商厦以 1 549 000 元合并成本从宝山商厦的股东中购入该商厦 40％的股权,而对价付出资产的账面价值为 1 342 000 元,其中:固定资产 600 000 元,已提折旧 100 000 元,其公允价值为 510 000 元,库存商品 622 000 元,其余 248 000 元以银行存款支付。而库存商品的公允价值为 700 000 元,增值税税率为 13％。

(1) 转销参与合并的固定资产账面价值,作分录如下:

借:固定资产清理	500 000.00	
借:累计折旧	100 000.00	
贷:固定资产		600 000.00

(2) 确认长期股权投资初始成本,作分录如下:

借:长期股权投资——成本	1 549 000.00	
贷:固定资产清理		500 000.00
贷:主营业务收入		700 000.00
贷:应交税费——应交增值税——销项税额		91 000.00
贷:银行存款		248 000.00
贷:资产处置损益		10 000.00

(3) 同时,结转销售成本,作分录如下:

```
借：主营业务成本                                        622 000.00
    贷：库存商品                                               622 000.00
```

3. 以支付现金取得长期股权投资的核算　企业以支付现金取得的长期股权投资,应在购买日按实际支付的价款及相关税费扣除已宣告但尚未发放的现金股利,借记"长期股权投资"账户;按已宣告但尚未发放的现金股利,借记"应收股利"账户;按实际支付的价款及相关税费,贷记"银行存款"账户。

【例】　4月2日,东方商厦从证券市场购买安信公司股票400 000股,准备长期持有,该股票每股5.50元,占该公司股份的6%,另按交易金额的0.3‰支付佣金,款项以银行存款支付。该公司已宣告将于4月10日发放现金股利,每股0.10元。作分录如下：

```
借：长期股权投资——成本                              2 160 660.00
借：应收股利                                           40 000.00
    贷：银行存款                                             2 200 660.00
```

4. 以发行权益性证券取得的长期股权投资的核算　企业以发行权益性证券取得的长期股权投资,应在证券发行日,按证券的公允价值(包括相关税费),借记"长期股权投资"账户;按发行证券的面值,借记"股本"①账户;按公允价值与面值的差额,贷记"资本公积"账户;按支付的相关税费,贷记"银行存款"账户。

【例】　北方商厦股份有限公司以发行股票1 000 000股的方式取得太行公司10%的股权,股票每股面值1元,发行价为6.60元,另需支付相关税费25 000元。当即以银行存款支付。作分录如下：

```
借：长期股权投资——成本                              6 625 000.00
    贷：股本                                               1 000 000.00
    贷：资本公积——资本溢价                                 5 600 000.00
    贷：银行存款                                               25 000.00
```

二、长期股权投资后续计量的核算

企业取得长期股权投资后的核算,按投资企业对被投资单位的控制和影响的程度不同,有成本法和权益法两种。若投资企业能够对被投资单位实施控制的长期股权投资,应采用成本法核算;若投资企业对被投资单位具有共同控制或者重大影响的长期股权投资,应采用权益法核算。

控制是指投资企业拥有被投资单位的权力,通过参与被投资方的相关活动而享有

_____

①　股份有限公司采用的"股本"账户,相当于有限责任公司的"实收资本"账户。

可变回报,并且有能力运用对被投资单位的权力影响其回报金额。企业能够对被投资单位实施控制的,被投资单位为其子公司。

共同控制是指按照相关约定对某项安排所共有的控制,并且该安排的相关活动必须经过分享控制权的参与方一致同意后才能决策。企业与参与方对被投资单位实施共同控制的,被投资单位为其合营公司。

重大影响是指对一个企业的财务和经营政策有参与决策的权力,但并不能够控制或者与其他方一起共同控制这些政策的制定。通常投资方直接或者通过子公司间接持有被投资单位 20% 以上但低于 50% 的表决权股份时,就认为对被投资单位具有重大影响,届时被投资单位为其联营公司。

(一)成本法的核算

成本法是指长期股权投资按投资成本计价的方法。采用成本法进行核算时,长期股权投资以取得股权时的成本计价,其后,除了投资企业追加投资、收回投资等情形外,长期股权投资的账面价值保持不变。

长期股权投资采用成本法核算的一般程序如下。

1. 初始投资   应当按照初始投资成本增加长期股权投资的账面价值。

2. 被投资单位宣告分派的现金股利或利润   投资企业应当按照其应分得的现金股利或利润,确认为当期投资收益。

【例】 上海五金公司于 6 月 30 日购进春江公司发行的股票 6 000 000 股,每股 7 元,占该公司全部股份 60%,取得了控制权。年末该公司实现净利润 32 000 000 元。

(1) 6 月 30 日,以银行存款支付 6 000 000 股股票价款 42 012 600,并按股票交易金额的 0.3‰ 支付佣金,作分录如下:

借:长期股权投资——成本   42 012 600.00
    贷:银行存款   42 012 600.00

(2) 次年 3 月 15 日,春江公司宣告将于 3 月 25 日发放现金股利,每股 0.22 元,予以入账,作分录如下:

借:应收股利——春江公司(6 000 000×0.22)   1 320 000.00
    贷:投资收益   1 320 000.00

"长期股权投资"是资产类账户,用以核算企业持有的采用成本法和权益法核算的长期股权投资。企业取得长期股权投资,以及长期股权投资增值时,记入借方;企业处置长期股权投资时,记入贷方;期末余额在借方,表示企业持有的长期股权投资的价值。

"应收股利"是资产类账户,用以核算企业应收取的现金股利和应收取其他单位分配的利润。企业发生应收现金股利或利润时,记入借方;企业收到现金股利或利润时,记入贷方；期末余额在借方，表示企业尚未收回的现金股利或利润。

（二）权益法的核算

权益法是指长期股权投资最初以投资成本入账，在持有期间根据投资企业享有被投资单位所有者权益份额的变动对投资的账面价值进行调整的方法。采用权益法进行核算时，长期股权投资的账面价值要随着被投资单位所有者权益的增减变动而相应地进行调整。

长期股权投资采用权益法核算的一般程序如下。

1. 初始投资　　应当按照初始投资成本增加长期股权投资的账面价值。

2. 比较初始投资成本与投资时应享有被投资单位可辨认净资产公允价值的份额

如果初始投资成本大于取得投资时应享有被投资单位可辨认净资产公允价值份额的，其差额从本质上讲，是投资企业在取得投资过程中，通过购买作价体现出的与所取得股权份额相对应的商誉及被投资单位不符合确认条件的资产价值，因此，不需要调整长期股权投资的账面价值；如果初始投资成本小于取得投资时应享有被投资单位可辨认净资产公允价值份额的，其差额体现为双方在交易过程中转让方的让步，该差额应列入"营业外收入"账户，同时调整"长期股权投资"账户。

3. 持有期间被投资单位实现的净利润或发生的净亏损　　投资企业应当按照应享有或应分担的被投资单位实现的净利润或发生的净亏损的份额，确认投资损益，并调整长期股权投资的账面价值。

4. 被投资单位宣告分派现金股利或利润　　投资企业应当按照其应分得的现金股利或利润，相应减少长期股权投资的账面价值。

5. 被投资单位其他综合收益变动的处理　　被投资单位其他综合收益发生变动的，投资企业应当按照归属于本企业的部分，相应调整长期股权投资的账面价值，同时增加或减少其他综合收益。

6. 被投资单位除净损益、其他综合收益以及利润分配以外的所有者权益的其他变动　　在持股比例不变的情况下，被投资单位发生除净损益、其他综合收益以及利润分配以外所有者权益的其他变动因素，投资企业应按持股比例计算应享有或应分担的份额，相应调整长期股权投资的账面价值，同时增加或减少资本公积。其他变动有被投资单位接受其他股东的资本性投入、以权益结算的股份支付等。

【例】　武宁商厦从安阳公司的股东中购入该公司40%的股权，取得了对安阳公司的共同控制权，而对价付出资产的账面价值为3 350 000元，其中：固定资产1 000 000元，已提折旧150 000元，而固定资产的公允价值为860 000元，其余2 500 000元以银行存款支付。

（1）1月2日，购买日，转销参与投资的固定资产账面价值，作分录如下：

借：固定资产清理   850 000.00

借：累计折旧   150 000.00

  贷：固定资产   1 000 000.00

（2）1月2日，购买日，确定长期股权投资成本，作分录如下：

借：长期股权投资——投资成本   3 360 000.00

  贷：固定资产清理   850 000.00

  贷：资产处置损益   10 000.00

  贷：银行存款   2 500 000.00

（3）1月3日，安阳公司接受本商厦投资后，可辨认净资产公允价值为8 500 000元，按本商厦享有40％的份额，调整长期股权投资，作分录如下：

借：长期股权投资——成本   40 000.00

  贷：营业外收入   40 000.00

（4）12月31日，安阳公司利润表上的净利润为785 000元，按照应享有的40％的份额调整"长期股权投资"账户，作分录如下：

借：长期股权投资——损益调整   314 000.00

  贷：投资收益   314 000.00

（5）12月31日，安阳公司因持有的可供出售金融资产的公允价值（扣除交易费用）大于账面价值60 000元，计入了其他综合收益，按照应享有的份额转账，作分录如下：

借：长期股权投资——其他综合收益   24 000.00

  贷：其他综合收益   24 000.00

（6）12月31日，安阳公司资产负债表上资本公积增加的金额中，有50 000元系接受其他股东的资本性投入形成的，按照应享有的份额转账，作分录如下：

借：长期股权投资——其他权益变动   20 000.00

  贷：资本公积——其他资本公积   20 000.00

（7）次年3月18日，安阳公司宣告将于3月28日按净利润的60％分配利润，作分录如下：

借：应收股利   188 400.00

  贷：长期股权投资——损益调整   188 400.00

三、长期股权投资减值的核算

企业在期末应当对长期股权投资的账面价值进行检查，如发生被投资单位的市价持续2年低于账面价值或者被投资单位经营所处的经济、技术、法律等环境发生重大变化等情况,表明长期股权投资的可收回金额低于账面价值,从而发生减值的,应当计提减值准备。

企业在计提减值准备时,借记"资产减值损失"账户,贷记"长期股权投资减值准备"账户。

【例】　10月31日,上海交电公司长期持有的兴化公司股票150 000股,占该公司股份的8%,因该公司发生严重财务困难,每股市价下跌为5.50元,交易费用为1.3‰。查该股票账面价值:成本为903 600元,损益调整为借方余额15 000元,计提其减值准备,作分录如下:

长期股权投资可收回金额=5.50×150 000×(1－1.3‰)=823 927.50(元)

借:资产减值损失——长期股权投资减值损失　　　　　　　94 672.50
　　贷:长期股权投资减值准备　　　　　　　　　　　　　　　　94 672.50

长期股权投资减值损失一经确认,在以后会计期间不得转回。

"长期股权投资减值准备"是资产类账户,它是"长期股权投资"账户的抵减账户,用以核算企业长期股权投资发生减值时计提的减值准备。企业计提长期股权投资减值准备时,记入贷方;企业出售已计提减值准备的长期股权投资时,记入借方;期末余额在贷方,表示企业已计提但尚未转销的长期股权投资减值准备。

四、长期股权投资出售的核算

企业出售长期股权投资时,应按实际收到的金额,借记"银行存款"账户,原已计提减值准备的,借记"长期股权投资减值准备"账户;按其账面余额,贷记"长期股权投资"账户;按尚未领取的现金股利或利润,贷记"应收股利"账户,将这些账户之间的差额列入"投资收益"账户。

【例】　续上例。1月3日,出售兴化公司股票150 000股,每股5.48元,另按交易金额的0.3‰支付佣金,1‰缴纳印花税,收到出售净收入,存入银行。作分录如下:

借:银行存款　　　　　　　　　　　　　　　　　　　　　　820 931.40
借:长期股权投资减值准备　　　　　　　　　　　　　　　　94 672.50
借:投资收益　　　　　　　　　　　　　　　　　　　　　　　2 996.10
　　贷:长期股权投资——成本　　　　　　　　　　　　　　　903 600.00
　　贷:长期股权投资——损益调整　　　　　　　　　　　　　　15 000.00

如果按权益法核算的长期股权投资在出售时,有除净损益、其他综合收益以及利润分配以外的所有者权益的其他变动,还应将原已记入"资本公积——其他资本公积"账户的金额转入"投资收益"账户。

【例】　上海服装公司拥有天成公司股票1 000 000股,并对该公司有重大影响。9月30日,上海服装公司出售天成公司股票1 000 000股,每股6元,另按交易金额0.3‰支付佣金,1‰缴纳印花税。出售净收入已存入银行。查长期股权投资明细账户的余额,其中:成本为 5 237 000 元,损益调整为 550 000 元,其他权益变动为 80 000 元,因其他权益变动形成的"资本公积——其他资本公积"账户余额为 80 000 元。

(1) 将出售收入入账,作分录如下:

借:银行存款   5 992 200.00
 贷:长期股权投资——成本   5 237 000.00
 贷:长期股权投资——损益调整   550 000.00
 贷:长期股权投资——其他权益变动   80 000.00
 贷:投资收益   125 200.00

(2) 结转因其他权益变动形成的资本公积,作分录如下:

借:资本公积——其他资本公积   80 000.00
 贷:投资收益   80 000.00

判 断 题

一、是非题

1. 短期投资是指能够随时变现,并且持有时间不准备超过 1 年的投资。（　）

2. 持有至到期投资是指到期日固定,且企业有明确意图和能力持有至到期日的非衍生金融资产。（　）

3. 企业溢价购进债券,是因为债券的票面利率小于市场利率。（　）

4. 债券折价款是被投资单位为了补偿投资企业以后各期少收利息的预先少付的款项。（　）

5. 同一控制下的企业合并是指参与合并的企业在合并前受同一方或相同的多方最终控制且该控制并非暂时的。（　）

6. 非同一控制下的企业合并,购买方作为合并对价付出的资产,应当按照公允价值处置,其公允价值与账面价值的差额应列入"营业外收入"或"营业外支出"账户。（　）

7. 投资企业对被投资单位具有共同控制或重大影响的长期股权投资,应采用权益法核算。（　）

8. 控制是指投资企业拥有被投资单位的权力,通过参与被投资方的相关活动而享有回报,并且有能力运用对被投资单位的权力影响其回报金额。（　）

9. 重大影响是指对一个企业的财务和经营政策有参与决策的权力,但并不能够控制或者与其他方一起共同控制这些政策的制定。（　）

10. 投资企业采用成本法核算时,对被投资单位实现的净利润,按其应享有的部分,将其确认为当期的投资收益。（　）

11. 权益法是指长期股权投资最初以投资成本入账,在持有期间根据投资企业享有被投资单位所有者权益份额的变动对投资的账面价值进行调整的方法。（　）

12. 企业长期股权投资采用权益法核算,收到被投资单位发放的现金股利时,其长期股权投资账

户的数额应保持不变。 （ ）

二、单项选择题

1. 企业进行持有至到期投资,溢价购进债券而产生的利息调整额,通过分期摊销完毕后,在收回债券本金时"持有至到期投资"账户的余额＿＿＿＿＿债券的面值。

A. 大于　　　　　　　　　　B. 小于

C. 可能大于,也可能等于　　D. 等于

2. 持有至到期投资重分类为可供出售金融资产时,其账面价值与公允价值之间的差额列入"＿＿＿＿＿"账户。

A. 公允价值变动损益　　　　B. 资本公积

C. 投资收益　　　　　　　　D. 其他综合收益

3. 购进股票或债券作为＿＿＿＿＿入账的,其购进时发生的交易费用列入"投资收益"账户。

A. 交易性金融资产　　　　　B. 可供出售金融资产

C. 持有至到期投资　　　　　D. 长期股权投资

4. ＿＿＿＿＿期末的公允价值与账面余额不同时,其差额列入"其他综合收益"账户。

A. 交易性金融资产　　　　　B. 可供出售金融资产

C. 持有至到期投资　　　　　D. 长期股权投资

5. ＿＿＿＿＿期末的公允价值与账面余额不同时,其差额列入"公允价值变动损益"账户。

A. 交易性金融资产　　　　　B. 可供出售金融资产

C. 持有至到期投资　　　　　D. 长期股权投资

6. 已确认的减值损失的＿＿＿＿＿,在随后的会计期间,其公允价值上升的,应在原已计提的减值准备金额内予以转回。

A. 交易性金融资产　　　　　B. 持有至到期投资

C. 可供出售金融资产　　　　D. 长期股权投资

三、多项选择题

1. 长期投资按照投资的目的不同,可分为＿＿＿＿＿。

A. 可供出售的金融资产　　　B. 持有至到期投资

C. 交易性金融资产　　　　　D. 长期股权投资

2. 短期投资具有投资收回快、＿＿＿＿＿的特点。

A. 风险小　　　B. 变现能力强　　　C. 机动灵活　　　D. 投资收益大

3. 长期投资的目的是＿＿＿＿＿。

A. 为扩展生产经营规模筹集资金

B. 获得高额利润

C. 为大规模更新生产经营设施筹集资金

D. 影响与控制被投资单位的经营业务

4. 非同一控制下的企业合并,企业合并成本包括＿＿＿＿＿。

A. 发生或承担的负债

B. 发行权益性证券的公允价值

C. 为进行企业合并发生的各项相关费用

D. 购买方付出的资产

5. 企业采用权益法核算时,当被投资单位实现了净利润、_____时,应增加长期股权投资。

A. 其他综合收益增加　　　　　　　　　B. 资本溢价

C. 宣告分派现金股利　　　　　　　　　D. 收到现金股利

6. _____期末发生减值时,应当计提资产减值准备。

A. 交易性金融资产　　　　　　　　　　B. 可供出售金融资产

C. 持有至到期投资　　　　　　　　　　D. 长期股权投资

练 习 题

练 习 题 一

一、目的　练习交易性金融资产的核算。

二、资料　上海土产公司发生下列有关经济业务:

1. 2月1日,购进申江公司股票10 000股,每股5.60元,另以交易金额的0.3‰支付佣金,款项一并以银行存款支付。该股票为交易目的而持有。

2. 2月5日,购进江浦公司股票15 000股,每股5元,另以交易金额的0.3‰支付佣金,款项一并以银行存款支付。江浦公司已于2月1日宣告分派现金股利,每股0.11元,定于2月11日起,按2月10日的股东名册支付。该股票为交易目的而持有。

3. 2月11日,收到本公司持有2月5日购进的江浦公司15 000股股票的现金股利1 650元,存入银行。

4. 2月18日,收到本公司持有2月1日购进的申江公司股票10 000股的现金股利1 200元,存入银行。

5. 2月27日,以1 080元购进电力公司去年按面值发行的债券100张,每张面值1 000元,以交易金额0.2‰支付佣金,款项一并以银行存款支付。该债券年利率为8%,每年2月27日支付利息。该债券为交易目的而持有。

6. 2月28日,收到电力公司付来债券利息8 000元,存入银行。

7. 2月28日,申江公司股票每股公允价值为5.65元,江浦公司股票每股公允价值为5.10元,电力公司1 000元面值债券的公允价值为1 000.30元,予以转账。

8. 2月28日,将公允价值变动损益结转"本年利润"账户。

9. 3月15日,出售持有的申江公司股票10 000股,每股5.80元,另按交易金额0.3‰支付佣金,1‰缴纳印花税,收到出售净收入,存入银行。

10. 3月25日,出售持有的江浦公司股票15 000股,每股5.40元,另按交易金额的0.3‰支付佣金,1‰缴纳印花税,收到出售净收入,存入银行。

11. 3月30日,出售持有的电力公司债券100张,每张面值1 000元,现按1 005元成交,另按交易金额0.2‰支付佣金。收到出售净收入,存入银行。

三、要求　编制会计分录。

练 习 题 二

一、目的　练习持有至到期投资的核算。

二、资料

1. 上海服装公司发生下列有关经济业务：

(1) 3 月 31 日，购进新发行的沪江公司 2 年期债券 84 张，每张面值 1 000 元，按面值购进，并按交易金额的 0.2‰支付佣金，款项一并以银行存款支付。债券的票面年利率为 8%，到期一次还本付息。该债券准备持有至到期。

(2) 3 月 31 日，购进新发行的银河公司 4 年期债券 120 张，每张面值 1 000 元，购进价格为 1 033.09 元，并按交易金额 0.2‰支付佣金，款项一并以银行存款支付。债券的票面年利率为 9%，而实际年利率为 8%，每年 3 月 31 日支付利息。该债券准备持有至到期。

(3) 3 月 31 日，购进新发行的天宝公司 2 年期债券 90 张，每张面值 1 000 元，购进价格为 982.13 元，并按交易金额的 0.2‰支付佣金，款项一并以银行存款支付。债券的票面年利率为 7%，而实际年利率为 8%，每年 3 月 31 日支付利息。该债券准备持有至到期。

(4) 4 月 30 日，分别预计购进的三种债券本月份的应收利息入账。

(5) 5 月 30 日，今决定将持有的沪江公司债券重分类为可供出售金融资产，该 1 000 元面值债券的公允价值为 1 013 元，予以转账。

2. 次年接着又发生下列有关经济业务：

(1) 3 月 31 日，收到银河公司付来去年发行的债券利息，存入银行。

(2) 3 月 31 日，收到天宝公司付来去年发行的债券利息，存入银行。

(3) 4 月 25 日，出售天宝公司发行的 2 年期债券 90 张，每张面值 1 000 元，现按 996 元出售，另按交易金额的 0.2‰支付佣金，收到出售净收入，存入银行。

(4) 4 月 30 日，银河公司因发生严重的财务困难，现 1 000 元面值的债券仅 998.50 元，计提其减值准备。

(5) 5 月 15 日，出售银河公司发行的 4 年期债券 120 张，每张面值 1 000 元，出售价格为 998.60 元，另按交易金额的 0.2‰支付佣金，收到出售净收入，存入银行。

三、要求

1. 编制会计分录(用直线法摊销利息调整额)。

2. 用实际利率法计算利息调整各年的摊销额。

练 习 题 三

一、**目的**　练习可供出售金融资产的核算。

二、**资料**　静安商厦发生下列有关的经济业务：

1. 4 月 5 日，购进华源公司股票 25 000 股，每股 6 元，另以交易金额 0.3‰支付佣金，款项一并以银行存款支付，该股票准备日后出售。

2. 4 月 10 日，购进天平公司股票 20 000 股，每股 8 元，另以交易金额 0.3‰支付佣金，款项一并以银行存款支付，天平公司已于 4 月 5 日宣告将于 4 月 20 日分派现金股利，每股 0.26 元。该股票准备日后出售。

3. 4 月 20 日，收到天平公司发放的现金股利，每股 0.26 元，计 5 200 元，存入银行。

4. 4 月 25 日，收到华源公司发放的现金股利，每股 0.12 元，计 3 000 元，存入银行。

5. 4 月 30 日，购进中兴公司按面值发行的 3 年期债券 150 000 元，另以交易金额的 0.2‰支付佣金,款项一并以银行存款支付,该债券年利率为8%,每年4月30日付息。该债券准备日后出售。

6.4月30日,华源公司股票每股公允价值6.20元,天平公司股票每股公允价值7.90元,调整其账面价值。

7.5月25日,出售华源公司股票25 000股,每股6.50元,另按交易金额0.3‰支付佣金,1‰缴纳印花税,收到出售净收入,存入银行。

8.5月31日,天平公司因经营失误发生严重财务困难,其股票的公允价值大幅度下降,每股为7.25元,计提其减值损失。

三、要求 编制会计分录。

练 习 题 四

一、目的 练习长期股权投资初始成本的核算。

二、资料 浦江商业集团公司内的华夏商厦"资本公积——资本溢价"账户余额为60 000元,"盈余公积"账户余额为150 000元。现发生下列有关的经济业务:

1.1月5日,现合并本商业集团内的长宁商厦,取得该商厦60%的股权。长宁商厦所有者权益账面价值为3 500 000元,支付合并对价资产的账面价值为2 240 000元,其中:固定资产1 200 000元,已提折旧200 000元,其余1 240 000元以银行存款支付。

2.3月25日,今以1 667 000元合并成本从大宁商厦的股东中购入该商厦45%的股权。对价付出资产的账面价值为1 519 400元,其中:固定资产1 000 000元,已提折旧120 000元,其公允价值为885 000元,库存商品558 000元,其余81 400元以银行存款支付。库存商品的公允价值为620 000元,增值税税率为13%。

3.5月20日,从证券市场购买津海公司股票360 000股,准备长期持有。该股票每股5元,占该公司股份的5%,另按交易金额的0.3‰支付佣金,款项一并以银行存款支付。该公司已宣告将于5月26日发放现金股利,每股0.11元。

4.7月25日,以发行股票1 200 000股的方式取得天源公司10%的股权,股票每股面值1元,发行价为5.50元,另需支付相关税费26 400元,款项一并以银行存款支付。

三、要求 编制会计分录。

练 习 题 五

一、目的 练习长期股权投资后续计量的核算。

二、资料

1.上海交电公司发生下列有关的经济业务:

(1)9月30日,购进飞马公司的股票5 500 000股,占该公司有表决权股份的55%,取得了控制权。该股票每股5元,另按交易金额的0.3‰支付佣金,款项一并以银行存款支付。

(2)次年3月12日,飞马公司宣告将于3月27日发放上年度的现金股利,每股0.16元。该公司去年实现净利润2 150 000元。

(3)次年3月27日,收到飞马公司发放的现金股利880 000元,存入银行。

(4)次年7月31日,飞马公司发生严重财务困难,每股市价下跌至4.50元,计提其减值准备。

(5)次年8月20日,出售飞马公司股票20 000股,每股4.45元,另按交易金额的0.3‰支付佣金,1‰缴纳印花税。收到出售净收入,存入银行。

2. 上海五金公司发生下列有关的经济业务：

(1) 1月2日,从昌盛商厦股东中购入该商厦45%的股权,取得了对昌盛商厦的共同控制权。而对价付出资产的账面价值为3 550 000元,其中:固定资产1 500 000元,已提折旧100 000元,而固定资产的公允价值为1 408 000元,其余2 150 000元以银行存款支付。

(2) 1月3日,昌盛商厦接受本公司投资后,可辨认净资产公允价值为8 000 000元,按本公司享有45%的份额,调整长期股权投资。

(3) 12月31日,昌盛商厦的利润表上的净利润为720 000元。

(4) 12月31日,昌盛商厦因持有的可供出售金融资产的公允价值(已扣除交易费用)大于账面价值50 000元,按照应享有的份额转账。

(5) 12月31日,昌盛商厦的资产负债表上因接受其他股东的资本性投入因素增加了资本公积200 000元,按持股比例,确认应享有的份额入账。

(6) 次年3月20日,昌盛商厦宣告将于3月30日按净利润的60%分配利润。

(7) 次年3月30日,收到昌盛商厦分配来的利润,存入银行。

(8) 次年9月30日,以480 000元出售本公司持有昌盛商厦5%的股权,扣除交易费用2 500元后,收到出售股权净收入477 500元,存入银行。

三、要求　编制会计分录。

第八章 负债的核算

第一节 负债概述

一、负债的特征

负债是指企业过去的交易或事项形成的,预期会导致经济利益流出企业的现时义务。它通常具有以下四个特征。

(一)负债是基于过去的交易或事项而产生的

负债是基于过去的交易或事项而产生的。只有源于已经发生的交易或事项,会计上才有可能确认为负债,如企业赊购商品,或使用劳务就产生了应付账款这种负债。对于正在筹划的未来交易或事项,不能确认其为负债,如企业与供货方签订的采购合同,在未履行前,不会产生负债。

(二)负债是企业承担的现时义务

负债是企业承担的现时义务。由于具有约束力的合同或法定要求,义务在法律上可能是强制执行的,如企业向银行借入资金,就负有按期归还本金并支付利息的义务。义务还可能产生于正常的业务活动、习惯以及为了保持良好的业务关系或公平处事的愿望,如企业确定对售出的商品在 1 年内予以免费修理,那么企业已经售出的商品预期将会发生的修理费用就是该企业的负债。

(三)现时义务的履行通常关系到企业放弃含有经济利益的资产

企业履行现时义务时,通常要放弃含有经济利益的资产,以满足对方的要求。现行义务的履行,可采取若干种方式,如支付现金、转让非现金资产、提供劳务、以其他义务替换该项义务、将该项义务转换为所有者权益等。

(四)负债通常都有明确的债权人和偿付债务的日期

企业发生负债,通常有明确的债权人和偿付债务的日期,有时即使没有确切的债权人和偿付债务的日期,但能作出合理的估计。如企业赊购付款期限为 1 个月的商品,在确立这笔负债时,债权人为供货单位,偿付债务的日期为 1 个月,非常明确。而对于售出保修的商品,虽然债权人和偿付债务的日期没有确定,但可以根据保修商品的历史资料,确定保修商品的返修率,再根据保修商品的销售量以及保修期限,可以对保修商品的债权人和偿付债务的日期作出合理的估计。

总之,企业通过承担现时义务以取得其所需要的各种资产和劳务,从而形成了企业的负债。同时企业又以付出将来的经济利益作为代价,届时将以债权人所能接受的资产或劳务来清偿所形成的负债。因此,正确合理地计量反映负债,是正确反映企业财务状况和正确预测企业未来现金流量和偿债能力的基础。

二、负债的分类

企业的负债有多种多样,其形成的原因,偿还的方式和偿还期限各不相同,都有自身的特点。根据管理和核算的需要,负债可以按不同的标准进行分类。

(一)按照负债形成的原因分类

按照负债形式的原因不同,可分为经营性负债、融资性负债和其他负债。经营性负债是指企业因经营活动而发生的负债,如应付票据、应付账款、预收账款、应付职工薪酬等。融资性负债是指企业因融通资金而发生的负债,如短期借款、长期借款、应付债券、长期应付款等。其他负债是指由不属于以上两种的其他原因而发生的负债,如其他应付款、预提费用、预计负债等。

(二)按照负债偿还的方式分类

按照负债偿还的方式不同,可分为货币性负债和非货币性负债。货币性负债是指企业将来必须以货币资金偿还的债务,如短期借款、应付票据、应付账款、长期借款、应付债券等。非货币性负债是指企业将来以实物、劳务以及其他非货币性资产偿还的债务,如预收账款、售后商品保修、担保负债等。

(三)按照负债偿还的期限分类

按照负债的流动性不同,可分为流动负债和非流动负债。流动负债是指企业预计在一个正常营业周期中清偿,或者主要为交易目的而持有的,或者自资产负债表日起1年内到期应予以清偿的,或者企业无权自主地将清偿推迟至资产负债表日后1年以上的负债。非流动负债是指流动负债以外的负债。

第二节　流动负债的核算

流动负债偿还的期限短,它包括短期借款、应付票据、应付账款、预收账款、代销商品款、应付职工薪酬、应交税费、应付股利、其他应付款和预提费用等。

流动负债的特点是偿还期限短,它必须在1年内偿还。流动负债包括的内容非常广泛,有关存货购销方面的流动负债在各有关章节作了阐述。本节主要阐述短期借款和应付职工薪酬,其他流动负债的内容将在其他有关章节中阐述。

一、短期借款

短期借款是指企业向银行或其他金融机构借入的,期限在1年以下(含1年)的借款。当企业发生生产经营周转资金不足,或者由于季节性储备的需要,可以通过向银行或其他金融机构借入短期借款,以确保生产经营活动的开展。

企业取得短期借款时,借记"银行存款"账户,贷记"短期借款"账户。归还短期借款时,借记"短期借款"账户,贷记"银行存款"账户。

"短期借款"是负债类账户,用以核算企业向银行等金融机构借入的期限在 1 年以下的各种借款。企业取得短期借款时,记入贷方;企业归还短期借款时,记入借方;期末余额在贷方,表示企业尚未归还的短期借款数额。该账户一般按短期借款种类或债权人进行明细分类核算。

二、应付职工薪酬的核算

(一)职工薪酬概述

职工薪酬是指企业为获得职工提供服务而给予各种形式的报酬以及其他相关支出。

职工薪酬包括的内容有:① 职工工资、奖金、津贴和补贴。② 职工福利费。③ 医疗保险费、养老保险费、失业保险费等社会保险费。④ 住房公积金。⑤ 工会经费和职工教育费。⑥ 非货币性福利。⑦ 因解除与职工劳动关系给予的补偿。⑧ 其他与获得职工提供服务相关的支出。

(二)职工工资、奖金、津贴和补贴的核算

职工工资是指按照职工工作能力、劳动熟练程度、技术复杂程度和劳动繁简轻重程度,以及所负责任大小等所规定的工资标准支付给职工的劳动报酬。按照其计算的方法不同分为计时工资和计件工资。计时工资是指按计时工资标准和工作时间支付给个人的劳动报酬,计件工资是指根据已完成的销售量或工作量计算支付给个人的劳动报酬。

奖金是指支付给职工的超额劳动报酬和增收节支的劳动报酬。主要有生产奖、节约奖等,但不包括发明创造和技术改造奖。

津贴和补贴是指为了补偿职工特殊或额外的劳动消耗和因其他特殊原因支付给职工的津贴,以及为了职工工资水平不受物价影响支付给职工的物价补贴。主要有中、夜班津贴,岗位津贴,特殊工种津贴和副食品补贴等。

我国主要采用计时工资。企业一般按月计算并发放工资,在计算职工应发工资时,应根据劳动工资部门转来的考勤记录及其他有关资料,按职工出、缺勤情况,计算职工应发工资。其计算公式如下:

$$应发工资 = 工资 - 缺勤应扣工资$$

缺勤应扣工资是指病、事假应扣工资。在计算病、事假应扣工资时,先要将职工的月工资标准计算成日工资标准。日工资标准有两种计算方法。

一种是按法定工作日计算,其计算依据是:全年共 365 天,每周法定休息 2 天,全年休息日 104 天,法定假日 11 天,除去休假日 115 天,年法定工作日为 250 天,则月法定工

作日为 20.83 天,其计算公式如下:

$$日工资标准=\frac{月工资标准}{20.83 天}$$

另一种是按日历日数计算,每月按 30 天计算,其计算公式如下:

$$日工资标准=\frac{月工资标准}{30 天}$$

$$事假应扣工资=日工资标准×事假天数$$

$$病假应扣工资=日工资标准×病假天数×病假扣款率$$

现将《劳动保险条例》规定的病假扣款率列示如图表 8-1 所示。

图表 8-1

《劳动保险条例》病假扣款率表

工　　龄	2 年以下	已满 2 年 不满 4 年	已满 4 年 不满 6 年	已满 6 年 不满 8 年	8 年以上
病假扣款率	40％	30％	20％	10％	0

长期病假人员是指连续病假在 6 个月以上的人员,按扣款率 40％计算病假应扣工资。

【例】　九洲商厦日工资按日历天数计算。职工王林月工资标准为 4 500 元,4 月份病假 5 天,工龄 4 年,计算其病假应扣工资及应发工资如下:

$$王林日工资标准=\frac{4\ 500}{30}=150(元)$$

$$王林病假应扣工资=150×5×20\%=150(元)$$

$$王林应发工资=4\ 500-150=4\ 350(元)$$

应发工资计算完毕后,再根据考勤记录及有关部门转来的奖金、津贴和补贴及代扣款项等有关资料,计算职工薪酬的实发金额。其计算公式如下:

$$实发金额=应发工资+奖金+津贴和补贴-代扣款项$$

在实际工作中,企业是通过编制工资结算单来结算工资的。工资结算单一式数联,其中一联经职工领款签收后,作为工资结算和发放的原始凭证;一联转交劳动工资部门;一联由财会部门留存。工资结算单的格式如图表 8-2 所示。

财会部门以前是从银行提取现金发放职工工资的,现在随着银行服务的提高,可以委托开户银行通过网络将工资转入职工的银行储蓄卡。

企业发放工资、奖金、津贴和补贴时,借记"应付职工薪酬"账户,贷记"银行存款"和"其他应付款"等账户。期末将"应付职工薪酬"账户归集的各类人员的工资费用进行分配,属于商品经营业务人员的工资费用,转入"销售费用"账户;属于管理人员的工资费用,转入"管理费用"账户;属于其他经营业务人员的工资费用,转入"其他业务成本"账户;属于建筑安装固定资产人员的工资费用,转入"在建工程"账户;属于6个月以上长期病假的工资费用,则转入"管理费用"账户。

【例】 九洲商厦编制的4月份工资结算单如图表8-2所示。

(1) 15日,按照工资结算单实发金额 158 022 元委托银行代发职工工资,根据银行付款回单和工资结算单,作分录如下:

借:应付职工薪酬——经营人员工资	158 800.00
借:应付职工薪酬——管理人员工资	22 000.00
借:应付职工薪酬——其他业务人员工资	10 800.00
贷:银行存款	158 022.00
贷:其他应付款——住房公积金	13 412.00
贷:其他应付款——养老保险费	15 328.00
贷:其他应付款——医疗保险费	3 832.00
贷:其他应付款——失业保险费	958.00
贷:应交税费——应交个人所得税	48.00

(2) 31日,将本月份发放的职工薪酬进行分配,作分录如下:

借:销售费用——职工薪酬	158 800.00
借:管理费用——职工薪酬	22 000.00
借:其他业务成本	10 800.00
贷:应付职工薪酬——经营人员工资	158 800.00
贷:应付职工薪酬——管理人员工资	22 000.00
贷:应付职工薪酬——其他业务人员工资	10 800.00

(三)职工福利费、工会经费和职工教育经费的核算

职工福利费是指用于职工医疗卫生、生活困难补助、集体福利设施等支出。根据规定职工福利费按工资总额的一定比例提取。工资总额是指各企业在一定时期内直接支付给本企业全部职工的劳动报酬总额。它包括职工工资、奖金、津贴和补贴。

工会经费是指工会组织的活动经费。根据规定工会经费按工资总额的2%提取。

职工教育经费是指企业用于职工学习先进技术和科学文化的经费。根据规定职工教育经费按工资总额的1.5%～2.5%提取。

企业在提取职工福利费、工会经费和职工教育经费时,按商品经营人员工资总额提

图表 8-2

工资结算单
2021 年 4 月 15 日

第 2 页
单位：元

姓名	工资	病假工资	事假工资	应发工资	奖金	中夜班津贴	副食品补贴	应发薪酬合计	住房公积金	养老保险费	医疗保险费	失业保险费	个人所得税	合计	实发金额	签章
姚萍	3 950			3 950	400	100	50	4 500	315.00	360.00	90.00	22.50		787.50	3 712.50	
王林	4 500	150		4 350	200		50	4 600	322.00	368.00	92.00	23.00		805.00	3 795.00	
周祥	4 800			4 800	490	60	50	5 400	378.00	432.00	108.00	27.00		945.00	4 455.00	
刘伯康	5 400		180	5 220	410	120	50	5 800	406.00	464.00	116.00	29.00		1 015.00	4 785.00	
杨晨	6 650			6 650	500		50	7 200	504.00	576.00	144.00	36.00	12.00	1 272.00	5 928.00	
小计	25 300	150	180	24 970	2 000	280	250	27 500	1 925.00	2 200.00	550.00	137.50	12.00	4 824.50	22 675.50	
商品经营人员工资合计	146 600	680	820	145 100	11 200	1 100	1 400	158 800	11 116.00	12 704.00	3 176.00	794.00	18.00	27 808.00	130 992.00	
管理人员工资合计	20 580	180		20 400	1 450		150	22 000	1 540.00	1 760.00	440.00	110.00	30.00	3 880.00	18 120.00	
其他业务人员工资合计	9 950			9 950	750		100	10 800	756.00	864.00	216.00	54.00		1 890.00	8 910.00	
工资合计	177 130	860	820	175 450	13 400	1 100	1 650	191 600	13 412.00	15 328.00	3 832.00	958.00	48.00	33 578.00	158 022.00	

取的,列入"销售费用"账户;按企业行政管理人员和长期病假人员工资总额提取的,列入"管理费用"账户;按其他业务经营人员工资总额提取的,列入"其他业务成本"账户;按建筑安装人员工资总额提取的,列入"在建工程"账户。

【例】 九洲商厦4月份发放职工的工资总额为191 600元,其中:商品经营人员158 800元,管理人员22 000元,其他业务经营人员10 800元,按本月工资总额的14%、2%和1.5%,分别计提职工福利费、工会经费和职工教育经费,作分录如下:

借:销售费用——职工薪酬(158 800×17.5%)　　　　　　　27 790.00
借:管理费用——职工薪酬(22 000×17.5%)　　　　　　　　3 850.00
借:其他业务成本(10 800×17.5%)　　　　　　　　　　　　1 890.00
　　贷:应付职工薪酬——职工福利(191 600×14%)　　　　　26 824.00
　　贷:应付职工薪酬——工会经费(191 600×2%)　　　　　3 832.00
　　贷:应付职工薪酬——职工教育经费(191 600×1.5%)　　2 874.00

职工福利费主要用途有:职工的医药费,企业内医务人员的工资、医务经费及职工因公负伤就医路费;职工生活困难补助费;企业福利机构如浴室、托儿所等工作人员工资,以及这些项目支出与收入相抵后的差额;集体福利设施和文化体育设施;独生子女补助费及其他福利支出。

企业在支用职工福利费、职工教育经费和拨交工会组织工会经费时,再借记"应付职工薪酬"账户,贷记"银行存款"或"库存现金"账户。

(四)医疗保险费、养老保险费、失业保险费等社会保险费和住房公积金的核算

医疗保险费是指由企业负担的用于职工医疗保险的费用。企业按工资总额的12%缴纳,职工按工资总额的2%缴纳。

养老保险费是指由企业负担的用于职工退休后支付职工退休金的费用。企业按工资总额的20%缴纳,职工按工资总额的8%缴纳。

失业保险费是指由企业负担的用于职工失业的保险费用。企业按工资总额的1%缴纳,职工按工资总额的0.5%缴纳。

住房公积金是指企业为其在职职工缴存的长期住房储金。企业按工资总额的7%缴纳,职工也按工资总额的7%缴纳。

企业负担的医疗保险费已包含在职工福利费内,因此在计提时只需在"应付职工薪酬"的二级明细账户内进行划转。

企业负担的养老保险费、失业保险费等社会保险费和住房公积金在按月计提时,应根据不同的人员分别借记"销售费用""管理费用""其他业务成本""在建工程"等账户,贷记"应付职工薪酬"账户。

职工负担的医疗保险费、养老保险费、失业保险费和住房公积金在发放职工薪酬予

以代扣时,已经列入"其他应付款"账户。

企业按规定将医疗保险费、养老保险费、失业保险费等社会保险费缴纳给社会保险事业基金结算管理中心;将住房公积金缴纳给公积金管理中心时,应借记"应付职工薪酬""其他应付款"账户,贷记"银行存款"账户。

【例】　根据前例的资料对社会保险费和住房公积金进行计提和缴纳的核算。

(1) 按工资总额的 12% 计提医疗保险费,作分录如下:

借:应付职工薪酬——职工福利　　　　　　　　　　　　　　　　　22 992.00
　　贷:应付职工薪酬——社会保险费(191 600×12%)　　　　　　　22 992.00

(2) 按工资总额的 20%、1% 和 7% 分别计提养老保险费、失业保险费和住房公积金,作分录如下:

借:销售费用——职工薪酬(158 800×28%)　　　　　　　　　　　44 464.00
借:管理费用——职工薪酬(22 000×28%)　　　　　　　　　　　　6 160.00
借:其他业务成本——职工薪酬(10 800×28%)　　　　　　　　　　3 024.00
　　贷:应付职工薪酬——社会保险费(191 600×21%)　　　　　　　40 236.00
　　贷:应付职工薪酬——住房公积金(191 600×7%)　　　　　　　　13 412.00

(3) 将本月应缴的医疗保险费、养老保险费、失业保险费和住房公积金(含为职工代扣的部分)分别缴纳给社会保险事业基金结算管理中心和公积金管理中心时,作分录如下:

借:应付职工薪酬——社会保险费　　　　　　　　　　　　　　　　63 228.00
借:应付职工薪酬——住房公积金　　　　　　　　　　　　　　　　13 412.00
借:其他应付款——住房公积金　　　　　　　　　　　　　　　　　13 412.00
借:其他应付款——养老保险费　　　　　　　　　　　　　　　　　15 328.00
借:其他应付款——医疗保险费　　　　　　　　　　　　　　　　　3 832.00
借:其他应付款——失业保险费　　　　　　　　　　　　　　　　　958.00
　　贷:银行存款　　　　　　　　　　　　　　　　　　　　　　　110 170.00

"应付职工薪酬"是负债类账户,用以核算企业根据规定应付给职工的各种薪酬。企业发生职工各种薪酬时,记入贷方;企业支付职工各种薪酬时,记入借方;期末余额在贷方,表示企业尚未支付的职工薪酬。

"其他应付款"账户是负债类账户,用以核算企业除应付票据、应付账款、预收账款、应付职工薪酬、应付利息、应付股利、应交税费等以外的其他各项应付、暂收的款项。企业发生各种其他应付、暂收款项时,记入贷方;企业支付或归还其他应付、暂收款项时,记入借方;期末余额在贷方,表示企业尚未支付的其他应付款项。

第三节 非流动负债的核算

一、非流动负债的意义和特点

非流动负债的偿还期限较长,它主要包括长期借款、应付债券、长期应付款、专项应付款和预计负债等。

企业在开业阶段,通过长期负债可以弥补投资者投入资金的不足,以保证经营业务的顺利进行。企业在经营过程中,当需要扩展经营规模,开拓新的市场而需要大量固定资产投资时,如果等待企业内部形成足够的留存收益后,再进行投资,将会丧失有利的时机,因此通过非流动负债来筹集资金是一种有效的方法。

非流动负债与流动负债相比较,具有负债数额大,偿还期限长的特点。

二、借款费用

(一)借款费用概述

借款费用是指企业因借款而发生的利息及其他相关成本。它包括借款利息、利息调整额的摊销、辅助费用以及因外币借款而发生的汇兑差额等。辅助费用是指向银行借款的手续费、发行债券的发行费用等。

企业发生的借款费用,可直接归属于符合资本化条件的资产的购建或者生产的,应当予以资本化,计入相关资产成本;其他借款费用,应当在发生时根据其发生额确认为费用,计入当期损益。

符合资本化条件的资产,是指需要经过相当长时间的购建或者生产活动才能达到预定可使用或者可销售状态的固定资产、投资性房地产和存货等资产。

(二)借款费用予以资本化的条件

借款费用同时满足下列条件的,才能开始予以资本化: ① 资产支出已经发生。资产支出包括为购建或者生产符合资本化条件的资产而以支付现金、转移非现金资产或者承担带息债务形式发生的支出。② 借款费用已经发生。③ 为使资产达到预定可使用或者可销售状态所必要的购建或者生产活动已经开始。

(三)借款利息资本化金额的确定

在资本化期间内,每一会计期间的利息(包括利息调整额的摊销)资本化的金额,应当按照下列规定确定:

为购建或者生产符合资本化条件的资产而借入专门借款的,应当以专门借款当期实际发生的利息费用,减去将尚未动用的借款资金存入银行取得的利息收入或进行暂时性投资取得的投资收益后的金额确定。专门借款是指为购建或者生产符合资本化条件的资产而专门借入的款项。

为购建或者生产符合资本化条件的资产而占用了一般借款的,企业应当根据累计资产支出超过专门借款部分的资产支出的加权平均数乘以所占用一般借款的资本化率,计算确定一般借款应予以资本化的利息金额。资本化率应当根据一般借款加权平均利率计算确定。

资本化期间是指从借款开始资本化时点到停止资本化时点的期间,借款费用暂停资本化的期间不包括在内。

（四）辅助费用的处理

专门借款发生的辅助费用,在所购建或者生产的符合资本化条件的资产达到预定可使用或者可销售状态之前发生的,应当在发生时根据其发生额予以资本化,计入符合资本化条件的资产的成本;在所购建或者生产的符合资本化条件的资产达到预定可使用或者可销售状态之后发生的,应当在发生时根据其发生额确认为费用,计入当期损益。

一般借款发生的辅助费用,应当在发生时根据其发生额确认为费用,计入当期损益。

三、长期借款

长期借款是指商品流通企业在固定资产不能满足经营业务需要时,向银行或其他金融机构借入的期限在 1 年以上的各种借款。

企业向银行申请长期借款等,必须与银行签订贷款合同,并要提供不同形式的担保,然后在合同规定的期限内还本付息。

企业按照贷款合同取得购建固定资产的长期借款时,借记"银行存款"账户,贷记"长期借款——专门借款"账户。专门借款的利息不论是分期支付,还是一次性支付,均应按照权责发生制的要求分期列支。专门借款当期实际发生的利息费用,减去将尚未动用的借款资金存入银行取得的利息收入或者进行暂时投资取得的投资收益后的金额,确定为专门借款利息费用的资本化金额,并应当在资本化期间内,将其计入固定资产的购建成本;在固定资产购建完成达到预定可使用状态后发生的利息费用,则应直接计入当期损益,列入"财务费用"账户。

在借款费用资本化期间内,为购建或生产符合资本化条件的资产占用了一般借款的,一般借款应予资本化的利息金额的计算公式如下:

$$\text{一般借款利息费用资本化金额}=\text{累计资本支出超过专门借款部分的资产支出加权平均数}\times\text{所占用一般借款的资本化率}$$

$$\text{所占用一般借款的资本化率}=\frac{\text{所占用一般借款当期实际发生的利息之和}}{\text{所占用一般借款本金加权平均数}}\times100\%$$

$$\text{所占用一般借款本金加权平均数}=\Sigma\left(\text{所占用每笔一般借款本金}\times\frac{\text{每笔一般借款在当期所占用的天数}}{\text{当期天数}}\right)$$

【例】 上海有色金属公司为建造仓库向建设银行借入专门借款 420 000 元,合同规定 2 年到期,年利率为 8%,单利计息,到期一次还本付息。

(1) 2019 年 1 月 31 日,企业取得专门借款转入银行存款户时,作分录如下:

借:银行存款　　　　　　　　　　　　　　　　　　　420 000.00
　　贷:长期借款——专门借款——本金　　　　　　　　　　　420 000.00

(2) 2019 年 1 月 31 日,以银行存款支付第一期工程款 300 000 元,增值税额27 000元,作分录如下:

借:在建工程——建筑工程——建造仓库　　　　　　　300 000.00
借:应交税费——应交增值税——进项税额　　　　　　　27 000.00
　　贷:银行存款　　　　　　　　　　　　　　　　　　327 000.00

(3) 2019 年 2 月 28 日,计提本月份专门借款利息 2 800 元,作分录如下:

借:在建工程——建筑工程——建造仓库　　　　　　　　2 800.00
　　贷:长期借款——专门借款——利息(420 000×8%÷12)　　2 800.00

(4) 2019 年 12 月 31 日,收到尚未动用的专门借款存入银行的利息收入 261 元,作分录如下:

借:银行存款　　　　　　　　　　　　　　　　　　　　261.00
　　贷:在建工程——建筑工程——建造仓库　　　　　　　　261.00

(5) 2019 年 12 月 31 日,以银行存款支付第二期工程款 150 000 元,增值税额13 500元,作分录如下:

借:在建工程——建筑工程——建造仓库　　　　　　　150 000.00
借:应交税费——应交增值税——进项税额　　　　　　　13 500.00
　　贷:银行存款　　　　　　　　　　　　　　　　　　163 500.00

(6) 2020 年 1 月 31 日,仓库竣工,以银行存款支付剩余工程款 10 000 元,增值税额900 元,作分录如下:

借:在建工程——建筑工程——建造仓库　　　　　　　　10 000.00
借:应交税费——应交增值税——进项税额　　　　　　　　900.00
　　贷:银行存款　　　　　　　　　　　　　　　　　　10 900.00

(7) 2020 年 1 月 31 日,计提本月份专门借款利息费用和建造仓库占用一般借款的利息费用,一般借款的费用化率为 6.6‰,作分录如下:

借:在建工程——建筑工程——建造仓库　　　　　　　　3 285.76
　　贷:长期借款——专门借款——利息　　　　　　　　　2 800.00
　　贷:长期借款——一般借款——利息(73 600×6.6‰)　　485.76

（8）2020 年 1 月 31 日，建造的仓库达到预定可使用状态，交付使用，全部工程款 460 000 元，12 个月计提专门借款利息 33 600 元，占用一般借款的费用资本化金额 485.76 元，减去尚未动用资金存入银行取得的利息收入 261 元，工程总决算为 493 824.76 元，予以转账，作分录如下：

  借：固定资产   493 824.76
    贷：在建工程——建筑工程——建造仓库   493 824.76

（9）2020 年 2 月 28 日，计提本月份专门借款利息 2 800 元，作分录如下：

  借：财务费用——利息支出   2 800.00
    贷：长期借款——专门借款——利息   2 800.00

（10）2021 年 1 月 31 日，以银行存款归还建造仓库的专门借款本金 300 000 元和利息 67 200 元，作分录如下：

  借：长期借款——专门借款——本金   300 000.00
  借：长期借款——专门借款——利息   64 400.00
  借：财务费用——利息支出   2 800.00
    贷：银行存款   367 200.00

"长期借款"是负债类账户，用以核算企业向银行等金融机构借入的期限在 1 年以上的长期借款及其应计利息。企业发生长期借款和应计利息时，记入贷方；企业归还长期借款和支付利息时，记入借方；期末余额在贷方，表示企业尚未偿还的长期借款本金和利息。

四、应付债券的核算

（一）债券的概述

债券是指企业向社会上公开筹借资金而发行的，约定在一定期限内还本付息的有价证券。它是企业负债的另一种形式，由于企业将所需借入的资金划分为许多较小的计价单位，如 100 元、500 元、1 000 元等不同票面价值的债券，这样就为社会上不同阶层就其愿意投入的投资额进行投资提供了方便。因此，债券是企业筹集资金的重要方式。与长期借款相比较，它具有可以向企业、单位、社会团体和个人发行，并且可以在金融市场上流通转让的特点。

企业因资金不足而发行债券，必须经中国人民银行批准，企业也可以委托银行或其他金融机构代理发行债券。企业发行的债券，主要用于投资建设项目。企业发行债券必须具备的内容有：① 债券的面值。债券的面值又称本金，它是指举债企业在债券到期日应偿还给持票人的金额。② 票面利率和付息日期。两者分别指债券的票面上标明的利率和支付债券利率的时间。票面利率为年利率。③ 债券的发行日期、编号和还本日期。

我国规定,企业发行债券的总面额,不得大于该企业自有资产净值;债券的票面利率不得高于银行相同期限居民定期存款利率的40%。

债券按照其偿还期限的不同,可分为短期债券和长期债券两种。偿还期限不超过1年的债券,称为短期债券,其属于流动负债,通过"交易性金融负债"账户核算。偿还期超过1年的债券,称为长期债券。以下阐述的是长期债券。

(二) 债券发行价格的确定

企业是根据市场利率确定债券发行价格的,因此从理论上讲债券应该按面值发行。但实际上,由于发行债券需要先经过设计、印制等一系列筹备工作,到实际发行要相隔一段时间,届时债券的票面利率与市场利率可能会不一致。公司为了维护自身的利益和投资者的利益,就需要确定债券的发行价格。所以,在发行债券时,当票面利率高于市场利率时,债券要溢价发行,当票面利率低于市场利率时,债券要折价发行。

债券的发行价格从资金时间价值的观念来理解,应由两部分构成:一部分是债券面值偿还时按市场利率折算的现值;另一部分是债券各期所支付利息按市场利率折算的现值,其计算公式如下:

债券发行价格=债券面值偿还时的现值+各期债券利息之和的现值
债券面值偿还时的现值=债券面值×复利现值系数
各期债券利息之和的现值=支付一期的利息额×年金现值系数

现值是指未来某一时点上的一定量的现金折合为现在的价值。年金是指一定时期内每次等额收付的系列款项。

公式中的复利现值系数可以通过查阅复利现值系数表取得,年金现值系数可以通过查阅年金现值系数表取得。复利现值系数表和年金现值系数表分别见本书附录一和附录二。

【例】 华夏商厦发行面值为1 000元的债券,票面利率为9%,期限为3年,每满1年付息一次,而市场利率为8%,计算其债券发行价格如下:

按8%利率查得3年期的复利现值系数为0.793 8;年金现值系数为2.577 1。

债券发行价格=1 000×0.793 8+1 000×9%×2.577 1=1 025.74(元)

计算结果表明,债券的发行价格为1 025.74元,溢价25.74元。

(三) 按面值发行债券的核算

当企业按面值发行债券,收到发行债券款时,借记"银行存款"账户,贷记"应付债券——债券面值"账户。

企业举债是为了购建固定资产的,发生的利息、利息调整摊销额和辅助费用,在固定资产达到预定可使用状态前,应予以资本化;在固定资产达到预定可使用状态后,应予以费用化。企业举债的目的是用于流动资产的,上列的借款费用也应予以费用化。

债券的利息一般是1年支付一次,或到期一次支付。为了使企业利息负担均衡合理,应按月预提债券的利息费用。届时借记"在建工程"或"财务费用"账户,对于1年支付一次利息的,贷记"应付利息"账户;对于到期一次支付利息的,则贷记"应付债券"账户。

企业按期支付债券利息时,借记"应付利息"或"应付债券"账户,贷记"银行存款"账户。

【例】 东亚商厦为建造办公楼,于2019年3月31日按面值600 000元发行债券,债券票面利率为8%,期限为2年,于2021年3月31日还本付息。

(1) 2019年3月28日,以银行存款9 000元支付债券发行费用,作分录如下:

借:在建工程——建筑工程——建造办公楼 9 000.00
　　贷:银行存款 9 000.00

(2) 2019年3月31日,发行债券,收到款项600 000元,存入银行,作分录如下:

借:银行存款 600 000.00
　　贷:应付债券——债券面值 600 000.00

(3) 2019年3月31日,以银行存款支付建造办公楼第一期工程款360 000元,增值税额32 400元,作分录如下:

借:在建工程——建筑工程——建造办公楼 360 000.00
借:应交税费——应交增值税——进项税额 32 400.00
　　贷:银行存款 392 400.00

(4) 2019年4月30日,按8%票面利率计提本月份债券利息,作分录如下:

借:在建工程——建筑工程——建造办公楼 4 000.00
　　贷:应付债券——应计利息(300 000×8%÷12) 4 000.00

(5) 2020年3月31日,建造的办公楼已竣工,以银行存款支付建造办公楼剩余工程款200 000元,增值税额18 000元,作分录如下:

借:在建工程——建筑工程——建造办公楼 200 000.00
借:应交税费——应交增值税——进项税额 18 000.00
　　贷:银行存款 218 000.00

(6) 2020年3月31日,收到尚未动用的债券发行款存入银行的利息收入457元,作分录如下:

借：银行存款   457.00
  贷：在建工程——建筑工程——建造办公楼   457.00

（7）2020年3月31日，建造办公楼已达到预定可使用状态，验收使用，全部工程款为560 000元，债券发行费为9 000元，工程应付债券利息为48 000元，减去尚未动用发行债券资金存入银行取得的利息收入457元，工程总决算为616 543元，作分录如下：

借：固定资产——经营用固定资产   616 543.00
  贷：在建工程——建筑工程——建造办公楼   616 543.00

（8）2021年3月31日，债券到期，以银行存款归还债券本金并支付债券利息696 000元，作分录如下：

借：应付债券——债券面值   600 000.00
借：应付债券——应计利息   92 000.00
借：财务费用——利息支出   4 000.00
  贷：银行存款   696 000.00

（四）溢价和折价发行债券的核算

1. 溢价发行债券的核算   溢价发行债券是指企业发行债券的价格高于债券面值，其高于面值的差额称为债券溢价。当企业发行债券的票面利率高于市场实际利率时，这意味着企业将要以高于市场实际利率支付利息，届时需要溢价发行。因此债券溢价实质上是企业在发行债券时，预收投资者一笔款项，以补偿以后多付给投资者的利息。

企业溢价发行债券后，按实际取得的款项，借记"银行存款"账户；按债券面值，贷记"应付债券——债券面值"账户；实际发行额与面值的差额，贷记"应付债券——利息调整"账户。

【例】 华夏商厦为建造商场，于2020年1月31日发行面值为720 000元的债券，该债券票面利率为9%，期限为3年，每年1月31日付息，于2023年1月31日归还本金，而市场实际利率为8%。

（1）2020年1月28日，以银行存款支付债券发行费用10 800元，作分录如下：

借：在建工程——建筑工程——建造商场   10 800.00
  贷：银行存款   10 800.00

（2）2020年1月31日，将每1 000元面值的债券按1 025.74元发行。今收到溢价发行款738 532.80元，存入银行，作分录如下：

借：银行存款   738 532.80
  贷：应付债券——债券面值   720 000.00
  贷：应付债券——利息调整   18 532.80

2. 折价发行债券的核算   折价发行债券是指企业发行债券的价格低于债券面值。其低于面值的差额称为债券折价。当企业发行债券的票面利率低于市场实际利率时，这意味着企业将要以低于市场实际利率支付利息，就需要折价发行。因此债券折价实质上是企业在发行债券时，预先少收投资者一笔款项，以补偿投资者以后少得利息的损失。

企业折价发行债券后，按实际发行债券取得的款项，借记"银行存款"账户；按债券面值，贷记"应付债券——债券面值"账户；债券面值与实际发行额的差额，记入"应付债券——利息调整"账户的借方。

【例】   人民商厦为补充流动资金，发行面值 300 000 元的债券，债券票面利率为7%，期限为 2 年，于每年 4 月 30 日付息，而市场实际利率为 8%。

(1) 2020 年 4 月 28 日，以银行存款支付债券发行费用 4 500 元，作分录如下：

借：财务费用   4 500.00
　　贷：银行存款   4 500.00

(2) 2020 年 4 月 30 日，将每 1 000 元面值的债券按 982.13 元发行。今收到折价发行款 294 639 元，存入银行，作分录如下：

借：银行存款   294 639.00
借：应付债券——利息调整   5 361.00
　　贷：应付债券——债券面值   300 000.00

（五）利息调整额摊销的核算

企业溢价发行债券，意味着要按高于市场实际利率的票面利率支付利息；企业折价发行债券，意味着要按低于市场实际利率的票面利率支付利息，从而产生了利息调整额。因此，在按月计提债券利息时，还要摊销利息调整额，通过摊销后，使企业实际负担的利息费用与按市场实际利率计算的结果相一致。利息调整额摊销的方法有直线法和实际利率法两种。

1. 直线法摊销利息调整额的核算   直线法是指将利息调整额在债券到期前分期平均摊销的方法。

在摊销利息调整贷方余额时，借记"应付债券——利息调整"账户，贷记"在建工程"或"财务费用"账户。

【例】   前例华夏商厦为建造商场溢价 18 532.80 元，发行 3 年期的债券720 000 元。

(1) 2020 年 1 月 31 日，以银行存款支付建造商场第一期工程款 500 000 元，增值税额 45 000 元，作分录如下：

借：在建工程——建筑工程——建造商场　　　　　　　　　　500 000.00

借：应交税费——应交增值税——进项税额　　　　　　　　　45 000.00

　　贷：银行存款　　　　　　　　　　　　　　　　　　　　　　　545 000.00

（2）2020 年 2 月 28 日，按 9% 票面利率计提本月份债券利息，作分录如下：

借：在建工程——建筑工程——建造商场　　　　　　　　　　5 400.00

　　贷：应付利息　　　　　　　　　　　　　　　　　　　　　　　5 400.00

同时摊销本月份的利息调整额，作分录如下：

借：应付债券——利息调整(18 532.80÷36)　　　　　　　　514.80

　　贷：在建工程——建筑工程——建造商场　　　　　　　　　　　514.80

（3）2021 年 1 月 31 日，将本月份债券利息入账，并支付投资者 1 年期债券利息 64 800 元，作分录如下：

借：应付利息　　　　　　　　　　　　　　　　　　　　　　59 400.00

借：在建工程——建筑工程——建造商场　　　　　　　　　　5 400.00

　　贷：银行存款　　　　　　　　　　　　　　　　　　　　　　　64 800.00

同时摊销本月份的利息调整额，作分录如下：

借：应付债券——利息调整(18 532.80÷36)　　　　　　　　514.80

　　贷：在建工程——建筑工程——建造商场　　　　　　　　　　　514.80

（4）2021 年 1 月 31 日，收到发行债券尚未动用的金额存入银行的利息收入 375 元，作分录如下：

借：银行存款　　　　　　　　　　　　　　　　　　　　　　375.00

　　贷：在建工程——建筑工程——建造商场　　　　　　　　　　　375.00

（5）2021 年 1 月 31 日，建造商场竣工，以银行存款支付建造商场剩余工程款 240 000 元，增值税额 21 600 元，作分录如下：

借：在建工程——建筑工程——建造商场　　　　　　　　　　240 000.00

借：应交税费——应交增值税——进项税额　　　　　　　　　21 600.00

　　贷：银行存款　　　　　　　　　　　　　　　　　　　　　　　261 600.00

（6）2021 年 1 月 31 日，建造商场竣工，达到预定可使用状态，验收使用，全部工程款 740 000 元，债券发行费用 10 800 元，应计利息 64 800 元，扣除利息调整额摊销 6 177.60 元和尚未动用发行债券资金存入银行取得的利息收入 375 元，工程总决算为 809 047.40 元，作分录如下：

借：固定资产　　　　　　　　　　　　　　　　　　　809 047.40

　　贷：在建工程——建造商场　　　　　　　　　　　　　　809 047.40

通过 3 年的摊销,利息调整额全部摊销完毕。债券到期时,还本付息的核算方法与按面值发行债券的方法相同。

在利息调整借方余额摊销时,借记"在建工程"或"财务费用"账户,贷记"应付债券——利息调整"账户。

【例】　前例人民商厦为补充流动资金折价 5 361 元,发行 2 年期的债券300 000 元。

(1) 2020 年 5 月 31 日,按 7% 票面利率计提本月份债券利息,作分录如下:

借：财务费用——利息支出　　　　　　　　　　　　　　1 750.00

　　贷：应付利息　　　　　　　　　　　　　　　　　　　　1 750.00

同时摊销本月份利息调整额,作分录如下:

借：财务费用——利息支出(5 361÷24)　　　　　　　　　　223.38

　　贷：应付债券——利息调整　　　　　　　　　　　　　　223.38

每月月末均作同样分录。

(2) 2021 年 4 月 30 日,以银行存款支付投资者 1 年期债券利息 21 000 元,作分录如下:

借：应付利息　　　　　　　　　　　　　　　　　　　　19 250.00

借：财务费用——利息支出　　　　　　　　　　　　　　1 750.00

　　贷：银行存款　　　　　　　　　　　　　　　　　　　　21 000.00

同时摊销本月份的利息调整额,作分录如下:

借：财务费用——利息支出(5 361÷24)　　　　　　　　　　223.38

　　贷：应付债券——利息调整　　　　　　　　　　　　　　223.38

2. 实际利率法摊销利息调整额的核算　　实际利率法是指将按债券面值和票面利率计算的票面利息,与按每付息期期初债券现值和实际利率计算的实际利息之间的差额,作为每付息期利息调整额摊销数的方法。

采用实际利率法摊销利息调整贷方余额,实际利息将会随着表示负债数额的应付债券现值的逐期减少而减少,而利息调整额却随之逐期增加,其计算方法如图表 8-3 所示。

【例】　前例华夏商厦溢价 18 532.80 元发行的 720 000 元债券等为资料。债券票面利率为 9%,实际利率为 8%。用实际利率法计算债券各期利息调整摊销额如图表 8-3

所示。

图表 8-3

利息调整摊销额计算表(贷方余额)

单位:元

付息期数	票面利息	实际利息	利息调整摊销额	利息调整贷方余额	应付债券现值
(1)	(2)=面值×票面利率	(3)=上期(6)×实际利率	(4)=(2)-(3)	(5)=上期利息调整额-(4)	(6)=面值+(5)
发行时				18 532.80	738 532.80
1	64 800.00	59 082.62	5 717.38	12 815.42	732 815.42
2	64 800.00	58 625.23	6 174.77	6 640.65	726 640.65
3	64 800.00	58 159.35①	6 640.65	0	720 000.00

以上计算的是各年的票面利息、实际利息和利息调整摊销额,各月的票面利息、实际利息和利息调整摊销额还要分别除以 12 取得。

第 1 年各月应负担的票面利息=64 800÷12=5 400(元)

第 1 年各月应负担的实际利息=59 082.62÷12=4 923.55(元)

第 1 年各月的利息调整摊销额=5 717.38÷12=476.45(元)

2020 年 2 月 28 日,根据计算的结果,计提本月份债券利息,作分录如下:

借:在建工程——建筑工程——建造商场　　　　　　　　　4 923.55

借:应付债券——利息调整　　　　　　　　　　　　　　　476.45

　　贷:应付利息　　　　　　　　　　　　　　　　　　　　　5 400.00

采用实际利率法摊销利息调整借方余额,实际利息将会随着表示负债数额的应付债券现值的逐期增加而增加,而利息调整摊销额也随之逐期增加,其计算方法如图表 8-4 所示。

【例】　根据前例人民商厦折价 5 361 元发行的 300 000 元债券等资料,债券票面利率为 7%,实际利率为 8%,用实际利率法计算各期利息调整摊销额如图表 8-4 所示。

———————————

①　由于计算上存在尾差,因此 58 159.35 元是近似数。

图表 8-4

利息调整摊销额计算表(借方余额)

单位：元

付息期数	票面利息	实际利息	利息调整摊销额	利息调整借方余额	应付债券现值
(1)	(2)＝面值×票面利率	(3)＝上期(6)×实际利率	(4)＝(3)－(2)	(5)＝上期利息调整额－(4)	(6)＝面值－(5)
发行时				5 361.00	294 639.00
1	21 000.00	23 571.12	2 571.12	2 789.88	297 210.12
2	21 000.00	23 789.88①	2 789.88	0	300 000.00

采用实际利率法摊销利息调整借方余额的核算方法与直线法相同，不再重述。

从上列两种摊销的方法来看，按直线法摊销利息调整额简便易行。然而，随着各期利息调整额的摊销，企业的负债有了变动，而企业各期负担的债券利息却始终保持不变，因此，采用这种方法，各期负担的利息费用不够合理。而按实际利率法摊销利息调整额，企业各期负担的利息费用会随着各期负债的增减变动而相应地变动，从而使各期的利息费用负担合理，但采用这种方法，计算工作较为复杂。

"应付债券"是负债类账户，用以核算企业应支付的债券本息。企业发行债券的面值、因溢价而发生的利息调整额，债券的应计利息和摊销债券因折价而发生的利息调整额记入贷方；企业发行债券因折价而发生的利息调整额、支付债券的应计利息、摊销债券因溢价而发生的利息调整额和偿还投资者的本金时记入借方；期末余额在贷方，表示企业尚未偿还投资者的债券本金和利息。

"应付利息"是负债类账户，用以核算企业按照合同约定应支付的短期借款、分期付息到期还本的长期借款、长期债券等应支付的利息。企业发生应付利息时，记入贷方；企业支付利息时，记入借方；期末余额在贷方，表示企业尚未支付的利息。

(六)可转换公司债券的核算

可转换公司债券是指股份有限公司根据法定程序发行的、在一定期间内根据约定的条件可以转换成股票的公司债券。

债券持有者在转换期间内行使转换权利，将债券转换为股票，则债券持有者就成为公司的股东，享受股东的权利；债券持有者在转换期间内未行使转换权利，则债券持有者仍为债权人，有权要求公司还本付息。所以，可转换公司债券具有两重性，既具有债券的性质，又具有股票的性质。

---

① 由于计算上存在尾差，因此 23 789.88 元是近似数。

可转换公司债券的发行和平时计提利息,摊销利息调整额的核算方法与普通的债券相同,不再重述。

可转换公司债券转换为股票时,应按债券面值借记"应付债券——可转换公司债券——面值"账户;按尚未摊销利息调整额借记(或贷记)"应付债券——可转换公司债券——利息调整"账户;按转换股票的股数计算的股票面值,贷记"股本"账户;借贷方相抵后的差额,贷记"资本公积"账户。

可转换公司债券转换为股票时,如债券面值不足转换1股股票时,股份有限公司应以现金予以清偿。

【例】 光明商贸股份有限公司2020年4月30日发行3年期可转换公司债券4 500 000元,债券票面利率为8%,按面值发行,债券发行1年后可转换为股票。每7.50元债券可转换普通股股票1股,每股面值1元。2021年5月8日,有1 880 000元可转换公司债券转换为普通股股票250 666股,并退还余款5元。

(1)将债券转换为股票入账,作分录如下:

借:应付债券——可转换公司债券——面值		1 879 995.00
贷:股本——普通股		250 666.00
贷:资本公积——资本溢价		1 629 329.00

(2)退还债券转换股票余款5元,作分录如下:

借:应付债券——可转换公司债券——债券面值		5.00
贷:银行存款		5.00

五、长期应付款

长期应付款是指除长期借款和应付债券以外的其他各种长期应付款。商品流通企业的长期应付款主要有应付融资租入固定资产的租赁费。

融资租赁是指实质上转移了与资产所有权有关的全部风险和报酬的租赁。所有权最终可能转移,也可能不转移。

符合以下一项或数项标准的,应当认定为融资租赁:① 在租赁期届满时,租赁资产的所有权转移给承租人。② 承租人有购买租赁资产的选择权,所订立的购买价款预计将远低于行使选择权时租赁资产的公允价值,因而在租赁开始日就可以合理确定承租人将会行使这种选择权。③ 即使资产的所有权不转移,但租赁期占租赁资产使用寿命的大部分。④ 承租人在租赁开始日的最低租赁付款额现值,几乎相当于租赁开始日租赁资产公允价值。⑤ 租赁资产性质特殊,如果不作较大改造,只有承租人才能使用。

租赁期是指租赁合同规定的不可撤销的租赁期间。

最低租赁付款额是指在租赁期内,承租人应支付或可能被要求支付的款项(不包括或有租金和履约成本），加上由承租人或与其有关的第三方担保的资产余值。资产余值是指在租赁开始日估计的租赁期届满时租赁资产的公允价值。承租人有购买租赁资产的选择权，所订立的购买价款预计将远低于行使选择权时租赁资产的公允价值，因而在租赁开始日就可以合理确定承租人将会行使这种选择权的，则购买价款也应当计入最低租赁付款额。或有租金是指金额不固定、以时间长短以外的其他因素（如销售量、使用量、物价指数等）为依据计算的租金。履约成本是指在租赁期内为租赁资产支付的各种使用费用，如技术咨询和服务费、人员培训费、维修费、保险费等。

承租人在计算最低租赁付款额的现值时，可以采用租赁合同规定的利率作为折现率，当采取每期期末支付租金时，最低租赁付款额的现值计算公式如下：

最低租赁付款额的现值＝每期租金×年金现值系数＋订立的购买价款×复利现值系数

承租人应当将租赁开始日租赁资产公允价值与最低租赁付款额现值两者中较低者作为租入资产的入账价值。当确定以最低租赁付款额的现值作为入账价值时，借记"固定资产"账户；按最低租赁付款额，贷记"长期应付款"账户；两者之间的差额，记入"未确认融资费用"账户的借方。未确认融资费用在租赁期内各个期间可以采用直线法、实际利率法等方法进行摊销，届时借记"财务费用"账户，贷记"未确认融资费用"账户。

在租赁谈判和签订租赁合同过程中承租人发生的可直接归属于租赁项目的手续费、律师费、差旅费、印花税等初始直接费用，应当计入租入资产价值。

【例】　上海金属公司年初以融资租赁方式租入吊车一辆，租赁期为 5 年，租金为 200 000 元。其公允价值为162 000元。租赁合同规定折现率为8%，租金于每年年末支付40 000元，租赁期届满时再支付购买价款 2 000 元，即取得吊车的所有权。届时该吊车的公允价值为 18 000 元，计算其最低租赁付款额的现值如下：

吊车最低租赁付款额现值＝40 000×3.9927＋2 000×0.6806＝161 069.20(元)

（1）以银行存款支付租赁吊车发生的手续费、律师费等初始直接费用2 200元，增值税额 132 元，作分录如下：

借：固定资产——融资租入固定资产	2 200.00
借：应交税费——应交增值税——进项税额	132.00
贷：银行存款	2 332.00

（2）企业取得租入吊车达到预定可使用状态，验收使用时，因吊车的最低租赁付款额现值小于公允价值，作分录如下：

借：固定资产——融资租入固定资产	161 069.20
借：未确认融资费用	40 930.80
贷：长期应付款——应付融资租赁款	202 000.00

（3）按月用直线法摊销未确认的融资费用时，作分录如下：

借：财务费用——利息支出（40 930.80÷60）　　　　　　682.18
　　贷：未确认融资费用　　　　　　　　　　　　　　　　　　682.18

（4）年末以银行存款支付吊车本年度租金 40 000 元，增值税额 5 200 元，作分录如下：

借：长期应付款——应付融资租赁款　　　　　　　　　　40 000.00
借：应交税费——应交增值税——进项税额　　　　　　　5 200.00
　　贷：银行存款　　　　　　　　　　　　　　　　　　　　45 200.00

（5）5 年租赁期满，按合同规定，以银行存款支付吊车购买价款 2 000 元，增值税额 260 元，作分录如下：

借：长期应付款——应付融资租赁款　　　　　　　　　　2 000.00
借：应交税费——应交增值税——进项税额　　　　　　　260.00
　　贷：银行存款　　　　　　　　　　　　　　　　　　　　2 260.00

同时企业取得了吊车的所有权，作分录如下：

借：固定资产——生产经营用固定资产　　　　　　　　　163 269.20
　　贷：固定资产——融资租入固定资产　　　　　　　　　163 269.20

如果融资租入固定资产在租赁开始日需要经过安装的，应先通过"在建工程"账户核算，等安装完毕，达到预定可使用状态时，再由"在建工程"账户转入"固定资产——融资租入固定资产"账户。

"长期应付款"是负债类账户，用以核算企业除长期借款和应付债券以外的各种其他长期应付款。企业发生长期应付款时，记入贷方；企业偿还长期应付款时，记入借方；期末余额在贷方，表示企业尚未偿还的各种其他长期应付款。

"未确认融资费用"是负债类账户，它是"长期应付款"的抵减账户，用以核算企业应当分期计入利息费用的未确认的融资费用。企业融资租入固定资产发生未确认的融资费用时，记入借方；企业摊销融资费用时，记入贷方；期末余额在借方；表示企业未确认融资费用的摊余数额。

六、专项应付款

专项应付款是指企业取得政府作为企业所有者投入的具有专项或特定用途的款项。

专项或特定用途的款项主要有技术改造拨款和技术研究拨款等。企业收到专项拨款时,借记"银行存款"账户,贷记"专项应付款"账户;拨款项目完成后,对于形成长期资产的部分,借记"固定资产"等账户,贷记"在建工程"等账户,同时借记"专项应付款"账户,贷记"资本公积——资本溢价"账户;对于未形成长期资产需要核销的部分,借记"专项应付款"账户;贷记"在建工程"等账户;如有拨款结余需要返还的,借记"专项应付款"账户,贷记"银行存款"账户。

【例】　光华食品公司因设备陈旧而污染环境,地方政府决定对其拨款 100 000 元,对原有设备进行技术改造。

(1) 收到地方政府拨款 100 000 元时,作分录如下:

借:银行存款　　　　　　　　　　　　　　　　　　　　　100 000.00
　　贷:专项应付款　　　　　　　　　　　　　　　　　　　　　100 000.00

(2) 技术改造工程决定生产除污设备,本月份领用原材料 83 000 元,分配职工工资 10 000 元,计提职工福利费 1 400 元,社会保险费 2 100 元,作分录如下:

借:在建工程——技术改造工程　　　　　　　　　　　　　96 500.00
　　贷:原材料　　　　　　　　　　　　　　　　　　　　　　83 000.00
　　贷:应付职工薪酬——工资　　　　　　　　　　　　　　10 000.00
　　贷:应付职工薪酬——职工福利　　　　　　　　　　　　1 400.00
　　贷:应付职工薪酬——社会保险费　　　　　　　　　　　2 100.00

(3) 除污设备竣工,已达到预定可使用状态,验收使用,作分录如下:

借:固定资产　　　　　　　　　　　　　　　　　　　　　96 500.00
　　贷:在建工程——技术改造工程　　　　　　　　　　　　96 500.00

(4) 同时将专项应付款转销,作分录如下:

借:专项应付款　　　　　　　　　　　　　　　　　　　　96 500.00
　　贷:资本公积——资本溢价　　　　　　　　　　　　　　96 500.00

(5) 以银行存款将结余的技术改造拨款 3 500 元返还地方政府,作分录如下:

借:专项应付款　　　　　　　　　　　　　　　　　　　　3 500.00
　　贷:银行存款　　　　　　　　　　　　　　　　　　　　3 500.00

"专项应付款"是负债类账户,用于核算企业取得政府作为企业所有者投入的具有专项或特定用途的款项。企业取得专项或特定用途款项时,记入贷方;企业完成拨款项目,形成各项长期资产或者未形成长期资产,予以转销及结余款返还时,记入借方;期末余额在贷方,表示企业尚未转销或返还的专项应付款。

七、或有事项和预计负债

(一)或有事项的定义和特征

或有事项是指过去的交易或事项形成的,其结果须由某些未来事项的发生或不发生才能决定的不确定事项。或有事项有未决诉讼、未决仲裁、债务担保和商品质量保证等。或有事项具有以下三个特征。

1. 或有事项是由过去的交易或事项形成的 这是指或有事项的现存状况是企业过去的交易或事项引起的客观存在。例如,未决诉讼虽然是正在进行中的诉讼,但它是企业因过去的经济行为导致起诉其他单位或被其他单位起诉。这是现存的一种状况,而不是未来将要发生的事项。因此,未来可能发生的自然灾害、交通事故、经营亏损等事项都不属于或有事项。

2. 或有事项的结果具有不确定性 这是指或有事项的结果是否发生具有不确定性,或者或有事项的结果预计将会发生,但发生的具体时间或金额具有不确定性。例如,为其他企业提供债务担保事项,担保方到期是否承担和履行连带责任,需要根据债务到期时被担保方能否按时还款加以确定。这一事项的结果在担保协议达成时具有不确定性。又如,某企业因侵权而被起诉,如无特殊情况,该企业很可能败诉,但是,在诉讼成立时,该企业因败诉将支出多少金额,或支出发生在何时,是难以确知的。或有事项的这种不确定性是其区别其他不确定性会计事项的重要特征。

3. 或有事项的结果须由未来事项决定 这是指或有事项的结果只能由未来不确定事项的发生或不发生才能决定。例如,未决诉讼,其最终结果只能随案情的发展,由判决结果决定。因此,或有事项具有时效性,其随着影响或有事项结果的因素发生变化,或有事项最终会转化为确定事项。

(二)或有事项相关义务确认为预计负债的条件

企业只有在与或有事项相关的义务同时符合下列三个条件时,才能将其确认为预计负债。

1. 该义务是企业承担的现时义务 这是指与或有事项有关的义务是在企业当前条件下已承担的义务,而非潜在义务。例如,大方商厦的司机因违犯交通规则造成严重的交通事故,该商厦将要承担赔偿义务。因此,违规事项发生后,该商厦随即承担的是一项现时义务。

2. 履行该义务很可能导致经济利益流出企业 这是指履行与或有事项产生的现时义务时,导致经济利益流出企业的可能性大于50%,但小于或等于95%。例如,2020年1月5日,永安商厦与新光公司签订协议,承诺为新光公司2年期长期借款提供全额担保。从而永安商厦因担保事项而承担了一项现时义务。倘若2020年年末,新光公司财务状况良好,通常认定其不会违约,那么永安商厦履行承担的现时义务不是很可能会导致经济利益的流出;倘若 2016 年年末新光公司的财务状况恶化,且并没有迹象表明其财务状况可能会发生好转,也就是说该公司可能违约,那么永安商厦履行承担的现时义务将很可能导致经济利益流出企业。

3. 该义务的金额能够可靠地计量　　这是指与或有事项相关的现时义务的金额能够合理地预计。由于或有事项具有不确定性,因此,因或有事项产生的现时义务也具有不确定性,需要预计。要将或有事项确认为一项负债,其相关现时义务的金额应能够可靠地预计,例如,光华商厦因涉及一项诉讼案而成为被告,根据以往的审判案例推断,光华商厦很可能要败诉,相关的赔偿金额也可以估算出一个范围,因此可以认为光华商厦未决诉讼承担的现时义务的金额能够可靠地预计,如果同时满足其他两个条件,就可以将所形成的义务确认为一项负债。

（三）预计负债的计量

由于预计负债应承担的现时义务的金额往往具有不确定性,因此现时需要对预计负债进行计量。企业确认预计负债的金额,应当按照履行相关义务所需支出的最佳估计数进行初始计量。最佳估计数的确定分以下两种情况考虑。

1. 所需支出存在一个连续范围　　倘若所需支出存在一个连续范围,且该范围内各种结果发生的可能性是相同的,最佳估计数应当按照该范围内的中间值确定。

【例】 2020 年 12 月 5 日,新光商厦因合同违约而涉及一项诉讼案,根据商厦的法律顾问判断,最终的判决很可能对该商厦不利。至月末尚未接到法院的判决,因此诉讼须承担的赔偿金额也无法准确地确定。不过,据专业人士估计,赔偿金额可能在 80 000～100 000 元之间,则确认新光商厦预计负债的金额如下:

$$新光商厦预计负债的金额 = \frac{80\,000 + 100\,000}{2} = 90\,000(元)$$

2. 所需支出不存在一个连续范围　　倘若所需支出不存在一个连续范围,则最佳估计数应按如下方法确定:

（1）或有事项涉及单个项目　　当或有事项仅涉及单个项目,最佳估计数应当按最可能发生的金额确定,如一项未决诉讼,一项未决仲裁或一项债务担保等。

（2）或有事项涉及多个项目　　当或有事项涉及多个项目,应当按照各种可能结果及相关概率计算确定,如商品质量保证。在商品质量保证中,提出商品保修要求的,可能有较多的客户,企业相应地对这些客户负有保修义务,那么最佳估计数应当按各种可能的结果及相关的概率计算确定。

【例】 2021 年 1 月份,大光明钟表商店销售国产手表 8 000 只,销售进口手表 7 000只。根据保修规定,售出手表后 1 年内发生故障,该商店负责免费修理。根据以往经验,国产手表免费修理的占销售量的 3％,平均每只修理费用约 30 元;进口手表免费修理的占销售量的 2％,平均每只修理费用约 40 元。计算该或有事项所需支出的最佳估计数如下:

$$销售手表保修费用最佳估计数＝8\,000×3‰×30＋7\,000×2‰×40＝12\,800(元)$$

（四）预计负债预期可获得的补偿的处理

当企业因清偿预计负债所需支出的全部或部分金额,预期由第三方补偿的,则补偿金额只有在基本确定能收到时,才能作为资产单独确认,且确认的补偿金额不应当超过预计负债的账面价值。补偿金额"基本确定能收到",是指预期从保险公司、索赔人、被担保企业等获得补偿的可能性大于 95％但小于 100％的情形。

可能获得补偿的情况通常有发生交通事故等情况时,企业通常可以从保险公司获得合理的赔偿;在某些索赔诉讼中,企业可以通过反诉的方式对索赔人或第三方另行提出赔偿要求,以及在债务担保业务中,企业在履行担保义务的同时通常可以向被担保企业提出额外追偿要求。

（五）预计负债的核算

企业在确认预计负债的同时,应确认一项支出或费用入账。倘若企业基本确定能获得补偿,那么应将这些补偿先抵减已入账的支出或费用。

企业由对外担保、未决诉讼或未决仲裁产生的预计负债,应当按照确定的金额借记"营业外支出"账户,贷记"预计负债"账户。

【例】 2020 年 12 月 5 日,新光商厦因合同违约而涉及一项诉讼案。根据企业法律顾问判断,最终的判决很可能对该商厦不利。至月末,尚未接到法院的判决。据专业人士估计,赔偿金额可能在 80 000～100 000 元之间,作分录如下:

借:营业外支出——赔偿支出　　　　　　　　　　　　　　　90 000.00
　　贷:预计负债——未决诉讼　　　　　　　　　　　　　　　　90 000.00

等未决诉讼或未决仲裁在判决或裁决后,再借记"预计负债"等有关账户,贷记"其他应付款"或"银行存款"等有关账户。

【例】 2021 年 4 月 5 日,新光商厦因合同违约案经法院判决,应赔偿原告 96 000元,款项于判决生效后 10 日内支付。并承担诉讼费 16 000 元。

（1）以银行存款支付诉讼费 16 000 元,作分录如下:

借:管理费用——诉讼费　　　　　　　　　　　　　　　　16 000.00
　　贷:银行存款　　　　　　　　　　　　　　　　　　　　　16 000.00

（2）将应付赔偿款入账,作分录如下:

借：营业外支出——赔偿支出　　　　　　　　　　　　　　　　6 000.00
借：预计负债——未决诉讼　　　　　　　　　　　　　　　　90 000.00
　　贷：其他应付款　　　　　　　　　　　　　　　　　　　　　96 000.00

企业为客户提供商品质量保证的,应定期根据预计负债的最佳估计数借记"销售费用"账户,贷记"预计负债"账户。

【例】　2021年1月份大光明钟表商店销售国产手表8 000只,进口手表7 000只。根据保修规定,售出手表后1年内发生故障免费修理。根据以往经验,国产手表免费修理的占销售量的3%,平均每只修理费用约30元;进口手表免费修理的占销售量的2%,平均每只修理费用约40元。1月31日,计提本月份预计负债,作分录如下:

借：销售费用　　　　　　　　　　　　　　　　　　　　　　12 800.00
　　贷：预计负债——保修费用　　　　　　　　　　　　　　　12 800.00

当企业实际为客户提供保修服务时,倘若是由本企业修理部门进行保修服务的,根据同类非保修商品应收取的修理费用,借记"预计负债"账户,贷记"其他业务收入"账户;倘若是由其他企业修理的,则根据支付其他企业修理保修手表的费用,借记"预计负债"账户,贷记"银行存款"账户。

企业应当在期末对预计负债的账面价值进行复核。有确凿证据表明该账面价值不能真实反映当前最佳估计数的,应当按照当前最佳估计数对该账面价值进行调整。

"预计负债"是负债类账户,用以核算企业确认的预计负债。企业发生预计负债或调整增加预计负债时,记入贷方;企业实际清偿预计负债或调整减少预计负债时,记入借方;期末余额在贷方,表示企业已确认而尚未支付的预计负债。

判　断　题

一、是非题

1. 负债是企业承担的现时义务,履行该义务时,通常要放弃含有经济利益的资产以满足对方的要求。　　　　　　　　　　　　　　　　　　　　　　　　　　　　（　　）

2. 流动负债是指预计在一个正常营业周期中清偿的债务。　　　　　　　（　　）

3. 职工薪酬是指企业为获得职工提供服务而给予的各种形式的报酬。　（　　）

4. 非流动负债具有负债数额大、风险大、偿还期限长的特点。　　　　　（　　）

5. 借款费用包括借款利息、利息调整额的摊销以及因外币借款而发生的汇兑差额等。　（　　）

6. 辅助费用是指向银行借款的手续费、发行债券的发行费用等。　　　　（　　）

7. 专门借款费用在固定资产尚未达到预定可使用状态之前发生的,全部应予以资本化,计入固定资产的购建成本。　　　　　　　　　　　　　　　　　　　　　　　（　　）

8. 为购建或者生产符合资本化条件的资产占用了一般借款的,这部分借款利息也应予以资本化。　　　　　　　　　　　　　　　　　　　　　　　　　　　　　　　（　　）

9. 债券与长期借款相比较,具有可以向企业、单位、社会团体和个人发行,并可以溢价或折价发行的特点。 （   ）

10. 债券溢价发行,其溢价部分实质上是企业发行债券时预收投资者的一笔款项,以弥补以后多付给投资者的利息。 （   ）

11. 企业折价发行债券,是由于市场实际利率小于票面利率的原因。 （   ）

12. 采用实际利率法摊销"利息调整"明细账户借方余额时,实际利息将会随着表示负债数额的应付债券现值的逐期增加而增加,而利息调整摊销额却随之逐期减少。 （   ）

13. 融资租赁是指实质上转移了与资产所有权有关的全部风险和报酬的租赁。 （   ）

14. 最低租赁付款额是指在租赁期内,承租人应支付或可能被要求支付的款项。 （   ）

15. 专项应付款主要有技术改造拨款和技术研究拨款等。 （   ）

16. 或有事项是指过去的交易或事项形成的,其结果须由某些未来事项的发生或不发生才能决定的不确定事项。 （   ）

二、单项选择题

1. 商品经营部门长期病假人员的工资应列入"＿＿＿＿＿＿"账户。

A. 销售费用　　　　B. 管理费用　　　　C. 营业外支出　　　　D. 应付福利费

2. 企业溢价发行债券的原因是＿＿＿＿＿＿。

A. 票面利率大于市场实际利率　　　　B. 票面利率小于市场实际利率

C. 企业经营业绩和财务状况良好　　　　D. 企业经营业绩良好,财务状况差

3. ＿＿＿＿＿＿是既具有债券的性质,又具有股票性质的投资。

A. 长期债券　　　　　　　　B. 短期债券

C. 基金　　　　　　　　D. 可转换公司债券

4. 企业确认预计负债的金额应当按照履行相关义务所需支出的＿＿＿＿＿＿。

A. 最可能发生的金额　　　　B. 最佳估计数

C. 一个连续范围的中间值　　　　D. 各种可能结果的相关概率计算确定数

三、多项选择题

1. 经营性负债是指企业因经营活动而发生的负债,有应付账款、＿＿＿＿＿＿等。

A. 应付票据　　　　B. 应付职工薪酬　　　　C. 长期应付款　　　　D. 预收账款

2. 职工薪酬除了包括职工工资、奖金、津贴和补贴、职工福利费各种社会保险费外,还包括＿＿＿＿＿＿。

A. 非货币性福利

B. 因解除与职工劳动关系给予的补偿

C. 其他与获得提供服务相关的支出

D. 住房公积金

3. 借款费用同时满足＿＿＿＿＿＿条件时,应开始予以资本化。

A. 银行借款的手续费、债券的发行费用已经发生

B. 为使资产达到预定可使用或者可销售状态所必要的购建或者生产活动已经开始

C. 资产支出已经发生

D. 借款费用已经发生

4. 债券发行价格除了要考虑票面利率和市场实际利率外,还要考虑的因素有_____。

A. 到期偿还的债券面值以市场实际利率换算的现值

B. 到期偿还的债券面值以票面利率换算的现值

C. 债券按市场实际利率计算各期所支付利息的现值

D. 债券按票面利率计算各期所支付利息的现值

5. 或有事项有未决诉讼、_____等。

A. 债务担保 　　　　　　　　　B. 商品质量保证

C. 因意外事故发生停工损失 　　D. 未决仲裁

6. 或有事项相关义务同时符合_____条件时,才能将其确认为预计负债。

A. 该义务的金额能够可靠地计量

B. 该义务是企业承担的现时义务

C. 该义务是企业承担的潜在义务

D. 履行该义务很可能导致经济利益流出企业

练 习 题

练 习 题 一

一、目的 练习流动负债的核算。

二、资料 上海服装公司1月份发生下列有关的经济业务:

1. 2日,因流动资金不足,经银行批准借入6个月期限的借款200 000元,转入银行存款户。

2. 10日,3个月前向银行借入的150 000元已到期,以银行存款归还。

3. 15日,根据下列工资结算汇总表(见图表8-5)委托银行代发本月份职工薪酬。

4. 25日,分配本月份各类人员工资。

5. 26日,按本月份工资总额的14%、2%和1.5%分别计提职工福利费、工会经费和职工教育经费。

6. 27日,按本月份工资总额的12%计提医疗保险费。

7. 27日,按本月份工资总额的20%、1%和7%分别计提养老保险费、失业保险费和住房公积金。

8. 28日,将本月份应交的医疗保险费、养老保险费、失业保险费和住房公积金(含为职工代扣的部分)缴纳给社会保险事业基金结算中心和公积金管理中心,并向税务部门缴纳代扣的个人所得税。

9. 29日,以现金支付职工生活困难补助费1 200元。

10. 30日,职工报销学习科学文化学费900元,以现金支付。

三、要求 编制会计分录。

练 习 题 二

一、目的 练习长期借款的核算。

二、资料 卢湾商厦发生下列有关经济业务:

1. 2019年3月31日,为建造商场向银行借入专门借款600 000元,转入银行存款户。借款合同规

图表 8-5

工资结算汇总表

2021 年 1 月 15 日

单位：元

部门及人员	缺勤应扣工资			应发		津贴和补贴		应发薪酬	代扣项款						实发
	工资	病假工资	事假工资	工资	奖金	中夜班津贴	副食品补贴	合计	住房公积金	养老保险费	医疗保险费	失业保险费	个人所得税	合计	金额
商品经营人员工资	134 650	300	450	133 900	12 090	1 260	1 350	148 600	10 402	11 888	2 972	743		26 005	122 595
行政管理人员工资	27 860	180		27 680	1 920		200	29 800	2 086	2 384	596	149	35	5 250	24 550
其他业务经营人员工资	9 980			9 980	920		100	11 000	770	880	220	55		1 925	9 075
长期病假人员工资	5 250	2 100		3 150			50	3 200	224	256	64	16		560	2 640
合计	177 740	2 580	450	174 710	14 930	1 260	1 700	192 600	13 482	15 408	3 852	963	35	33 740	158 860

定借款期限为 2 年,年利率 8％,单利计息,到期一次还本付息。

2. 2019 年 4 月 1 日,商场由上海建筑公司承建,以银行存款支付第一期工程款 400 000 元,增值税额 36 000 元。

3. 2019 年 4 月 30 日,计提本月份专门借款利息。

4. 2020 年 3 月 31 日,收到尚未动用专门借款存入银行的利息收入 1 124 元。

5. 2020 年 3 月 31 日,以银行存款支付第二期工程款 240 000 元,增值税额 21 600 元。

6. 2020 年 4 月 30 日,建造的商场工程竣工,以银行存款支付上海建筑公司建造商场剩余工程款 20 000 元,增值税额 1 800 元。

7. 2020 年 4 月 30 日,计提本月份专门借款利息费用和建造商厦占用一般借款的利息费用,一般借款的费用化率为 6.3‰。

8. 2020 年 4 月 30 日,建造的商场已达到预定可使用状态,验收使用,工程决算包括工程款、工程应负担的借款利息,扣除尚未动用借款资金存入银行取得的利息收入,予以转账。

9. 2020 年 5 月 31 日,计提本月份专门借款利息。

10. 2021 年 3 月 31 日,以银行存款归还为建造商场的专门借款本金及支付专门借款的利息支出。

三、要求 编制会计分录。

练 习 题 三

一、目的 练习应付债券的核算。

二、资料

1. 黑色金属公司为扩大经营规模建造仓库,决定按面值 420 000 元发行债券,债券票面利率为 8％,期限 2 年,到期还本付息。现发生下列有关经济业务:

(1) 2019 年 4 月 25 日,以银行存款支付债券发行费用 6 300 元。

(2) 2019 年 4 月 30 日,按面值发行的 420 000 元的债券发行完毕,收到债券发行款存入银行。

(3) 2019 年 4 月 30 日,以银行存款支付建造仓库第一期工程款 240 000 元,增值税额 21 600 元。

(4) 2019 年 5 月 31 日,按 8％年利率计提本月份债券利息。

(5) 2020 年 4 月 30 日,收到发行债券尚未动用的金额存入银行的利息收入 1 106 元。

(6) 2020 年 4 月 30 日,建造仓库竣工,以银行存款支付建造仓库剩余工程款 180 000 元,增值税额 16 200 元。

(7) 2020 年 4 月 30 日,建造仓库工程已达到预定可使用状态,并验收使用,建造仓库的全部工程款连同债券发行费用和应负担的应付债券利息,扣除尚未动用发行债券资金存入银行取得的利息收入构成了工程的全部决算,予以转账。

(8) 2020 年 5 月 31 日,按 8％年利率计提本月份债券利息。

(9) 2021 年 4 月 30 日,债券到期,签发转账支票,偿还本金并支付利息。

2. 嘉丰商厦为拓展经营业务建造商场,发行面值 600 000 元债券,债券票面利率为 9％,期限 3 年,每年付息一次,而市场实际利率为 8％,现发生下列有关经济业务:

(1) 2020 年 2 月 25 日,以银行存款支付债券发行费用 9 000 元。

(2) 2020 年 2 月 28 日,面值 600 000 元债券发行完毕,收到溢价发行债券的全部款项,存入银行。

(3) 2020 年 3 月 1 日,以银行存款支付建造商场第一期工程款 450 000 元,增值税额 40 500 元。

(4) 2020 年 3 月 31 日,按 9％年利率计提本月份债券利息,并摊销本月份利息调整额。

(5) 2021 年 2 月 28 日,收到发行债券尚未动用的金额存入银行的利息收入 720 元。

(6) 2021 年 2 月 28 日,以银行存款支付投资者 1 年期债券利息。

(7) 2021 年 2 月 28 日,建造商场竣工,以银行存款支付建造商场剩余工程款 150 000 元,增值税额 13 500 元。

(8) 2021 年 2 月 28 日,建造的商场已达到预定可使用状态,并验收使用,工程决算包括工程款、债券发行费用、工程应负担的债券利息、扣除利息调整额和尚未动用发行债券资金存入银行取得的利息收入构成了工程的全部决算,予以转账。

3. 有色金属公司为补充流动资金不足,发行面值 300 000 元的债券。债券票面利率为 7％,期限为 2 年,每年付息一次,而市场实际利率为 8％,现发生下列有关经济业务:

(1) 2020 年 3 月 28 日,以银行存款支付债券发行费用 4 500 元。

(2) 2020 年 3 月 31 日,面值 300 000 元的债券发行完毕,收到折价发行债券的全部款项,存入银行。

(3) 2020 年 4 月 30 日,按 7％年利率计提本月份债券利息,并摊销本月份利息调整额。

(4) 2021 年 3 月 31 日,支付投资者 1 年期利息。

三、要求

1. 分别根据"资料 2""资料 3",计算债券的发行价格。

2. 编制会计分录(利息调整额用直线法摊销)。

3. 用实际利率法计算利息调整各年的摊销额。

练 习 题 四

一、目的 练习可转换公司债券、长期应付款和专项应付款的核算。

二、资料

1. 绿色食品股份有限公司发生下列有关的经济业务:

(1) 2020 年 1 月 31 日,发行 3 年期可转换公司债券 5 500 000 元,债券票面利率为 8％,按面值发行。债券发行 1 年后可转换为股票,收到发行款 5 500 000 元,存入银行。

(2) 2021 年 2 月 4 日,1 年前发行的可转换公司债券按规定,每 9 元债券可转换为普通股股票 1 股,每股面值 1 元。今有 2 200 000 元可转换公司债券转换 244 444 股普通股股票,并退回股东余款 4 元。

2. 上海服装公司发生下列有关的经济业务:

(1) 1 月 2 日,以银行存款支付融资租赁机器发生的手续费、律师费等初始直接费用 2 000 元,增值税额 120 元。

(2) 1 月 2 日,以融资方式租入机器一台,租赁期为 4 年,租金为 240 000 元,其公允价值为 202 000 元。租赁合同规定折现率为 8％。租金于每年年末支付 60 000 元,租赁期届满时,再支付 2 400 元购买价,即取得机器的所有权,届时该机器的公允价值为 24 000 元。机器已达到预定可使用状态,验收使用。

(3) 1 月 31 日,摊销本月份未确认的融资费用。

(4) 12 月 31 日,以银行存款支付本年度机器的租金和增值税额(增值税税率为 13％)。

（5）4年后，12月31日，租赁期满，以银行存款支付机器的购买价款2 400元，增值税额312元，取得了机器的所有权，予以转账。

3. 长城油脂公司2021年发生下列有关的经济业务：

（1）3月1日，收到地方政府拨款110 000元，用于对陈旧设备进行技术改造，以解决其对环境的污染。

（2）3月31日，技术改造工程领用原材料85 500元，分配工资9 000元，计提职工福利费1 260元和社会保险费1 890元。

（3）4月10日，除污设备竣工，已达到预定可使用状态，验收使用，予以转账，并转销专项应付款。

（4）4月15日，将结余的专项应付款返还地方政府。

三、要求　编制会计分录。

练 习 题 五

一、目的　练习预计负债的核算。

二、资料　华声钟表商店2021年发生下列有关的经济业务：

1. 1月31日，今年1月15日本店因合同违约而涉及一项诉讼案，根据法律顾问判断，最终的判决很可能对本商店不利。至今尚未收到法院的判决，据专业人士估计，赔偿金额可能在40 000元至60 000元之间。

2. 1月31日，今年1月22日本店因与欣欣公司签订了互相担保协议而成为相关诉讼的第二被告，但至今尚未判决。由于欣欣公司经营困难，本商店很可能要承担还款连带责任。据预计，本商店承担还款金额100 000元责任的可能性为55%，而承担还款金额80 000元的可能性为45%。

3. 1月31日，本月份共销售国产手表8 200只，进口手表7 400只。根据保修规定，售出手表后1年内发生故障免费修理。根据以往经验，国产手表免费修理的占销售量的2.5%，平均每只修理费用约30元；进口手表免费修理的占销售量的2.2%，平均每只修理费用约40元。计提本月份的预计负债。

4. 1月31日，本月份本商店修理部门共修理1年内保修的国产的手表200只，进口手表160只，共计修理费用9 820元，予以转账。

5. 4月20日，本商店因合同违约诉讼案经法院判决应赔偿原告52 000元，款项于判决生效后10日内支付。并承担诉讼费5 200元，诉讼费当即签发转账支票付讫。

6. 4月30日，以银行存款支付违约诉讼案的赔偿款52 000元。

7. 5月10日，因担保协议诉讼案经法院判决本商店应承担欣欣公司的还款连带责任，还款金额为70 000元，款项于判决生效后10日内支付。并承担诉讼费7 000元，诉讼费当即以银行存款支付。

三、要求　编制会计分录。

第九章　所有者权益的核算

第一节　所有者权益概述

一、所有者权益的性质

所有者权益是指企业资产扣除负债后，由所有者享有的剩余权益。在股份有限公司中，所有者权益又称为股东权益。

商品流通企业必须拥有一定数量的资产，才能开展生产经营活动。企业取得资产的途径只有两个：一个是由投资者投入；另一个是由债权人提供，两者都向企业投入了资产，这样，投资者和债权人对于企业的资产以及运用资产所取得的经济利益就享有一种要求权，这种要求权被称为权益。属于投资者部分的权益，称为所有者权益，属于债权人部分的权益，称为债权人权益。

虽然所有者权益和债权人权益均对企业的资产享有要求权，然而两者在性质上有着根本的区别，其主要表现在以下四个方面。

1. 投资的期限不同　　所有者权益是投资者对企业的一项无期限的投资，这种投资在企业的整个续存期间除了可以依法被转让外，不得任意抽回；而债权人权益仅是债权人对企业的一项有期限的投资，表现为企业的负债，企业必须按照约定的期限和条件向债权人归还本金并支付利息。

2. 投资者对企业享有的权利不同　　所有者权益是投资者的所有权，它赋予投资者直接经营管理企业或委托他人经营管理企业的权利；而债权人权益仅对企业所欠的债务有索偿权，债权人与企业只有债权债务关系，而没有参与企业经营管理的权利。

3. 投资者的收益与企业的经营业绩联系程度不同　　投资者拥有的所有者权益与企业的经营业绩息息相关，在企业经营良好时，可以从其盈利中获取丰厚的投资收益，而在企业经营失利发生亏损时，则要承担投资损失；而债权人拥有的权益与企业的经营业绩无关，除企业破产清算外，债权人有权按事先约定的日期和利率收取利息。

4. 投资者对企业资产的要求权在顺序上不同　　所有者权益对企业资产的要求权在顺序上滞后于债权人权益对企业资产的要求权。当企业终止或破产清算时，企业的资产在支付了清算费用后，必须先偿付企业所欠债权人的债务，在付清全部债务后，如有剩余资产才能还给投资者。

二、所有者权益的分类

所有者权益按其形成的来源不同,可分为投入资本和留存收益两类。

（一）投入资本

投入资本是指投资者投入企业的资本和投入企业资本本身的增值。它是所有者权益的主体。投入资本按其形成的渠道不同,又可以分为实收资本和资本公积。

（二）留存收益

留存收益是指企业从历年实现的净利润中提取或形成的留存于企业的内部积累。它属于所有者权益,可以安排分配给所有者。但是,国家为了约束企业过量的分配,要求企业留有一定的积累。这样,一方面可以满足企业维持或扩大再生产经营活动的资金需要,保持或提高企业的盈利能力;另一方面可以保证企业有足够的资金弥补以后年度可能出现的亏损,也保证企业有足够的资金用于偿还债务,保护债权人的权益。留存收益又可分为其他综合收益、盈余公积和未分配利润。

第二节　实收资本和股本的核算

一、实收资本与注册资本

实收资本是指投资者按照企业章程或合同、协议的约定,实际投入企业的资本。

注册资本是指在公司登记机关登记的全体股东认缴的出资额或者认购的股本总额。根据我国《公司法》的规定,企业申请开业,必须具备符合国家规定并具有与其生产经营和服务规模相适应的资金。有限责任公司注册资本最低限额为人民币 3 万元;股份有限公司注册资本最低限额为 500 万元。法律、行政法规对公司最低限额有较高规定的,从其规定。

注册资本可以一次或分次缴纳。有限责任公司和股份有限公司全体股东的首次出资额不得低于注册资本的 20%,也不得低于法定注册资本的最低限额,其余部分由股东自公司成立之日起 2 年内缴足。

股东缴足了资本时,其实收资本的金额将等于注册资本的金额。公司成立后,股东不得抽逃出资和擅自改变注册资本。

二、企业的组织形式

我国企业的组织形式主要有有限责任公司和股份有限公司两类。

（一）有限责任公司

有限责任公司是指由 50 个以下股东出资设立的、每个股东以其认缴的出资额为限对公司承担责任的企业法人。在我国,可以设立国有独资公司,它是指国家单独出资、由国务院或者地方人民政府授权本级人民政府国有资产监督管理机构履行出资人职责的有限责任公司。

（二）股份有限公司

股份有限公司是指由 2 人以上 200 人以下发起人设立的、每个股东以其认购的股份为限对公司承担责任的企业法人。

股份是指股份有限公司投资者的投资份额，是股东权利和义务的计量单位。股份是股票的实质内容，股票是股份的证券形式。

三、有限责任公司实收资本的核算

投资者对公司的投资方式主要有现金投资和非现金资产投资两种。

（一）现金投资的核算

有限责任公司开展经营活动，需一定数额的资金。公司在新设立时收到投资者投入的现金存入银行时，借记"银行存款"账户，贷记"实收资本"账户。

企业在设立时，如收到国外投资者投入的外币，应当采用交易发生日即期汇率折算成人民币记账。

【例】 新设立的浦声商厦收到国外投资者爱司公司投资的 360 000 美元，存入银行，当日汇率为 6.50 元，作分录如下：

借：银行存款——美元户（360 000×6.50）　　　　　　　　　　2 340 000.00
　　贷：实收资本　　　　　　　　　　　　　　　　　　　　　　　　　2 340 000.00

有限责任公司在设立以后，接受新投资者投资时，由于新投资者将与原投资者享有同等的经济利益，这就要求新投资者付出大于原投资者的出资额。届时，根据新投资者投入的现金，借记"银行存款"账户；根据新投资者投入的资金在企业注册资本中所占的份额，贷记"实收资本"账户；根据出资额与注册资本中所占份额的差额，贷记"资本公积"账户。

"实收资本"是所有者权益账户，用以核算企业接受投资者投入的资本。企业收到投资者投入的资本时，记入贷方；企业按照法定程序报经批准退出资本时，记入借方；期末余额在贷方，表示企业实收资本的总额。实收资本应按投资者进行明细分类核算。

（二）非现金资产投资的核算

有限责任公司接受投资者以商场、仓库、运输装卸设备、机器设备等固定资产的投资时，可按投资合同约定的价值，借记"固定资产"账户；按投资的固定资产在注册资本中所占的份额部分，贷记"实收资本"账户，两者之间的差额贷记"资本公积"账户。

【例】 东风商厦收到新投资者新江公司投入旧仓库 1 座，按投资合同约定的价值 360 000 元计量，投入的资金占企业注册资本 6 000 000 元 的 5.5%，仓库已达到预定可使用状态，验收使用，作分录如下：

借：固定资产　　　　　　　　　　　　　　　　　　　　　　　360 000.00
　　贷：实收资本　　　　　　　　　　　　　　　　　　　　　　　　330 000.00
　　贷：资本公积——资本溢价　　　　　　　　　　　　　　　　　　30 000.00

当接受投资者以库存商品、包装物、低值易耗品的投资时,应根据投资合同约定的价值借记"库存商品""包装物""低值易耗品"等账户,根据应交的增值税额,借记"应交税费"账户;根据投入的资金占企业注册资本的份额部分,贷记"实收资本"账户,借贷方相抵后的差额,贷记"资本公积"账户。

【例】　华夏商厦收到新投资者新欣服装厂投入服装一批,投资合同约定价款为200 000元,应交增值税为26 000元,投入资金占企业注册资本6 600 000元的3%,服装已验收入库,作分录如下:

借:库存商品	200 000.00
借:应交税费——应交增值税——进项税额	26 000.00
贷:实收资本	198 000.00
贷:资本公积——资本溢价	28 000.00

当接受投资者以专利权、非专利技术、商标权和土地使用权等无形资产的投资时,其核算方法同实物资产相同,不再重述。

四、股份有限公司实收资本的核算

(一)股份的分类

股份按股东享有的权利不同,可分为普通股和优先股两种。

1. 普通股　　普通股是指公司资本构成中最普通、最基本的、没有特别权利的股份。普通股的股东权利具体表现在三个方面:① 具有对公司的经营参与权。公司组织以股东会为最高权力机构,股东会由普通股股东或股东代表组成,股东有权出席股东会,可按其持股比例行使表决权,并有被选举权;股东有权查阅公司章程、股东会会议记录和财务报表;有权对公司的经营活动进行监督、提出建议或质询。② 具有分享股利权。当在董事会宣布发放股利时,股东有权按其所持股份领取股利的权利。③ 具有剩余财产分配权。当公司终止营业,清算解散时,在以资产清偿了全部债务后,股东有权按其所持股份比例分得剩余财产的权利。

普通股的股利收入是不稳定的,会随着公司的经营业绩的优劣而变动。公司的经营业绩优,股利就丰厚;公司经营业绩差,则股利就微薄,甚至没有。因此,持普通股的股东要承担较大的投资风险。

2. 优先股　　优先股是指比普通股具有一定优先权的股份。优先股的优先权主要表现在三个方面:① 持优先股的股东具有优先分配股利权。公司在发放给普通股股东股利之前,持优先股的股东有按约定的股利率或金额优先分得股利的权利。② 持优先股的股东具有优先分得公司剩余财产权。公司终止营业清算解散时,在以资产清偿了全部债务后,股东具有比普通股优先求偿的权利。③ 持优先股的股东在特殊情况下可行使表决权。通常,持优先股的股东没有表决权,也无权过问公司的管理事务,但公司连续3年未支付优先股股利时,优先股股东即可出席股东会,并行使表决权。

优先股的股利是按约定的股利率支取的,收入稳定,因此,持优先股的股东投资风险小。但持优先股的股东不享有公司盈余公积权益,通常也不享有对公司的经营参与权。

(二)股票发行的核算

股票是指股份有限公司签发的证明股东按其所持股份享有权利和承担义务的书面凭证。根据我国《公司法》的规定,发行股票应载明的主要事项有:① 公司名称。② 公司成立的日期。③ 股票种类、票面金额及代表的股份。④ 股票的编号等。

股份有限公司的股本即有限责任公司的实收资本,是在核定的注册资本总额范围内发行股票所取得的,届时可设置"股本"账户进行核算。

股票的发行价格取决于公司的经营状况和预期盈利水平。经营状况一般,预期盈利水平低的,一般按面值发行;经营状况好,预期盈利水平高的,可以溢价发行;在我国,为了维护投资者的利益,不允许经营状况差的公司发行股票,因此不存在折价发行股票。

股份有限公司发行股票时,会发生发行费用。股票发行费用是指与股票发行直接相关的费用。它通常包括股票承销费用、注册会计师费用、评估费用、律师费用、公关及广告费用和印刷费用等。

股份有限公司通常是委托证券公司发行股票的,证券公司发行股票完毕后,将发行金额扣除发行费用后的数额交付股份有限公司。

股票按面值发行的,其发行费用可以作为当期的"管理费用"入账。倘若数额较大时,应列入"长期待摊费用"账户,等发行工作完毕的次月起分期摊销,摊销期限不得超过2年,摊销时再转入"管理费用"账户。

股份有限公司按面值发行股票时,根据证券公司付来的扣除发行费用后的发行款,借记"银行存款"账户;根据发行费用,借记"管理费用"账户或"长期待摊费用"账户;根据股票面值,贷记"股本"账户。

【例】 2021年2月1日,光明商厦股份有限公司设立,委托证券公司按面值发行普通股8 000 000股,每股面值1元,发行费用96 000元,发行完毕,证券公司扣除发行费用后,付来发行款7 904 000元。存入银行,发行费用分2年摊销,作分录如下:

借:银行存款	7 904 000.00
借:长期待摊费用	96 000.00
贷:股本——普通股	8 000 000.00

股份有限公司溢价发行股票时,其发行费用应从本次股票发行的溢价中扣除。届时,根据证券公司付来的扣除发行费用后的发行款,借记"银行存款"账户;按股票面值,

贷记"股本"账户;两者之间的差额应列入"资本公积"账户。

　　【例】　浦江商厦股份有限公司 2021 年 4 月 1 日增发普通股 1 000 000 股,每股面值 1 元,委托证券公司溢价发行,每股 7.50 元,发行费用 90 000 元,发行完毕后证券公司扣除发行费用后,付来发行款 5 346 000 元,存入银行,作分录如下:

```
借:银行存款                          7 410 000.00
　贷:股本——普通股                     1 000 000.00
　贷:资本公积——股本溢价                 6 410 000.00
```

"股本"账户应按"普通股"和"优先股"设置明细分类账。

五、库存股的核算

　　库存股是指股份有限公司收回本公司已发行的股份。库存股主要用于以股份支付方式奖励职工和减少注册资本等。

　　(一)库存股以股份支付方式奖励职工的核算

　　股份支付是指企业为获得职工和其他方提供服务而授予权益工具或者承担以权益工具为基础确定的负债的交易。

　　股份有限公司可以在证券市场上收购本公司的普通股,以股份支付方式奖励给本公司的职工,以调动他们工作的积极性。

　　股份支付分为以权益结算的股份支付和以现金结算的股份支付两种方式,以权益结算的股份支付是指企业为获取服务以股份或其他权益工具作为对价进行结算的交易;以现金结算的股份支付是指企业为获取服务承担以股份或其他权益工具为基础计算确定支付现金或其他资产义务的交易。

　　股份支付的确认和计量,应当以真实、完整、有效的股份支付协议为基础。股份支付有授予日、等待期和可行权日。授予日是指股份支付协议获得批准的日期。获得批准是指企业与职工或其他方就股份支付的协议条款和条件已达成一致,该协议获得股东大会或类似机构的批准。

　　股份支付在授予日后,通常需要职工或其他方履行一定期限的服务或在企业达到一定业绩条件以后,才可以行权。

　　业绩条件分为市场条件和非市场条件。市场条件是指行权价格、可行权条件以及行权可能性与权益工具的市场价格相关的业绩条件,如股份支付协议中关于股价至少上升至何种水平可行权的规定。非市场条件是指除市场条件之外的其他业绩条件,如股份支付协议中关于达到最低盈利目标或销售目标才可以行权的规定。

　　等待期是指可行权条件得到满足的期间。公司在等待期内的每个会计期末将当期取得职工提供的服务计入相关的费用账户,计入的金额应当以对可行权的权益工具的最佳估计为基础,按照权益工具授予日的公允价值计量。届时借记"销售费用""管理费用"等账户,贷记"资本公积——其他资本公积"账户。

公司按照奖励的目标购进本公司已发行的股份时,按实际支付的金额借记"库存股"账户,贷记"银行存款"账户。

可行权日是指可行权条件得到满足的职工和其他方具有从企业取得权益工具或现金的权利的日期。

公司在可行权日根据实际行权权益工具数量,计算确定其金额,据以借记"资本公积——其他资本公积"账户,贷记"库存股"账户,将其差额转入"资本公积——股本溢价"账户,如股本溢价不足冲减的,应借记"盈余公积""利润分配——未分配利润"等账户。

【例】 2020 年初春风商厦股份有限公司根据股份支付协议收购本公司 30 000 股普通股奖励职工,年末使净利润比上年增长 15% 以上的,行政管理人员奖励 10 000 股,经营人员奖励 20 000 股,授予日本公司普通股公允价值为每股 7.20 元。

(1) 1 月 31 日,根据本月经营情况,预计能够达到增收奖励的目标,将本月份职工提供服务应奖励的金额计入费用,作分录如下:

借:销售费用		12 000.00
借:管理费用		6 000.00
贷:资本公积——其他资本公积		18 000.00

在预计能够达到增产增收奖励目标的前提下,从 2~12 月每个月月末都作以上相同的会计分录。

(2) 3 月 18 日,购进本公司普通股 30 000 股,每股 7.10 元,另以交易金额的 0.3‰ 支付佣金,款项一并以银行存款支付,作分录如下:

借:库存股		213 063.90
贷:银行存款		213 063.90

(3) 2021 年 1 月 25 日,2020 年本公司达到增收的奖励目标,予以行权,将库存股 30 000 股,奖励给职工,按其授予日普通股公允价值确认的金额 216 000 元转账。作分录如下:

借:资本公积——其他资本公积		216 000.00
贷:库存股		213 063.90
贷:资本公积——股本溢价		2 936.10

(二) 以注销库存股减少注册资本的核算

股份有限公司可以通过收购本公司普通股,予以注销,来减少注册资本。公司收购本公司普通股时,借记"库存股"账户,贷记"银行存款"账户。在确定减少注册资本时,应注销库存股,按注销库存股的面值,借记"股本"账户;按库存股的账面价值,贷记"库存股"账户;两者之间的差额,列入"资本公积——股本溢价"账户的借方,如股本溢价不足冲减的,应借记"盈余公积""利润分配——未分配利润"等账户。

【例】　城南商厦股份有限公司,已陆续收购本公司普通股 150 000 股,全部收购成本为 903 600 元。该股每股面值为 1 元,现决定全部予以注销,以减少注册资本。该公司"资本公积——资本溢价"账户余额 686 000 元,"盈余公积"账户余额为 358 500 元,予以转账,作分录如下:

借:股本　　　　　　　　　　　　　　　　　　　　　　150 000.00
借:资本公积——资本溢价　　　　　　　　　　　　　　686 000.00
借:盈余公积　　　　　　　　　　　　　　　　　　　　　67 600.00
　　贷:库存股　　　　　　　　　　　　　　　　　　　　　　903 600.00

"库存股"是所有者权益账户,也是"股本"和"资本公积——资本溢价"的抵减账户,用以核算企业收购、转让或注销的本公司股份的金额。企业收购本公司股份时,记入借方;企业将股份奖励职工或予以注销减少注册资本时,记入贷方;期末余额在借方,表示企业持有尚未转让或注销的本公司股份的金额。

第三节　资本公积的核算

资本公积是指企业收到投资者出资额超过其在注册资本或股本中所占的份额以及直接计入所有者权益的利得和损失。它由资本溢价和其他资本公积两个部分组成。

一、资本溢价的核算

资本溢价是指企业收到投资者出资额超出其在注册资本中所占份额部分的金额。

有限责任公司企业的资本溢价主要发生在合资、联营企业。因为企业在初创阶段,收益较低,经过一个阶段的生产经营后,会产生一定数额的留存收益,且随着生产经营的日趋成熟,其盈利能力也会逐渐提高。当投资者中的一方要增加投资,或者新的投资者要参与投资,由于新投入的资本要分享企业开创至今所取得的成果,因此新追加的投资或新的投资者要付出大于原有投资者的出资额,才能取得与原有投资者相同的投资比例。所以,大于原有投资者出资额的部分即为资本溢价额。股份有限公司的资本溢价是发行股票的溢价净收入,这两类企业发生的资本溢价均列入"资本公积"账户。其具体核算方法在上一节中已作了阐述,不再重复。

企业的资本溢价是一种资本储备形式,它实际上参与了企业的资金周转,支持着企业生产经营活动的正常运转。当企业积累的资本溢价较多时,可以根据需要按法定程序转增资本,届时借记"资本公积"账户,贷记"实收资本"账户。

【例】　东昌商厦经批准将 180 000 元资本公积中的资本溢价转增资本,作分录如下:

借：资本公积——资本溢价 180 000.00
　　贷：实收资本 180 000.00

二、其他资本公积的核算

其他资本公积是指除资本溢价或股本溢价项目以外所形成的资本公积。它主要在下列情况中产生的。

1. 采取权益法结算的长期股权投资　企业的长期股权投资采用权益法核算的，在持股比例不变的情况下，被投资单位除净损益、其他综合收益以及利润分配以外所有者权益的其他变动投资，企业应按持股比例计算应享有的份额，借记或贷记"长期股权投资——其他权益变动"账户，贷记或借记"资本公积——其他资本公积"账户，俟处置该项长期股权投资时，应将原记入"资本公积——其他资本公积"账户的相关金额结转"投资收益"账户。

2. 以权益结算的股份支付　它是指企业为获取职工服务而以股份或其他权益工具作为对价进行结算的交易。企业在等待期内的每个会计期末，应当以对可行权权益工具数量的最佳估计为基础，按照权益工具授予日的公允价值，根据当期取得职工提供的服务确认相应的费用，据以借记"销售费用""管理费用"等相关账户；贷记"资本公积——其他资本公积"账户。

在可行权日，应当按照行权的权益工具数量计算确定的金额，据以借记"资本公积——其他资本公积"账户；按计入实收资本的金额，贷记"实收资本"或"股本"账户；将两者之间的差额列入"资本公积——资本（股本）溢价"账户。

【例】　沪光商厦股份有限公司分别与公司经营骨干和管理骨干签订了 2 年期的股份支付协议，协议规定公司第 1 年营业额，净利润各增长 5% 以上，奖励经营骨干 12 000 股股票，奖励管理骨干 15 000 股股票；第 2 年营业额，净利润各增长 6% 以上，奖励经营骨干 16 000 股股票，奖励管理骨干 20 000 股股票，2014 年 12 月 31 日授予日，该股票每股的公允价值为 4 元。

接着，发生下列经济业务：

（1）2019 年 12 月 31 日，该公司的营业额和净利润的增长率分别为 5.1% 和 5.2%，按照权益工具的公允价值转账，作分录如下：

借：销售费用 48 000.00
借：管理费用 60 000.00
　　贷：资本公积——其他资本公积 108 000.00

（2）2020 年 12 月 31 日，该公司的营业额和净利润的增长率分别为 6.05% 和 6.10%，按照权益工具的公允价值转账，作分录如下：

　　借：销售费用　　　　　　　　　　　　　　　　　　　　　　　64 000.00
　　借：管理费用　　　　　　　　　　　　　　　　　　　　　　　80 000.00
　　　　贷：资本公积——其他资本公积　　　　　　　　　　　　　144 000.00

　　（3）2021 年 1 月 3 日，可行权日予以行权，该公司每股股票的面值 1 元，将行权的 63 000 股股票入账，作分录如下：

　　借：资本公积——其他资本公积　　　　　　　　　　　　　　　252 000.00
　　　　贷：股本　　　　　　　　　　　　　　　　　　　　　　　63 000.00
　　　　贷：资本公积——股本溢价　　　　　　　　　　　　　　　189 000.00

　　"资本公积"是所有者权益类账户，用以核算企业收到投资者出资额超过其在注册资本或股本中所占份额的部分以及直接计入所有者权益的利得和损失。当企业发生资本溢价和直接计入所有者权益利得及转销直接计入所有者权益损失时，记入贷方；当企业将资本公积转增资本和发生直接计入所有者权益损失以及转销直接计入所有者权益利得时，记入借方；期末余额在贷方，表示企业资本公积的结存数额。

第四节　留存收益的核算

一、其他综合收益的核算

（一）其他综合收益概述

　　其他综合收益是指企业根据企业会计准则的规定，未在当期损益中确认的各项利得和损失。作为其他综合收益的利得或损失，虽然尚未实现，不能计入当期损益，但是导致了所有者权益发生了增减变动，形成了与所有者投入资本或向所有者分配利润无关的经济利益的流入和流出。

　　其他综合收益按其能否重新分类，可分为两类：一类是以后会计期间不能重分类进损益的其他综合收益，它主要包括重新计量设定受益计划净负债或净资产导致的权益变动、按照权益法核算因被投资单位重新计量设定受益计划净负债或净资产变动导致的权益变动等内容；另一类是以后会计期间在满足规定条件时，将重分类进损益的其他综合收益，它主要包括权益法下可转损益的其他综合收益、持有至到期投资重分类为可供出售金融资产损益、可供出售金融资产公允价值变动损益等内容。

　　（二）其他综合收益的核算

　　企业长期股权投资采取权益法核算时，在持股比例不变动的情况下，被投资单位发生其他综合收益的增减变动，投资企业应按其持股比例，计算出其应享有或分担的份额，相应地调整长期股权投资的账面价值，届时借记或贷记"长期股权投资"账户，贷记或借记"其他综合收益"账户,待处置该项股权投资时,再将原列入"其他综合收益"账户的金额转入"投资收益"账户。

【例】 2020 年 1 月 3 日,华安商厦以 6 000 000 元取得天华公司 30％的股份,采取权益法核算。

(1) 2020 年 12 月 31 日,天华公司当年实现了净利润 1 080 000 元,其他综合收益增加了 90 000 元,按照应享有的份额转账,作分录如下:

借:长期股权投资——损益调整 324 000.00
借:长期股权投资——其他综合收益 27 000.00
　贷:投资收益 324 000.00
　贷:其他综合收益 27 000.00

(2) 2021 年 4 月 30 日,出售天华公司 3％的股份,扣除交易费用后净收入 642 100 元,收到全部款项,当即存入银行,作分录如下:

借:银行存款 642 100.00
　贷:长期股权投资——投资成本 600 000.00
　贷:长期股权投资——损益调整 32 400.00
　贷:长期股权投资——其他综合收益 2 700.00
　　投资收益 7 000.00

同时,转销其他综合收益,作分录如下:

借:其他综合收益 7 000.00
　贷:投资收益 7 000.00

持有至到期投资重分类为可供出售金融资产损益、可供出售金融资产公允价值变动损益的内容在第七章第三、四节中已分别作了阐述,不再重复。

二、盈余公积的核算

盈余公积是指企业按照规定从净利润中提取的积累资金。它包括法定盈余公积和任意盈余公积。

法定盈余公积是指企业的净利润按照法律规定的比例提存,以备需要时动用的资金。我国规定,法定盈余公积按净利润的 10％提取。当提取的法定盈余公积超过注册资本的 50％时,可以不再提取。

任意盈余公积是指企业的净利润按照企业章程或股东大会决议规定的比例提存,以备需要时动用的资金。任意盈余公积必须在公司发放了优先股股利后才能提取。

企业在提取法定盈余公积和任意盈余公积时,借记"利润分配"账户,贷记"盈余公积"账户。

【例】　延庆商厦实现净利润 500 000 元,按 10％的比例提取法定盈余公积、5％的比例提取任意盈余公积,作分录如下:

借:利润分配——提取法定盈余公积　　　　　　　　　　　　　　50 000.00
借:利润分配——提取任意盈余公积　　　　　　　　　　　　　　25 000.00
　　贷:盈余公积——法定盈余公积　　　　　　　　　　　　　　　　　　50 000.00
　　贷:盈余公积——任意盈余公积　　　　　　　　　　　　　　　　　　25 000.00

法定盈余公积和任意盈余公积的用途主要有以下三项:① 用于弥补企业亏损。由于在市场经济的条件下,企业面临着激烈的竞争,其生产经营活动随着市场的波动而出现反复,一旦发生亏损时,可以用法定盈余公积或任意盈余公积予以弥补,这样就为企业克服困境、渡过难关创造了条件。② 用于转增资本。当企业法定盈余公积或任意盈余公积留存较多,而企业需要拓展经营规模时,可以将其转增资本。③ 用于发放现金股利或利润。当企业累积的法定盈余公积和任意盈余公积较多,而未分配利润较少时,为了维护公司的形象给投资者以合理的回报,也可以用这两项盈余公积分派现金股利或利润。

企业在以法定盈余公积或任意盈余公积弥补亏损时,借记“盈余公积”账户,贷记“利润分配——盈余公积补亏”账户。

【例】　广平商厦年末亏损 18 000 元,经批准以法定盈余公积弥补亏损,作分录如下:

借:盈余公积——法定盈余公积　　　　　　　　　　　　　　　　18 000.00
　　贷:利润分配——盈余公积补亏　　　　　　　　　　　　　　　　　　18 000.00

企业以法定盈余公积和任意盈余公积转增资本时,其核算方法与资本公积转增资本的方法相同,不再重述。在法定盈余公积转增资本后,留存企业的部分不得少于注册资本的 25％。

“盈余公积”是所有者权益类账户,用以核算企业按规定从净利润中提取的盈余公积。企业提取盈余公积时,记入贷方;企业以盈余公积弥补亏损、转增资本时,记入借方;期末余额在贷方,表示企业盈余公积的结存数额。

三、未分配利润的核算

未分配利润是指企业的净利润尚未分配的数额,它是企业实现的净利润与已分配利润之间的差额。

企业为了平衡各会计年度的投资回报水平,以丰补歉,留有余地等原因,可以留有一部分净利润不予分配,从而形成了未分配利润。

企业历年积存的未分配利润,均可参与本年度实现的净利润一并分配。未分配利润是通过设置“利润分配——未分配利润”账户核算的,该账户的贷方余额表示未分配利润,若该账户出现借方余额,则表示企业未弥补亏损。其具体核算方法将在第十一章税金和利润中阐述。

判 断 题

一、是非题

1. 所有者权益是投资者对企业的一项无期限的投资,而债权人权益仅是投资者对企业的一项有期限的投资。 （　　）

2. 实收资本是指投资者按照企业章程或合同的约定实际投入企业的资本。 （　　）

3. 注册资本是指在公司登记机关登记的全体股东认缴的出资额或者认购的股本。 （　　）

4. 注册资本可以一次或分次交纳。有限责任公司和股份有限公司的全体股东的首次出资额不得低于注册资本的20%。 （　　）

5. 由于普通股具有对公司的经营参与权,分得股利权,剩余财产的分得权和优先认股权,因此承担的投资风险较小。 （　　）

6. 在我国股票可以按面值发行,也可以溢价发行或折价发行。 （　　）

7. 股份支付是指企业为获得职工提供服务而授予权益工具或者承担以权益工具为基础确定的负债的交易。 （　　）

8. 股份支付的确认和计量,应当以真实、有效的股份支付协议为基础。 （　　）

9. 股份支付的市场条件是指行权价格、可行权条件以及行权可能性与权益工具的市场价格相关的业绩条件。 （　　）

10. 以权益结算的股份支付在可行权日,予以行权后,将增加公司的实收资本或股本。 （　　）

11. 资本公积和盈余公积与企业的净利润均有一定的联系。 （　　）

二、单项选择题

1. _____是指投资者按照企业章程或合同、协议约定实际投入企业的资本。

A. 投入资本　　　　B. 注册资本　　　　C. 实收资本　　　　D. 资本公积

2. 股份有限公司溢价发行股票时,其超过面值的溢价金额应列入_____账户。

A. 股本——股本溢价　　　　　　　　B. 投资收益

C. 资本公积　　　　　　　　　　　　D. 营业外收入

3. 股份支付在授予后,公司在等待期内每个会计期末,应将取得职工提供的服务计入成本、费用,计入成本、费用的金额应当按照_____的公允价值计量。

A. 金融资产　　　B. 金融工具　　　C. 衍生工具　　　D. 权益工具

4. 企业提取的法定盈余公积如已超过注册资本的_____时,可以不再提取。

A. 25%　　　　　B. 50%　　　　　C. 75%　　　　　D. 100%

5. 企业以法定盈余公积转增资本后,留存企业的部分不得少于注册资本的_____。

A. 15%　　　　　B. 25%　　　　　C. 35%　　　　　D. 50%

三、多项选择题

1. 所有者权益由实收资本、资本公积、_____等组成。

A. 其他综合收益　　　B. 应付股利　　　C. 盈余公积　　　D. 未分配利润

2. 库存股主要用于_____。

A. 以股份支付奖励职工　　　　　B. 减少实收资本

C. 减少注册资本　　　　　　　　D. 减少资本公积

3. 可行权日是指可行权条件得到满足的_____具有从企业取得权益工具或现金的权利的日期。

A. 债权人　　　B. 股东　　　C. 职工　　　D. 其他方

4. 留存收益由_____等组成。

A. 资本公积　　　B. 其他综合收益　　　C. 盈余公积　　　D. 未分配利润

5. 盈余公积可以用于_____。

A. 转增资本　　　　　　　　B. 发放职工奖金

C. 弥补亏损　　　　　　　　D. 发放现金股利或利润

6. _____可以转作资本。

A. 资本公积　　　B. 法定盈余公积　　　C. 未分配利润　　　D. 任意盈余公积

练 习 题

练 习 题 一

一、目的　练习投资者投入资本的核算。

二、资料

1. 2020 年,黄浦百货公司设立时发生有关的经济业务如下:

(1) 3 月 1 日,收到申光公司投入营业商场一幢,按投资合同约定以 774 000 元入账,商场已验收使用。

(2) 3 月 6 日,收到国外投资者兴凯公司汇入 180 000 美元,存入银行,当日汇率为 6.50 元。

(3) 3 月 9 日,收到申光公司投资拨入的旧仓库一座,按投资合同约定以 262 000 元入账,仓库已验收使用。

(4) 3 月 9 日,收到申光公司投入流动资金 194 000 元,存入银行。

2. 2021 年,黄浦百货公司的投资者决定扩大经营规模,经批准将注册资本扩充到 3 000 000 元。

(1) 4 月 18 日,收到申光服装公司拨付的服装一批,已由服装柜验收入库。按投资合同约定以 126 000 元入账,增值税额 16 380 元。投入资金占企业注册资本的 3.955%。

(2) 4 月 19 日,收到国外投资者兴凯公司第二期投资额,投入设备一套,价值 25 000 美元,运杂费和保险费计 400 美元;小汽车一辆,价值 28 000 美元,运杂费和保险费计 600 美元。设备和汽车均已验收使用,当日汇率为 6.75 元,投入资金占企业注册资本的 10.125%。

(3) 4 月 20 日,申光公司投入流动资金 213 120 元,以增加其投资额,现款已存入银行。投入资金占企业注册资本的 5.92%。

三、要求　编制会计分录。

练 习 题 二

一、目的 练习库存股的核算。

二、资料

1. 开博商厦股份有限公司 2020 年初决定,根据股份支付协议收购本公司 40 000 股普通股奖励本公司职工。年末若能使净利润比上一年增长 20% 以上的,行政管理人员奖励 15 000 股,经营人员奖励 25 000 股。授予日本公司普通股公允价值为每股 6 元。

(1) 2020 年 1 月 31 日,根据本公司本月份的经营情况,预计能够达到增收奖励的目标,将本月份职工提供服务应奖励的金额计入费用。

(2) 2020 年 3 月 25 日,购进本公司普通股 40 000 股,每股 5.90 元,另按交易金额的 0.3‰ 支付佣金,1‰ 缴纳印花税,款项一并以银行存款支付。

(3) 2021 年 1 月 25 日,2020 年公司达到增收的奖励目标,予以行权,将 40 000 股普通股奖励给职工,按授权日普通股公允价值确认的金额转账。(2020 年 2～12 月均按该年 1 月份的标准将职工提供服务应奖励的金额入账)

2. 新康商厦股份有限公司“资本公积——资本溢价”账户余额为 868 500 元,“盈余公积”账户余额为 596 600 元。现发生下列有关的经济业务:

(1) 3 月 15 日,购进本公司普通股 150 000 股,每股 5.20 元,另按交易金额的 0.3‰ 支付佣金,款项一并以银行存款付讫。

(2) 5 月 20 日,购进本公司普通股 100 000 股,每股 5.25 元,另按交易金额的 0.3‰ 支付佣金,款项一并以银行存款付讫。

(3) 5 月 22 日,今决定将收购本公司 250 000 股普通股全部予以注销,以减少注册资本。该股份每股面值 1 元,予以转账。

三、要求 编制会计分录。

练 习 题 三

一、目的 练习资本公积和盈余公积的核算。

二、资料 兴盛商厦股份有限公司与公司经营骨干和管理骨干签订了 2 年期的股份支付协议。协议规定,公司第 1 年营业额、净利润各增长 4% 以上,奖励经营骨干 10 000 股股票,奖励管理骨干 12 500 股股票;第 2 年营业额、净利润各增长 5% 以上,奖励经营骨干 12 000 股股票,奖励管理骨干 15 000 股股票。2018 年 12 月 31 日授予日,该公司每股股票的公允价值为 5 元,接着发生下列有关的经济业务:

1. 2019 年 12 月 1 日,公司原有注册资本 4 000 000 元,留存收益 320 000 元。经批准将注册资本增至 5 000 000 元。今收到大茂公司出资的支票 454 200 元,存入银行。其投入资金占企业注册资本的 7.57%。

2. 2019 年 12 月 2 日,本公司收到外商飞浦公司汇入 110 000 美元,当日汇率为 6.78 元。其投入资金占企业注册资本的 12.43%。

3. 2019 年 12 月 31 日,本公司持有徐汇公司 40% 的股权,采用权益法核算,年末徐汇公司除净损益、其他综合收益以及利润分配外,所有者权益增加了 30 000 元,持股比例不变,予以转账。

4. 2019 年 12 月 31 日,本公司的营业额和净利润分别增长了 4.12% 和 4.15%,按照权益工具的公允价值转账。

5. 2019 年 12 月 31 日,本公司净利润为 500 000 元,按 10％的比例提取法定盈余公积,按 5％的比例提取任意盈余公积。

6. 2019 年 12 月 31 日,经批准将资本公积 100 000 元、法定盈余公积150 000元转增资本。

7. 2020 年 12 月 21 日,本公司的营业额和净利润分别增长了 5.16％和 5.18％,按照权益工具的公允价值转账。

8. 2021 年 1 月 2 日,可行权日予以行权,该公司每股投票的面值为 1 元,将行权的 49 500 股股票入账。

三、要求　编制会计分录。

第十章　期间费用、政府补助和其他业务的核算

第一节　期间费用概述

一、期间费用的分类

商品流通企业的期间费用又称为商品流通费用，是指本期发生的不能直接归属于商品成本而直接计入损益的费用。它包括商品流通企业因从事商品的运输、装卸、保管、广告、包装、保险等商品流通企业经营管理所必须开支的各项费用。

为了加强对期间费用的管理与核算，根据期间费用在企业中所起的作用不同，将其分为销售费用、管理费用和财务费用三类。

销售费用是指企业为销售商品所发生的各项费用。

管理费用是指企业行政管理部门为组织和管理企业经营活动所发生的各项费用。

财务费用是指企业为筹集业务经营所需资金等而发生的各项费用。

（一）销售费用的子目及其反映的内容

1. 运杂费　　它是指企业在销售商品过程中，使用各种运输工具所支付的运费和运输过程中发生的搬运费，以及同运输有关的各项杂费，如调车费、站台、码头租用费、港口建设费等。

2. 装卸费　　它是指企业销售商品在车站、码头、仓库、货场发生的支付给装卸单位的费用。

3. 包装费　　它是指企业包装或改变包装所支付的包装用品费，包装物折损与修理费，包装物挑选、洗刷、修补费、包装用品租用费等。

4. 保险费　　它是指企业向保险公司投保商品等为销售商品提供服务的流动资产和固定资产所支付的保险费用。

5. 展览费　　它是指企业为开展促销活动或宣传商品等举办商品展览、展销会所支出的各项展览的费用。

6. 保管费　　它是指企业的商品在储存过程中所支付的保管费用，包括倒库、晾晒、冷藏、保暖、消防、护仓、照明、保管用品、委托保管费、畜禽的饲料费、养护商品

等所耗费的物品和费用。

7. 检验费　　它是指企业在销售商品前按规定支付给商品检验局检验商品时所发生的检验费、鉴定费、委托代验或自行化验商品的化验费和出口商品的签证费。

8. 劳务手续费　　它是指企业委托其他单位代销、代储、代运商品、代办业务事项等按规定所支付的手续费。

9. 广告费　　它是指企业为向社会宣传商品而设置的宣传栏、橱窗、板报、印刷宣传资料和购置适量宣传品，在报刊、电台、电视台刊登、广播业务广告等所支付的费用。

10. 商品损耗　　它是指企业的商品在保管、销售过程中所发生的自然损耗。

11. 职工薪酬　　它是指企业发生的直接从事商品经营业务人员的工资、奖金、津贴和补贴，以及按规定标准计提的职工福利费、工会经费、职工教育经费、社会保险费和住房公积金等职工薪酬。

12. 折旧费　　它是指企业为销售商品提供服务的商场、仓库、运输工具等固定资产计提的折旧费。

13. 低值易耗品摊销　　它是指企业为销售商品提供服务的低值易耗品发生的摊销费。

14. 修理费　　它是指企业为销售商品提供服务的固定资产和低值易耗品发生的修理费。

15. 租赁费　　它是指企业租赁商场、仓库等营业用固定资产和低值易耗品发生的租赁费用。

16. 差旅费　　它是指企业按规定支付给因业务需要出差人员的住宿费、交通费、伙食补助等费用。

17. 其他销售费用　　它是指企业销售部门发生的不能列入上列子目的各种销售费用。

（二）管理费用的子目及其反映的内容

1. 职工薪酬　　它是指企业发生的行政管理人员的工资、奖金、津贴、补贴，以及按规定标准计提的职工福利费、工会经费、职工教育经费、社会保险费和住房公积金等职工薪酬。

2. 业务招待费　　它是指企业为促进商品流通、扩大经营的合理需要而支付的有关业务交际费用。

3. 研究与开发费　　它是指企业研究开发新技术、新产品，包括企业改善商品的养护、保管、包装等而发生的各项不构成固定资产的样品样机费、技术图纸资料费、研究人员工资、研究设备的折旧、新产品试制费、委托其他单位进行科研试制的费用以及试制失败损失等费用。

4. 董事会会费　　它是指企业最高权力机构及其成员为履行职能而发生的各项费用,包括差旅费、会议费等。

5. 劳动保险费　　它是指企业按规定支付给离退休人员的各项支出,发生的长病假人员的工资、奖金、津贴和补贴以及计提的职工福利费、工会经费、职工教育经费、劳动保险费和住房公积金。

6. 咨询费　　它是指企业向有关咨询机构进行科学技术、经营管理等咨询时,按有关规定所支付的费用。

7. 诉讼费　　它是指企业因经济纠纷起诉或应诉而发生的各项费用。

8. 技术转让费　　它是指企业使用非专利技术时而支付的费用,包括以技术转让为前提的技术咨询、技术服务和技术培训过程中发生的有关开支等。

9. 折旧费　　它是指企业为行政管理部门提供服务的办公用房,办公设备等固定资产计提的折旧费。

10. 无形资产摊销　　它是指企业按规定的期限摊销列支无形资产的价值。

11. 低值易耗品摊销　　它是指企业为行政管理部门提供服务的低值易耗品发生的摊销费用。

12. 修理费　　它是指企业为行政管理部门提供服务的固定资产和低值易耗品发生的修理费用。

13. 保险费　　它是指企业向保险公司投保的为行政管理提供服务的固定资产和流动资产所支付的保险费用。

14. 租赁费　　它是指企业租赁行政管理部门使用的房屋、办公设备等固定资产和低值易耗品发生的租赁费用。

15. 聘请中介机构费　　它是指企业聘请中介机构进行查账验资以及进行资产评估等发生的各项费用。

16. 其他管理费用　　它是指企业行政管理部门发生的、不能列入上列子目的各项管理费用,如办公费、文具纸张费、书报费、差旅费、邮电费、水电费、会议费等。

（三）财务费用的子目及其反映的内容

1. 利息支出　　它是指企业支付的短期借款利息、商业汇票贴现利息、长期借款在固定资产工程竣工并达到预定可使用状态后发生的利息支出,以及企业发行债券按规定应由财务费用负担的利息等。

2. 汇兑损失　　它是指企业的外币存款、外币现金和以外币结算的各种债权、债务等业务因汇率变动所造成的损失。若发生汇兑收益,则记入贷方。

3. 手续费　　它是指企业支付给金融机构的手续费。

4. 其他财务费用　　它是指企业发生的不能列入上列各项目的财务费用。如筹资等发生的其他财务费用。

以上销售费用、管理费用和财务费用各子目中应冲减各项费用的收入,如商品的自然升溢、保险费赔偿收入、向职工收取的宿舍租金和水电费收入、银行存款的利息收入等,凡能分清项目的,直接冲减有关子目,不能分清项目的均冲减其他费用子目。

二、期间费用的列支方式

商品流通企业支付的费用一般是由当期负担的。但是,有些费用企业虽已支付,却应由以后各受益期负担;有些费用应由本期负担,而本期尚未支付。为了正确地反映本期所应负担的费用,费用的核算必须按照权责发生制的要求进行核算。凡属于本期负担的费用,不论其款项是否已经支付,均作为本期的费用处理;凡不属于本期负担的费用,即使款项已经支付,也不能作为本期费用入账。这样企业列支的费用就出现了以下四种方式。

1. 直接支付　　它是指企业日常支付的属于本期负担的费用。它是根据费用凭证以货币资金支付的,如支付本月的运杂费、保管费、手续费、工资、业务招待费、咨询费、修理费和其他各项费用等。

2. 转账摊销　　它是指不通过货币结算而采用转账形式摊销应由本期负担的费用。如包装物折损费、低值易耗品摊销费、固定资产折旧费、无形资产摊销以及日常耗用原材料的转销等。

3. 预付待摊　　它是指过去已预先支付,应由本期摊销负担的费用,如预付的保险费和租赁费的摊销等。

4. 预提待付　　它是指应由本期负担而在以后各期支付的费用,如预提的固定资产租赁费、职工福利费、职工教育经费和短期借款利息等。

第二节　期间费用的核算

一、期间费用的总分类核算

期间费用核算的内容很广泛,它分为 3 个科目 30 多个子目,有不少子目在核算上具有共性。期间费用的四种列支方式中,直接支付和转账摊销的核算内容在前面有关章节中已作了详细的阐述,不再重复。

(一)预付待摊费用的核算

预付待摊费用是指企业已经支付受益期不超过 1 年的费用。

商品流通企业拥有大量的商品和其他各项实物资产,为了增强遭受水灾、火灾等灾害和意外事故损失的应变能力,企业一般向保险公司投保,以便在遭受意外损失时,可以从保险公司取得补偿，以减少对企业的影响。

企业投保时的财产保险费一般是按年度支付的，为了使期间费用负担合理，正确反映企业各期的利润，在支付全年保险费时，不能一次全额地列入期间费用，应根据受益期，采取分期摊销的方法，先列入"待摊费用"账户，然后按受益期根据不同的受益对象摊入"销售费用"和"管理费用"账户。

【例】 12月25日，以转账支票预付东方保险公司明年的财产保险费48 000元，作分录如下：

    借：待摊费用——保险费   48 000.00
      贷：银行存款   48 000.00

次年1月31日，摊销应由本月份负担的财产保险费4 000元，其中：商场负担80%，行政管理部门负担20%，作分录如下：

    借：销售费用——保险费   3 200.00
    借：管理费用——保险费   800.00
      贷：待摊费用——保险费   4 000.00

待摊费用的摊销期限，不得超过12个月，但可以跨年。

"待摊费用"是资产类账户，用以核算企业已经支付但应由本期和以后各期负担的分摊期限在1年以内（含1年）的费用。企业发生待摊费用时，记入借方；企业摊销待摊费用时，记入贷方；期末余额在借方，表示企业已经支付尚待摊销的费用。

"销售费用"是损益类账户，用以核算企业在商品销售过程中所发生的费用。企业发生销售费用时，记入借方；企业期末将销售费用结转"本年利润"账户时，记入贷方。

"管理费用"是损益类账户，用以核算企业行政管理部门为组织和管理企业经营活动而发生的各项费用。企业发生管理费用时，记入借方；企业期末将管理费用结转"本年利润"账户时，记入贷方。

（二）预提待付费用的核算

预提待付费用是指本期已经发生但尚未支付的各项费用。

商品流通企业向银行借入的短期借款，银行一般在季末结算利息。为了使企业费用负担合理，真实地反映各期利息支出的情况，就应在每个季度的前两个月计算它们当月应发生的短期借款利息，予以预提列支。其计算公式如下：

$$本月短期借款利息＝本月短期借款平均余额×月利率$$

$$本月短期借款平均余额＝\frac{本月短期借款账户余额累计数}{30天}$$

【例】 上海百货公司第一季度短期借款情况如下:

(1) 1 月份短期借款账户平均余额为 900 000 元,月利率为 6‰,计算该月份应负担的利息如下:

$$1 月份短期借款利息 = 900\,000 \times 6‰ = 5\,400(元)$$

根据计算的结果,计提本月份应列支的短期借款利息,作分录如下:

借:财务费用——利息支出		5 400.00
贷:应付利息		5 400.00

(2) 2 月份计提短期借款利息 5 112 元,3 月末接到"短期借款计息单",本季度共支付短期借款利息 16 122 元,计算本月份应负担利息如下:

$$前 2 个月计提的利息 = 5\,000 + 5\,112 = 10\,512(元)$$
$$3 月份短期借款利息 = 16\,122 - 10\,512 = 5\,610(元)$$

根据计算的结果,作分录如下:

借:应付利息		10 512.00
借:财务费用——利息支出		5 610.00
贷:银行存款		16 122.00

"财务费用"是损益类账户,用以核算企业为筹集经营所需资金等而发生的筹资费用。企业在经营期间发生利息支出、汇兑损失、支付现金折扣和支付给金融机构手续费时,记入借方;企业在冲转利息支出、发生汇兑收益、收到现金折扣或月末将其余额结转"本年利润"账户时,记入贷方。

二、期间费用的明细分类核算

商品流通企业的期间费用主要是通过"销售费用""管理费用"和"财务费用"账户进行总分类核算的,反映了销售费用、管理费用和财务费用的总括情况。为了反映和监督期间费用开支的详细情况,并为分析检查销售费用、管理费用和财务费用的预算执行情况,为改善经营管理提供资料,必须对销售费用、管理费用和财务费用进行明细分类核算。

销售费用、管理费用和财务费用按子目设置明细分类账户,可以采用"三栏式"账页。为了在账页上集中反映销售费用、管理费用和财务费用各项目开支的情况,便于记账,也可以采用"多栏式"账页,现将销售费用多栏式明细分类账的格式列示如图表 10-1 所示。

图表 10-1

销售费用明细分类账

年		凭证号数	摘要	运杂费	装卸费	包装费	保险费	租赁费	其他销售费用	合计
月	日									

由于销售费用、管理费用和财务费用账户明细项目较多,平时发生的主要是借方金额,因此采用多栏式账页时,每个子目只设一个金额栏,登记借方发生额,若发生贷方发生额时,则可在金额栏内用红字反映。

第三节 政府补助的核算

一、政府补助概述

政府补助是指企业从政府无偿取得货币性资产或非货币资产。政府向企业提供经济支持,以鼓励或扶持特定行业、地区或领域的发展,是政府进行宏观调控的重要手段。

(一)政府补助的特征

1. 政府补助来源于政府的经济资源   政府主要指行政事业单位及类似机构。对于企业收到的来源于其他方的补助,有确凿证据表明政府是补助的实际拨付者,其他方只起到代收代付作用的,该项补助也属于来源于政府的经济资源。例如,某集团公司母公司收到一笔政府补助款,有确凿证据表明该补助款实际的补助对象为该母公司下属子公司,母公司只是起到代收代付作用,那么该补助款属于对子公司的政府补助。

2. 政府补助是无偿的   企业取得来源于政府的经济资源,不需要向政府支付商品或服务等对价。无偿性是政府补助的基本特征,这一特征将政府补助与政府以投资者身份向企业投入资本,政府购买服务等政府与企业之间的互惠性交易区别开来。

3. 政府补助是有条件的   政府为了推行其宏观经济政策,通常附有一定的条件,对企业使用政府补助的时间,使用范围和方向进行了限制。

(二)政府补助的主要形式

政府补助的形式主要有:财政拨款、财政贴息、税收返还和无偿给予非货币性资产等。

财政拨款是指政府无偿付给企业的资金,通常在拨款时明确规定了资金的用途。比如,财政部门拨付给企业用于构建固定资产或进行技术改造的专项资金,鼓励企业安置职工就业而给予的奖励款项,拨付企业的粮食定额补贴,拨付企业开展研究活动的研发经费等。

财政贴息是指政府为支持特定领域或区域的发展,根据国家宏观经济形势和政策目标,对承贷企业的银行贷款利息给予补贴。

税收返还是指政府按照国家有关规定采取先征后返(退)、即征即退等办法向企业返还的税款。

无偿给予非货币性资产是指政府无偿拨付给企业固定资产、无形资产等非货币性资产,并明确这些资产的用途。

（三）政府补助的分类

政府补助分为与资产相关的政府补助和与收益相关的政府补助两类。

与资产相关的政府补助是指企业取得的、用于购建或以其他方式形成长期资产的政府补助。

与收益相关的政府补助是指除与资产相关的政府补助之外的政府补助。

（四）政府补助的计量

1. 货币性资产形式的政府补助　　企业取得的各种政府补助为货币性资产的,如通过银行转账等方式拨付的补助,通常按照实际收到的金额计量;存在确凿证据表明该项补助是按照固定的定额标准拨付的,如按照实际销售量或储备量与单位补贴定额的补助等,可以按照应收的金额计量。

2. 非货币性资产形式的政府补助　　政府补助为非货币性资产的,应当按照公允价值计量;公允价值不能可靠取得的,按照名义金额计量,名义金额计量为1元。

二、政府补助的核算

（一）与资产相关的政府补助的核算

企业取得政府补助的长期资产时,不能直接计入当期的损益,而应当确认为递延收益。届时借记"固定资产""无形资产"等账户,贷记"递延收益"账户。

【例】　1月15日,松江食品公司收到当地政府作为补助拨付的环保设备一台,该设备的公允价值为105 000元,已达到预定可使用状态,并验收使用,作分录如下:

借:固定资产　　　　　　　　　　　　　　　　　　　　　　　　105 000.00
　　贷:递延收益　　　　　　　　　　　　　　　　　　　　　　　105 000.00

当企业取得政府补助的长期资产投入使用后,在该资产的使用寿命内计提折旧或者进行摊销时,先借记"管理费用"相关账户;贷记"累计折旧"账户;然后,再确认当期的收益,借记"递延收益"账户,贷记"其他收益"账户。

【例】　续上例,2月28日,政府补助的环保设备预计使用寿命为8年,预计净残值率为4%。

（1）计提本月份固定资产折旧费，作分录如下：

借：管理费用——折旧费　　　　　　　　　　　　　　1 050.00
　　贷：累计折旧　　　　　　　　　　　　　　　　　　　　1 050.00

（2）确认本期收益，作分录如下：

借：递延收益　　　　　　　　　　　　　　　　　　1 080.00
　　贷：其他收益　　　　　　　　　　　　　　　　　　　　1 080.00

"其他收益"是损益类账户，用以核算企业取得政府补助等其他收益。企业取得政府补助等其他收益时，记入贷方；企业期末将其余额结转"本年利润"账户时，记入借方。

（二）与收益相关的政府补助的核算

企业取得与收益相关的政府补助，用于补偿其已发生的相关费用或损失的，应当直接计入当期损益。

如果政府是按照国家定额标准拨付的，期末可以按照实际销售或储备量与单位补贴定额计算的补助金额，借记"其他应收款"账户，贷记"其他收益"账户。

等收到政府拨付的补助款时，再借记"银行存款"账户。贷记"其他应收款"账户。

企业取得与收益相关的政府补助，用于补偿企业以后期间的相关费用或损失的，在取得政府补助时，借记"银行存款"账户，贷记"递延收益"账户；在确认相关费用的期间计入当期损益时，再借记"递延收益"账户，贷记"其他收益"账户。

【例】　南方商厦吸收了2位中年残疾人员就业，将取得地方政府的补助。

（1）3月1日，收到地方政府划拨的政府补助90 000元，存入银行。作分录如下：

借：银行存款　　　　　　　　　　　　　　　　　90 000.00
　　贷：递延收益　　　　　　　　　　　　　　　　　　　90 000.00

（2）3月31日，该批残疾人员预计工作6年，确认本月份的收入，作分录如下：

借：递延收益　　　　　　　　　　　　　　　　　　1 250.00
　　贷：其他收益　　　　　　　　　　　　　　　　　　　　1 250.00

（3）8月31日，有位残疾人员因不能适应工作，被予以辞退，现汇出返还政府辞退人员剩余政府补助40 000元，作分录如下：

借：递延收益　　　　　　　　　　　　　　　　　40 000.00
　　贷：银行存款　　　　　　　　　　　　　　　　　　　40 000.00

"递延收益"是负债类账户，用以核算企业确认的应在以后期间计入当期损益的政府补助。企业收到就在以后期间计入当期损益的政府补助时，记入贷方；企业在确认政府补助的当期收益及返还政府补助时，记入借方；期末余额在贷方，表示企业应在以后期间计入当期损益的政府补助。

第四节　其他业务的核算

商品流通企业在扩大商品流通、组织安排好市场供应的前提下,还应充分利用企业的技术水平和设备,积极开展修理、出租、回收、运输等其他经营业务,以更好地方便和满足社会各方面的需要。为了区别于商品销售业务,对其他经营业务应单独进行核算,并考核其经营成果。

一、修理业务的核算

经营耐用消费品的商品流通企业,常常在经营商品销售业务的同时,还兼营经销商品的修理业务,对耐用消费品进行维修、调换损坏的零配件,以排除故障、恢复其使用价值、延长其使用期限。

兼营修理业务的企业一般设有修理部门,在购进备用的零配件时,借记"原材料"账户;对原材料的收发由专人负责管理,并设置明细分类账,分品名、规格进行明细核算。当修理的消费品需要配换零配件时,修理人员应按照规定的领料手续,填制"领料单",领料单一式数联,其中一联送交财会部门,财会部门定期汇总后,据以借记"其他业务成本"账户,贷记"原材料"账户。至于价值小、耗用量大的材料,为了简化手续,可采用"盘存计耗"的办法,来倒挤本期耗用的原材料。关于修理部门所发生的修理人员的薪酬及各种费用也应借记"其他业务成本"账户。由于经营修理业务要缴纳增值税,因此,企业的全部修理收入应是不含税的,它包括修理应收取的人工费和材料费收入。此外,还要向消费者收取增值税额。在修理完工验收合格时,应按照权责发生制的要求,根据价税合计数,借记"应收账款"账户;根据修理收入,贷记"其他业务收入"账户;根据增值税额,贷记"应交税费"账户。

现以标准钟表商店修理钟表业务的账务处理举例如下:

(1)购进修理钟表用材料一批,计货款 7 200 元,增值税额 936 元,以转账支票付讫。材料已验收入库,作分录如下:

借:原材料	7 200.00
借:应交税费——应交增值税——进项税额	936.00
贷:银行存款	8 136.00

(2)分配本月份修理人员工资 10 000 元,作分录如下:

借:其他业务成本——修理业务	10 000.00
贷:应付职工薪酬——工资	10 000.00

（3）以银行存款支付修理部门各种费用1 800元，作分录如下：

借：其他业务成本——修理业务   1 800.00
  贷：银行存款   1 800.00

（4）钟表修理完工，经检验合格，应收钟表修理收入①为40 000元，作分录如下：

借：应收账款——修理收入   40 000.00
  贷：其他业务收入——修理业务   40 000.00

（5）客户领取修好的钟表，收入现金42 850元，作分录如下：

借：库存现金   42 850.00
  贷：应收账款——修理收入   42 850.00

（6）根据修理部门的领料单，编制耗用材料汇总表，共耗用材料6 900元，予以转账，作分录如下：

借：其他业务成本——修理业务   6 900.00
  贷：原材料   6 900.00

"其他业务收入"是损益类账户，用以核算企业除主营业务活动以外的其他经营活动实现的收入。企业其他经营活动收入实现时，记入贷方；企业月末将其余额结转"本年利润"账户时，记入借方。

"其他业务成本"是损益类账户，用以核算企业确认的除主营业务活动以外的其他经营活动所发生的成本。企业确认其他经营活动所发生的成本时，记入借方；企业月末将其余额结转"本年利润"账户时，记入贷方；期末若有借方余额，表示企业尚未完工的其他业务的实际成本。

二、出租业务的核算

有的企业还开展商品出租业务，以满足消费者的临时需要。

对于出租商品，要在"库存商品"账户下设置"出租商品"明细账户进行核算，以购进金额反映其价值，并应安排专人负责出租商品的租出、收回及保管。

随着出租商品不断地被使用而磨损，其价值也就逐渐地降低，因此，对出租商品要按期进行摊销，将其损耗的价值转入"其他业务成本"账户，并从出租商品收入中得到补偿。对于出租商品的摊销，一般采用使用期限摊销法，其计算公式如下：

$$月摊销额 = \frac{出租商品原值 - 预计残值}{预计使用年限 \times 12}$$

---

① 系含税收入，月末要进行调整。

出租商品收取或退还押金时,应通过"其他应付款"账户核算。出租商品的租金收入,应贷记"其他业务收入"账户;出租商品的维修保养费用和出租商品管理人员的薪酬,则应列入"其他业务成本"账户。

【例】　飞龙电器商店经营电脑出租业务,3月1日从电脑柜将4台电脑拨给出租电脑部作为出租商品,每台零售价6 000元,购进价4 560元。

(1)财会部门根据商品内部调拨单,作分录如下:

借:库存商品——出租商品——出租商品原价　　　　　　　　　　18 240.00
借:商品进销差价——电脑柜　　　　　　　　　　　　　　　　　5 760.00
　贷:库存商品——电脑柜　　　　　　　　　　　　　　　　　　　　24 000.00

(2)4台电脑每台残值456元,预计使用期限为5年。摊销应由本月份负担的出租商品成本,作分录如下:

借:其他业务成本——出租业务　　　　　　　　　　　　　　　273.60
　贷:库存商品——出租商品——出租商品摊销　　　　　　　　　　273.60

(3)出租电脑收入现金960元,作分录如下:

借:库存现金　　　　　　　　　　　　　　　　　　　　　960.00
　贷:其他业务收入——出租业务　　　　　　　　　　　　　　　960.00

出租商品应注意保养和维修,当发生修理费支出时,应借记"其他业务成本"账户。

出租商品使用到一定阶段后,因磨损而不能继续使用时,应按规定的手续提请报废,经批准后,按出租商品已摊销数,借记"库存商品——出租商品——出租商品摊销"账户;按账面原价,贷记"库存商品——出租商品——出租商品原价"账户;两者之间的差额,则列入"其他业务成本"账户的借方。报废后的出租商品,其残料出售或估价验收入库时,应冲减"其他业务成本"账户。

【例】　电脑一台,账面原价计4 560元,共摊销了4 104元,现已损坏无法修复,提请报废。
(1)经领导批复同意报废时,作分录如下:

借:库存商品——出租商品——出租商品摊销　　　　　　　　4 104.00
借:其他业务成本——出租业务　　　　　　　　　　　　　　456.00
　贷:库存商品——出租商品——出租商品原价　　　　　　　　　4 560.00

(2)报废的一台电脑,残料出售收入现金400元,作分录如下:

借:库存现金　　　　　　　　　　　　　　　　　　　　　400.00
　贷:其他业务成本——出租业务　　　　　　　　　　　　　　　400.00

对于价值较低的出租商品,为了简化核算手续,也可在第一次出租时,先摊销原价的50%;在报废时,再转销其账面价值。

判　断　题

一、是非题

1. 管理费用是指企业行政管理部门为管理企业经营活动所发生的各项费用。　　　（　　）

2. 为销售商品提供服务的固定资产和低值易耗品发生的修理费用应列入"销售费用——修理费"账户。　　　（　　）

3. 政府补助具有无偿的、有条件的和来源于政府的经济资源的特征。　　　（　　）

4. 政府补助为非货币性资产的，可以按照公允价值计量，也可以按照名义金额计量。　　　（　　）

5. 修理业务在收到修理收入时，应列入"其他业务收入"账户。　　　（　　）

6. 由于采用售价金额核算的企业库存商品是按售价核算的，因此其出租商品也应按售价核算。

　　　（　　）

二、单项选择题

1. 计提固定资产折旧费属于_____的费用。

A. 直接支付　　　　　B. 转账摊销　　　　　　C. 预付待摊　　　　　　D. 预提待付

2. 支付全年的保险费属于_____的费用。

A. 直接支付　　　　　B. 转账摊销　　　　　　C. 预付待摊　　　　　　D. 预提待付

3. 提取本月份短期借款利息属于_____的费用。

A. 直接支付　　　　　B. 转账摊销　　　　　　C. 预付待摊　　　　　　D. 预提待付

三、多项选择题

1. 政府补助的主要形式有财政拨款、_____。

A. 财政贴息　　　　　B. 财政拨物　　　　　　C. 税收返还　　　　　　D. 无偿给予非货币性资产

2. 政府补助分为_____。

A. 与资产相关的政府补助　　　　　　　B. 与负债相关的政府补助

C. 与费用损失相关的政府补助　　　　　D. 与收益相关的政府补助

3. "其他业务成本——出租业务"账户应反映_____。

A. 出租商品的摊销　　　　　　　　　　B. 出租商品管理人员工资

C. 出租商品的进销差价　　　　　　　　D. 出租商品的维修保养费用

4. 通过"其他业务收入"账户核算的除了修理、出租商品、回收经营业务收入外，还有_____的收入。

A. 包装物销售　　　B. 包装物出租　　　C. 无形资产出租　　　D. 固定资产出租

练　习　题

练　习　题　一

一、目的　练习期间费用科目及其子目的划分。

二、资料　光耀商厦 1 月份发生的经济业务如图表 10-2 所示。

图表 10-2

期间费用科目及其子目划分表

经 济 业 务	属于期间费用	不属于期间费用
	应列入的科目、子目	应列入的科目
1. 支付商业承兑汇票贴现利息		
2. 支付销售商品的装卸费		
3. 分配本月份商品经营业务人员工资		
4. 分配本月份管理人员工资		
5. 支付委托其他企业代销商品手续费		
6. 支付仓库耗用的电费		
7. 摊销出借包装物损耗的价值		
8. 业务员预支差旅费		
9. 支付委托加工商品的增值税		
10. 支付本月份商场的租金		
11. 计提办公楼折旧费		
12. 摊销出租用包装物损耗的价值		
13. 支付财会科保险箱修理费		
14. 支付聘请中介机构进行资产评估的费用		
15. 支付商品全年的财产保险费		
16. 支付企业因起诉发生的费用		
17. 支付招待客户而发生的费用		
18. 为购货单位垫付商品运费		
19. 支付租入包装物押金		
20. 业务员出差回来报销差旅费		
21. 支付职工生活困难补助费		
22. 支付商品展销会费用		
23. 支付本月份商场的电话费		
24. 摊销商场领用柜台的费用		
25. 储存商品发生的自然升溢		
26. 计提商品经营人员的社会保险费		
27. 支付其他业务经营人员工资		

三、要求 指出上列经济业务是否属于期间费用开支范围。若属于期间费用开支范围,应填明科目及子目;若不属于期间费用开支范围,应填明列支的会计科目。

练 习 题 二

一、目的 练习期间费用的核算。

二、资料

1. 上海烟糖公司1月份发生下列有关的经济业务:

(1) 1日,仓库领用大铜锁2只,每只55元,予以转账。

(2) 4日,以银行存款支付运送销售商品卡车的汽油费2 600元,增值税额338元。

(3) 6日,以银行存款支付本年度财产保险费49 200元。

(4) 8日,以银行存款支付电视台推销商品的广告费2 500元,增值税额150元。

(5) 10日,以银行存款支付招待客户费用1 250元。

(6) 11日,以银行存款支付中介机构进行查账验资费用3 000元,增值税额180元。

(7) 12日,采购员丁骏出差回来报销差旅费1 740元,退回多余现金60元,以结清其预支款。

(8) 15日,本月份应发职工薪酬合计为211 000元,其中:商品经营人员166 000元,其他业务经营人员9 000元,行政管理人员36 000元,代扣款项为38 530元,其中:住房公积金14 770元,养老保险费16 880元,医疗保险费4 220元,失业保险费2 110元,应交个人所得税550元,实发金额为172 470元,委托银行代发本月份职工薪酬。

(9) 16日,摊销应由本月份负担的财产保险费,其中:商场负担75%,行政管理部门负担25%。

(10) 17日,行政管理部门领用办公桌一只,金额1 600元,按五五摊销法摊销。

(11) 18日,银行转来委托收款结算的付款通知,金额为4 859元,附来专用发票,开列本月份电费4 300元,增值税额559元,予以支付。电费中:仓库耗用720元、商场耗用2 500元、行政管理部门耗用1 080元。

(12) 21日,领用随货出售不单独计价的包装商品用木箱100只,每只22元,计2 200元,予以转账。

(13) 22日,计提本月份固定资产折旧费,其中:商场负担6 210元,行政管理部门负担1 040元。

(14) 23日,分配本月份各类人员工资。

(15) 24日,按本月份工资总额的14%、2%和1.5%分别计提职工福利费、工会经费和职工教育经费。

(16) 25日,按本月份工资总额的12%计提医疗保险费。

(17) 25日,按本月份工资总额的20%、1%和7%分别计提养老保险费、失业保险费和住房公积金。

(18) 26日,将本月份应交的医疗保险费、养老保险费、失业保险费和住房公积金(含为职工代扣的部分)分别缴纳给社会保障事业基金结算管理中心和公积金管理中心。

(19) 27日,收到自来水公司专用发票一张,开列自来水费1 200元,增值税额108元,当即以银行存款支付。

(20) 28日,以银行存款支付商品的展览费1 600元,增值税额96元。

(21) 30日,摊销本月份负担的专利权费用1 510元。

(22) 31 日，本月份短期借款平均余额为 720 000 元，月利率为 6‰，计提本月份应负担的利息。

2. 该公司 3 月份接着发生下列有关的经济业务：

31 日，银行开来短期借款计息单，系支付本季度短期借款利息 13 080 元。前两个月已预提短期借款利息 8 628 元。

三、要求

1. 根据"资料 1""资料 2"，编制会计分录。

2. 根据"资料 1"编制的会计分录登记"销售费用"明细分类账。

练 习 题 三

一、目的　练习政府补助的核算。

二、资料　申江食品公司发生下列有关的经济业务：

1. 1 月 2 日，收到当地政府作为补助的环保设备 1 台，该设备的公允价值为 84 000 元，已达到预定可使用状态，并验收使用。

2. 1 月 31 日，吸收 2 位中年残疾人员就业，收到地方政府划拨补助款 129 600 元。

3. 2 月 28 日，上月末吸收的 2 位残疾人员预计工作 8 年，确认本月份的收入。

4. 2 月 28 日，政府补助拨付的环保设备预计使用寿命 6 年，预计净残值率 4%，计提其本月份折旧，并确认收益。

5. 3 月 31 日，有位残疾人员因不能适应工作，予以辞退，现汇出返还政府辞退人员剩余的政府补助款。

三、要求　编制会计分录。

练 习 题 四

一、目的　练习其他经营业务的核算。

二、资料　昌盛商厦 5 月份发生下列有关其他经营业务：

1. 1 日，购进修理钟表材料 8 000 元，增值税额 1 040 元，材料已验收入库，款项以银行存款支付。

2. 3 日，从电脑柜调给出租电脑部门电脑 5 台，每台购进价 4 750 元，零售价 6 250 元，供开展出租电脑业务用。

3. 4 日，出租电脑 15 台，每台收取押金 4 000 元，计 60 000 元，存入银行。

4. 8 日，出租电脑部门共有出租电脑 16 台，每台单价 4 750 元，预计使用 5 年，预计残值为每台 475 元，摊销应由本月份负担的成本。

5. 10 日，修理工场领用各种钟表修理材料共 7 000 元。

6. 15 日，委托银行代发本月份其他业务部门人员工资 16 200 元。

7. 15 日，分配本月份应付给其他业务部门人员工资 16 200 元，其中修理部门 12 000 元，出租部门 4 200 元。

8. 15 日，按发放工资总额的 14%、2% 和 1.5% 分别计提职工福利费、工会经费和职工教育费。

9. 16 日，以现金支付出租电脑修理费用 200 元，增值税额 26 元。

10. 18 日，修理工场完工修理钟表 520 只，应收修理费 18 000 元，予以转账。

11. 20 日，客户领取修好钟表，修理部门收入现金 18 750 元，款项存入银行。

12. 26 日,报废电脑一台,原价 4 750 元,已摊销 4 275 元。经批准予以转账。

13. 27 日,修理工场完工修理钟表 550 只,应收修理费 19 800 元,予以转账。

14. 28 日,将报废的电脑一台出售,销售金额 400 元,增值税额 52 元,收到现金。

15. 29 日,客户领取修好钟表,修理部门收入现金 18 200 元,全部存入银行。

16. 31 日,客户还来出租的电脑 15 台,每台每天收取租金 8 元,扣除租金后,签发支票退还押金。

三、要求　编制会计分录。

第十一章　税金和利润的核算

第一节　税金和教育费附加的核算

一、税金的意义和分类

税金是指企业和个人按照国家税法规定的税率向税务部门交纳的税款。它是国家财政收入的一个重要组成部分。

（一）税收的特征

税收是指国家为了行使其职能取得的财政收入的一种方式。它实质上也就是企业和个人交纳的税金。

税收主要有以下三个特征。

1. 具有强制性　　税收是国家以社会管理者的身份,用法律、法规等形式对征收税款加以规定,并按照法律强制征税。

2. 具有无偿性　　国家征税后,税款即成为财政收入,不再归还纳税人(法律、法规规定可以退税的除外),也不支付其任何报酬。

3. 具有固定性　　固定在征税之前,以法的形式预先规定了课税对象、课税额度和课税方法等。

（二）税收的作用

税收对保证完成财政收入,为经济建设积累资金;对宏观调控生产和消费,调节社会成员的收入水平;对开展企业之间的竞争,促进社会主义市场经济的发展,促进企业加强经济核算,改善经营管理,提高经济效益;对推动国民经济协调发展等均具有重要的作用。

（三）税金的种类

商品流通企业的税金主要有增值税、企业所得税①、城市维护建设税、房产税、城镇土地使用税、车船税和印花税等。

1. 增值税　　它是指对在我国境内销售货物、无形资产、不动产或者加工、修理修配劳务(简称劳务),销售服务,以及进口货物的企业和个人,就其各种销售业务中的增值额和货物进口金额计算征收的税款。

---

① 企业所得税将在本章第二节利润的核算中阐述。

2. 城市维护建设税　　它是指对从事工商经营、交纳增值税和消费税的单位和个人征收的税款。

3. 房产税　　它是指以房产为征收对象,按照房屋的计税余值或房屋的租金收入向房屋产权所有人或经营人征收的税款。房产是指有屋面和围护结构,能够遮风避雨,可供人们在其中生产、学习、工作、娱乐、居住或储藏物资的场所。

4. 城镇土地使用税　　它是指以国有土地或集体土地为征税对象,对拥有土地使用权的单位和个人征收的税款。

5. 车船税　　它是指向在我国境内的车辆和船舶的所有人或者管理人按照我国车船税法征收的税款。

6. 印花税　　它是指对经济活动和经济交往中,书立、领受的应税凭证的行为征税对象征收的税款。

二、增值税的核算

增值税的计算方法有扣税法和扣额法两种,我国采取的是扣税法。

扣税法是指先按销售货物或劳务、服务的销售额计算增值税额(简称销项税额),然后再按税法规定抵扣购进货物或购买劳务、服务时已缴纳的增值税额(简称进项税额)计算其应交增值税额的方法。

增值税纳税人分为一般纳税人和小规模纳税人两种。一般纳税人是指年应征增值税销售额超过我国税法规定的小规模纳税人标准的企业。小规模纳税人是指年销售额在规定标准以下,并且会计核算不健全,不能按规定报送有关税务资料的企业。

(一)一般纳税人增值税的核算

1. 进项税额的确认　　企业购进货物、无形资产、不动产和购买劳务、服务支付的进项税额并不是都能够从销项税额中抵扣的,需要确认能抵扣的进项税额。

(1)能抵扣的进项税额　　企业能从销项税额中抵扣的进项税额有下列四项内容。① 纳税人从销售方或提供方取得的增值税专用发票上注明的增值税额。② 纳税人从海关取得进口货物增值税专用缴款书上注明的增值税额。③ 纳税人购进农业产品按照收购发票上注明的农业产品买价和11‰的扣除率计算的进项税额。④ 纳税人取得不动产其进项税额应自取得之日起分 2 年抵扣。

(2)不能抵扣的进项税额　　企业不能从销项税额中抵扣的进项税额有下列八项内容。① 购进货物或者劳务、服务未按规定取得并保存增值税扣税凭证的。② 购进货物或者劳务、服务的增值税扣税凭证上未按规定注明增值税额及其他有关事项,或者虽有注明但不符合规定的。③ 用于非增值税应税项目的购进货物或者劳务、服务。④ 用于免征增值税项目的购进货物或者劳务、服务。⑤ 用于集体福利或者个人消费的购进货物或者劳务、服务。⑥ 非正常损失①的购进货物以及相关的劳务、服务。⑦ 非正常损失②的在产品、库存商品所耗用的购进货物、劳务和服务。⑧ 财政部、国家税务总局规定的其他情形。

2. 销项税额的确认　　销项税额是销售额与增值税税率的乘积。要确认销项税额，先要确定销售额。销售额是指纳税人销售货物或者劳务、服务向购买方收取的全部价款和价外费用，但不包括收取的销项税额。

凡随同销售货物或劳务向购买方收取的价外费用，无论其会计上如何核算，均应计入销售额计算应纳税额。

3. 增值税的税率　　有基本税率、低税率和零税率三种。基本税率为13%，适用于一般货物、劳务、有形动产租赁服务或者进口货物(低税率除外)。低税率有9%和6%两档。9%税率适用于销售交通运输、邮政、基础电信、建筑、不动产租赁服务、销售不动产、转让土地使用权、销售或进口食用盐、食用植物油、自来水、暖气、热水、冷气、煤气、石油液化气、天然气、沼气、居民用煤炭制品、图书、音像制品、报纸、杂志、电子出版物、饲料、化肥、农药、农机和农业产品等。农业产品是指种植业、养殖业、林业、牧业、水产业生产的各种植物、动物的初级产品;6%税率适用于销售服务、无形资产(转让土地使用权除外);零税率适用于出口货物和劳务、服务，财政部、国家税务总局另有规定者除外。

4. 增值税明细账户的设置　　增值税是价外税，它的核算比较复杂，先在"应交税费"账户下设置"应交增值税""未交增值税"和"待抵扣增值税额"等多个二级明细分类账户。

在"应交增值税"二级明细账户下主要设置"销项税额""出口退税""进项税额转出""进项税额""销项税额抵减""已交税金""减免税款""出口抵减内销商品应纳税额""转出未交增值税"和"转出多交增值税"等三级明细账户。现将这些三级明细账户的核算内容说明如下:

"销项税额"明细账户　　企业销售货物或劳务、服务应收取销项税额时，记入贷方;退回销售货物，应冲销销项税额时，则用红字记入贷方。

"出口退税"明细账户　　企业出口适用零税率的货物，凭出口报关单等有关凭证，向税务机关申报办理出口退税，在收到退回增值税额时记入贷方;出口货物办理退税后，若发生退货或者退关而补交已退增值税额时，则用红字记入贷方。

"进项税额转出"明细账户　　企业在购入货物发生非正常损失，以及改变用途等原因时，其已入账的进项税额应转入本账户的贷方，而不能从销项税额中抵扣。

---

① 是指企业因管理不善造成货物被盗、丢失和霉烂变质，以及因违反法律、法规造成货物或者不动产被依法没收、销毁、拆除等情形。

② 同上。

"进项税额"明细账户 企业购入货物或接受劳务和服务,支付符合从销项税额中抵扣的进项税额时,记入借方;退出所购货物冲销进项税额时,则用红字记入借方。

"销项税额抵减"明细账户 企业因扣减销售额而减少销项税额时,记入借方。

"已交税金"明细账户 企业缴纳当月发生的增值税额时,记入借方;收到退回当月多交增值税额时,则用红字记入借方。

"减免税款"明细账户 企业按规定获准减免增值税款时,记入借方。

"出口抵减内销商品应纳税额"明细账户 企业按规定计算的出口货物的进项税额抵减内销商品的应纳税额时,记入借方。

"转出未交增值税"明细账户 企业在月末发生当月应交未交增值税额时,记入借方。

"转出多交增值税"明细账户 企业在月末发生当月多缴纳的增值税额尚未退回时,记入贷方。

在"未交增值税"二级明细账户下再设置"转入未交增值税"和"转入多交增值税"两个三级明细账户。现将这两个三级明细账户的核算内容说明如下:

"转入未交增值税"明细账户 企业在月末发生当月应交未交的增值税额转入时,记入贷方;在以后缴纳时,记入借方。

"转入多交增值税"明细账户 企业在月末发生当月多缴纳的增值税额尚未退回时,记入借方;在以后退回时,记入贷方。

增值税额的纳税期限由主管税务机关根据纳税人应纳税额的多少分别核定。

5. 增值税的计算和核算 企业应纳增值税额的计算公式如下:

$$应纳增值税额 = 销项税额 + 出口退税 + 进项税额转出 + 转出多交增值税 - 进项税额 - 销项税额抵减 - 已交税金$$

$$- 减免税款 - 出口抵减内销商品应纳税额 - 转出未交增值税$$

【例】 浦江商厦纳税期限为1个月,2月28日应交增值税二级账户的三级明细账户的余额如下:

| 销项税额 | 96 385 元 | 进项税额 | 75 395 元 |
| 进项税额转出 | 260 元 | 转出未交增值 | 9 350 元 |

(1) 2月28日,根据上列资料计算本月应纳增值税额如下:

应纳增值税额 = 96 385 + 260 - 75 395 - 9 350 = 11 900(元)

根据计算的结果,作分录如下:

借:应交税费——应交增值税——转出未交增值税   11 900.00

  贷:应交税费——未交增值税——转入未交增值税   11 900.00

（2）3月8日，填制增值税缴款书，缴纳2月份增值税额，作分录如下：

借：应交税费——未交增值税——转入未交增值税　　　　　　11 900.00
　　贷：银行存款　　　　　　　　　　　　　　　　　　　　　　　　11 900.00

如当期的销项税额小于进项税额不足抵扣时，其不足部分可结转下期继续抵扣。

（二）小规模纳税人增值税的核算

小规模纳税人销售货物或者应税劳务所取得的销售额，按3%的征收率计算应纳税额，不得抵扣进项税额。

因此，小规模纳税人购进商品时，应将购进商品时支付的货款和增值税额作为商品的进价，记入"库存商品"账户；在销售商品时，不得填制专用发票，只能采用普通发票，将销售商品取得的收入全部记入"主营业务收入"账户。这样"主营业务收入"账户反映的是含税收入，月末就要将它调整成为真正的销售额，将增值税额从含税收入中分离出来，调整的公式如下：

$$销售额=\frac{含税收入}{1+征收率}$$

$$应交增值税额=销售额\times征收率$$

【例】东升服装商店为小规模纳税人，1月31日"主营业务收入"账户余额为87 550元，增值税征收率为3%，将增值税额从含税收入中分离出来，计算的结果如下：

$$销售额=\frac{87\ 550}{1+3\%}=85\ 000（元）$$

$$应交增值税额=85\ 000\times3\%=2\ 550（元）$$

根据计算的结果，作分录如下：

借：主营业务收入　　　　　　　　　　　　　　　　　　　　2 550.00
　　贷：应交税费——应交增值税　　　　　　　　　　　　　　　　2 550.00

缴纳增值税额的核算方法与一般纳税人相同，不再重述。

三、城市维护建设税的核算

城市维护建设税以应缴纳的增值税和消费税为计税依据，分别乘以适用的税率来计算。其计算公式如下：

$$城市维护建设税=增值税、消费税\times适用税率$$

【例】浦江商厦2月份应交增值税额为11 900元，按7%税率计提城市维护建设税时，作分录如下：

借：税金及附加　　　　　　　　　　　　　　　　　　　　　833.00
　　贷：应交税费——应交城市维护建设税　　　　　　　　　　　　833.00

城市维护建设税根据企业所在地的不同,按市、县、镇规定的三种不同的税率计算。并应与增值税同时缴纳。

"应交税费"是负债类账户,用以核算企业按照税法等规定应缴纳的各种税费和代扣代交的个人所得税。企业发生应缴纳的各种税费时,记入贷方;企业缴纳各种税费时,记入借方;若期末余额在贷方,表示企业尚未缴纳的税费,若期末余额在借方,则表示企业多缴或尚未抵扣的税费。

四、房产税、城镇土地使用税和车船税的核算

房产税有从价计征和从租计征两种,企业自用的房产采用从价计征。根据房产的余值,按 1.2% 的税率缴纳,其计算公式如下:

$$应交房产税额 = 房产余值 \times 1.2\%$$
$$房产余值 = 房产原值 \times [1 - (10\% \sim 30\%)]$$

企业出租的房产,根据房产的租金收入,按 12% 的税率缴纳,其计算公式如下:

$$应交房产税额 = 房产租金收入 \times 12\%$$

城镇土地使用税是指以城镇土地为征税对象,对拥有土地使用权的单位和个人征收的税款。大城市的标准为 1.5~30 元/平方米/年;中等城市的标准为 1.2~24 元/平方米/年;小城市的标准为 0.9~18 元/平方米/年;县城、建制镇和工矿区的标准为0.6~12 元/平方米/年,具体应按不同地区、地段的档次计算征收。

城镇土地使用税根据实际使用土地的面积,按税法规定的单位税额缴纳。其计算公式如下:

$$应交城镇土地使用税额 = 应税土地的实际占用面积 \times 适用单位税额$$

车船税依据车船的不同情况分别规定,乘人汽车、摩托车以辆为计税标准;载货汽车以自重每吨为计税标准;船舶以净吨位为计税标准。

房产税和城镇土地使用税采取按年计算,分期缴纳的方法,车船税采取按年申报缴纳的方法。

【例】 浦江商厦拥有自用房产原值 960 000 元,允许减除 20% 计税,房产税年税率为 1.2%;占用土地面积为 1 200 平方米,每平方米年税额为 16 元;有小汽车一辆,每年税额 450 元;载货汽车一辆,自重 5 吨,每吨年税额 100 元;税务部门规定对房产税、城镇土地使用税和车船税在 3 月 10 日前交纳,2 月 28 日计算本月份应交各项税额如下:

$$应交房产税额 = \frac{960\,000 \times (1 - 20\%) \times 1.2\%}{12} = \frac{9\,216}{12} = 768(元)$$

$$应交城镇土地使用税额 = \frac{1\,200 \times 16}{12} = \frac{19\,200}{12} = 1\,600(元)$$

$$应交车船税额 = 450 + 100 \times 5 = 950(元)$$

根据计算的结果,提取应交房产税、城镇土地使用税和车船税。作分录如下:

借:税金及附加　　　　　　　　　　　　　　　　　　3 318.00
　　贷:应交税费——应交房产税　　　　　　　　　　　　768.00
　　贷:应交税费——应交城镇土地使用税　　　　　　　1 600.00
　　贷:应交税费——应交车船税　　　　　　　　　　　　950.00

五、印花税的核算

印花税根据各种合同、产权转移书据和股份转让书据的金额,按税法规定的税率缴纳;营业账簿中记载资金的账簿,根据"实收资本"和"资本公积"两项合计金额的5‰税率缴纳,其他账簿每件缴纳5元;权利、许可证照每件缴纳5元。

印花税由纳税人自行计算自行购买印花税票,自行贴花,并由纳税人在每枚税票的骑缝处盖戳注销。企业根据业务需要购买印花税票时,借记"税金及附加"账户,贷记"库存现金"或"银行存款"账户。

六、教育费附加

教育费附加是对应缴纳增值税和消费税的单位和个人所征收的。国家征收教育费附加是为了加快教育事业的发展,扩大中小学教育经费的资金来源,以改善中小学基础教育设施和办学条件。

教育费附加以各单位和个人实际缴纳的增值税、营业税的税额为计征依据;教育费附加率为3%,一般按月计提,次月初缴纳。

【例】　浦江商厦2月份应交增值税额为11 900元,按税额的3%计提教育费附加时,作分录如下:

借:税金及附加　　　　　　　　　　　　　　　　　　357.00
　　贷:应交税费——教育费附加　　　　　　　　　　　357.00

七、结转税金及附加

企业在"税金及附加"账户归集的税金和教育费附加在期末要结转"本年利润"账户。

【例】　浦江商厦2月份"税金及附加"账户归集了4 508元,将其结转"本年利润"账户,作分录如下:

借:本年利润　　　　　　　　　　　　　　　　　　4 508.00
　　贷:税金及附加　　　　　　　　　　　　　　　　4 508.00

"税金及附加"是损益类账户,用以核算企业经营活动发生的消费税、城市维护建设税、房产税、城镇土地使用税、车船税、印花税和教育费附加等。企业按照规定计提税金及附加时,记入借方;月末企业将其余额结转"本年利润"账户时,记入贷方。

第二节 利润的核算

利润是指企业通过一定时期的经营活动所取得的全部收入,抵补全部费用后而实现的总成果;反之,若全部收入抵补不了全部支出,则为亏损。利润是综合反映企业一定时期生产经营成果的重要指标。企业劳动生产率的高、低,商品销售收入的多、少,商品销售成本的升、降,以及期间费用的省、费等,都会通过利润指标得到综合反映。因此,企业必须正确地核算利润,通过利润指标的分析,可以不断地改善经营管理,提高经济效益。

一、利润总额的构成

企业的利润总额由营业利润和营业外收支净额两个部分组成。

(一)营业利润

营业利润是指企业从各种经营活动中所取得的利润。它由营业收入、营业成本、税金及附加、期间费用、资产减值损失、公允价值变动收益和投资收益七小部分组成。

1. 营业收入 它是指企业经营主要业务和其他业务所确认的收入总额。

2. 营业成本 它是指企业经营主要业务和其他业务发生的实际成本总额。

3. 税金及附加 它是指企业经营活动发生的消费税、城市维护建设税、房产税、城镇土地使用税、车船税、印花税和教育费附加等。

4. 期间费用 它是指企业在经营活动中发生的应当由本期负担的销售费用、管理费用和财务费用。

5. 资产减值损失 它是指企业各项资产发生的减值损失。

6. 其他各种收益 它是指企业主营业务和其他业务以外的营业收益。它包括其他收益、投资收益、公允价值变动净收益和资产处置收益。

上述内容均在有关章节作了充分的阐述,不再重复。

(二)营业外收支净额

营业外收支净额是指企业发生的与经营业务无直接关系的其他各项收入与支出的差额,由营业外收入与营业外支出两部分组成。

1. 营业外收入 它是指企业发生的与经营业务无直接关系的各项收入。它主要包括下列内容:

(1)固定资产报废清理收益 它是指企业报废清理固定资产所取得的收入大于其账面价值和清理费用的差额。

(2)债务重组利得 它是指企业在进行债务重组时按规定应确认的利得。

(3)盘盈利得 它是指企业在财产清查中盘盈存货等资产产生的利得。

(4)捐赠利得 它是指企业接受各种捐赠而产生的利得。

(5)罚款收入 它是指企业因供货单位不履行合同或协议而向其收取的赔款,因购货单位不履行合同、协议支付货款而向其收取的赔偿金、违约金等各种形式的罚款收入，在扣除了因对方违反合同或协议而造成的经济损失后的净收入。

2. 营业外支出 它是指企业发生的与企业经营业务无直接关系的各项支出。它主要包括下列内容：

（1）固定资产报废、毁损损失 它是指企业报废清理固定资产所取得的收入小于其账面价值和清理费用之间的差额。

（2）债务重组损失 它是指企业在进行债务重组时按规定应确认的损失。

（3）公益性捐赠支出 它是指企业对外公益性捐赠的现金及财产物资的价值。

（4）非常损失 它是指自然灾害造成的各项资产净损失，并包括由此造成的停工损失和善后清理费用。

（5）盘亏损失 它是指企业在财产清查中盘亏存货、固定资产等各种资产所造成的损失。

（6）罚款支出 它是指企业因为未履行经济合同、协议而向其他单位支付的赔偿金、违约金、罚息等。

"营业外收入"是损益类账户，用以核算企业发生的与经营业务无直接关系的各项收入。企业发生各项收入时，记入贷方；月末企业将营业外收入结转"本年利润"账户时，记入借方。

"营业外支出"是损益类账户，用以核算企业发生的与经营业务无直接关系的各项支出。企业发生各项支出时，记入借方；月末企业将营业外支出结转本年利润账户时，记入贷方。

二、利润核算前的准备工作

企业的利润总额是企业生产经营活动的总成果，为了正确地核算企业的利润总额，企业必须做好账目核对、清查财产和账项调整等准备工作。

（一）账目核对

账目核对是指企业将各种有关的账簿记录进行核对，通过核对做到账账相符。如果发现不符，应立即查明原因，予以更正。

账目核对的具体内容有：总分类账中各资产类及成本、费用类账户的余额之和应与各负债类、所有者权益类及收入类账户的余额之和核对相符；各总分类账户的期末余额应与其所统驭的明细分类账户的余额之和核对相符；银行存款日记账应与银行对账单核对相符；应收账款、应付账款、其他应收款和其他应付款各户的余额应与其往来单位账核对相符。

（二）清查财产

清查财产是指根据账簿记录对企业的现金和各项财产物资及有价证券进行清查盘点，通过清查盘点做到账实相符。

清查财产的具体内容包括库存现金、原材料、包装物、低值易耗品、库存商品、固定资产及股票、债券等。如果发现短缺或溢余,应及时查明原因,并进行账务处理,以保护企业财产的安全与完整,并保证核算资料的准确性和真实性。

(三)账项调整

账项调整是将属于本期已经发生而尚未入账的经济业务,包括本期应得的收入和应负担的支出,按照权责发生制的要求调整入账。

账项调整是在账账相符、账实相符的基础上进行的,其调整的具体内容有:本期已实现而尚未入账的主营业务收入及其相应的主营业务成本;本期已实现而尚未入账的其他业务收入及其相应的其他业务成本;将含税收入调整为销售收入;本期已领用的原材料、包装物、低值易耗品的转账和待摊费用的摊销;本期固定资产折旧的计提和无形资产、长期待摊费用的摊销;本期职工福利费、工会经费、职工教育经费、职工社会保险费和住房公积金的计提;本期已实现的公允价值变动损益、投资收益、利息收入、汇兑损益和已发生的短期负债、长期负债的利息支出的入账或计提,本期应负担而尚未支付的各种税金和教育费附加的计提;本期已批准核销的待处理财产损溢的转账。本期发生减值的资产减值准备的计提或转销。

三、利润总额的核算

期末企业通过账目核对、清查财产和账项调整等一系列利润核算前的准备工作后,在试算平衡的基础上,将企业损益类账户所归集的数额全部转入"本年利润"账户,其借贷方余额相抵后的差额,即为企业实现的利润总额。

【例】 1月31日,静安商厦账项调整后,损益类账户的余额(单位:元)如下:

贷方余额账户	金 额	借方余额账户	金 额
主营业务收入	600 000	主营业务成本	500 000
其他业务收入	25 000	其他业务成本	15 500
投资收益	2 500	税金及附加	1 720
公允价值变动损益	1 800	销售费用	32 800
营业外收入	1 500	管理费用	22 300
		财务费用	4 620
		资产减值损失	2 060
		营业外支出	1 800

(1)将损益类贷方余额账户结转"本年利润"账户,作分录如下:

借:主营业务收入	600 000.00
借:其他业务收入	25 000.00
借:投资收益	2 500.00
借:公允价值变动损益	1 800.00
借:营业外收入	1 500.00
贷:本年利润	630 800.00

（2）将损益类借方余额账户结转"本年利润"账户,作分录如下:

借:本年利润	580 800.00
贷:主营业务成本	500 000.00
贷:其他业务成本	15 500.00
贷:税金及附加	1 720.00
贷:销售费用	32 800.00
贷:管理费用	22 300.00
贷:财务费用	4 620.00
贷:资产减值损失	2 060.00
贷:营业外支出	1 800.00

通过结账分录,将损益类账户的余额全部转入"本年利润"账户,从而在"本年利润"账户内集中予以反映。现将上列两笔业务登记"本年利润"账户如图表11-1所示。

图表11-1

本 年 利 润

单位:元

| 2021年 | | 凭证号数 | 摘　　　要 | 借　方 | 贷　方 | 借或贷 | 余　额 |
月	日						
1	31	（略）	主营业务收入转入		600 000		
			其他业务收入转入		25 000		
			投资收益转入		2 500		
			公允价值变动损益转入		1 800		
			营业外收入转入		1 500		
			主营业务成本转入	500 000			
			其他业务成本转入	15 500			
			税金及附加转入	1 720			
			销售费用转入	32 800			
			管理费用转入	22 300			
			财务费用转入	4 620			
			资产减值损失转入	2 060			
			营业外支出转入	1 800		贷	50 000
1	31		本期发生额及余额	580 800	630 800	贷	50 000

上列"本年利润"账户的贷方余额为50 000元,是静安商厦1月份实现的利润总额。

四、所得税的核算

（一）利润总额与应纳税所得额之间的差异

所得税是指企业就其全年的生产经营所得和其他所得征收的税款,它是以企业全年的所得额作为纳税依据,然而,在经济领域中,会计和税收是两个不同的分支,分别遵循不同的原则,规范不同的对象。因此,在企业会计准则和税收法规中,均体现了会计和税收各自相对的独立性和适当分离的原则。

从会计核算的角度来看,应以会计年度的利润总额作为企业全年的所得额。这样往往会与税法规定的一个时期的应纳税所得额有所不同,它们之间由于确认的范围和时间不同而产生差异,从而导致会计和税收上对应纳所得额的计算也出现差异。

(二)利润总额与应纳税所得额之间差异的种类

利润总额与应纳税所得额之间产生的差异,就其原因和性质的不同,可分为永久性差异和暂时性差异两种。

1. 永久性差异 它是指根据会计核算要求和税法对收入、费用等会计项目的确认范围不同产生的差异。这种差异可能会在各个会计期间发生,并且一旦发生,在以后的会计期间不会再转回。永久性差异的主要内容如下:

(1) 利息支出 企业会计准则规定,所有借款的利息支出(固定资产在建工程用借款除外),均按实际发生数通过费用计入利润总额,但税法规定企业从非金融机构借款的利息支出,高于金融机构同类、同期贷款利率的部分不得计入应纳税所得额。

(2) 违法经营的罚款和被没收财物的损失 企业会计准则规定,企业将违法经营的罚款和被没收财物的损失,通过营业外支出而计入利润总额,但税法规定这部分支出不得计入应纳税所得额。

(3) 支付各项税收的滞纳金和罚款 企业会计准则规定,企业将违反税法规定支付各项税收的滞纳金和罚款,通过营业外支出而计入利润总额,但税法规定这部分支出不得计入应纳税所得额。

(4) 公益性捐赠 《企业会计准则》规定,公益性捐赠支出,均可通过营业外支出而计入利润总额,但税法规定,企业用于公益性的捐赠支出,在年度内超过利润总额12%的部分,以及用于非公益性的捐赠支出和不通过规定的组织直接赠给受赠人的捐赠均不得计入应纳税所得额。

(5) 赞助支出 《企业会计准则》规定,各种赞助支出均可通过营业外支出而计入利润总额,但税法规定只有广告性的赞助支出可以计入应纳税所得额,而非广告性的赞助支出不得计入应纳税所得额。

(6) 业务招待费 《企业会计准则》规定,业务招待费按实际发生的数额通过管理费用计入利润总额,但税法规定,企业发生额与生产经营活动有关的业务招待费,支出按照发生额的60%计入应纳税所得额,其余40%的部分不得计入应纳税所得额。

(7) 对外投资分回利润 《企业会计准则》规定,企业从其他单位分回已经缴纳所得税额的利润,要通过投资收益计入利润总额,但税法规定,企业从其他单位分回的已缴纳所得税的利润,为了避免重复纳税,在计算本企业所得税额时,可从应纳税所得额中扣除。

(8) 国债利息收入 《企业会计准则》规定,国债利息收入要通过投资收益计入利润总额,但税法规定,企业国债利息收入可以免交所得税额,其数额可从应纳税所得额中扣除。

2. 暂时性差异　　它是指资产或负债的账面价值与其计税基础之间的差额。

资产的计税基础是指企业收回资产账面价值过程中,计算应纳税所得额时按照税法规定可以自应税经济利益中抵扣的金额。通常情况下,资产取得时其入账价值与计税基础是相同的,后续计量过程中因会计核算的结果与税法规定不同,可能产生资产的账面价值与其计税基础的差异。例如,资产发生减值,提取减值准备。根据《企业会计准则》规定,资产的可变现净值或可收回金额低于其账面价值时,应当计提减值准备;而税法规定,企业提取的减值准备一般不能税前抵扣,只有在资产发生实质性损失时,才允许税前扣除,由此产生了资产的账面价值与计税基础之间的暂时性差异。又如,根据《企业会计准则》规定,企业自行开发的无形资产在满足资本化条件时应当资本化,将其开发阶段的支出确认为无形资产成本;而税法规定企业无形资产开发阶段的支出可于发生当期扣除,由此产生了自行开发的无形资产在持有期间的暂时性差异。

负债的计税基础是指负债的账面价值减去未来期间计算应纳税所得额时按照税法规定可予抵扣的金额。通常负债的确认和偿还,不会对当期损益和应纳税所得额产生影响,其计税基础即为账面价值。而在某些情况下,负债的确认可能会影响损益,进而影响不同期间的应纳税所得额,使得其计税基础与账面价值之间产生差额。例如,企业因或有事项确认的预计负债,根据《企业会计准则》规定,按照最佳估计数确认,计入当期损益;而税法规定,与确认预计负债相关的费用在实际发生时准予税前扣除,该负债的计税基础为零,由此形成了负债的账面价值与计税基础之间的暂时性差异。

按照暂时性差异对未来期间应税金额的影响不同,可分为应纳税暂时性差异和可抵扣暂时性差异两种。

应纳税暂时性差异是指在确定未来收回资产或清偿负债期间的应纳税所得额时,将导致产生应税金额的暂时性差异。资产的账面价值大于其计税基础或者负债的账面价值小于其计税基础时,产生应纳税暂时性差异。

可抵扣暂时性差异是指在确定未来收回资产或清偿负债期间的应纳税所得额时,将导致产生可抵扣金额的暂时性差异。资产的账面价值小于其计税基础或者负债的账面价值大于其计税基础时,产生可抵扣暂时性差异。

企业应当将当期和以前期间应交未交的所得税确认为负债,将已支付的所得税超过应支付的部分确认为资产。

对于存在应纳税暂时性差异的应纳税所得额,应当按照规定确认递延所得税负债,对于存在可抵扣暂时性差异的应纳税所得额,应当按照规定确认递延所得税资产。

(三) 所得税额的计算和核算

企业的所得税额是以全年的应纳税所得额为依据的,其计算公式如下:

$$所得税额＝应纳税所得额×适用税率$$

由于利润总额与应纳所得额之间存在着永久性差异和暂时性差异。因此,在计算所得税额时,需要将利润总额调整为应纳税所得额,其调整的公式如下:

$$应纳税所得额＝利润总额±永久性差异±暂时性差异$$

所得税费用是由本期所得税额和递延所得税费用两个部分组成的,递延所得税费用又分为递延所得税负债和递延所得税资产,其计算公式分解如下:

$$本期所得税额＝应纳税所得额×适用税率$$
$$递延所得税费用＝递延所得税负债－递延所得税资产$$
$$递延所得税负债＝应纳税暂时性差异×适用税率$$
$$递延所得税资产＝可抵扣暂时性差异×适用税率$$
$$所得税费用＝本期所得税额＋递延所得税负债－递延所得税资产$$

初始会计年度可以按照上列公式确认所得税费用。

【例】 静安商厦第 1 年利润总额为 600 000 元,所得税税率为 25%,该商厦发生业务招待费 20 000 元,非广告性赞助支出 9 000 元,取得国债利息收入 11 000 元。影响计税基础的有关账户余额为:"坏账准备"7 900 元,"固定资产减值准备"8 100 元,"预计负债"80 000 元。"无形资产"账户余额为 120 000 元,系刚确认的自行开发的专利权,尚未摊销。计算确认所得税费用如下:

$$本期所得税额＝(600\ 000＋20\ 000×40\%＋9\ 000－11\ 000＋7\ 900＋8\ 100＋$$
$$80\ 000－120\ 000)×25\%＝145\ 500(元)$$
$$递延所得税负债＝120\ 000×25\%＝30\ 000(元)$$
$$递延所得税资产＝(7\ 900＋8\ 100＋80\ 000)×25\%＝24\ 000(元)$$
$$所得税费用＝145\ 500＋30\ 000－24\ 000＝151\ 500(元)$$

(1) 根据计算的结果,确认本年度所得税费用,作分录如下:

借:所得税费用	151 500.00
借:递延所得税资产	24 000.00
贷:应交税费——应交所得税	145 500.00
贷:递延所得税负债	30 000.00

(2) 将所得税费用结转"本年利润"账户,作分录如下:

借:本年利润	151 500.00
贷:所得税费用	151 500.00

后续年度确认递延所得税费时,还应考虑"递延所得税负债"和"递延所得税资产"账户原有的余额。

【例】　静安商厦第 2 年利润总额为 630 000 元,所得税税率为 25%,该商厦发生业务招待费 22 000 元,非广告性赞助支出 9 600 元,取得国债利息收入 12 000 元。"递延所得税负债"账户余额为 30 000 元,"递延所得税资产"账户余额为 24 000 元。影响计税基础的有关账户余额为:"坏账准备"8 000 元,"固定资产减值准备"7 400 元。"无形资产"账户中有自行开发的无形资产 120 000 元,已摊销 12 000 元。计算其所得税费用如下:

本期所得税额=[630 000+22 000×40%+9 600-12 000+8 000+7 400-

(120 000-12 000)]×25%=135 950(元)

递延所得税负债=(120 000-12 000)×25%=27 000(元)

递延所得税资产=(8 000+7 400)×25%=3 850(元)

上列计算的递延所得税资产和递延所得税负债的金额是这两个账户应保留的金额,在核算时应减去这两个账户原来的余额。

根据计算的结果,确认本年度所得税费用,作分录如下:

借:所得税费用(135 950-3 000+20 150)　　　　　　　　　153 100.00
借:递延所得税负债(27 000-30 000)　　　　　　　　　　　3 000.00
　　贷:应交税费——应交所得税　　　　　　　　　　　　　135 950.00
　　贷:递延所得税资产(3 850-24 000)　　　　　　　　　　20 150.00

"所得税费用"是损益类账户,用以核算企业确认的应当从当期利润总额中扣除的所得费用。企业确认所得税费用时,记入借方;月末企业将所得税费用结转"本年利润"账户时,记入贷方。

"递延所得税资产"是资产类账户,用以核算企业确认的可抵扣暂时性差异产生的所得税资产。企业确认递延所得税资产时,记入借方;企业转销递延所得税资产时,记入贷方;期末余额在借方,表示企业已确认的递延所得税资产。

"递延所得税负债"是负债类账户,用以核算企业确认的应纳税暂时性差异产生的所得税负债。企业确认递延所得税负债时,记入贷方;企业转销递延所得税负债时,记入借方;期末余额在贷方,表示企业已确认的递延所得税负债。

(四)所得税费用确认和缴纳的核算

所得税费用虽然以企业全年的所得额为纳税依据,然而为了保证国家财政收入的及时和均衡,并使企业能够有计划合理地安排经营资金,国家对所得税额采取按月或按季预征,年终汇算清缴,多退少补的办法。企业应缴纳的所得税费用,一般应根据当地税务部门的规定,在月末或季末确认,次月初或次季初缴纳,其计算公式如下:

本期累计应交所得税额=本期累计应纳税所得额×适用税率

本期应交所得税额＝本期累计应交所得税额－上期累计已交所得税额

为了简化核算手续,企业平时可按利润总额作为计算应交所得税额的依据,在年终清算时,再将利润总额与应纳税所得额之间的永久性差异和暂时性差异进行调整。

【例】 大丰商厦本年已提取并缴纳了所得税额 51 700 元,6 月 30 日结算后利润总额为 250 000 元,所得税税率为 25%,计算本月份应交所得税额如下:

本期累计应交所得税额＝250 000×25%＝62 500(元)

本期应交所得税额＝62 500－51 700＝10 800(元)

(1)根据计算的结果,作分录如下:

借:所得税费用   10 800.00
    贷:应交税费——应交所得税   10 800.00

(2)将所得税费用结转"本年利润"账户时,作分录如下:

借:本年利润   10 800.00
    贷:所得税费用   10 800.00

(3)次月初以银行存款缴纳时,作分录如下:

借:应交税费——应交所得税   10 800.00
    贷:银行存款   10 800.00

"本年利润"是所有者权益类账户,用以核算企业在本年度内实现的净利润。在月末,企业将各收入类账户转入时,记入贷方;企业将各费用类账户转入时,记入借方;期末余额一般在贷方,表示企业实现的净利润,若余额在借方,则表示企业本年发生的净亏损。

税法规定,12 月份或第 4 季度的所得税额应在年终前几天预缴。预缴的所得税额是根据当月或当季的收入情况测算的,预缴时,借记"应交税费"账户,贷记"银行存款"账户。预缴的所得税额和年终决算的应交所得税额之间的差额通过汇算清缴来解决。

【例】 木材经营公司 11 月 30 日止已实现利润总额 450 000 元,所得税税率为25%,已确认并缴纳所得税额 112 500 元,12 月份预计实现利润总额为 50 000 元。

(1)12 月 25 日,预缴本月份所得税额,作分录如下:

借:应交税费——应交所得税   12 500.00
    贷:银行存款   12 500.00

(2)12 月 31 日,年终决算时,利润总额为 510 000 元,该公司发生业务招待费18 000元,非广告性赞助支出 8 800 元,对外投资分回税后利润 9 000 元。"递延所得税负债"账户余额为 18 100 元,"递延所得税资产"账户余额为 12 580 元。影响计税基础的有关账户余额为:"坏账准备"6 370元,"存货跌价准备"5 830 元,"预计负债"50 000 元。"无形资产"账户中有自行开发的无形资产100 000 元,已摊销了 40 000 元。清算本年度应交所得税额如下:

本年所得税额＝[510 000＋18 000×40％＋8 800－9 000＋6 370＋5 830＋50 000－
(100 000－40 000)]×25％＝129 800(元)

本月所得税额＝129 800－112 500＝17 300(元)

递延所得税负债＝(100 000－40 000)×25％＝15 000(元)

递延所得税资产＝(6 370＋5 830＋50 000)×25％＝15 550(元)

根据计算的结果,作分录如下:

借:所得税费用(17 300－3 100－2 970)　　　　　　　　　　　　　11 230.00
借:递延所得税负债(15 000－18 100)　　　　　　　　　　　　　　3 100.00
借:递延所得税资产(15 550－12 580)　　　　　　　　　　　　　　2 970.00
　　贷:应交税费——应交所得税　　　　　　　　　　　　　　　　　　　　17 300.00

(3) 同时,将所得税费用结转"本年利润"账户,作分录如下:

借:本年利润　　　　　　　　　　　　　　　　　　　　　　　　　11 230.00
　　贷:所得税费用　　　　　　　　　　　　　　　　　　　　　　　　　　11 230.00

(4) 次年 1 月 10 日,清缴所得税额,计算结果如下:

应清缴所得税额＝17 300－12 500＝4 800(元)

根据计算的结果,清缴所得税额时,作分录如下:

借:应交税费——应交所得税　　　　　　　　　　　　　　　　　　4 800.00
　　贷:银行存款　　　　　　　　　　　　　　　　　　　　　　　　　　　4 800.00

第三节　利润分配的核算

一、利润分配的意义和顺序

(一)利润分配的意义

利润分配是指企业按照国家规定的政策和企业章程的规定,对已实现的净利润在企业和投资者之间进行分配。首先,企业通过提取法定盈余公积和任意盈余公积,作为企业发展生产经营的后备资金。其次,通过将一部分利润分配给投资者,作为企业对投资者的回报。最后,企业为了平衡各会计年度的投资回报水平,以丰补歉,留有余地,还留存一部分未分配利润。因此企业要认真做好利润分配工作,处理好企业和投资者之间的经济关系。

（二）利润分配的顺序

利润分配的顺序基本上也是按照企业和投资者的顺序进行的,企业利润分配的具体程序为:① 以税前利润弥补亏损。② 以税后利润弥补亏损。③ 提取法定盈余公积。④ 分派优先股股东股利。⑤ 提取任意盈余公积。⑥ 分派普通股股东股利。

二、利润分配的核算

企业对实现的利润进行分配,就意味着利润的减少。为了全面地反映整个会计年度利润的完成情况,以便与利润预算的执行情况进行对比分析,因此在利润分配时,不直接冲减"本年利润"账户,而是设置"利润分配"账户进行核算。以下将按照利润分配的顺序阐述其核算方法。

（一）弥补亏损的核算

根据我国财务制度规定,企业发生年度利润亏损后,可以用下一年度的税前利润弥补,若下一年度利润不足弥补的,可以在 5 年内延续弥补。若 5 年以内还没有以税前利润将亏损弥补足额,从第 6 年开始,则只能以税后利润弥补亏损。

由于以前年度的亏损反映为"利润分配"账户的借方余额,而本年度内实现的利润反映为"本年利润"账户的贷方余额,年终清算后,"本年利润"账户的余额转入"利润分配"账户贷方时,即对以前年度的亏损作了弥补。因此,无论以税前利润弥补亏损,还是以税后利润弥补亏损,均不必另行编制会计分录。

（二）提取法定盈余公积和任意盈余公积的核算

企业的利润总额交纳所得税额后,剩余的部分称为税后利润,又称净利润,它应按规定的比例提取法定盈余公积和任意盈余公积。法定盈余公积按净利润 10% 的比例提取,任意盈余公积的提取比例由公司自行确定。

【例】 城南商厦全年实现净利润 380 000 元,按 10% 的比例提取法定盈余公积,按 5% 的比例提取任意盈余公积,作分录如下:

借:利润分配——提取法定盈余公积	38 000.00
借:利润分配——提取任意盈余公积	19 000.00
贷:盈余公积——法定盈余公积	38 000.00
贷:盈余公积——任意盈余公积	19 000.00

（三）向投资者分配利润的核算

1. 有限责任公司向投资者分配利润的核算　　有限责任公司的净利润提取法定盈余公积和任意盈余公积后,剩余的部分可以作为投资者的收益,按投资的比例向投资者进行分配。在分配时,一般根据谨慎性的要求而留有余地,以防将来可能遭受到的意外损失。企业在确定分配给投资者利润时,借记"利润分配"账户,贷记"应付股利"账户。

【例】　城南商厦全年实现净利润 380 000 元,按 75% 的比例分配给投资者,该企业国家投资 80%,大东公司投资 20%,作分录如下:

借:利润分配——应付现金股利或利润	285 000.00
贷:应付股利——国家	228 000.00
贷:应付股利——大东公司	57 000.00

当以现款向投资者分配利润时,借记"应付股利"账户,贷记"银行存款"账户。

"利润分配"是所有者权益类账户,也是"本年利润"的抵减账户,用以核算企业利润的分配(或亏损的弥补)和历年分配(或弥补)后的结存余额。企业分配利润或年终亏损转入时,记入借方;企业将盈余公积弥补亏损,以及年终将"本年利润"账户余额转入时,记入贷方;平时余额一般在借方,表示年内利润分配累计数。年终"本年利润"账户余额转入后,若余额在贷方,表示未分配利润;若余额在借方,则表示未弥补亏损。

"应付股利"是负债类账户,用以核算企业应向投资者分配的现金股利或利润。企业确定应向投资者分配的现金股利或利润时,记入贷方;企业向投资者分配现金股利或利润时,记入借方;期末余额在贷方,表示企业尚未向投资者分配的现金股利或利润。

企业年终清算,向投资者分配股利或利润时,也可以根据具体需要,将历年结余的未分配利润,并入本年度进行分配。

2. 股份有限公司向股东分派股利的核算　　股份有限公司是以向股东分派股利的形式分配净利润的。股份有限公司的净利润在提取法定盈余公积后,首先是发放优先股股利,其次是提取任意盈余公积,最后才是发放普通股股利。

1) 发放优先股股利的核算　　优先股股利是指股份有限公司从其净利润中分配给优先股股东的作为其对公司投资的报酬。股份有限公司一般以现金发放优先股股利。优先股的股利率通常是事先约定的,在宣告发放优先股股利日,按优先股的股数乘以优先股股利率,计算出优先股股利,据以借记"利润分配"账户,贷记"应付股利"账户。

【例】　兴华商厦股份有限公司有优先股 200 000 股,3 月 15 日宣告将于 3 月 25 日分派优先股股利,每股发放 0.12 元,作分录如下:

借:利润分配——应付优先股股利	24 000.00
贷:应付股利	24 000.00

等发放优先股股利时,再借记"应付股利"账户,贷记"银行存款"账户。

2) 提取任意盈余公积的核算　　股份有限公司在发放了优先股股利后,其净利润可以按公司章程或股东会规定的比例提取任意盈余公积。提取时,借记"利润分配"账户,贷记"盈余公积"账户。

3) 发放普通股股利的核算　　普通股股利是指股份有限公司从其净利润中分配给普通股股东的作为其对公司投资的报酬。

股份有限公司发放普通股股利,可以根据具体情况,采取现金股利或股票股利的方式。

(1) 发放现金股利的核算　　现金股利是指以现金方式发放给股东的股利,这是一种最常用的方式。股东投资于股票的目的主要是期望得到较其他投资形式更高的现金收益。由于股东对股利的追求,因此股利的高低,直接影响公司股票市场价格的涨落,而公司股票市场价格的涨落又关系到公司信誉的高低,从而间接影响到公司筹资能力的大小。而公司的董事会则偏重于考虑公司长期发展的财务需要,希望限制股利发放的数额,保留一定的资金,以发展开拓生产经营业务。因此,董事会应权衡各个方面的利益,制订合理的发放股利的方案。

股份有限公司在宣告发放普通股现金股利日,已形成了负债,届时借记"利润分配"账户,贷记"应付股利"账户;等发放普通股股利时,再借记"应付股利"账户,贷记"银行存款"账户。

【例】　兴华商厦股份有限公司有 9 000 000 股普通股。

A. 3 月 10 日,该公司宣告将于 3 月 20 日分派普通股现金股利,每股 0.11 元,作分录如下:

　　借:利润分配——应付普通股股利　　　　　　　　　　　　　　990 000.00
　　　　贷:应付股利　　　　　　　　　　　　　　　　　　　　　　　　990 000.00

B. 3 月 20 日,发放普通股现金股利时,作分录如下:

　　借:应付股利　　　　　　　　　　　　　　　　　　　　　　　990 000.00
　　　　贷:银行存款　　　　　　　　　　　　　　　　　　　　　　　990 000.00

(2) 发放股票股利的核算　　股票股利是指以增发股票方式分发给股东的股利。作为股利发放股票又称送股。采取发放股票股利方式,实质上是将一部分净利润资本化。股份有限公司发放股票股利,不必动用现金,却增加了公司的股本,增强了公司的财务实力,有利于拓展公司的经营业务。而股东虽没有追加投资,却增加了拥有的股份,同时不影响投资者对现金的需求,因为股票随时可以在证券市场上抛售而取得现金。这种方式具有一定的灵活性。

股票股利一般按股东持有普通股份的比例,分发给普通股的股东,如每 10 股可分发 2 股股票股利,其送股比例为 10 送 2,这样通过送股后,并不会改变股东在股份有限公司中所拥有的股份比例。

股份有限公司经股东大会或类似机构决议分派给普通股股东股票股利,应在办理好增资手续后,借记"利润分配"账户,贷记"股本"账户。

【例】　兴华商厦股份有限公司有 9 000 000 股普通股。3 月 10 日,经股东大会决议分派给普通股股东股票股利,每 10 股分派 1 股,每股面值 1 元,并已办理好增资手续,作分录如下:

借:利润分配——转作股本的股利　　　　　　　　　　　　　　　900 000.00

　　贷:股本——普通股　　　　　　　　　　　　　　　　　　　　900 000.00

三、"本年利润"账户和"利润分配"账户的转销

年终清算后,"本年利润"账户归集了全年实现的净利润,而"利润分配"账户则归集了全年已分配的利润和历年积存的未分配利润,这时必须结束旧账,开设新账。

企业在结束旧账前,应将"本年利润"账户余额和"利润分配"账户下"提取法定盈余公积""提取任意盈余公积"和"应付现金股利或利润"①等明细分类账户的余额全部转入"利润分配"账户下"未分配利润"明细分类账户。

【例】　城南商厦 12 月 31 日有关账户余额(单位:元)如下:

贷方余额账户		借方余额账户	
本年利润	380 000	利润分配——提取法定盈余公积	38 000
利润分配——未分配利润	30 200	利润分配——提取任意盈余公积	19 000
		利润分配——应付现金股利或利润	285 000

(1) 将"本年利润"账户余额结转"利润分配——未分配利润"账户,作分录如下:

借:本年利润　　　　　　　　　　　　　　　　　　　　　　　　380 000.00

　　贷:利润分配——未分配利润　　　　　　　　　　　　　　　　380 000.00

(2) 将"利润分配"各明细分类账户余额结转"利润分配——未分配利润"账户,作分录如下:

借:利润分配——未分配利润　　　　　　　　　　　　　　　　　342 000.00

　　贷:利润分配——提取法定盈余公积　　　　　　　　　　　　　 38 000.00

　　贷:利润分配——提取任意盈余公积　　　　　　　　　　　　　 19 000.00

　　贷:利润分配——应付股利　　　　　　　　　　　　　　　　　285 000.00

根据上列分录登记"利润分配——未分配利润"账户如图表 11-2 所示。

---

① 　股份有限公司则为"应付优先股股利""应付普通股股利"两个明细分类账户。

图表 11-2

利润分配——未分配利润

单位:元

2020 年 月	2020 年 日	凭证 号数	摘　　　要	借　方	贷　方	借或贷	余　　额
1	1		上年结转			贷	30 200
12	31	(略)	本年利润转入		380 000		
			提取法定盈余公积转入	38 000			
			提取任意盈余公积转入	19 000			
			应付股利转入	285 000			
12	31		本期发生额及余额	342 000	380 000	贷	68 200

判 断 题

一、是非题

1. 商品流通企业的税金主要有增值税、城市维护建设税、房产税、城镇土地使用税、车船税和印花税。　　　　　　　　　　　　　　　　　　　　　　　　　　　　　( )

2. 企业在购入货物发生非正常损失,以及改变用途时,其已入账的进项税额不能从销项税额中抵扣。　　　　　　　　　　　　　　　　　　　　　　　　　　　　　　( )

3. 企业在期末计算出当月的应交增值税额后,应将其从"应交税费"账户下的"应交增值税"二级明细账,转入"未交增值税"二级明细账。　　　　　　　　　　　　　　　　　( )

4. 固定资产处置利得、债务重组利得、捐赠利得、政府补助和盘盈利得等均属于营业外收入。　　　　　　　　　　　　　　　　　　　　　　　　　　　　　　( )

5. 固定资产报废、毁损损失、债务重组损失、盘亏损失、商品损耗、罚款支出和公益性捐赠支出等均属于营业外支出。　　　　　　　　　　　　　　　　　　　　　　( )

6. 营业利润和营业外收支净额构成了企业的利润总额。　　　　　　　　　( )

7. 账目核对是将各种有关的账簿记录进行核对,通过核对做到账实相符。　( )

8. 账项调整是指将属于本期已经发生而尚未入账的经济业务,包括本期应得的收入和应负担的支出,予以调整入账。　　　　　　　　　　　　　　　　　　　　　　　( )

9. 应纳税暂时性差异是指在确定未来收回资产或清偿负债期间的应纳税所得额时,将导致产生应税金额的暂时性差异。　　　　　　　　　　　　　　　　　　　　　( )

10. 资产的账面价值小于其计税基础或者负债的账面价值大于其计税基础,产生可抵扣暂时性差异。　　　　　　　　　　　　　　　　　　　　　　　　　　　　( )

11. 对于存在应纳税暂时性差异的应纳税所得额,应当按照规定确认递延所得税资产。　( )

12. 企业 5 年以内的亏损可以税前利润弥补,5 年以上的亏损可以税后利润弥补,在弥补亏损时,

均不必编制会计分录。（　　）

13. 企业无论向股东发放现金股利还是股票股利,在核算时均应通过"应付股利"账户核算。
（　　）

14. 在年终决算后"利润分配——未分配利润"账户余额在借方,表示未分配利润;若该账户余额在贷方,则表示未弥补亏损。（　　）

二、单项选择题

1. 属于价外税的是_____。

A. 增值税　　　　　　　　　　　B. 房产税

C. 城市维护建设税　　　　　　　D. 印花税

2. _____采取按年申报缴纳的办法。

A. 房产税　　　　B. 城镇土地使用税　　C. 车船税　　　　D. 印花税

3. _____属于应纳税暂时性差异。

A. 公益性捐赠　　　　　　　　　B. 自行开发的无形资产

C. 计提的坏账准备　　　　　　　D. 税收滞纳金

4. _____属于可抵扣暂时性差异。

A. 国债利息收入　　　　　　　　B. 预计负债

C. 赞助支出　　　　　　　　　　D. 自行开发的无形资产

三、多项选择题

1. 税收具有_____的特征。

A. 强制性　　　　B. 无偿性　　　　C. 合法性　　　　D. 固定性

2. 企业计算应交增值税时,应增加的项目有_____。

A. 销项税额　　　　　　　　　　B. 转出未交增值税

C. 进项税额转出　　　　　　　　D. 转出多交增值税

3. 营业利润由营业收入、营业成本、税金及附加、_____组成。

A. 资产减值损失　　　　　　　　B. 期间费用

C. 其他各种收益　　　　　　　　D. 其他综合收益

4. 其他各种收益由其他收益、_____组成。

A. 资产处置收益　　　　　　　　B. 公允价值变动收益

C. 营业外收支净额　　　　　　　D. 投资收益

5. 永久性差异有_____等内容。

A. 赞助支出　　　　　　　　　　B. 国债利息收入

C. 计提的资产减值准备　　　　　D. 对外投资分回的利润

6. _____产生应纳税暂时性差异。

A. 资产的账面价值大于其计税基础　　B. 资产的账面价值小于其计税基础

C. 负债的账面价值大于其计税基础　　D. 负债的账面价值小于其计税基础

练习题

练习题一

一、目的　练习税金和教育费附加的核算。

二、资料　南门商厦每月纳税一次,有关资料如下:

1. 1月1日,"应交增值税"二级账户的三级明细账户的余额如下:

销项税额	65 886 元	进项税额转出	195 元
进项税额	41 551 元	转出未交增值税	10 030 元

2. 该商厦接着发生下列经济业务:

(1) 1月31日,将本月份应交未交的增值税额转账。

(2) 1月31日,按本月份应交增值税的7％计提城市维护建设税。

(3) 1月31日,按本月份应交增值税的3％计提教育费附加。

(4) 1月31日,该商厦拥有自用房产 900 000 元,允许减除20％计税,房产税年税率为1.2％;占用土地面积为 1 080 平方米,每平方米年税额为 16 元;有小汽车一辆,每年税额 420 元;载货汽车一辆,自重5吨,每吨年税额 100 元。房产税和城镇土地使用税采取按年计算,分月缴纳的方法,车船税则采取按年申报缴纳的方法,计提应纳的各项税金。

(5) 1月31日,年初总分类账簿中"实收资本"账户余额为 2 850 000 元,"资本公积"账户余额为 150 000 元,按5‰税率缴纳印花税,其他各种账簿9本,每本缴纳印花税5元,当即签发转账支票付讫。

(6) 1月31日,将"税金及附加"结转"本年利润"账户。

(7) 2月6日,填制缴款书分别缴纳应交增值税、城市维护建设税、房产税、城镇土地使用税、车船税和教育费附加。

三、要求　编制会计分录。

练习题二

一、目的　练习利润总额的核算。

二、资料

1. 周浦商厦1月31日损益类账户余额(单元:元)如下:

贷方余额账户		借方余额账户	
主营业务收入	380 000.00	主营业务成本	299 800.00
其他业务收入	15 000.00	其他业务成本	8 100.00
投资收益	3 000.00	销售费用	29 600.00
公允价值变动损益	1 020.00	管理费用	21 800.00
营业外收入	2 400.00	财务费用	454.00
		资产减值损失	1 820.00
		营业外支出	1 126.00

2. 该商厦 1 月 31 日发生下列经济业务：

(1) 计提本月份短期借款利息 3 450 元。

(2) 摊销应由本月份负担的广告费 1 270 元。

(3) 将本月份应交未交的增值税额 10 200 元转账。

(4) 根据已提的增值税额，按 7% 税率计提城市维护建设税。

(5) 根据已提的增值税额，按 3% 提取率计提教育费附加。

(6) 本月 27 日待查的盘缺商品 30 元，系日常工作中差错，经批准予以转账。

(7) 将损益类贷方余额的账户结转"本年利润"账户。

(8) 将损益类借方余额的账户结转"本年利润"账户。

三、要求

1. 编制会计分录。

2. 登记"本年利润"账户。

练 习 题 三

一、目的　练习所得税的核算。

二、资料　西门商厦有关资料如下：

1. 第 1 年利润总额为 500 000 元，所得税税率为 25%，该商厦发生业务招待费 17 500 元，非广告性赞助支出 7 800 元，取得国债利息收入 10 600 元。影响计税基础的有关账户余额为："坏账准备"3 260 元，"存货跌价准备"4 740 元，"固定资产减值准备"6 000 元，"预计负债"72 000 元。"无形资产"账户中有 90 000 元，为刚确认的自行开发的专利权，尚未摊销。

2. 第 2 年利润总额为 550 000 元，所得税税率为 25%，该商厦发生业务招待费 18 500 元，罚款支出 8 000 元，取得国债利息收入 11 800 元。影响计税基础的有关账户余额为："坏账准备"3 780 元，"存货跌价准备"4 630 元，"固定资产减值准备"6 870 元。"无形资产"账户中有自行开发的无形资产 90 000 元，已摊销了 9 000 元。

三、要求　确认所得税费用并编制相应的会计分录。

练 习 题 四

一、目的　练习利润的核算。

二、资料

1. 长海商厦 11 月 30 日各有关账户的余额(单位：元)如下：

贷方余额账户		借方余额账户	
主营业务收入	520 000	主营业务成本	416 850
其他业务收入	19 500	其他业务成本	12 600
投资收益	3 600	税金及附加	1 750
公允价值变动损益	1 780	销售费用	34 500
营业外收入	1 750	管理费用	28 600
		财务费用	3 960
		资产减值损失	1 960
		营业外支出	1 410

2. 接着又发生下列经济业务:

(1) 11 月 30 日,将损益类贷方余额的账户结转"本年利润"账户。

(2) 11 月 30 日,将损益类借方余额的账户结转"本年利润"账户。

(3) 11 月 30 日,前 10 个月利润总额为 402 000 元,已交所得税额 100 500 元,按 25%税率确认本月份所得税费用。

(4) 11 月 30 日,将所得税费用结转"本年利润"账户。

(5) 12 月 10 日,以银行存款缴纳上月确认的所得税额。

(6) 12 月 25 日,预计本月份实现利润总额 48 000 元,按 25%税率预交本月份所得税额。

(7) 12 月 31 日,年终决算利润总额为 510 000 元,发生业务招待费 19 500 元,非广告性赞助支出 9 800 元,对外投资分回税后利润 12 000 元。"递延所得税负债"账户余额为 19 250 元。"递延所得税资产"账户余额 12 970 元。影响计税基础的有关账户余额为:"坏账准备"3 560 元,"存货跌价准备" 4 240 元,"预计负债"60 000 元。"无形资产"账户中有自行开发的专利权 110 000 元,已摊销了 44 000 元,清算本年度应交所得税额。

(8) 12 月 31 日,将所得税费用结转"本年利润"账户。

(9) 次年 1 月 15 日,以银行存款清缴上年度所得税额。

三、要求 编制会计分录。

练 习 题 五

一、目的 练习利润分配的核算。

二、资料

1. 卢泰商厦 2020 年共实现净利润 360 000 元,接着又发生下列经济业务:

(1) 12 月 31 日,按净利润 10%的比例计提法定盈余公积,6%的比例计提任意盈余公积。

(2) 12 月 31 日,按净利润 75%的比例分配给投资者利润,其中国家投资 60%,大昌公司投资 40%。

(3) 次年 1 月 15 日,以银行存款支付应付给投资者的利润。

2. 黄浦商厦股份有限公司 2016 年实现净利润 2 500 000 元,接着发生下列有关的经济业务:

(1) 12 月 31 日,按净利润 10%的比例计提法定盈余公积。

(2) 12 月 31 日,公司宣告将于次年 1 月 18 日分派优先股股利,每股 0.12 元,该公司共有 200 000 股优先股。

(3) 12 月 31 日,按净利润 5%的比例计提任意盈余公积。

(4) 次年 1 月 18 日,发放优先股股利 24 000 元。

(5) 次年 2 月 25 日,公司宣告将于 3 月 15 日发放普通股股利,其中股票股利,每 10 股分派 2 股,每股面值 1 元;现金股利,每 10 股发放 0.30 元,该公司共有 9 000 000 股。

(6) 次年 3 月 15 日,普通股股票股利分派完毕,予以转账。

(7) 次年 3 月 15 日,普通股现金股利分派完毕,予以入账。

三、要求 编制会计分录。

第十二章 财务报告

第一节 财务报告概述

一、财务报告的意义

财务报告是指企业对外提供的反映企业某一特定日期财务状况和某一会计期间经营成果、现金流量等会计信息的文件。财务报告包括财务报表和其他应当在财务报告中披露的相关信息和资料。

财务报表是指对企业财务状况,经营成果和现金流量的结构性表述。财务报表是财务报告的主体。商品流通企业在组织商品流通过程中,发生了大量的经济业务,根据审核过的原始凭证编制记账凭证,然后根据记账凭证,分门别类地在各有关账簿中进行登记,按照会计科目加以归集。这些既有总分类账上所反映的总括资料,又有明细分类账上所反映的明细资料,企业经济活动的全面情况得到了完整的反映。但是,账簿中所归集的资料毕竟是分散的,缺乏必要的归类、整理和分析。为了集中地反映企业的经济活动状况、经营成果和现金流量,就有必要定期编制财务报表。

二、财务报表的作用

正确编制财务报表,对考核企业的经济活动、反映企业的经营成果和现金流量具有重要的作用。

首先,企业的管理层、各职能部门及职工通过财务报表能够全面了解企业的财务状况、经营成果和现金流量,以便于他们进行分析对比、总结经验、发现问题并及时采取措施、加强管理,以提高企业的经济效益,并为企业管理层进行决策提供重要的信息和依据。

其次,企业的投资人、债权人通过阅读财务报表,可以分析企业目前的财务状况、经营情况和现金流量,了解企业资产、负债和所有者权益的结构情况,从而判断企业的盈利能力和偿债能力,以便其对投资、信贷和融资等活动作出合理的决策。

再次,财政税务机关、开户银行和审计单位可以根据企业财务报表,检查企业资金运用情况、经营成果的形成情况,以及税费的缴纳情况;检查企业是否严格遵守国家规定的财经纪律、信贷制度和结算纪律,以更好地发挥财政、税务、银行、审计的监督作用,促使企业合理地使用资金,并为制订信贷计划提供依据。

最后,企业财务报表提供的会计信息经过汇总整理后,可以作为国家制定政策,进行宏观调控的依据,促进社会资源的有效配置。

三、财务报表的组成和编制要求

(一)财务报表的组成

财务报表至少应当包括下列组成部分:① 资产负债表。② 利润表。③ 现金流量表。④ 所有者权益(或股东权益)变动表。⑤ 附注。

(二)财务报表的编制要求

为了保证财务报表的质量,充分发挥财务报表的作用,各级企业都必须按照规定,认真编制上报财务报表,要求做到以下四点:

1. 数字真实　　财务报表是一个信息系统,其所反映的各项数字,必须真实准确,能真实地反映企业的财务状况、经营成果和现金流量。编制财务报表时,必须做到账账、账实、账表三相符,不得匡计数字,更不得弄虚作假,隐瞒谎报、篡改数字。

2. 计算准确　　财务报表中,有不少项目需要根据有关账户期末余额和本期发生额进行分析、计算整理后才能填列,而且报表有关项目之间存在着一定的数量勾稽关系。因此,要采用正确的计算方法,做到账表相符,以确保会计信息的准确性。

3. 内容完整　　各种财务报表之间,以及财务报表的各项指标之间,是相互联系、互为补充的,因此,必须按照企业会计准则应用指南规定的种类、格式和内容填报。不应漏编、漏报报表,也不应漏填报表项目。

4. 报送及时　　财务报表必须根据规定的期限及时编制与报送,以便于报表使用者及时了解和分析企业在报告期内的财务状况、经营成果和现金流量,并保证会计资料的及时逐级汇总。

四、财务报表的分类

商品流通企业的财务报表可以按照下列不同标准进行分类。

(一)按照财务报表所反映的经济内容分

商品流通企业的主要财务报表分为以下四种。

1. 资产负债表　　它是指反映企业财务状况的报表。

2. 利润表　　它是指反映企业经营成果的报表。

3. 现金流量表　　它是指反映企业的现金和现金等价物流入和流出的报表。

4. 所有者权益(或股东权益)变动表　　它是指反映企业所有者权益各组成部分增减变动的报表。

(二)按照会计报表的编制时期分

1. 年度报表(年报)　　它是指年度决算报表。

2. 半年度报表(半年报)　　它是指半年度计算报表。

3. 季度报表(季报)　　它是指季度计算报表。

4. 月度报表(月报)　　它是指月度计算报表。

（三）按照财务报表母子公司的关系分

1. 个别财务报表　　它是指由母公司或子公司编制仅反映母公司或子公司自身财务状况、经营成果和现金流量的报表。

2. 合并财务报表　　它是指由母公司编制的,将母子公司形成的企业集团作为一个会计主体,综合反映企业集团整体财务状况、经营成果和现金流量的报表。

第二节　资产负债表

一、资产负债表的作用

资产负债表是指反映企业在某一特定日期财务状况的报表。它反映了企业所掌握的各种资产的分布和结构，企业所承担的债务以及所有者在企业中所拥有的权益。

通过对资产负债表的分析，可以了解资产、负债和所有者权益的结构是否合理，企业的财务实力是否雄厚，短期偿债能力的强弱，所有者持有权益的多少，以及企业财务状况的发展趋势。从而为企业管理当局挖掘内部潜力和制定今后发展方向等进行经营决策提供重要的经济信息，并为投资者和债权人服务。

二、资产负债表的结构和内容

资产负债表的结构由表头和正表两个部分组成。

资产负债表的表头由报表名称、编制单位、编制日期和金额单位等内容组成。

资产负债表的正表是根据资金运动的规律,即资产的总额与负债和所有者权益的总额必然相等的原理设计的。它采用"账户式"左右对称结构,左方反映企业拥有资产的分布状况,右方反映所负的债务和所有者权益的状况。金额栏设有期末余额和年初余额两栏,以便于报表使用者掌握和分析企业财务状况的变化及发展趋势。

（一）资产

资产按照其流动性不同,可分为流动资产和非流动资产两类。

1. 流动资产　　它是指预计在一个正常营业周期中变现、出售或耗用的资产,或者主要为交易目的而持有的资产,或者预期在资产负债表日起 1 年内变现的资产,以及交换其他资产或清偿负债的能力不受限制的现金或现金等价物。它具有较强的流动性。

现金等价物是指企业持有的期限短、流动性强、易于转换为已知金额的现金、价值变动风险很小的投资。期限短,一般是指从购买日起 3 个月以内到期。现金等价物通常是指在 3 个月内到期的短期债券投资。

流动资产由货币资金、交易性金融资产、应收票据及应收账款、预付款项、其他应收款、存货、1 年内到期的非流动资产和其他流动资产等项目组成。流动资产表明了企业的短期偿债能力，又可为下一期经营时所运用。因此，它在企业的资产中占有重要的地位。

2. 非流动资产　　它是指流动资产以外的资产。它的流动性是很弱的。

非流动资产由可供出售的金融资产、持有至到期投资、长期应收款、长期股权投资、投资性房地产、固定资产、在建工程、无形资产、开发支出、商誉、长期待摊费用、递延所得税资产和其他非流动资产等项目组成。

（二）负债

负债按照其流动性不同，可分为流动负债和非流动负债。

1. 流动负债　　它是指企业预计在一个正常营业周期中清偿的债务，或者主要为交易目的而持有的债务，或者自资产负债表日起 1 年内到期应予清偿的债务，或者企业无权自主地将清偿推迟至资产负债表日后 1 年以上的债务。

流动负债由短期借款、交易性金融负债、应付票据及应付账款、预收款项、应付职工薪酬、应交税费、其他应付款、1 年内到期的非流动负债和其他流动负债等项目组成。

2. 非流动负债　　它是指流动负债以外的负债。

非流动负债由长期借款、应付债券、长期应付款、递延收益、预计负债、递延所得税负债和其他非流动负债等项目组成。

（三）所有者权益

所有者权益由实收资本、资本公积、库存股、其他综合收益、盈余公积和未分配利润等项目组成。

资产负债表的格式及其具体内容如图表 12-1 所示。

三、资产负债表的编制方法

（一）资产负债表"期末余额"栏内各个项目的填列

资产负债表"期末余额"栏内各个项目的填列可分为以下两种情况。

1. 一般项目的填列　　一般项目可以根据总分类账户的期末余额填列，如短期借款。

2. 需要分析计算调整项目的填列　　资产负债表的有些项目则需要根据有关总分类账户和明细分类账户的资料，经过分析计算调整后填列。现将有关项目的分析计算调整填制方法说明如下：

（1）"货币资金"项目　　该项目根据"库存现金""银行存款""备用金"和"其他货币资金"账户期末余额合计数填列。

（2）"应收票据及应收账款"项目　　该项目根据"应收票据"账户的期末余额，加上"应收账款"账户所属各明细分类账户的期末借方余额合计数，减去"坏账准备"账户所属相关明细分类账户期末余额后的差额填列。如"预收账款"账户所属有关明细分类账户有借方余额的，也应包括在本项目内。

图表 12-1

资 产 负 债 表

编制单位：大昌百货公司　　　　　2020 年 12 月 31 日

会企 01 表
单位：元

资　　产	行次	期末余额	年初余额	负债和所有者权益（或股东权益）	行次	期末余额	年初余额
流动资产：				流动负债：			
货币资金	1	188 000	178 000	短期借款	41	250 000	230 000
交易性金融资产	2	120 000	110 000	交易性金融负债	42		
应收票据及应收账款	3	423 000	397 000	应付票据及应付账款	43	121 000	102 000
预付款项	4	55 000	50 000	预收款项	44	38 000	66 000
其他应收款	6	29 000	32 000	应付职工薪酬	45	19 800	18 100
存货	8	569 000	538 000	应交税费	46	29 650	26 780
一年内到期的非流动资产①	12	90 000	80 000	其他应付款	47	287 050	265 470
其他流动资产②	15	32 000	30 000	一年内到期的非流动负债	49	20 000	10 000
流动资产合计	20	1 506 000	1 415 000	其他流动负债	51		
非流动资产：				流动负债合计	52	765 500	718 350
可供出售金融资产	21			非流动负债：			
持有至到期投资	22	120 000	100 000	长期借款	55		
长期应收款	23			应付债券	56	100 000	70 000
长期股权投资	24	200 000	200 000	长期应付款	57		
投资性房地产	25			预计负债	58		

（续表）

资　产	行次	期末余额	年初余额	负债和所有者权益（或股东权益）	行次	期末余额	年初余额
固定资产	26	884 900	840 000	递延收益	59		
在建工程	27	130 000	80 500	递延所得税负债	60	21 600	11 800
无形资产	28	168 000	180 000	其他非流动负债	63		
开发支出	29			非流动负债合计	64	121 600	81 800
商誉				负债合计	65	887 100	800 150
长期待摊费用	32	108 000	120 000	所有者权益（或股东权益）：			
递延所得税资产	33	5 600	7 300	实收资本（或股本）	71	1 980 000	1 800 000
其他非流动资产	34			资本公积	72	16 800	196 800
非流动资产合计	36	1 616 500	1 527 800	减：库存股	73		
				其他综合收益	74		
				盈余公积	75	138 890	79 530
				未分配利润	76	99 710	66 320
				所有者权益（或股东权益）合计	77	2 235 400	2 142 650
资产总计	40	3 122 500	2 942 800	负债和所有者权益（或股东权益）总计	80	3 122 500	2 942 800

注：① 该项目的期末余额和期初余额中都有一年内到期的长期待摊费用12 000元，其余均为一年内到期的持有至到期投资。

② 该项目的期末余额和期初余额中均为"待摊费用"账户余额。

　　(3)"预付款项"项目　　该项目根据"预付账款"账户所属各明细分类账户的期末借方余额合计数填列。如"应付账款"账户所属有关明细分类账户有借方余额的,也应包括在本项目内。

　　(4)"其他应收款"项目　　该项目根据"应收利息""应收股利"和"其他应收款"账户期末余额合计数,减去"坏账准备"账户所属相关明细分类账户期末余额后的差额填列。

　　(5)"存货"项目　　该项目根据"在途物资""原材料""库存商品""发出商品""委托代销商品""商品进销差价""受托代销商品""受托代销商品款""委托加工物资""包装物""低值易耗品""存货跌价准备"等账户的期末借贷方余额相抵后的差额填列。

　　(6)"一年内到期的非流动资产"项目　　该项目根据"可供出售金融资产""持有至到期投资""长期应收款"和"长期待摊费用"账户所属有关明细分类账户的期末余额分析填列。

　　(7)"其他流动资产"项目　　该项目根据"应交税费"账户下的"应交增值税""未交增值税"等明细分类账户的借方余额、"待抵扣进项税额"明细分类账户中将在 1 年内抵扣的税额,以及"待摊费用"账户的期末余额的合计数填列。

　　(8)"可供出售金融资产"项目　　该项目根据"可供出售金融资产"账户的期末余额,该账户中将于 1 年内到期的可供出售金融资产的数额,再减去"可供出售金融资产减值准备"账户的期末余额后的差额填列。

　　(9)"持有至到期投资"项目　　该项目根据"持有至到期投资"账户的期末余额,减去该账户中将于 1 年内到期的持有至到期投资的数额,再减去"持有至到期投资减值准备"账户期末余额后的差额填列。

　　(10)"长期应收款"项目　　该项目根据"长期应收款"账户的期末余额,减去该账户将于一年内收回的款项后的差额填列。

　　(11)"长期股权投资"项目　　该项目根据"长期股权投资"账户的期末余额,减去"长期股权投资减值准备"账户期末余额后的差额填列。

　　(12)"投资性房地产"项目　　该项目根据"投资性房地产"账户的期末余额减去"投资性房地产累计折旧"和"投资性房地产减值准备"账户期末余额后的差额填列。

　　(13)"固定资产"项目　　该项目根据"固定资产"账户的期末余额减去"累计折旧"和"固定资产减值准备"账户期末余额,加上"固定资产清理"账户的期末余额后的数额填列。

　　(14)"在建工程"项目　　该项目根据"工程物资"和"在建工程"账户的期末余额合计数填列。

　　(15)"无形资产"项目　　该项目根据"无形资产"账户的期末余额减去"累计摊销"和"无形资产减值准备"账户期末余额后的差额填列。

　　(16)"长期待摊费用"　　该项目根据"长期待摊费用"账户的期末余额减去一年内

(含一年)摊销的数额后的差额填列。

(17)"其他非流动资产"项目 该项目根据"应交税费——待抵扣进项税额"明细分类账户期末余额减去一年内可抵扣税额的差额填列。

(18)"应付票据及应付账款"项目 该项目根据"应付票据"账户期末余额,加上"应付账款"账户所属各有关明细分类账户的期末贷方余额合计数填列。如"预付账款"账户所属明细分类账户有贷方余额的,也应包括在本项目内。

(19)"预收账款"项目 该项目根据"预收账款"账户所属有关明细分类账户的期末贷方余额合计数填列。如"应收账款"账户所属明细分类账户有贷方余额的,也应包括在本项目内。

(20)"应交税费"项目 该项目根据"应交税费"账户下的"未交增值税""应交所得税""应交城市维护建设税""应交房产税""应交城镇土地使用税""应交车船税"和"应交教育费附加"等明细分类账户的贷方余额合计数填列。

(21)"其他应付款"项目 该项目根据"应付利息""应付股利"和"其他应付款"账户的期末余额合计数填列。

(22)"一年内到期的非流动负债"项目 该项目根据"长期借款""应付债券""长期应付款""专项应付款"和"递延收益"等非流动负债账户的期末余额分析填列。

(23)"其他流动负债"项目 该项目反映企业除以上流动负债项目以外的其他流动负债。可以根据有关账户的期末余额填列。

(24)"长期借款"项目 该项目根据"长期借款"账户的期末余额减去一年内到期的长期借款数额后的差额填列。

(25)"应付债券"项目 该项目根据"应付债券"账户的期末余额减去一年内到期的应付债券数额后的差额填列。

(26)"长期应付款"项目 该项目根据"长期应付款"和"专项应付款"账户的期末余额,减去"未确认融资费用"账户期末余额,再减去一年内到期的长期应付款和专项应付款数额后的差额填列。

(27)"递延收益"项目 该项目根据"递延收益"账户的期末余额,减去1年以内到期的递延收益数额后的差额填列。

(28)"未分配利润"项目 该项目根据"本年利润"账户期末余额与"利润分配"账户期末余额计算填列。

(二)资产负债表"年初余额"栏内各个项目的填列

资产负债表"年初余额"栏内各个项目的金额是根据上年年末资产负债表"期末余额"栏内所列的数据填列。

四、资产负债表的分析

利用资产负债表反映的财务状况可以进行偿债能力分析。

（一）短期偿债能力的分析

反映企业短期偿债能力的指标有流动比率和速动比率两种。

1. 流动比率　　它是指企业流动资产与流动负债的比率。该比率反映了企业可以在短期内转变为现金的流动资产偿还流动负债的能力。通常认为流动比率应保持在200％左右最为适宜。其计算公式如下：

$$流动比率 = \frac{流动资产}{流动负债} \times 100\%$$

【例】　根据图表 12-1 资产负债表的数据计算大昌百货公司 2020 年的流动比率如下：

$$流动比率 = \frac{1\,506\,000}{765\,500} \times 100\% = 196.73\%$$

这一比率表明了该企业的短期偿债能力较强，企业的流动资产在清偿流动负债后，剩余的部分足以组织商品流通业务的正常进行。

2. 速动比率　　它是指企业的速动资产与流动负债的比率。而速动资产是指流动资产中变现能力较强的那部分资产。它是流动资产减去存货、预付款项、一年内到期的非流动资产和其他流动资产后的差额。由于存货是流动资产中变现能力较慢的资产，预付款项不能变现也不能直接用于偿还债务，因此剔除这些因素后就形成了速动资产，它实质上是几乎可以立即用来偿还流动负债的资产。通常认为速动比率为100％左右较好。速动比率的计算公式如下：

$$速动比率 = \frac{速动资产}{流动负债} \times 100\%$$

速动资产＝流动资产－存货－预付款项－一年内到期的非流动资产－其他流动资产

【例】　根据图表 12-1 资产负债表的数据计算大昌百货公司 2020 年的速动资产和速动比率如下：

$$速动资产 = 1\,506\,000 - 569\,000 - 55\,000 - 90\,000 - 32\,000 = 760\,000（元）$$

$$速动比率 = \frac{760\,000}{765\,500} \times 100\% = 99.28\%$$

这一比率表明，企业立即偿还流动负债的能力强。在实际工作中，这一指标还需要同流动资产营运能力的指标结合起来分析。流动资产营运能力的指标将在下一节中阐述。

（二）长期偿债能力的分析

反映企业长期偿债能力的指标主要是资产负债率。资产负债率是指企业负债总额与资产总额的比率。负债总额由流动负债和非流动负债组成。资产负债率用来衡量企业利用债权人提供资金进行经营活动的能力,反映了债权人提供贷款的安全程度。其计算公式如下:

$$资产负债率=\frac{负债总额}{资产总额}\times100\%$$

根据图表12-1资产负债表的数据,计算大昌百货公司2020年的资产负债率如下:

$$资产负债率=\frac{887\ 100}{3\ 122\ 500}\times100\%=28.41\%$$

这一资产负债比率表明企业财务状况良好,债权人提供贷款的安全程度较高。

第三节　利　润　表

一、利润表的意义和作用

利润表是指反映企业在一定会计期间内利润(亏损)实现情况的报表。它反映了企业的各项收入和各项成本、费用等支出以及净利润或净亏损的构成。

通过对利润表的分析,可以检查利润预算的完成情况和营业收入、营业成本、销售费用、管理费用、财务费用预算的执行情况,了解企业的盈利能力,有利于经营者掌握企业在生产经营过程中存在的问题,以促使其提高经营管理水平和经济效益,也有利于投资者作出正确的决策。

二、利润表的结构和内容

利润表的结构由表头和正表两个部分组成。

利润表的表头由报表名称、编制单位、报表时期和金额单位等内容组成。

利润表的正表部分采用多步式结构,分为七个部分。第一部分是营业收入。第二部分是营业利润,它是以营业收入减去营业成本、税金及附加、销售费用、管理费用、"研发费用"、财务费用和资产减值损失,加上其他收益、投资收益、公允价值变动收益和"资产处置收益"后的数额,用以反映企业的经营成果。第三部分是利润总额,它是以营业利润加上营业外收入,减去营业外支出后的数额,用以反映企业的税前利润。第四部分是净利润,是以利润总额减去所得税费用后的数额,用以反映企业的税后利润。第五部分是其他综合收益的税后净额,它是以其他综合收益减去其应交所得税额后的差额,用以反映企业综合收益净额。第六部分是综合收益总额,它是以净利润加上其他综合收益的税后净额,用以反映企业的净收益。第七部分是每股收益。

利润表正表部分各项目均分设"本月金额"和"本年累计金额"两栏金额,"本月金额"栏内的金额主要反映当月利润实现的情况;"本年累计金额"栏内的金额主要反映自年度开始起，至报告期止的累计数额。

利润表的格式及其具体内容如图表 12-2 所示。

图表 12-2

利 润 表

会企 02 表

编制单位：大昌百货公司　　　　2020 年 12 月　　　　　　　　单位：元

项 目	行次	本月金额	本年累计金额
一、营业收入	1	630 000	7 500 000
减：营业成本	2	517 400	6 160 000
税金及附加	3	2 450	28 800
销售费用	4	35 600	433 990
管理费用	5	27 120	338 600
研发费用	6		
财务费用	7	3 360	39 050
其中：利息费用	8	3 600	42 380
利息收入	9	240	3 330
资产减值损失	10	3 100	9 870
加：其他收益	11		
投资收益（损失以"—"号填列）	12	6 980	21 250
其中：对联营企业和合营企业的投资收益	13		
公允价值变动收益（损失以"—"号填列）	14	170	660
资产处置收益（损失以"—"号填列）	15		4 660
二、营业利润（亏损以"—"号填列）	16	48 120	516 260
加：营业外收入	17	1 360	10 940
减：营业外支出	18	1 480	17 200
三、利润总额（亏损总额以"—"号填列）	19	48 000	510 000
减：所得税费用	20	13 500	139 000
四、净利润（净亏损以"—"号填列）	21	34 500	371 000
五、其他综合收益的税后净额	24		

（续表）

项　　目	行次	本月金额	本年累计金额
（一）不能重分类进损益的其他综合收益	25		
1. 重新计量设定受益计划变动额	26		
2. 权益法下不能转损益的其他综合收益	27		
（二）将重分类进损益的其他综合收益	30		
1. 权益法下可转损益的其他综合收益	31		
2. 可供出售金融资产公允价值变动损益	32		
3. 持有至到期投资重分类为可供出售金融资产损益	33		
六、综合收益总额	36	34 500	371 000
七、每股收益：	38		
（一）基本每股收益	39		
（二）稀释每股收益	40		

三、利润表的编制方法

利润表各项目的"本月金额"主要根据损益类总分类账户的净发生额填列；"本年累计金额"则根据各损益类总分类账户的累计净发生额填列，或者根据上月末本表的"本年累计金额"加上本表的"本月金额"后的数额填列。

现将利润表具体项目的填列方法说明如下：

1. "营业收入"项目　　该项目根据"主营业务收入"和"其他业务收入"账户净发生额之和填列。

2. "营业成本"项目　　该项目根据"主营业务成本"和"其他业务成本"账户净发生额之和填列。

3. "税金及附加"项目　　该项目根据"税金及附加"账户净发生额填列。

4. "销售费用"项目　　该项目根据"销售费用"账户的净发生额填列。

5. "管理费用"项目　　该项目根据"管理费用"账户的净发生额，减去其"研发费用"明细账户的净发生额后的差额填列。

6. "研发费用"项目　　该项目根据"管理费用——研发费用"账户的净发生额填列。

7. "财务费用"项目　　该项目根据"财务费用"账户的净发生额填列。

8. "利息费用"和"利息收入"项目　　这两个项目分别根据"财务费用"账户所属

"利息支出"明细账户净发生额分析填列。

9. "资产减值损失"项目　　该项目根据"资产减值损失"账户的净发生额填列。

10. "其他收益""投资收益""公允价值变动收益"和"资产处置收益"项目　　这些项目分别根据"其他收益""投资收益""公允价值变动损益"和"资产处置损益"账户的净发生额填列。

11. "营业利润"项目　　该项目根据该表"营业收入"项目的金额减去"营业成本""税金及附加""销售费用""管理费用""研发费用""财务费用"和"资产减值损失"项目的金额，加上"其他收益""投资收益""公允价值变动收益"和"资产处置收益"项目的金额后的数额填列。

12. "营业外收入"和"营业外支出"项目　　这些项目分别根据"营业外收入"和"营业外支出"账户的净发生额填列。

13. "利润总额"项目　　该项目根据该表"营业利润"项目加上"营业外收入"项目的金额，减去"营业外支出"项目的金额后的数额填列。

14. "所得税费用"项目　　该项目根据"所得税费用"账户的净发生额填列。

15. "净利润"项目　　该项目根据"利润总额"项目的金额减去"所得税费用"项目的金额后的差额填列。

16. "其他综合收益的税后净额"项目　　该项目根据"其他综合收益"账户期末余额减去其应交所得税额后的差额填列。

17. "综合收益总额"　　该项目根据"净利润"项目的金额加上"其他综合收益的税后净额"项目的金额后的数额填列。

18. "基本每股收益"项目　　该项目根据该表"净利润"项目的金额除以该公司普通股股票的股数的商填列。

19. "稀释每股收益"项目　　该项目根据该表"净利润"项目的金额除以该公司普通股与潜在普通股以后而取得的商填列。潜在普通股主要包括可转换公司债券、认购权证等。

四、利润表的分析

利用利润表，并结合资产负债表，可以进行资产营运能力分析和盈利能力分析。

（一）资产营运能力分析

资产营运能力分析是指对企业的资产周转速度及其影响程度所进行的分析。其分析指标主要有流动资产周转率、存货周转率和应收账款周转率。

1. 应收账款周转率　　它是指企业一定时期内的营业收入与应账账款平均余额的比率。应收账款周转率用来衡量企业的应收账款的变现速度。其计算公式如下：

$$应收账款周转率 = \frac{营业收入}{应收账款平均余额}$$

$$应收账款平均余额 = \frac{应收账款期初余额 + 应收账款期末余额}{2}$$

【例】 根据图表 12-1 资产负债表和图表 12-2 利润表的有关数据,计算其 2020 年的应收账款周转率如下:

$$应收账款平均余额 = \frac{276\,000 + 298\,000}{2} = 287\,000(元)$$

$$应收账款周转率 = \frac{7\,500\,000}{287\,000} = 26.13(次)$$

这一应收账款周转率表明企业的应收账款变现速度很快。

2. 存货周转率 它是指企业一定时期内的营业成本与存货平均余额的比率。存货周转率用来衡量企业的营销能力和存货的周转速度,其计算公式如下:

$$存货周转率 = \frac{营业成本}{存货平均余额}$$

$$存货平均余额 = \frac{存货期初余额 + 存货期末余额}{2}$$

【例】 根据图表 12-1 资产负债表和图表 12-2 利润表的数据,计算大昌百货公司 2020 年的存货周转率如下:

$$存货平均余额 = \frac{538\,000 + 569\,000}{2} = 553\,500(元)$$

$$存货周转率 = \frac{6\,160\,000}{553\,500} = 11.13(次)$$

这一存货周转率表明企业的营销能力很强,存货周转率速度很快,经营状况好。

3. 流动资产周转率 它是指企业一定时期内的营业收入与流动资产平均余额的比率。流动资产周转率用来衡量企业流动资产的使用效率,其计算公式如下:

$$流动资产周转率 = \frac{营业收入}{流动资产平均余额}$$

$$流动资产平均余额 = \frac{流动资产期初余额 + 流动资产期末余额}{2}$$

【例】 根据图表 12-1 资产负债表,图表 12-2 利润表的数据计算大昌百货公司 2020 年的流动资产周转率如下:

$$流动资产平均余额 = \frac{1\,415\,000 + 1\,506\,000}{2} = 1\,460\,500(元)$$

$$流动资产周转率 = \frac{7\,500\,000}{1\,460\,500} = 5.14(次)$$

这一流动资产周转率表明企业流动资产的使用效率较高,营运能力较强。

(二)盈利能力的分析

反映盈利能力的分析指标主要有营业利润率、营业净利率、净资产收益率和总资产报酬率。

1.营业利润率和营业净利率　　营业利润率是指企业一定时期内的营业利润与营业收入的比率。该指标用来衡量企业营业收入获取营业利润的能力。其计算公式如下:

$$营业利润率 = \frac{营业利润}{营业收入} \times 100\%$$

营业净利率是指企业一定时期的净利润与营业收入的比率。营业收入净利率用来衡量企业营业收入获取净利润的能力。其计算公式如下:

$$营业净利率 = \frac{净利润}{营业收入} \times 100\%$$

【例】　根据图表 12-2 利润表的数据计算大昌百货公司 2020 的营业利用率和年营业净利率如下:

$$营业利率 = \frac{516\,260}{7\,500\,000} \times 100\% = 6.88\%$$

$$营业净利率 = \frac{371\,000}{7\,500\,000} \times 100\% = 4.95\%$$

这两个指标表明了企业每 100 元的营业收入能获得营业利润 6.88 元和净利润4.95元,营业利润率和营业净利率越高表明企业盈利能力越强。

2.净资产收益率　　它是指企业一定时期内的净利润与净资产平均余额的比率。它用来衡量投资者投资的收益水平。其计算公式如下:

$$净资产收益率 = \frac{净利润}{净资产平均余额} \times 100\%$$

由于　　　　　　净资产 = 所有者权益

因此　　　$\dfrac{净\ 资\ 产}{平均余额} = \dfrac{所有者权益期初余额 + 所有者权益期末余额}{2}$

【例】　根据图表 12-1 资产负债表和图表 12-2 利润表的资料,计算大昌百货公司 2020 年的净资产收益率如下:

$$净资产平均余额 = \frac{2\,142\,650 + 2\,235\,400}{2} = 2\,189\,025(元)$$

$$净资产收益率=\frac{371\,000}{2\,189\,025}\times100\%=16.95\%$$

这一指标表明了企业每 100 元净资产能获得净利润16.95元,表明了该企业投资者的收益水平很高,收益很好。

3. **总资产报酬率**　它是指企业一定时期内获得的报酬总额与总资产平均余额的比率。它是反映企业资产综合利用效果的指标,也是用来衡量企业利用债权人和所有者权益总额取得盈利的重要指标。其计算公式如下:

$$总资产报酬率=\frac{利润总额+利息支出}{总资产平均余额}\times100\%$$

$$总资产平均余额=\frac{总资产期初余额+总资产期末余额}{2}$$

【例】　大昌百货公司 2020 年利息支出为 36 600 元,根据图表12-1资产负债表和图表 12-2 利润表的资料,计算大昌百货公司 2020 年的总资产报酬率如下:

$$总资产平均余额=\frac{2\,942\,800+3\,122\,500}{2}=3\,032\,650(元)$$

$$总资产报酬率=\frac{510\,000+36\,600}{3\,032\,650}\times100\%=18.02\%$$

这一指标表明了企业每 100 元总资产能获得报酬 18.02 元,表明该企业总资产运用得好,盈利能力强。

第四节　现 金 流 量 表

一、现金流量表的作用

现金流量表是指反映企业一定会计期间现金和现金等价物流入和流出的报表。该表是半年度的财务报表。现金有狭义和广义之分,狭义的现金通常是指库存现金。这里所讨论的是广义的现金,是指企业的库存现金、备用金以及可以随时用于支付的存款。现金流量是指企业在一定期间的现金和现金等价物的流入和流出。

现金流量表为财务报表使用者提供企业一定会计期间内现金和现金等价物流入和流出的信息,财务报表使用者通过对现金流量表的分析,可以评价企业在未来会计期间的现金流量,评估企业偿还债务及支付企业投资者投资报酬的能力,了解企业本期净利润与经营活动中现金流量发生差异的原因,掌握本期内影响或不影响现金流量的投资活动与筹资活动,并可据以预测企业未来的现金流量。

二、现金流量表的结构和内容

现金流量表的结构由表头、正表和补充资料三个部分组成。

现金流量表的表头部分由报表名称、编制单位、报表时期和金额单位等内容组成。

现金流量表的正表部分采用多步式。它由以下六个部分组成。

（一）经营活动产生的现金流量

经营活动是指企业投资活动和筹资活动以外的所有交易和事项。企业随着经营活动的开展将会产生经营活动的现金流入量和流出量。

1. 经营活动的现金流入量　这部分内容由销售商品、提供劳务收到的现金、收到的税费返还、收到其他与经营活动有关的现金等三个项目组成。

（1）"销售商品、提供劳务收到的现金"项目　该项目反映企业本期销售商品和提供劳务收到的现金、前期销售商品和提供劳务本期收到的现金、销售商品实际收到的增值税额，以及本期预收的账款，减去本期退回本期销售的商品和前期销售本期退回的商品支付的现金。

（2）"收到的税费返还"项目　该项目反映企业收到返还的各种税费，如收到的增值税、营业税、所得税和教育费附加返还等。

（3）"收到其他与经营活动有关的现金"项目　该项目反映企业除了上述各项目外，收到其他与经营活动有关的现金流入，如罚款现金收入、没收包装物押金收入、流动资产损失中获得赔偿的现金收入等。

2. 经营活动的现金流出量　这部分内容由购买商品、接受劳务支付的现金、支付给职工以及为职工支付的现金、支付的各项税费和支付的其他与经营活动有关的现金等四个项目组成。

（1）"购买商品、接受劳务支付的现金"项目　该项目反映企业本期购进商品、原材料、接受劳务支付的现金、本期支付前期购进商品、原材料、接受劳务的未付款项和本期预付款项，以及企业购进商品、原材料等实际支付的能够抵扣销项税额的进项税额。进货退出商品、原材料收到的现金应从本项目内减去。

（2）"支付给职工以及为职工支付的现金"项目　该项目反映企业实际支付给职工的薪酬，以及为职工支付的现金。它包括本期实际支付给职工的工资、奖金、各种津贴和补贴等，以及实际支付的医疗保险费等社会保险费、住房公积金、职工福利费、工会经费和职工教育经费等；但不包括支付的离退休人员的各项费用和支付的在建工程人员的职工薪酬等。

（3）"支付的各项税费"　该项目反映企业按规定支付的各种税费，包括本期发生并支付的税费，以及本期支付以前各期发生的税费和预交的税金，如支付的增值税、所得税、城市维护建设税、房产税、城镇土地使用税、车船税、印花税、教育费附加等。不包括计入固定资产价值实际支付的耕地占用税等。

（4）"支付其他与经营活动有关的现金"项目　该项目反映企业除上述各项目外，支付其他与经营活动有关的现金流出，如捐赠现金支出、罚款支出、支付的差旅费、业务招待费、保险费等。

（二）投资活动产生的现金流量

投资活动是指企业长期资产的购建和不包括在现金等价物范围内的投资及其处置活动。企业随着投资活动的开展将会产生投资活动的现金流入量和流出量。

1. 投资活动的现金流入量　　这部分内容由收回投资收到的现金、取得投资收益收到的现金、处置固定资产、无形资产和其他长期资产收回的现金净额、处置子公司及其他营业单位收到的现金净额和收到其他与投资活动有关的现金等五个项目组成。

（1）"收回投资收到的现金"项目　　该项目反映企业出售、转让或到期收回除现金等价物以外的交易性金融资产、可供出售金融资产、长期股权投资中除处置子公司、营业单位以外而收到的现金，以及收回持有至到期投资本金而收到的现金。

（2）"取得投资收益收到的现金"项目　　该项目反映企业因持有交易性金融资产、可供出售金融资产、持有至到期投资和长期股权投资而取得的现金股利和利息，以及从子公司、联营企业和合资企业分回利润收到的现金。但不包括股票股利。

（3）"处置固定资产、无形资产和其他长期资产收回的现金净额"项目　　该项目反映企业处置固定资产、无形资产和其他长期资产收回的现金，减去为处置这些资产而支付的有关费用后的净额。

（4）"处置子公司及其他营业单位收到的现金净额"项目　　该项目反映企业处置子公司及其他营业单位收到的现金减去为处置这些资产而支付的有关费用后的净额。

（5）"收到其他与投资活动有关的现金"项目　　该项目反映企业除了上述各项目外，收到其他与投资活动有关的现金流入。

2. 投资活动的现金流出量　　这部分内容由购建固定资产、无形资产和其他长期资产支付的现金、投资支付的现金、取得子公司及其他营业单位支付的现金净额和支付其他与投资活动有关的现金等四个项目组成。

（1）"购建固定资产、无形资产和其他长期资产支付的现金"项目　　该项目反映企业购买建造固定资产，取得无形资产和其他长期资产支付的现金。它不包括为购建固定资产而发生的借款利息资本化的部分，以及融资租入固定资产支付的租赁费。

（2）"投资支付的现金"项目　　该项目反映企业取得的除现金等价物以外的交易性金融资产、可供出售金融资产、持有至到期投资、长期股权投资中除购买子公司及其他营业单位外支付的现金，以及支付的相关交易费用。

（3）"取得子公司及其他营业单位支付的现金净额"项目　　该项目反映企业购买子公司及其他营业单位成本中以现金支付的部分。

（4）"支付其他与投资活动有关的现金"项目　　该项目反映企业除了上述各项目以外，支付其他与投资活动有关的现金流出。

（三）筹资活动产生的现金流量

筹资活动是指导致企业资本及债务规模和构成发生变化的活动。企业随着筹资活动的开展，将会产生筹资活动的现金流入量和流出量。

1. 筹资活动的现金流入量　　这部分内容由吸收投资收到的现金、取得借款收到的现金和收到其他与筹资活动有关的现金等三个项目组成。

（1）"吸收投资收到的现金"项目　　该项目反映企业收到的投资者投入的现金，包括以发行股票、债券等方式筹集的资金实际收到的款项净额（发行收入减去支付的佣金等发行费用后的净额）。

（2）"取得借款收到的现金"项目　　该项目反映企业举借各种短期、长期借款所收到的现金。

（3）"收到其他与筹资活动有关的现金"项目　　该项目反映企业除上述各项目外，收到其他与筹资活动有关的现金流入。

2. 筹资活动的现金流出量　　这部分内容由偿还债务支付的现金、分配股利、利润或偿付利息支付的现金和支付其他与筹资活动有关的现金等三个项目组成。

（1）"偿还债务支付的现金"项目　　该项目反映企业以现金偿还债务的本金，包括偿还金融企业的借款本金、偿还债券本金等。

（2）"分配股利、利润或偿付利息支付的现金"项目　　该项目反映企业实际支付的现金股利，支付给其他投资单位的利润以及支付的借款利息，债券利息等。

（3）"支付其他与筹资活动有关的现金"项目　　该项目反映企业除了上述各项目外，支付其他与筹资活动有关的现金流出。

（四）汇率变动对现金及现金等价物的影响

"汇率变动对现金及现金等价物的影响"项目　　该项目反映企业外币现金流量及境外子公司的现金流量折算为人民币时，所采用的现金流量发生日的即期汇率折算的人民币金额与"现金及现金等价物净增加额"中外币现金净增加额按期末汇率折算的人民币金额之间的差额。

（五）现金及现金等价物净增加额

"现金及现金等价物净增加额"项目　　该项目反映企业现金及现金等价物的流入量与流出量之间的差额。

（六）期末现金及现金等价物余额

"期末现金及现金等价物余额"项目　　该项目反映企业期末现金余额和期末现金等价物余额的合计数。

补充资料是指未能列入现金流量表正表的、而需要予以披露的内容。补充资料由将净利润调节为经营活动的现金流量、不涉及现金收支的投资和筹资活动和现金及现金等价物净增加额三个部分组成。

三、现金流量表的编制方法

现金流量表正表虽然分为六个部分,但最复杂的部分是经营活动产生的现金流量净额。因为经营活动产生的现金流量净额是根据收付实现制确认的净利润反映的,而企业会计准则要求会计核算按权责发生制确认净利润。因此,在编制现金流量表时,就需要将权责发生制确认的净利润转换为收付实现制下的净利润,转换的方法有直接法和间接法两种。

直接法是指以利润表中各主要经营收支项目为基础,并以实际的现金收入和现金支出进行调整,结算出现金流入量、现金流出量和现金流量净额的方法。间接法是指以净利润为基础,以非现金费用和债权债务以及存货的变动额加以调整,结算出现金流量净额的方法。经营活动产生的现金流量净额在正表部分采用的是直接法,在补充资料部分采用的是间接法。现将现金流量表各项目的填列方法说明如下。

（一）经营活动产生的现金流量各项目的填列方法

1. "销售商品、提供劳务收到的现金"项目　　该项目根据利润表"营业收入"项目的金额,加上"应交税费——应交增值税"账户所属的"销项税额"明细账贷方净发生额,再加上资产负债表"应收票据及应收账款"项目的年初余额和"预收款项"项目的期末余额,减去"应收票据及应收账款"项目的期末余额和"预收款项"项目的年初余额,减去"坏账准备"账户所属相关明细账户贷方发生额填列。

2. "收到的税费返还"项目　　该项目根据"其他应收款"和"营业外收入"账户的贷方发生额中收到返还的增值税和所得税填列。

3. "收到其他与经营活动有关的现金"项目　　该项目根据"营业外收入""其他应付款"结合"库存现金""银行存款"等有关账户发生额分析填列。

4. "购买商品、接受劳务支付的现金"项目　　该项目根据利润表"营业成本"项目的金额,加上"应交税费——应交增值税"账户所属的"进项税额"明细账户的净发生额,加上存货中未列入成本减少的金额,再加上资产负债表中"存货"项目的期末余额,减去"存货"项目的年初余额,加上"应付票据及应付账款"项目的年初余额和"预付款项"项目的期末余额,减去"应付票据及应付账款"项目的期末余额和"预付款项"项目的年初余额,加上"存货跌价准备"账户的贷方发生额,减去已计入"其他业务成本"账户的职工薪酬、折旧费后的数额填列。

5. "支付给职工以及为职工支付的现金"项目　　该项目根据"应付职工薪酬"账户借方净发生额,扣除列入"在建工程"账户中的职工薪酬数额后的差额填列。

6. "支付的各项税费"项目　　该项目根据利润表"税金及附加"项目的金额,加上"应交税费"账户的年初余额和"应交税费"账户所属"未交增值税""应交所得税"明细账户的期末余额,减去"应交税费"账户的期末余额和"应交税费"账户所属"未交增值税""应交所得税"明细账户的年初余额,加上"应交税费——应交增值税——已交税金""应交税费——未交增值税——转入未交增值税"和"应交税费——应交所得税"三个明细账户的借方发生额之和填列。

7."支付其他与经营活动有关的现金"项目　　该项目根据利润表"销售费用""管理费用""研发费用""财务费用""营业外支出"五个项目金额之和,减去这五个项目中不需要以现金支付的金额,再减去这五个项目中已经包含的、并且已列入本表的"支付给职工以及为职工支付的现金"项目中的职工薪酬等,还要减去已列入"财务费用"项目、但将列入本表的"分配股利、利润或偿付利息支付的现金""支付其他与筹资活动有关的现金"和"汇率变动对现金及现金等价物的影响"这三个项目的金额,加上"待摊费用""长期待摊费用"账户借方发生额,再加上"其他应收款"账户借方发生额,减去"其他应收款"账户贷方发生额后的差额填列。

不需要以现金支付的数额是指提取的固定资产折旧费、待摊费用、无形资产和长期待摊费用的摊销数,固定资产盘亏(扣除盘盈)、固定资产清理净损失等。

(二)投资活动产生的现金流量各项目的填列方法

1."收回投资收到的现金"项目　　该项目根据"交易性金融资产"账户贷方发生额,减去该账户所属"现金等价物"明细账户的贷方发生额,加上"可供出售金融资产""持有至到期投资"和"长期股权投资"账户的贷方发生额,减去"持有至到期投资——应计利息"明细账户的贷方发生额,再减去这些账户中收回的非现金数额和处置子公司及其他营业单位收到的现金数额后的差额填列。

2."取得投资收益收到的现金"项目　　该项目根据利润表"投资收益"和"公允价值变动收益"项目的金额之和,加上"应收股利""应收利息"和"持有至到期投资——应计利息"三个账户的年初余额,减去这三个账户的期末余额后的差额填列。

3."处置固定资产、无形资产和其他长期资产收回的现金净额"项目　　该项目根据"固定资产清理"账户的借、贷方发生额、"投资性房地产"和"无形资产"账户的贷方发生额,并结合"银行存款"账户的发生额分析填列。

4."处置子公司及其他营业单位收到的现金净额"项目　　该项目根据"长期股权投资"账户的贷方发生额中处置子公司及其他营业单位收到的现金及现金等价物的数额填列。

5."购建固定资产、无形资产和其他长期资产支付的现金"项目　　该项目根据"固定资产""在建工程""工程物资""无形资产""研发支出——开发支出"账户的借方发生额,加上"固定资产减值准备""无形资产减值准备"账户的贷方发生额,减去本期在建工程动用工程物资的金额、本期融资租入固定资产的价值和为购建固定资产而发生的借款利息资本化的金额,再减去因赊购、接受投资、接受捐赠或收回投资等各种原因未支付现金而取得的固定资产、在建工程、工程物资和无形资产金额后的数额填列。

6."投资支付的现金"项目　　该项目根据"交易性金融资产""可供出售金融资

产""持有至到期投资"和"长期股权投资"账户的借方发生额合计数,减去这四个账户中未支付现金而增加的投资的金额,再减去"交易性金融资产——现金等价物"和"持有至到期投资——应计利息"账户的借方发生额,再减去"长期股权投资"账户中因购买子公司及其他营业单位支付的现金数额后的差额填列。

7."取得子公司及其他营业单位支付的现金净额"项目 该项目根据"长期股权投资"账户的借方发生额中因购买子公司及其他营业单位支付的现金及现金等价物的数额填列。

(三)筹资活动产生的现金流量各项目的填列方法

1."吸收投资收到的现金"项目 该项目有限责任公司根据"实收资本"账户贷方发生额中收到现金的金额;股份有限公司根据"股本"账户贷方发生额中收到现金的金额,然后这两种企业都要加上"资本公积"账户贷方发生额中收到现金的金额,再加上"应付债券——本金"账户贷方发生额,减去未收到现金而增加的应付债券本金的数额后的差额填列。

2."取得借款收到的现金"项目 该项目根据"短期借款""长期借款——本金"账户贷方发生额的合计数填列。

3."偿还债务支付的现金"项目 该项目根据"短期借款""长期借款——本金""应付债券——本金"账户的借方发生额合计数填列。

4."分配股利、利润或偿付利息支付的现金"项目 该项目根据"应付利息""应付股利"账户借方发生额,加上"财务费用""在建工程"账户中所列支的银行借款利息和债券利息,加上"应付利息""长期借款——利息""应付债券——应计利息"账户的借方发生额,减去上述三个账户的贷方发生额后的差额填列。

5."支付其他与筹资活动有关的现金"项目 该项目根据"长期应付款"账户的借方发生额,加上"财务费用"账户中发行债券费用,再加上"实收资本"或"股本""资本公积""盈余公积"等账户借方发生额中以现金支付的金额后的数额填列。

(四)汇率变动对现金及现金等价物的影响额项目的填列方法

"汇率变动对现金及现金等价物的影响"项目 该项目根据"财务费用——汇兑损失"账户净发生额填列。发生汇兑损失用负数表示;发生汇兑收益则用正数表示。

(五)现金及现金等价物净增加额项目的填列方法

"现金及现金等价物净增加额"项目 该项目根据资产负债表中"货币资金"项目的期末余额减去年初余额,再加上"交易性金融资产——现金等价物"账户的期末余额减去该账户的年初余额填列。其计算的结果应与前面四大部分之和相等。

(六)期末现金及现金等价物余额项目的填列方法

1."期初现金及现金等价物余额"项目 该项目根据资产负债表中"货币资金"项

目的期初余额,加上"交易性金融资产——现金等价物"账户的年初余额填列。

2."期末现金及现金等价物余额"项目　该项目根据本表"现金及现金等价物增加额"项目与"期初现金及现金等价物余额"项目的金额之和填列。

(七)补充资料

1.将净利润调节为经营活动的现金流量各项目的填列方法　具体表述如下:

(1)"净利润"项目　该项目根据利润表中"净利润"项目的数额填列。

(2)"资产减值准备"项目　该项目根据利润表中"资产减值损失"项目的数额填列。

(3)"固定资产折旧"项目　该项目根据"累计折旧"账户贷方发生额中提取固定资产折旧的数额填列。

(4)"无形资产摊销"项目　该项目根据"累计摊销"账户贷方发生额分析填列。

(5)"长期待摊费用摊销"项目　该项目根据"长期待摊费用"账户贷方发生额分析填列。

(6)"处置固定资产、无形资产和其他长期资产的损失(减收益)"项目　该项目根据"资产处置损益"账户的净发生额,减去"其他业务收入"账户出租无形资产收入的金额,加上"其他业务成本"账户出租无形资产的成本(不含其中的职工薪酬)后的数额填列,收益用负数反映。

(7)"固定资产报废损失"项目　该项目根据"营业外支出——固定资产报废清理损失"明细账户的净发生额减去"营业外收入——固定资产报废清理收益"明细账户的净发生额,加上"营业外支出——盘亏损失——固定资产盘亏"明细账户的净发生额后的数额填列。

(8)"公允价值变动损失(减:收益)"项目　该项目根据利润表中"公允价值变动收益"项目的金额填列,收益用负数反映。

(9)"财务费用"项目　该项目根据"财务费用"账户发生的利息、筹资费用和汇兑损失的合计数填列。

(10)"投资损失(减:收益)"项目　该项目根据利润表"投资收益"项目的金额填列,收益用负数反映。

(11)"递延所得税资产减少"项目　该项目根据资产负债表"递延所得税资产"项目的年初余额减去期末余额后的差额填列。

(12)"递延所得税负债增加"项目　该项目根据资产负债表"递延所得税负债"项目的期末余额减去年初余额后的差额填列。

(13)"存货的减少(减:增加)"项目　该项目根据资产负债表"存货"项目的年初余额减去期末余额后的差额填列。

(14)"经营性应收项目的减少(减:增加)"项目　该项目根据资产负债表"应收票据及应收账款及预付款项"项目的年初余额之和,减去上列各项目的期末余额,加上

"其他应收款"的年初余额,减去该账户的期末余额,再减去列入本表的"资产减值准备"项目中的计提的坏账准备金额后的数额填列。

(15)"经营性应付项目的增加(减:减少)"项目 该项目根据资产负债表"应付票据及应付账款""预收款项""应付职工薪酬""应交税费""其他应付款"项目的期末余额之和,减去上述各项目的年初余额之和,加上"其他应付款"账户的期末余额,减去该账户的年初余额,再减去列入本表的"资产减值准备"项目中的计提的存货跌价准备金额后的数额填列。

(16)"其他"项目 该项目根据资产负债表"其他流动资产"项目的年初余额减去期末余额,再加上"其他流动负债"项目的期末余额减去年初余额后的数额填列。

(17)"经营活动产生的现金流量净额"项目 该项目根据前列16个项目之和填列。

2. 不涉及现金收支的重大投资活动和筹资活动各项目的填列方法 具体表述如下:

(1)"债务转为资本"项目 该项目反映企业本期转为资本的债务金额。根据"应付票据""应付账款""短期借款""长期借款""长期应付款"等负债账户的借方发生额中转为资本的数额填列。

(2)"一年内到期的可转换公司债券"项目 该项目反映企业一年内到期的可转换公司债券的本息。根据"应付债券——可转换公司债券"明细账户的贷方发生额分析填列。

(3)"融资租入固定资产"项目 该项目反映企业本期融资租入固定资产计入"长期应付款"账户的金额。根据"长期应付款——融资租入固定资产价款"账户的贷方发生额填列。

3. 现金及现金等价物净增加情况的各项目的填列方法 具体表述如下:

(1)"现金的期末余额""现金的期初余额"项目 这两个项目分别根据资产负债表"货币资金"项目的期末余额和年初余额填列。

(2)"现金等价物的期末余额""现金等价物的期初余额"项目 这两个项目分别根据"交易性金融资产——现金等价物"账户的期末余额和年初余额填列。

根据图表12-1资产负债表、图表12-2利润表及下列有关资料编制的现金流量表,如图表12-3所示。

(1)有关明细账户的期末余额与年初余额(单位:元)如下:

账 户 名 称	期末余额	年初余额
交易性金融资产——现金等价物	50 000	40 000
应交税费——未交增值税	17 680	16 320
应交税费——应交所得税	10 010	8 880
持有至到期投资——应计利息	3 000	1 000

(2) 有关账户的借方发生额(单位：元)如下：

账　户　名　称	借　方	贷　方
交易性金融资产	135 000	125 000
其中：现金等价物	60 000	50 000
应收利息	11 000	12 000
其他应收款——包装物押金	19 000	21 000
坏账准备——应收账款		3 200
存货跌价准备		2 950
待摊费用	32 000	30 000
持有至到期投资	98 000	68 000
其中：应计利息	3 000	1 000
固定资产	242 200	100 000
累计折旧	52 200	149 500
在建工程	55 700	12 000
工程物资	11 000	5 200
固定资产减值准备		3 720
累计摊销		12 000
长期待摊费用		12 000
短期借款	230 000	250 000
应付职工薪酬	322 300	324 000
应交税费——应交增值税——销项税额		1 275 000
应交税费——应交增值税——进项税额转出		510
应交税费——应交增值税——进项税额	1 025 010	
应交税费——未交增值税——转入未交增值税	249 140	250 500
应交税费——应交所得税	126 370	127 500
应付股利	250 500	278 250
其他应付款——包装物押金	18 170	12 000
应付债券	10 000	50 000
其中：应计利息	4 000	5 000

(3) 销售费用有关明细账户净发生额(单位：元)如下：

职工薪酬	240 000
保险费(待摊费用转入)	25 200
包装费(包装物摊销)	2 500
低值易耗品摊销	2 200
折旧费	78 000
修理费(长期待摊费用转入)	12 000

（4）管理费用有关明细账户净发生额（单位：元）如下：

职工薪酬	60 000
保险费	4 800
低值易耗品摊销	5 500
折旧费	41 500
无形资产摊销	12 000
其他费用——物料消耗	2 100

（5）财务费用有关明细账户净发生额（单位：元）如下：

利息支出	33 300
发行债券费用	100
汇兑损失	2 440

（6）其他业务成本有关明细账户净发生额（单位：元）如下：

职工薪酬	24 000
包装物摊销	25 000
固定资产折旧	30 000

（7）资产处置损益有关明细账户净发生额（单位：元）如下：

固定资产处置损益	4 660（贷方）

（8）营业外收入有关明细账户净发生额（单位：元）如下：

没收包装物押金收入	5 740
罚款收入现金	5 200

（9）营业外支出有关明细账户净发生额（单位：元）如下：

存货非正常损失（内含进项税额转出 510 元）	3 510
固定资产报废清理损失	3 980
罚款支出现金	4 710
捐赠支出现金	5 000

（10）其他有关资料如下：

① 其他应付款账户中反映的内容全部为包装物押金的收付。

② 出售与报废的固定资产以现金支付清理费用 1 000 元，出售固定资产与固定资产残料收入现金 49 480 元。

③ 增加固定资产、在建工程和工程物资的数额中除固定资产有 12 000 元系在建工程转入；在建工程有 5 000 元系应付债券利息，5 200 元系工程物资转入外，其余部分均以现金支付。

图表 12-3

现 金 流 量 表

会企 03 表

编制单位：大东百货公司　　　　　　2020 年度　　　　　　　　单位：元

项　　　　目	行次	本年金额	上年金额
一、经营活动产生的现金流量：			
销售商品、提供劳务收到的现金	1	8 717 800	
收到的税费返还	3		
收到其他与经营活动有关的现金	8	4 770	
经营活动现金流入小计	9	8 722 570	
购买商品、接受劳务支付的现金	10	7 166 260	
支付给职工以及为职工支付的现金	12	322 300	
支付的各项税费	13	403 930	
支付其他与经营活动有关的现金	18	329 710	
经营活动现金流出小计	20	8 222 200	
经营活动产生的现金流量净额	21	500 370	
二、投资活动产生的现金流量：			（略）
收回投资收到的现金	22	142 000	
取得投资收益收到的现金	23	20 910	
处置固定资产、无形资产和其他长期资产收回的现金净额	25	48 480	
处置子公司及其他营业单位收到的现金净额	26		
收到其他与投资活动有关的现金	28		
投资活动现金流入小计	29	211 390	
购建固定资产、无形资产和其他长期资产支付的现金	30	290 420	
投资支付的现金	31	170 000	
取得子公司及其他营业单位支付的现金净额	32		
支付其他与投资活动有关的现金	35		
投资活动现金流出小计	36	460 420	

（续表）

项　　目	行次	本年金额	上年金额
投资活动产生的现金流量净额	37	－249 030	
三、筹资活动产生的现金流量：			
吸收投资收到的现金	38	45 000	
取得借款收到的现金	40	250 000	
收到其他与筹资活动有关的现金	43		
筹资活动现金流入小计	44	295 000	
偿还债务支付的现金	45	236 000	
分配股利、利润或偿付利息支付的现金	46	287 800	
支付其他与筹资活动有关的现金	52	100	
筹资活动现金流出小计	53	523 900	
筹资活动产生的现金流量净额	54	－228 900	
四、汇率变动对现金及现金等价物的影响	55	－2 440	
五、现金及现金等价物净增加额	56	20 000	
加：期初现金及现金等价物余额	57	218 000	
六、期末现金及现金等价物余额	58	238 000	（略）
补　充　资　料			
1. 将净利润调节为经营活动现金流量：			
净利润	59	371 000	
加：资产减值准备	60	9 870	
固定资产折旧	61	149 500	
无形资产摊销	62	12 000	
长期待摊费用摊销	63	12 000	
处置固定资产、无形资产和其他长期资产的损失（收益以"－"号填列）	64	－680	
固定资产报废损失	65		
公允价值变动损失（收益以"－"号填列）	66	－660	
财务费用	67	35 840	
投资损失（收益以"－"号填列）	68	－21 250	
递延所得税资产减少（增加以"－"号填列）	69	1 700	

(续表)

补　充　资　料	行次	本年金额	上年金额
递延所得税负债增加(减少以"－"号填列)	70	9 800	
存货的减少(增加以"－"号填列)	71	－31 000	
经营性应收项目的减少(增加以"－"号填列)	72	－32 200	
经营性应付项目的增加(减少以"－"号填列)	73	－13 550	
其他	74	－2 000	
经营活动产生的现金流量净额	75	500 370	
2.不涉及现金收支的投资和筹资活动：			(略)
债务转为资本	76		
一年内到期的可转换公司债券	77		
融资租入固定资产	78		
3.现金及现金等价物净增加情况：			
现金的期末余额	79	188 000	
减：现金的期初余额	80	178 000	
加：现金等价物的期末余额	81	50 000	
减：现金等价物的期初余额	82	40 000	
现金及现金等价物净增加额	83	20 000	

编制现金流量表有关行次数据具体计算如下：

行次 1＝7 500 000＋1 275 000＋121 000＋276 000＋38 000－125 000－298 000－66 000－3 200
＝8 717 800(元)

行次 8＝5 740＋5 200＋12 000－18 170＝4 770(元)

行次 10＝6 160 000＋1 025 010＋2 500＋2 200＋5 500＋2 100＋3 000＋569 000－538 000
＋30 000＋72 000＋55 000－40 000－81 000－50 000＋2 950－24 000－30 000
＝7 166 260(元)

行次 13＝28 800＋26 780＋17 680＋10 010－29 650－16 320－8 880＋249 140＋126 370
＝403 930(元)

行次 18＝433 990＋338 600＋39 050＋17 200－240 000－25 200－2 500－2 200－78 000－12 000
－60 000－4 800－5 500－41 500－12 000－2 100－33 300－100－2 440－3 510－3 980
＋32 000＋19 000－21 000＝329 710(元)

行次 22＝125 000－50 000＋68 000－1 000＝142 000(元)

行次 23＝660＋21 250＋12 000－11 000＋1 000－3 000＝20 910(元)

行次 25＝49 480－1 000＝48 480(元)

行次 30＝242 200＋55 700＋11 000＋3 720－12 000－5 200－5 000＝290 420(元)

行次 31＝135 000－60 000＋98 000－3 000＝170 000(元)

行次 45＝230 000＋10 000＝240 000(元)

行次 46＝250 500＋33 300＋5 000＋4 000－5 000＝287 800(元)

行次 72＝121 000＋276 000＋50 000＋20 000－125 000－298 000－55 000－18 000－3 200
＝－32 200(元)

行次 73＝40 000＋81 000＋38 000＋19 800＋29 650＋8 800－30 000－72 000－66 000－18 100－
26 780－14 970＋2 950＝－13 550(元)

第五节　所有者权益变动表

一、所有者权益变动表的意义和作用

所有者权益变动表是指反映企业在一定会计期间构成所有者权益的各组成部分增减变动情况的报表。它反映了企业所有者权益的结构及其增减变动情况。

通过对所有者权益变动表的分析,可以了解企业实收资本①、资本公积、库存股、其他综合收益、盈余公积和未分配利润增减变动的详细情况,了解企业增资扩股的能力及其资金的来源。

二、所有者权益变动内容和结构

所有者权益变动表的结构由表头和正表两个部分组成。

所有者权益变动表的正表分为四个部分,第一部分是上年年末余额。第二部分是本年年初余额,它是上年年末余额加上会计政策变更和前期差错更正后的数额。第三部分是本年增减变动金额,它由综合收益总额、所有者投入和减少资本、利润分配和所有者权益内部结转四小部分组成。第四部分是本年年末余额,它是本年年初余额,加上或减去本年变动金额后的数额。

所有者权益变动表金额栏分为本年金额和上年金额两个部分,"本年金额"栏和"上年金额"栏均采用多栏式,分别划分为实收资本②、资本公积、库存股、其他综合收益、盈余公积、未分配利润和所有者权益合计七栏。

所有者权益变动表的格式及其具体内容如图表 12-4 所示。

---

① 股份有限公司为股本。

② 股份有限公司为股本。

三、所有者权益变动表的编制方法

(一)"本年金额"栏的填列方法

1. "上年年末余额"项目　该项目分别根据"实收资本①""资本公积""库存股""其他综合收益""盈余公积""利润分配——未分配利润"账户上年的年末余额填列。

2. "会计政策变更""前期差错更正"项目　这两个项目分别根据"盈余公积""利润分配——未分配利润"账户分析填列。

3. "本年年初余额"项目　该项目根据本表"上年年末余额"项目的金额,加上"会计政策变更""前期差错更正"两个项目金额后的数额填列。

4. "综合收益总额"项目　该项目根据"利润表"中的"综合收益总额"项目的金额填列。

5. "所有者投入和减少资本"中的三个明细项目　这三个明细项目分别为"所有者投入资本""股份支付计入所有者权益的金额"和"其他",分别根据"实收资本""资本公积""其他综合收益"账户的发生额分析填列。

6. "利润分配"中的三个明细项目　这三个明细项目分别为"提取盈余公积""对所有者(或股东)的分配"和"其他",分别根据"利润分配"相关明细账户的净发生额填列。

7. "所有者权益内部结转"中的四个明细项目　这四个明细项目分别为"资本公积转增资本(或股本)""盈余公积转增资本(或股本)""盈余公积弥补亏损"和"其他",分别根据"实收资本""资本公积""盈余公积"和"利润分配——盈余公积补亏"账户的净发生额分析填列。

8. "本年年末余额"项目　该项目根据本表的"本年年初余额"项目的金额,加上"净利润"项目的金额,加上或减去"直接计入所有者权益的利得和损失"中各明细项目的金额,再加上或减去"利润分配"中各明细项目和"所有者权益内部结转"中各明细项目的金额后的数额填列。

(二)"上年金额"栏的填列方法

"上年金额"栏各个项目的数额可以根据该表上一年度的"本年金额"栏各个项目的数额填列。

现根据图表 12-1 资产负债表、图表 12-2 利润表及下列有关资料编制所有者权益变动表如图表 12-4 所示。

---

① 股份有限公司为股本。

图表12-4

所有者权

编制单位：大昌百货公司   2020

项　　　目	行次	实收资本 （或股本）	资本公积
一、上年年末余额		1 800 000	196 800
加：会计政策变更			
前期差错更正			
二、本年年初余额		1 800 000	196 800
三、本年增减变动金额（减少以"－"号填列）			
（一）综合收益总额			
（二）所有者投入和减少资本			
1. 所有者投入资本			
2. 股份支付计入所有者权益的金额			
3. 其他			
（三）利润分配			
1. 提取盈余公积			
2. 对所有者（或股东）的分配			
3. 其他			
（四）所有者权益内部结转			
1. 资本公积转增资本（或股本）		180 000	180 000
2. 盈余公积转增资本（或股本）			
3. 盈余公积弥补亏损			
4. 其他			
四、本年年末余额		1 980 000	16 800

益 变 动 表

会企：04 表

年度

单位：元

本　年　金　额					上　年　金　额						
库存股(减项)	其他综合收益	盈余公积	未分配利润	所有者权益合计	实收资本(或股本)	资本公积	库存股(减项)	其他综合收益	盈余公积	未分配利润	所有者权益合计
		79 530	66 320	2 142 650	1 600 000	196 800			26 090	36 260	1 859 150
		79 530	66 320	2 142 650							
				371 000							334 000
					200 000						200 000
		59 360							53 440		
			278 250								250 500
			33 390							30 060	
		138 890	99 710	2 235 400	1 800 000	196 800			79 530	66 320	2 142 650

该企业本年和上年均未发生会计政策变更和前期差错更正业务,本年将180 000元资本公积转增资本、上年所有者追加投资200 000元,上年金额中的上年年末余额实收资本为1 600 000元、资本公积为196 800元,盈余公积为26 090元,未分配利润为36 260元。上年综合收益总额为334 000元,上年年初未分配利润为36 260元。上年"利润分配"各明细账户的净发生额分别为提取盈余公积53 440元,应付股利250 500元,未分配利润66 320元,本年"利润分配"各明细账户分别为提取盈余公积59 360元,应付股利278 250元,未分配利润99 710元。

第六节 附 注

一、附注概述

附注是指对资产负债表、利润表、现金流量表和所有者权益变动表等报表中列示项目的文字描述或明细资料,以及对未能在这些报表中列示项目的说明等。

附注应当披露财务报表的编制基础,相关信息应当与资产负债表、利润表、现金流量表和所有者权益变动表等报表中列示的项目相互参照。企业还应当在附注中披露企业注册地、组织形式和总部地址;企业的业务性质和主要经营活动;母公司以及集团最终母公司的名称;财务报表的批准报出者和财务报表批准报出日等。

二、附注披露的顺序

附注一般应当按照下列顺序披露:①财务报表的编制基础。②遵循企业会计准则的声明。③重要会计政策的说明,包括财务报表项目的计量基础和会计政策的确定依据等。④重要会计估计的说明,包括下一会计期间内很可能导致资产、负债账面价值重大调整的会计估计的确定依据等。⑤会计政策和会计估计变更以及差错更正的说明。⑥对已在资产负债表、利润表、现金流量表和所有者权益变动表中列示的重要项目的进一步说明。⑦或有和承诺事项、资产负债表日后非调整事项、关联方关系及其交易等需要说明的事项。

会计政策是指企业在会计确认、计量和报告中所采用的原则、基础和会计处理方法。

会计估计变更是指由于资产和负债的当前状况及预期经济利益和义务发生了变化,从而对资产或负债的账面或者资产的定期消耗金额进行调整。

第七节　前期差错及其更正

一、前期差错概述

（一）前期差错的含义及包括的内容

前期差错是指由于没有运用或错误运用信息，而对前期财务报表造成省略或错报。上述的信息有两种：一是编报前期财务报表时预期能够取得并加以考虑的可靠信息；二是前期财务报告批准报出时能够取得的可靠信息。

前期差错通常包括计算错误、应用会计政策错误、疏忽或曲解事实、舞弊产生的影响，以及存货、固定资产盘盈等。

（二）前期差错的类型

前期差错按其对财务报表使用者的影响的程度不同，可分为以下两类。

1. 不重要的前期差错　　它是指不足以影响财务报表使用者对企业财务状况、经营成果和现金流量作出正确判断的会计差错。

2. 重要的前期差错　　它是指足以影响财务报表使用者对企业财务状况、经营成果和现金流量作出正确判断的前期差错。前期差错影响的财务报表的金额越大、性质越严重，其重要性就越大。

二、前期差错的更正方法

企业对于不同类型的前期差错，采用不同的更正方法，现分别予以阐述。

（一）不重要的前期差错的更正方法

企业对于不重要的前期差错，不需要调整财务报表相关项目的期初数，但应调整发现当期的相关项目，属于影响损益的，应直接计入当期相关的损益项目。

【例】 2021 年 1 月 31 日，经检查，上海百货公司发现 2020 年多提销售部门用设备折旧费 1 200 元，予以更正。作分录如下：

借：累计折旧　　　　　　　　　　　　　　　　　　　　　1 200.00
　　贷：销售费用——折旧费　　　　　　　　　　　　　　　　　1 200.00

企业发生固定资产盘盈往往是以前年度账务处理差错所造成的，因此也应作为前期差错更正处理。

【例】 2020 年 12 月 27 日，浦江商厦盘电脑一台，经检查发现，该电脑系 2019 年 12 月 18 日购进，价值 5 000 元，已计入当月的管理费用。该电脑预计可使用 5 年，预计净残值率为 4%，该商厦固定资产折旧采用年限平均法，予以更正。作分录如下：

借：固定资产   5 000.00

    贷：累计折旧   960.00

    贷：管理费用   4 040.00

（二）重要的前期差错的更正方法

企业对于重要的前期差错，应当采用追溯重述法进行更正，但确定前期差错累积影响数不切实可行的除外。追溯重述法是指在发现前期差错时，视同该项前期差错从未发生过，从而对财务报表相关项目进行更正的方法。

企业应当在其发现重要的前期差错的当期财务报表中，调整前期比较数据。具体地说，通过下述处理对其进行追溯更正：① 追溯重述差错发生期间列报的前期比较金额。② 如果前期差错发生在列报的最早前期之前，则追溯重述列报的最早前期的资产、负债和所有者权益相关项目的期初余额。

对于发生的重要的前期差错，如果影响损益，应将其对损益的影响数调整发现差错当期的期初留存收益，财务报表其他相关项目的期初数也应一并调整；如果不影响损益，应调整财务报表相关项目的期初数。

【例】 东方五金公司 2021 年发现 2020 年多计商品销售成本 90 000 元，该公司的所得税税率为 25%。公司分别按净利润的 10% 和 6% 计提法定盈余公积和任意盈余公积。

1）分析前期差错的影响数   该公司多计商品销售成本，将会少计利润总额，从而造成少计提应交所得税额和少计净利润，并造成少计提盈余公积。

2）编制相关项目的调整分录，分述如下：

（1）冲转多计商品销售成本，作分录如下：

借：库存商品   90 000.00

    贷：以前年度损益调整   90 000.00

（2）补计提应交所得税额，作分录如下：

借：以前年度损益调整   22 500.00

    贷：应交税费——应交所得税   22 500.00

（3）结转"以前年度损益调整"账户，作分录如下：

借：以前年度损益调整   67 500.00

    贷：利润分配——未分配利润   67 500.00

（4）补提法定盈余公积和任意盈余公积，作分录如下：

借：利润分配——未分配利润   10 800.00

    贷：盈余公积——法定盈余公积   6 750.00

    贷：盈余公积——任意盈余公积   4 050.00

3）财务报表的调整和重述　东方五金公司在列报2021年财务报表时,应调整2021年资产负债表有关项目的年初余额,利润表及所有者权益变动表的上年金额也应进行调整。

（1）资产负债表相关项目金额的调整　调增"存货"项目年初余额90 000元,调增"应交税费"项目年初余额22 500元;分别调增"盈余公积"项目年初余额和"未分配利润"项目年初余额10 800元和56 700元。

（2）利润表项目的调整　调减"营业成本"项目上年金额90 000元;分别调增"销售利润"项目和"利润总额"项目上年金额各90 000元;分别调增"所得税费用"项目和"净利润"项目上年金额22 500元和67 500元。

（3）所有者权益变动表项目的调整　分别调增"前期差错更正"项目中"盈余公积"栏和"未分配利润"栏上年金额10 800元和56 700元,以及"所有者权益合计"栏上年金额67 500元。

"以前年度损益调整"是损益类账户,用以核算企业本年度发生的调整以前年度损益的事项以及本年发现的重要前期差错更正涉及调整以前年度损益的事项。企业调整增加的以前年度利润或调整减少的以前年度亏损,由于调整减少或增加以前年度利润或亏损而相应减少所得税费用,以及将以前年度多计的净利润结转"利润分配"账户时,记入贷方;企业调整减少的以前年度利润或调整增加的以前年度的亏损,由于调整增加或减少以前年度利润或亏损而相应增加的所得税费用,以及将以前年度少计的净利润结转"利润分配"账户时,记入借方。

三、前期差错更正的披露

企业应当在附注中披露与前期差错更正有关的信息:① 前期差错的性质。② 各个列报前财务报表中受影响的项目名称和更正金额。③ 无法进行追溯重述的,说明该事实和原因以及对前期差错开始进行更正的时点、具体更正情况等。

判 断 题

一、是非题

1. 财务报告是指企业对外提供的反映企业某一特定日期财务状况、经营成果和现金流量等会计信息的文件。　　　　　　　　　　　　　　　　　（　　）

2. 财务报表分为年度、季度和月度财务报表。　　　　　　　　　（　　）

3. 资产负债表中的资产按其流动性的不同,可分为流动资产和非流动资产。（　　）

4. 现金等价物是指企业持有的期限短,易于转换为已知金额现金、价值变动风险很小的投资。　　　　　　　　　　　　　　　　　　　　　（　　）

5. 在计算资产负债表中"存货"项目时,应减去"受托代销商品款"账户的余额。（　　）

6. 资产负债表中"一年内到期的非流动负债"项目应根据"长期借款"和"应付债券"账户的期末余额分析填列。　　　　　　　　　　　　　　　　　　　　　　　　　　（　　）

7. 速动资产是流动资产减去存货、预付款项、1年内到期的非流动资产和其他流动资产后的差额。　　　　　　　　　　　　　　　　　　　　　　　　　　　　　（　　）

8. 反映企业盈利能力的分析指标主要有营业利润率、营业净利率和净资产收益率。（　　）

9. 间接法是指以净利润为基础,以非现金费用和债权债务的变动加以调整,结算出现金流量净额的方法。　　　　　　　　　　　　　　　　　　　　　　　　　　　　（　　）

10. 现金和现金等价物净增加额应等于经营活动产生的现金流量净额、投资活动产生的现金流量净额、筹资活动产生的现金流量净额和汇率变动对现金的影响额之和。　　　　（　　）

11. 投资活动产生的现金流入量,应由收回投资收到的现金,取得投资收益收到的现金和收到其他与投资活动有关的现金等项目组成。　　　　　　　　　　　　　　　　　　　（　　）

12. 现金流量表"汇率变动对现金的影响额"项目,根据"财务费用——汇兑损失"账户净发生额填列。发生汇兑损失用正数表示,发生汇兑收益则用负数表示。　　　　　　　　　（　　）

13. 所有者权益变动表由上年年末余额、本年年初余额、本年增减变动金额和本年年末余额四个部分组成。　　　　　　　　　　　　　　　　　　　　　　　　　　　　　（　　）

14. 附注是指对资产负债表、利润表、现金流量表和所有者权益变动表等报表中列示的项目的文字描述或明细资料。　　　　　　　　　　　　　　　　　　　　　　　　（　　）

15. 前期差错是指由于没有运用或错误运用信息,而对前期财务报表造成省略或错误。（　　）

二、单项选择题

1. 资产负债表中各项的数据应按企业本期总分类账户或明细分类账户中的_____直接填列或经过分析计算调整后填列。

    A. 期初余额和发生额　　　　　　　　　　B. 期末余额

    C. 发生额和期末余额　　　　　　　　　　D. 期初余额和期末余额

2. 资产负债表中"应付票据及应付账款"项目期末余额栏内除了包括"应付票据"账户期末余额和"应付账款"所属各明细账户贷方期末余额合计数外,还应包括_____。

    A. "预付账款"账户所属各明细账户贷方期末余额合计数

    B. "预收账款"账户所属各明细账户贷方期末余额合计数

    C. "应收账款"账户所属各明细账户贷方期末余额合计数

    D. "其他应收款"账户所属各明细账户贷方期末余额合计数

3. 利润表中各项目的数据应按企业本期总分类账户或明细分类账户中的_____直接填列,或经过分析计算调整后填列。

    A. 发生额和期末余额　　　　　　　　　　B. 期末余额

    C. 发生额　　　　　　　　　　　　　　　D. 期初余额和期末余额

4. 现金流量表中"取得借款收到的现金"项目根据_____账户贷方发生额的合计数填列。

    A. "短期借款""长期借款""应付债券"

    B. "应付账款""短期借款""长期借款"

    C. "短期借款""长期借款——本金"

D. "短期借款""长期借款"

5. 企业年终结账完毕,次年发现多计商品销售成本 100 000 元,应编制调整分录,借记＿＿＿＿＿＿账户,贷记＿＿＿＿＿＿账户。

A. "库存商品""主营业务成本"

B. "以前年度损益调整""主营业务成本"

C. "以前年度损益调整""库存商品"

D. "库存商品""以前年度损益调整"

三、多项选择题

1. 编制财务报表要求做到＿＿＿＿＿＿。

A. 数字真实　　　　B. 计算准确　　　　C. 内容完整　　　　D. 报送及时

2. 通过对资产负债表的分析可以了解＿＿＿＿＿＿。

A. 资产、负债和所有者权益的结构是否合理

B. 企业的财务实力是否雄厚

C. 企业的盈利能力和短期偿债能力的强弱

D. 企业财务状况的发展趋势

3. 资产负债表中"应收账款"项目期末余额栏内填列的内容应包括"应收票据"账户的期末余额加上＿＿＿＿＿＿再减去"坏账准备"相关明细账户的期末余额。

A. "应收账款"所属各明细账户的借方期末余额合计数

B. "应付账款"所属各明细账户的借方期末余额合计数

C. "预收账款"所属各明细账户的借方期末余额合计数

D. "预付账款"所属各明细账户的借方期末余额合计数

4. 资产负债表中"其他应收款"项目的期末余额应根据＿＿＿＿＿＿账户的期末余额合计数填列。

A. 应收利息　　　B. 应收股利　　　C. 应交税费　　　D. 其他应收款

5. 反映企业资产营运能力的指标主要有＿＿＿＿＿＿。

A. 流动资产周转率　　　　　　　B. 存货周转率

C. 应收账款周转率　　　　　　　D. 总资产报酬率

6. 现金流量表中"经营活动产生的现金流入量",应由＿＿＿＿＿＿和收到其他与经营活动有关的现金等项目组成。

A. 销售商品、提供劳务收到的现金

B. 收到的税费返还

C. 取得债券利息收入收到的现金

D. 处置固定资产、无形资产和其他长期资产收到的现金

7. 现金流量表中"经营活动产生的现金流出量",应由＿＿＿＿＿＿和支付其他与经营活动有关的现金等项目组成。

A. 购买商品、接受劳务支付的现金

B. 支付的各项税费

C. 购建固定资产、无形资产和其他长期资产支付的现金

D. 支付给职工以及为职工支付的现金

8. 前期差错通常包括疏忽或曲解事实、_____。

A. 应用会计政策错误   B. 舞弊产生的影响

C. 计算错误   D. 存货、固定资产盘盈

练 习 题

练 习 题 一

一、目的 练习财务报表的编制和分析。

二、资料 东方服装公司系批零兼营企业,12月31日有关资料如下:

1. 年终结账后有关账户(单位:元)余额如下:

借方余额账户	年末余额	年初余额	贷方余额账户	年末余额	年初余额
库存现金	1 500	1 200	坏账准备	3 450	2 580
银行存款	161 000	148 300	商品进销差价	55 000	52 000
备用金	1 000	1 000	存货跌价准备	4 780	4 170
其他货币资金	18 000	15 000	固定资产减值准备	3 600	2 000
交易性金融资产	110 000	90 000	累计折旧	156 000	132 000
应收票据	125 000	110 000	累计摊销	20 000	10 000
应收账款	301 000	284 000	短期借款	300 000	280 000
预付账款	56 000	61 000	应付票据	76 600	69 600
应收利息	9 000	8 000	应付账款	127 000	124 000
其他应收款	20 000	17 500	预收账款	38 000	15 010
在途物资	94 560	86 000	受托代销商品款	37 500	32 800
原材料	12 100	11 980	应付职工薪酬	21 180	17 980
库存商品	733 100	695 730	应交税费	32 820	29 400
发出商品	18 400	17 200	应付股利	291 375	262 200
委托代销商品	24 000	23 560	其他应付款	18 000	11 400
受托代销商品	37 500	32 800	应付债券	100 000	75 000
委托加工物资	9 900	8 400	递延所得税负债	14 630	13 990
包装物	13 930	12 840	实收资本	2 050 000	1 850 000
低值易耗品	19 760	18 270	资本公积	22 220	222 220
待摊费用	36 000	30 000	盈余公积	167 560	105 400
持有至到期投资	200 000	150 000	利润分配	95 285	60 320
长期股权投资	220 000	220 000			

借方余额账户	年末余额	年初余额	贷方余额账户	年末余额	年初余额
固定资产	1 063 750	988 550			
在建工程	97 500	85 500			
工程物资	30 000	25 000			
无形资产	120 000	120 000			
长期待摊费用	90 000	99 000			
递延所得税资产	12 000	11 240			

2. 有关明细分类账户余额(单位：元)及有关资料：

	期末余额	年初余额
(1) "应收账款"账户借方余额	313 000	294 500
"应收账款"账户贷方余额	12 000	10 500
(2) "应付账款"账户借方余额	9 000	8 000
"应付账款"账户贷方余额	136 000	132 000
(3) "持有至到期投资"账户中1年内到期的债券	50 000	40 000
(4) "长期待摊费用"账户中1年内到期的待摊费用	9 000	9 000
(5) "应付债券"账户中1年内到期的债券	20 000	15 000

3. 本年损益类账户净发生额(单位：元)如下：

账户名称	12月数	1~11月数
主营业务收入	627 500	6 872 500
其他业务收入	18 500	201 500
主营业务成本	516 600	5 675 400
其他业务成本	11 250	120 750
税金及附加	2 480	26 620
销售费用	38 220	418 640
管理费用	30 080	329 120
财务费用	3 460	37 640
资产减值损失	2 700	8 100
投资收益	6 780	14 720
公允价值变动损益	160	560
资产处置损益		5 010(贷方)
营业外收入	1 660	9 530
营业外支出	1 710	16 650
所得税费用	13 025	117 475

4. 有关明细账户的年末余额和年初余额(单位：元)如下：

账　户　名　称	年末余额	年初余额
交易性金融资产——现金等价物	50 000	35 000
持有至到期投资——应计利息	8 000	5 000
应交税费——未交增值税	19 210	17 340
应交税费——应交所得税	11 100	9 800

5. 有关总分类账户和明细分类账户的借贷方发生额(单位：元)如下：

账　户　名　称	借方金额	贷方金额
交易性金融资产	120 000	100 000
其中:现金等价物	60 000	45 000
应收利息	9 000	8 000
其他应收款——包装物押金	16 000	13 500
坏账准备——应收账款	2 450	3 320
存货跌价准备	2 470	3 080
待摊费用	36 000	30 000
持有至到期投资	90 000	40 000
其中:应计利息	5 000	2 000
固定资产	243 600	168 400
累计折旧	127 100	151 100
在建工程	30 000	18 000
工程物资	11 900	6 900
固定资产减值准备	2 800	4 400
累计摊销		10 000
长期待摊费用		9 000
短期借款	280 000	300 000
应付职工薪酬	337 800	341 000
应付股利	262 200	291 375
应交税费——应交增值税——销项税额		1 312 400
应交税费——应交增值税——进项税额转出		340
应交税费——应交增值税——进项税额	1 062 940	
应交税费——未交增值税——转入未交增值税	247 930	249 800
应交税费——应交所得税	129 320	130 620
其他应付款——包装物押金	12 500	19 100
应付债券	15 000	40 000
其中:应计利息	2 500	4 000

6. 有关明细账户净发生额(单位:元)如下:

(1) 销售费用有关明细账户净发生额(单位:元)如下:

职工薪酬	252 000
保险费(待摊费用转入)	25 500
包装费(包装物摊销)	2 700
低值易耗品摊销	2 800
折旧费	79 100
修理费(长期待摊费用转入)	9 000

(2) 管理费用有关明细账户净发生额(单位:元)如下:

职工薪酬	64 000
保险费(待摊费用转入)	4 500
低值易耗品摊销	5 800
折旧费	41 800
无形资产摊销	10 000
其他费用——物料消耗	3 060

(3) 财务费用有关明细账户净发生额(单位:元)如下:

利息支出	34 800
发行债券费用	120
汇兑损失	2 880

(4) 其他业务成本有关明细账户净发生额(单位:元)如下:

职工薪酬	25 000
包装物摊销	26 000
固定资产折旧	30 200

(5) 资产处置损益有关明细账户净发生额(单位:元)如下:

固定资产处置损益	5 010(贷方)

(6) 营业外收入有关明细账户净发生额(单位:元)如下:

罚款收入现金	7 200
没收包装物押金	3 990

(7) 营业外支出有关明细账户净发生额(单位:元)如下:

存货非正常损失(内含进项税额转出 340 元)	2 340
固定资产报废清理损失	4 820
罚款支出现金	4 400
捐赠支出现金	6 800

7. 其他有关资料如下:

(1)"其他应付款"账户中反映的内容全部为包装物押金的收付。

(2)出售与报废固定资产以现金支付清理费用1 110元,出售固定资产与固定资产残料收入现金44 200元。

(3)增加固定资产在建工程和工程物资的数额中除固定资产有18 000元系在建工程转入,在建工程有4 000元系应付债券的利息,6 900元系工程物资转入外,其余的均以现金支付。

8. 该公司本年和上年均未发生会计准则变更和前期差错更正业务,本年将20万元资本公积转增资本,上年所有者追加投资15万元,上年金额中,上年年末余额:实收资本为1 700 000元,资本公积为222 220元,盈余公积为49 464元,未分配利润为28 856元。上年综合收益总额为349 600元,上年年初未分配利润为28 856元。上年"利润分配"各明细账户的净发生额分别为提取盈公积55 936元,应付股利262 200元,未分配利润60 320元;本年"利润分配"各明细账户的净发生额分别为提取盈余公积62 160元,应付股利291 375元,未分配利润95 285元。

三、要求

1. 根据"资料1""资料2",编制资产负债表。

2. 根据"资料3",编制利润表。

3. 根据编制的资产负债表和利润表进行偿债能力分析、资产营运能力分析和盈利能力分析。

4. 根据"资料4""资料5""资料6""资料7"和资产负债表、利润表,编制现金流量表。

5. 根据"资料8"、资产负债表和利润表,编制所有者权益变动表。

练习题二

一、目的 练习前期差错的更正。

二、资料 光明电器公司2021年发生下列有关的经济业务:

1. 2月5日,经检查发现2020年少提销售部门设备折旧费1 000元,予以更正。

2. 2月25日,盘盈计算机一台,经检查该计算机系2016年2月16日购进,价值6 000元,已由行政管理部门领用,并计入当月的管理费用,该计算机预计可使用5年,预计净残值率为4%,该公司固定资产折旧采用年限平均法,予以更正。

3. 3月18日,经检查发现2020年多计商品销售成本80 000元,该公司的所得税税率为25%,公司分别按净利润的10%和6%计提法定盈余公积和任意盈余公积。

三、要求 编制更正分录,并对财务报表进行调整和重述。

第十三章 债务重组的核算

第一节 债务重组概述

一、债务重组的意义

债务重组是指在债务人发生财务困难的情况下,债权人按照其与债务人达成的协议或者法院的裁定,作出让步的事项。

债务人发生财务困难是指因债务人出现资金周转困难、经营陷入困境或者其他原因,导致其无法或者没有能力按原定条件偿还债务。

债权人作出让步是指债权人同意发生财务困难的债务人现在或者将来以低于重组债务账面价值的金额或者价值偿还债务。债权人作出让步的情形主要包括:债权人减免债务人部分债务本金或者利息,降低债务人应付债务的利率等。

在市场经济的条件下,企业之间存在着激烈的竞争,当企业由于生产经营决策失误、资本结构失衡、负债比例过高等原因,导致企业资金周转失灵,从而发生财务困难,无力偿付到期的债务时,债权人出于下列两个原因同意债务人修改债务条件:第一,为最大限度地收回债权;第二,为缓解债务人暂时的财务困难,避免由于采取立即求偿的措施,致使债权上的损失更大。

二、债务重组的方式

债务重组方式可以分为以下四种。

1. 以资产清偿债务　　它是指债务人转让其资产给债权人以清偿债务。债务人常用于偿债的资产主要有:现金、存货、固定资产、无形资产、股票、债券、基金等。

2. 将债务转为资本　　它是指债务人将其所负的债务转换为资本。然而从债权人的角度看,则为债权转为股权。

债务转为资本实质上是增加债务人的资本。在债务人债务转为资本方式进行债务重组时,必须严格遵照国家有关法律的规定。债务转为资本的结果是债务人因此而增加实收资本(或股本),债权人因此而增加长期股权投资。

3. 修改其他债务条件　　它是指修改不包括以资产清偿债务和以债务转为资本方式在内的其他债务条件清偿债务。例如,延长债务偿还期限并降低利率、延长债务偿还期限并减少债务本金或者减少债务利息等。

4. 多种方式的组合　　它是指以资产清偿债务、将债务转为资本和修改其他债务条件等多种方式的组合。

第二节　债务人债务重组的核算

一、以资产清偿债务的核算

（一）以低于重组债务账面价值的现金清偿债务的核算

以低于重组债务账面价值的现金清偿债务的,债务人应当将重组债务的账面价值与实际支付现金之间的差额计入当期损益。

重组债务的账面价值是指债务面值,或本金、原值,如带息的短期借款、长期借款、应付债券等含有利息,还应加上应计未付的利息;如溢价或折价发行的债券,还应加上尚未摊销的利息调整额。

【例】　城北商厦向东风工厂采购商品,签发并承兑付款期为 3 个月商业承兑汇票 120 000 元,到期日城北商厦因发生财务困难无法兑付票款。经双方协议,东风工厂同意减免城北商厦 10 000 元债务,并要求其立即付款。今以银行存款 110 000 元清偿东风工厂债务,作分录如下:

借:应付票据	120 000.00	
贷:银行存款		110 000.00
贷:营业外收入		10 000.00

（二）以非现金资产清偿债务的核算

以非现金资产清偿债务的,债务人应当将重组债务的账面价值与转让的非现金资产公允价值之间的差额,计入当期损益;转让的非现金资产公允价值与其账面价值之间的差额,应当分别不同情况进行处理:

非现金资产为存货的,应当作为销售处理,以其公允价值确认收入,同时结转相应的成本。

非现金资产为固定资产、无形资产的,其公允价值与账面价值的差额,计入资产处置损益。非现金资产为长期股权投资的,其公允价值与账面价值的差额,计入投资损益。

非现金资产的账面价值是指非现金资产的账面余额扣除有关损失准备后的金额。如存货的账面价值就是其账面余额扣除有关存货跌价准备后的金额;固定资产的账面价值就是其账面余额扣除累计折旧和有关固定资产减值准备后的金额;长期股权投资的账面价值就是其账面余额扣除长期股权投资减值准备后的金额。

【例】　星光商厦向中迅公司购进自动扶梯一部,价值 140 000 元,签发并承兑付款期为 2 个月的商业承兑汇票,到期日星光商厦因发生财务困难,无法兑付票款。经双方协议,中迅公司同意星光商厦用商品一批抵偿债务,该批商品的销售价格为 110 000 元,增值税税率为 13%。

(1)作销售收入入账,作分录如下:

借:应付票据　　　　　　　　　　　　　　　　　140 000.00
　贷:主营业务收入　　　　　　　　　　　　　　　110 000.00
　贷:应交税费——应交增值税——销项税额　　　　14 300.00
　贷:营业外收入——债务重组利得　　　　　　　　15 700.00

(2)该批商品的账面价值为 100 000 元,结转其销售成本,作分录如下:

借:主营业务成本　　　　　　　　　　　　　　　100 000.00
　贷:库存商品　　　　　　　　　　　　　　　　　100 000.00

【例】　城北商厦向房产公司购进作为商场使用的房屋一幢,价值 900 000 元,当即支付了 520 000 元。合同规定其余 380 000 元应在 6 个月内支付。到期日城北商厦因发生财务困难,无法按合同规定偿还债务,经双方协商,房产公司同意商厦以旧商场一幢抵偿债务。该旧商场原始价值 500 000 元,已提折旧 169 520 元,已计提减值准备 10 000 元。

(1)将清偿债务的旧商场转账,作分录如下:

借:固定资产清理——处置旧商场　　　　　　　　320 480.00
借:累计折旧　　　　　　　　　　　　　　　　　169 520.00
借:固定资产减值准备　　　　　　　　　　　　　10 000.00
　贷:固定资产　　　　　　　　　　　　　　　　　500 000.00

(2)该旧商场经评估公允价值为 324 000 元,签发转账支票支付中介机构商场的评估费用 5 000 元,增值税额 300 元,作分录如下:

借:固定资产清理——处置旧商场　　　　　　　　5 000.00
借:应交税费——应交增值税——进项税额　　　　300.00
　贷:银行存款　　　　　　　　　　　　　　　　　5 300.00

(3)将旧商场交付房产公司以清偿前欠购房款,开具专用发票,列明金额 324 000 元,增值税额 29 160 元,作分录如下:

借:应付账款　　　　　　　　　　　　　　　　　380 000.00
借:资产处置损益(324 000－325 480)　　　　　　1 480.00
　贷:固定资产清理——处置旧商场　　　　　　　　325 480.00
　贷:应交税费——应交增值税——销项税额　　　　29 160.00
　贷:营业外收入——债务重组利得(380 000－324 000－29 160)　26 840.00

二、将债务转为资本清偿债务的核算

将债务转为资本的,债务人应当将重组债务的账面价值与债权人因放弃债权而享有的股权的份额之间的差额作为资本溢价,列入"资本公积"账户。

【例】 6月30日,泰北服装公司向东方房产公司购进房屋一幢作为商场使用。该房屋价值1 000 000元,当即支付了600 000元,其余400 000元暂欠,合同规定6个月内付清账款。付款日泰北服装公司发生财务困难,无力偿还欠款,经双方协议,东方房产公司同意泰北服装公司以其6%的股权抵偿债务,予以转账,该公司所有者权益为6 000 000元,6%股权的公允价值为372 000元,作分录如下:

借:应付账款	400 000.00
贷:实收资本(6 000 000×6%)	360 000.00
贷:资本公积	12 000.00
贷:营业外收入——债务重组利得	28 000.00

三、修改其他债务条件清偿债务的核算

(一)修改其他债务条件清偿债务不涉及或有应付金额的核算

修改其他债务条件清偿债务,并且修改后的债务条款中不涉及或有应付金额的,债务人应当将修改其他债务条件后债务的公允价值作为重组后的债务的入账价值。重组债务的账面价值与重组后债务的入账价值之间的差额,计入当期损益。

或有应付金额是指需要根据未来某种事项出现而发生的应付金额。而且该未来事项的出现具有不确定性。

【例】 城西商厦采购商品,签发并承兑了付款期3个月的商业承兑汇票90 000元给华生工厂。到期日城西商厦因发生财务困难,无法兑付票款,经双方协议,华生工厂同意其推迟3个月付款,并减少其金额5 000元,作分录如下:

借:应付票据——华生工厂	90 000.00
贷:应付账款——华生工厂	85 000.00
贷:营业外收入——债务重组利得	5 000.00

(二)修改其他债务条件清偿债务涉及或有应付金额的核算

修改其他债务条件清偿债务的,修改后的债务条款如涉及或有应付金额的,且该或有应付金额符合预计负债确认条件的,债务人应当将该或有应付金额确认为预计负债。重组债务的账面价值与重组后债务的入账价值和预计负债金额之和的差额,计入当期损益。

【例】 2016年3月31日,大新商厦向银行借入400 000元,期限为3年,年利率为7.2%,到期一次还本付息。现因大新商厦发生财务困难,2018年3月31日进行债务重组,银行同意延长借款期限到期日至2021年3月31日,利率降至6%,每年付

息一次,免除积欠利息57 600元,本金减至360 000元。但附有一条件,即债务重组后,如大新商厦自第2年起有盈利,则利率回复至7.2%;若无盈利,利率仍维持6%。

计算长期借款的账面价值与重组后债务的入账价值的差额如下:

长期借款的账面价值	457 600元
其中:面值	400 000元
应计利息(400 000×7.2%×2)	57 600元
减:重组后债务的入账价值	424 800元
其中:面值	360 000元
应计利息(360 000×6%×3)	64 800元
减:或有应付金额[360 000×(7.2%−6%)×2]	8 640元
差额	24 160元

(1) 2018年3月31日,根据计算的结果,进行债务重组,作分录如下:

借:长期借款——本金	400 000.00
借:长期借款——利息	57 600.00
贷:长期借款——债务重组	424 800.00
贷:预计负债	8 640.00
贷:营业外收入——债务重组利得	24 160.00

(2) 2019年3月31日,以银行存款偿还长期借款利息,作分录如下:

借:长期借款——债务重组(360 000×6%)	21 600.00
贷:银行存款	21 600.00

(3) 2020年3月31日,因本年已实现盈利,以银行存款偿还长期借款利息,作分录如下:

借:长期借款——债务重组(360 000×6%)	21 600.00
借:预计负债	4 320.00
贷:银行存款	25 920.00

(4) 2021年3月31日,以银行存款385 920元偿还长期借款本金及最后一年期利息,作分录如下:

借:长期借款——债务重组	381 600.00
借:预计负债	4 320.00
贷:银行存款	385 920.00

债务重组后产生的预计负债,如果在未来偿还债务期间内未满足债务重组协议所规定的或有应付金额的条件,那么应当将或有应付金额计入当期损益,届时应借记“预计负债”账户,贷记“营业外收入——债务重组利得”账户。

【例】 前例中,大新商厦若到 2020 年 3 月 31 日时仍无盈利,那么其第 1 年支付利息的账务处理与前例相同,接着的账务处理如下:

(1) 2020 年 3 月 31 日,签发转账支票偿还长期借款利息,并将确认本期未发生的或有应付金额转账,作分录如下:

借:长期借款——债务重组　　　　　　　　　　　　　21 600.00
　　贷:银行存款　　　　　　　　　　　　　　　　　　　　21 600.00

同时,转销已确认而未发生的或有应付金额,作分录如下:

借:预计负债　　　　　　　　　　　　　　　　　　　4 320.00
　　贷:营业外收入——债务重组利得　　　　　　　　　　　4 320.00

(2) 2021 年 3 月 31 日,签发转账支票偿还长期借款本金及最后一年期利息,作分录如下:

借:长期借款——债务重组　　　　　　　　　　　　　381 600.00
　　贷:银行存款　　　　　　　　　　　　　　　　　　　381 600.00

同时,转销已确认而尚未发生的或有应付金额,作分录如下:

借:预计负债　　　　　　　　　　　　　　　　　　　4 320.00
　　贷:营业外收入——债务重组利得　　　　　　　　　　　4 320.00

四、以多种方式的组合清偿债务的核算

债务重组是以现金清偿债务、非现金资产清偿债务、将债务转为资本、修改其他债务条件等方式的组合进行的,债务人应当依次以支付的现金、转让的非现金资产公允价值、债权人享有股权的公允价值、修改其他债务条件后债务的公允价值作为重组后的债务入账价值。重组债务的账面价值与公允价值之间的差额,计入当期损益。

【例】 端安商厦签发并承兑的付款期 3 个月的商业承兑汇票220 000元给华光公司,到期日端安商厦因发生财务困难无力清偿债务,经法院裁定端安商厦以一辆大客车抵偿部分债务,该大客车原值为 125 000 元,累计折旧为 40 000 元,已提减值准备 5 000元,其公允价值为 75 000 元,当即开具专用发票,列明金额 75 000 元,增值税额 9 750元。并将其余的债务转为 3% 的股权,3% 股权的公允价值为 105 000 元,端安商厦的重新注册的资本为 3 000 000 元,还规定 1 年后再支付现金 20 000 元,以清偿剩余债务。

(1) 先转销抵偿债务的大客车的账面价值,作分录如下:

借:固定资产清理——处置大客车　　　　　　　　　80 000.00
借:累计折旧　　　　　　　　　　　　　　　　　　40 000.00
借:固定资产减值准备　　　　　　　　　　　　　　5 000.00
　　贷:固定资产　　　　　　　　　　　　　　　　　　125 000.00

（2）以大客车抵偿部分债务，部分债务转作资本，剩余债务 1 年后清偿，作分录如下：

借：应付票据		220 000.00
借：资产处置损益		5 000.00
贷：固定资产清理——处置大客车		80 000.00
贷：应交税费——应交增值税——销项税额		9 750.00
贷：实收资本		90 000.00
贷：资本公积——资本溢价		15 000.00
贷：应付账款——债务重组		20 000.00
贷：营业外收入——债务重组利得		10 250.00

第三节　债权人债务重组的核算

一、接受资产清偿债务的核算

（一）接受低于账面价值的现金清偿债务的核算

企业接受低于账面价值的现金清偿债务的，债权人应当将重组债权的账面价值与收到的现金的差额计入当期损益。

重组债权的账面价值是指债权面值，或本金、原值。如应收账款应减去其已计提的坏账准备；债券投资等有利息的，应加上应计未收的利息；如溢价或折价购进的债券，还应加上尚未摊销的利息调整额。

【例】　上海百货公司赊销给大方商厦商品一批，含税价格为 160 000 元，付款期限为 3 个月，已按 5‰ 计提坏账准备。到期日因大方商厦发生财务困难，无法按合同规定偿还债务。经双方协议，同意减免大方商厦债务 15 000 元，当即收到大方商厦清偿债务的 145 000 元存入银行，作分录如下：

借：银行存款		145 000.00
借：坏账准备——应收账款		800.00
借：营业外支出——债务重组损失		14 200.00
贷：应收账款		160 000.00

（二）接受非现金资产清偿债务的核算

企业接受非现金资产清偿债务的，债权人应当对受让的非现金资产按其公允价值入账。重组债权的账面余额与受让的非现金资产的公允价值之间的差额计入当期损益。

【例】 上海交电公司赊销给松江公司商品一批,含税价格为 100 000 元,付款期为 3 个月,已按 5‰ 计提了坏账准备。到期日松江公司发生财务困难无法按合同规定偿还债务,经双方协议,同意松江公司以一辆卡车抵偿债务,该卡车的公允价值为 85 000 元,当即收到专用发票,列明金额 82 000 元,增值税额 10 660 元,作分录如下:

借:固定资产	82 000.00
借:应交税费——应交增值税——进项税额	10 660.00
借:坏账准备	500.00
借:营业外支出——债务重组损失	6 840.00
贷:应收账款	100 000.00

企业接受债务人以存货清偿债务的,应当将增值税进项税额作为受让的非现金资产公允价值的组成部分入账。

【例】 静安金属公司赊销给南郊工厂商品一批,含税价格为 148 000 元,付款期 3 个月,已按 5‰ 计提了坏账准备。到期日南郊工厂发生财务困难,无法按合同规定偿还债务,经双方协议,同意南郊工厂用商品抵偿债务,该批商品的公允价值为 120 000 元,增值税税率为 13%,商品已验收入库,作分录如下:

借:库存商品	120 000.00
借:应交税费——应交增值税——进项税额	15 600.00
借:坏账准备——应收账款	740.00
借:营业外支出	11 660.00
贷:应收账款	148 000.00

企业接受债务人以股票、债券和基金清偿债务的,根据其持有的目的不同,按其公允价值加上应支付的相关税费,作为交易性金融资产、可供出售金融资产、持有至到期投资入账。

【例】 上海五金公司赊销给长宁工厂商品一批,含税价格为 150 000 元,付款期限为 3 个月,已按 5‰ 计提了坏账准备。到期日长宁工厂发生财务困难,无法按合同规定偿还债务,经双方协议,同意长宁工厂以持有的 16 000 股新亚公司的股票抵偿债务。该股票每股市价 9 元,另以银行存款按交易金额的 0.3‰ 支付佣金,上海五金公司决定将其按交易目的而持有,作分录如下:

借:交易性金融资产	144 000.00
借:投资收益	43.20
借:坏账准备	750.00
借:营业外支出——债务重组损失	5 250.00
贷:应收账款	150 000.00
贷:银行存款	43.20

二、接受将债务转为资本清偿债务的核算

企业接受债务人将债务转为资本的,债权人应当将享有股权公允价值确认为对债务人的投资,根据投资的目的不同,可以将其作为交易性金融资产,可供出售金融资产、持有至到期投资和长期股权投资入账,重组债权的账面余额与股权的公允价值之间的差额计入当期损益。

【例】　上海电器公司售给东昌股份有限公司商品一批,含税价格为 180 000 元,并收到其签发并承兑的付款期 3 个月的商业承兑汇票,到期日东昌股份有限公司因发生财务困难,无法兑付票款,经双方协议,同意东昌股份有限公司以其 30 000 股普通股抵偿票款。该普通股每股市价为 5.80 元,另以银行存款按交易金额 0.3‰支付佣金,上海电器公司决定将其作为可供出售金融资产入账。作分录如下:

借:可供出售金融资产(30 000×5.80＋52.20)　　　　　　　　　　174 052.20
借:营业外支出——债务重组损失　　　　　　　　　　　　　　　　6 000.00
　贷:应收票据——面值　　　　　　　　　　　　　　　　　　　　　　180 000.00
　贷:银行存款(174 000×0.3‰)　　　　　　　　　　　　　　　　　　　52.20

三、接受修改其他债务条件清偿债务的核算

(一)接受修改其他债务条件清偿债务不涉及或有应收金额的核算

企业接受债务人修改其他债务条件清偿债务的,如修改后的债务条款中不涉及或有应收金额的,债权人应当将修改其他债务条件后的债权的公允价值作为重组后债权的账面价值,重组债权的账面余额与重组后债权的账面价值之间的差额,计入当期损益。

或有应收金额是指需要根据未来某种事项出现而发生的应收金额,而且该未来事项的出现具有不确定性。

【例】　中南商厦赊销给南方公司商品一批,含税价格为 90 000 元,付款期限为 3 个月,已按 5‰计提了坏账准备。到期日南方公司因发生财务困难,无法按合同规定偿还债务,经双方协议,南方公司先偿付 15 000 元现金,并减免其债务 6 000 元,其余部分债务同意其推迟 6 个月付款,当即收到其偿还债务的 15 000 元,存入银行,作分录如下:

借:银行存款　　　　　　　　　　　　　　　　　　　　　　　15 000.00
借:坏账准备　　　　　　　　　　　　　　　　　　　　　　　　450.00
借:营业外支出——债务重组损失　　　　　　　　　　　　　　5 550.00
借:应收账款——债务重组　　　　　　　　　　　　　　　　　69 000.00
　贷:应收账款　　　　　　　　　　　　　　　　　　　　　　　　90 000.00

(二)接受修改其他债务条件清偿债务涉及或有应收金额的核算

企业接受债务人以修改其他债务条件清偿债务的,如修改后的债务条款中涉及或有应收金额的,债权人应根据谨慎性的要求,不应当确认或有应收金额,不得将其计入重组后债权的账面价值。

【例】 2016年3月31日,长宁商厦购进昌明工厂3年期的债券150 000元,年利率为7.2%,到期一次还本付息。已计提减值准备3 000元,2019年3月31日,昌明工厂因发生财务困难,无法兑付本息,经双方协议,免除积欠利息32 400元,长宁商厦同意延长债券到期日至2021年3月31日,年利率降至6%。但附有一条件,即债务重组后,如债务人自第2年起有盈利,则年利率回复至7.2%;若无盈利,仍维持6%,计算昌明工厂债券的账面余额与重组后债权的账面价值,以及它们之间的差额如下:

昌明工厂债券的账面价值	179 400元
其中:面值	150 000元
应计利息(150 000×7.2%×3)	32 400元
减:持有至到期投资减值准备	3 000元
减:重组后债权的账面价值	168 000元
其中:面值	150 000元
应计利息(150 000×6%×2)	18 000元
差额	11 400元

(1) 2019年3月31日,根据计算的结果,作债务重组的会计分录如下:

借:持有至到期投资——债务重组	168 000.00
借:持有至到期投资减值准备	3 000.00
借:营业外支出——债务重组损失	11 400.00
贷:持有至到期投资——本金	150 000.00
贷:持有至到期投资——利息	32 400.00

(2) 2021年3月31日,昌明工厂因债务重组后第2年起就有盈利,收到其偿还的本金150 000元,利息21 600元,存入银行,作分录如下:

借:银行存款	171 600.00
贷:持有至到期投资——债务重组	168 000.00
贷:营业外收入——债务重组利得[150 000×(7.2%−6%)×2]	3 600.00

四、接受多种方式的组合清偿债务的核算

债务重组是采用以资产清偿债务、债务转为资本、修改其他债务条件等方式的组合进行的,债权人应当依次以接受资产的公允价值、债权人享有股权的公允价值和修改其他债务条件后的债权的公允价值作为重组后的债权的账面价值入账。重组债权的账面余额与重组后债权的账面价值之间的差额,计入当期损益。

【例】 上海五金公司持有华林公司签发并承兑的付款期3个月的商业承兑汇票228 000元,到期日因华林公司发生财务困难,无力清偿,经双方协议,减免华林公司债务16 000元,华林公司先偿付现金60 000元,再将部分债务转为3%的股权,3%股权的公允价值为102 000元,还规定1年后再支付现金50 000元,以清偿剩余债务,债务重组完

毕,作分录如下:

借:银行存款		60 000.00
借:长期股权投资		102 000.00
借:营业外支出——债务重组损失		16 000.00
借:应收账款——债务重组		50 000.00
贷:应收票据		228 000.00

判 断 题

一、是非题

1. 债务重组是指在债务人发生财务困难时,债权人按照其与债务人达成的协议作出让步的事项。 （ ）

2. 重组债务的账面价值是指债务的面值,或本金、原值,它不包括应计未付的利息。 （ ）

3. 非现金资产的账面价值是指非现金资产的账面余额扣除有关损失准备后的金额。 （ ）

4. 以固定资产清偿债务时,固定资产的公允价值小于重组债务的账面价值的差额,应列入"营业外支出"账户。 （ ）

5. 以固定资产清偿债务时,固定资产的公允价值小于其账面价值的差额,应列入"营业外收入"账户。 （ ）

6. 或有应付金额是指需要根据未来某项事项出现而发生的应付金额,而且该未来事项的出现具有确定性。 （ ）

7. 债务人以修改其他债务条件方式清偿债务所涉及或有应付金额且符合预计负债确认条件的,应当将其确认为预计负债。 （ ）

8. 重组债权的账面价值是指债权面值或本金、原值,如果是应收账款应减去其已计提的减值准备,如果是带息的应收票据、债券投资等有利息的,应加上应计未收的利息。 （ ）

9. 债权人对重组债权的账面价值与受让的非现金资产的差额应计入当期损益。 （ ）

10. 企业接受债务人以股票、债券、基金清偿债务的,根据企业持有的目的不同,按其公允价值作为交易性金融资产、可供出售金融资产、持有至到期投资入账。 （ ）

11. 企业接受债务人以修改其他债务条件清偿债务而涉及或有应收金额的,应当将其确认为或有应收金额入账。 （ ）

二、单项选择题

1. 债务转为资本时,债务人应当将享有股权份额的公允价值与实收资本或股本之间的差额列入_____账户。

A. "资本公积"   B. "营业外支出"   C. "管理费用"   D. "长期股权投资"

2. 企业或有应付金额实际发生时应将其_____账户。

A. 冲减"长期借款——债务重组"

B. 列入"预计负债"

C. 列入"营业外支出——债务重组损失"

D. 列入"管理费用"

3. 企业因债务重组发生的或有应收金额应列入_____账户。

A. "营业外收入"　　　　　　　　　　B. "长期股权投资"

C. "投资收益"　　　　　　　　　　　D. "资本公积"

4. 企业因放弃债权而享有股权时,发生相关的税费应列入_____账户。

A. "资本公积"　　　　　　　　　　　B. "营业外支出"

C. "管理费用"　　　　　　　　　　　D. "长期股权投资"

三、多项选择题

1. 债权人出于_____原因同意债务人修改债务条件。

A. 全额收回债权

B. 最大限度地收回债权

C. 避免因采取立即求偿的措施,致使债权上的损失更大

D. 帮助债务人走出困境

2. 债务重组的方式有以低于债务账面价值的现金清偿债务、_____。

A. 以非现金资产清偿债务　　　　　　B. 将债务转为资本

C. 修改其他债务条件　　　　　　　　D. 多种方式的组合

3. 债务人常用于偿债的非现金资产主要有存货、_____等。

A. 固定资产　　B. 长期股权投资　　C. 无形资产　　　D. 长期待摊费用

4. 企业购进长期债券后,如发生财务困难,以修改其他债务条件方式进行债务重组,如修改后的债务条款中涉及或有应收金额,确定重组债权账面价值,应包括_____。

A. 或有应收金额　　　　　　　　　　B. 债券面值

C. 债券的应计利息　　　　　　　　　D. 计提的资产减值准备

练 习 题

练 习 题 一

一、目的　练习债务人债务重组的核算。

二、资料　东方股份有限公司发生下列有关的经济业务:

1. 2018年1月10日,采购商品签发并承兑给九华工厂的商业承兑汇票100 000元已到期,因发生财务困难而无法偿付。经双方协议,九华工厂同意减免本公司债务12 000元,今以银行存款付清债务。

2. 2018年1月28日,向浦江工厂赊购商品的188 000元欠款已到付款期,因发生财务困难而无力偿还。经双方协议,对方同意本公司以一座旧仓库抵偿债务,该仓库原值为300 000元,已提折旧140 000元;已提减值准备5 000元,经评估公允价值为154 000元,以银行存款支付中介机构评估费用2 500元,增值税额150元,旧仓库已交付浦江工厂,并开具专用发票,列明金额154 000元,增值税额13 860元。

3. 2018 年 2 月 15 日,向明光公司赊购空调设备的 99 000 元欠款已到付款期,因发生财务困难而无力偿还。经双方协议,明光公司同意本公司以一批商品抵偿债务,该批商品的公允价值为 88 000 元,增值税税率为 13%,商品已交付明光公司,商品的账面余额为 82 000 元。

4. 2018 年 3 月 8 日,为采购商品签发并承兑给南汇公司的商业承兑汇票 156 000 元已到期,因发生财务困难而无力偿付。经双方协议,南汇公司同意本公司以 3% 的股权抵偿债务,3% 股权的公允价值为 150 000 元,该公司的所有者权益为 4 500 000 元。

5. 2018 年 3 月 31 日,3 年前向中国工商银行借入 270 000 元借款已到期,借款年利率为 7.2%,到期一次还本付息。现因发生财务困难进行债务重组,银行同意延长借款到期日至 2021 年 3 月 31 日,利率降至 6%,每年付息一次,免除积欠利息 54 000 元,本金减至 250 000 元。但附有一条件,债务重组后,自第 2 年起有盈利的,则利率回复至 7.2%;若无盈利,利率仍维持 6%。

6. 2019 年 3 月 31 日,按照协议以银行存款支付中国工商银行 1 年期银行借款利息。

7. 2020 年 3 月 31 日,本公司仍无盈利,按照协议以银行存款支付中国工商银行 1 年期银行借款利息。

8. 2021 年 3 月 31 日,按照协议以银行存款清偿中国工商银行借款的本金及支付 1 年期借款利息。

9. 2020 年 3 月 31 日,对上述第(7)笔业务,若东方股份有限公司有盈利,按照协议以银行存款支付中国工商银行 1 年期借款利息。

10. 2021 年 3 月 31 日,对上述第 8 笔业务,若东方股份有限公司有盈利,按照协议以银行存款清偿中国工商银行借款本金及支付 1 年期借款利息。

11. 2021 年 4 月 5 日,向欣欣公司采购商品,签发并承兑的商业承兑汇票 186 000 元已到期。因发生财务困难,无法兑付票款,经双方协议,欣欣公司同意本公司以一辆吊车抵偿部分债务,该吊车原值为 110 000 元,累计折旧为 40 000 元,已提减值准备 3 000 元,其公允价值为 65 000 元,当即开具专用发票,列明金额 65 000 元,增值税额 8 450 元,其余的债务转为 2.5% 的股权,2.5% 股权的公允价值为 100 000 元,本公司重新注册的资本为 3 750 000 元。

三、要求 编制会计分录。

练 习 题 二

一、目的 练习债权人债务重组的核算。

二、资料 浦江公司发生下列有关的经济业务:

1. 2019 年 1 月 7 日,赊销给大名工厂商品一批,含税价格为 160 000 元,已按 5‰ 计提了坏账准备。大名工厂因发生财务困难,无法按合同规定偿还债务,经双方协议,同意减免对方债务 18 000 元后,当即收到大名工厂清偿债务的转账支票 142 000 元,存入银行。

2. 2019 年 1 月 20 日,赊销给青浦公司商品一批,含税价格为 156 000 元,已按 5‰ 计提了坏账准备,因该公司发生财务困难,无法按合同规定偿还债务,经双方协议,同意该公司以持有的 16 000 股光明股份有限公司的普通股抵偿债务,该股票每股市价 9.50 元,另按交易金额的 0.3‰ 支付佣金。该股票作为可供出售金融资产入账。

3. 2019 年 2 月 6 日,赊销给华昌工厂商品一批,含税价格为 120 000 元,已按 5‰ 计提了坏账准备。因该厂发生财务困难,无法按合同规定偿还债务,经双方协议,同意对方用商品抵偿债务,该商品公允价值为 100 000 元,增值税税率为 13%,收到其专用发票,该批商品已全部验收入库。

4. 2019 年 2 月 25 日,3 个月前赊销给川沙公司商品一批,含税价格为 200 000 元,已按 5‰计提了坏账准备,因该公司发生了财务困难,无法按合同规定偿还债务,经双方协议,同意该公司以 1 座旧仓库抵偿债务,该仓库的公允价值为 175 000 元,当即收到专用发票,列明金额 175 000 元,增值税额 15 750 元。

5. 2019 年 3 月 10 日,5 个月前收到城东股份有限公司签发并承兑的商业承兑汇票 175 000 元已到期。因该公司发生财务困难,无法兑付票款,经双方协议,同意该公司以其 20 000 股普通股抵偿票款。该普通股每股市价为 8.50 元,并以银行存款按交易金额的 0.3‰支付佣金。该股票为交易目的而持有。

6. 2019 年 3 月 31 日,本公司持有 3 年期广信工厂的债券 180 000 元已到期,该债券年利率为 7.2%,到期一次还本付息,已计提了减值准备 5 000 元。因该厂发生财务困难,无法兑付本息,经双方协议,免除其积欠利息 38 880 元,并延长债券到期日至 2021 年 3 月 31 日,年利率降至 6%。但附有一条件,债务重组后,如该厂自第 2 年起有盈利,则年利率回复至 7.2%;若无盈利,年利率仍维持 6%。

7. 2021 年 3 月 31 日,广信工厂 2020 年起有盈利,收到其按照协议付来清偿债券本息款。

8. 2021 年 3 月 31 日,对上项业务,若广信工厂仍无盈利,收到其按照协议付来清偿债券本息款。

9. 2021 年 4 月 8 日,持有今日到期的泰兴公司签发并承兑的商业承兑汇票 220 000 元。因该公司发生财务困难无法兑付票款,经法院裁定,泰兴公司先偿付现金 50 000 元;另将部分债务转为 2%的股权,作为长期股权投资入账;还规定 1 年后再支付现金 65 000 元,以清偿剩余债务。2%股权的公允价值为 100 000 元,今收到泰兴公司偿还债务的 50 000 元,存入银行。

三、要求　编制会计分录。

附录一

复利现值系数表

计息期数	利率 1%	2%	3%	4%	5%	6%	7%	8%	9%	10%
1	0.9901	0.9804	0.9709	0.9615	0.9524	0.9434	0.9346	0.9259	0.9174	0.9091
2	0.9803	0.9612	0.9426	0.9246	0.9070	0.8900	0.8734	0.8573	0.8417	0.8264
3	0.9706	0.9423	0.9151	0.8890	0.8638	0.8396	0.8163	0.7938	0.7722	0.7513
4	0.9610	0.9238	0.8885	0.8548	0.8227	0.7921	0.7629	0.7350	0.7084	0.6830
5	0.9515	0.9057	0.8626	0.8219	0.7835	0.7473	0.7130	0.6806	0.6499	0.6209
6	0.9420	0.8880	0.8375	0.7903	0.7462	0.7050	0.6663	0.6302	0.5963	0.5645
7	0.9327	0.8706	0.8131	0.7599	0.7107	0.6651	0.6227	0.5835	0.5470	0.5132
8	0.9235	0.8535	0.7894	0.7307	0.6768	0.6274	0.5820	0.5403	0.5019	0.4665
9	0.9143	0.8368	0.7664	0.7026	0.6446	0.5919	0.5439	0.5002	0.4604	0.4241
10	0.9052	0.8203	0.7441	0.6756	0.6139	0.5584	0.5083	0.4632	0.4224	0.3855
11	0.8963	0.8043	0.7224	0.6496	0.5847	0.5268	0.4751	0.4289	0.3875	0.3505
12	0.8874	0.7885	0.7014	0.6246	0.5568	0.4970	0.4440	0.3971	0.3555	0.3186
13	0.8787	0.7730	0.6810	0.6006	0.5303	0.4688	0.4150	0.3677	0.3262	0.2897
14	0.8700	0.7579	0.6611	0.5775	0.5051	0.4423	0.3878	0.3405	0.2992	0.2633
15	0.8613	0.7430	0.6419	0.5553	0.4810	0.4173	0.3624	0.3152	0.2745	0.2394
16	0.8528	0.7284	0.6232	0.5339	0.4581	0.3936	0.3387	0.2919	0.2519	0.2176
17	0.8444	0.7142	0.6050	0.5134	0.4363	0.3714	0.3166	0.2703	0.2311	0.1978
18	0.8360	0.7002	0.5874	0.4936	0.4155	0.3503	0.2959	0.2502	0.2120	0.1799
19	0.8277	0.6864	0.5703	0.4746	0.3957	0.3305	0.2765	0.2317	0.1945	0.1635
20	0.8195	0.6730	0.5537	0.4564	0.3769	0.3118	0.2584	0.2145	0.1784	0.1486

附录二

年金现值系数表

计息期数\利率	1%	2%	3%	4%	5%	6%	7%	8%	9%	10%
1	0.9901	0.9804	0.9709	0.9615	0.9524	0.9434	0.9346	0.9259	0.9174	0.9091
2	1.9704	1.9416	1.9135	1.8861	1.8594	1.8334	1.8080	1.7833	1.7591	1.7355
3	2.9410	2.8839	2.8286	2.7751	2.7232	2.6730	2.6243	2.5771	2.5313	2.4869
4	3.9020	3.8077	3.7171	3.6299	3.5460	3.4651	3.3872	3.3121	3.2397	3.1699
5	4.8534	4.7135	4.5797	4.4518	4.3295	4.2124	4.1002	3.9927	3.8897	3.7908
6	5.7955	5.6014	5.4172	5.2421	5.0757	4.9173	4.7665	4.6229	4.4859	4.3553
7	6.7282	6.4720	6.2303	6.0021	5.7864	5.5824	5.3893	5.2064	5.0330	4.8684
8	7.6517	7.3255	7.0197	6.7327	6.4632	6.2098	5.9713	5.7466	5.5348	5.3349
9	8.5660	8.1622	7.7861	7.4353	7.1078	6.8017	6.5152	6.2469	5.9952	5.7590
10	9.4713	8.9826	8.5302	8.1109	7.7217	7.3601	7.0236	6.7101	6.4177	6.1446
11	10.3676	9.7868	9.2526	8.7605	8.3064	7.8869	7.4987	7.1390	6.8052	6.4951
12	11.2551	10.5753	9.8540	9.3851	8.8633	8.3838	7.9427	7.5361	7.1607	6.8137
13	12.1337	11.3484	10.6350	9.9856	9.3936	8.8527	8.3577	7.9038	7.4869	7.1034
14	13.0037	12.1062	11.2961	10.5631	9.8986	9.2950	8.7455	8.2442	7.7862	7.3667
15	13.8651	12.8493	11.9379	11.1184	10.3797	9.7122	9.1079	8.5596	8.0607	7.6061
16	14.7179	13.5777	12.5611	11.6523	10.8378	10.1059	9.4466	8.8514	8.3126	7.8237
17	15.5623	14.2919	13.1661	12.1657	11.2741	10.4773	9.7632	9.1216	8.5436	8.0216
18	16.3983	14.9920	13.7535	12.6593	11.6896	10.8276	10.0591	9.3719	8.7556	8.2014
19	17.2260	15.6785	14.3238	13.1339	12.0853	11.1581	10.3356	9.6036	8.9501	8.3649
20	18.0456	16.3514	14.8775	13.5903	12.4622	11.4699	10.5940	9.8181	9.1285	8.5136

附录三

判断题解答

第一章　总论　判断题

一、是非题

1. √　2. ×　3. ×　4. ×　5. ×　6. √

二、单项选择题

1. C　2. D　3. B

三、多项选择题

1. AD　2. ACD　3. ABD　4. ABC

第二章　商品流通核算概述　判断题

一、是非题

1. √　2. ×　3. ×　4. √　5. ×　6. ×　7. √　8. ×　9. ×

二、单项选择题

1. A　2. C　3. D　4. A　5. D

三、多项选择题

1. ABC　2. BC　3. ACD　4. ACD　5. AD　6. BD

第三章　商品流通的核算(一)　判断题

一、是非题

1. √　2. √　3. ×　4. ×　5. ×　6. √　7. ×　8. √　9. ×　10. √　11. ×

12. √　13. ×　14. ×　15. √

二、单项选择题

1. B　2. D　3. A　4. D　5. A　6. C　7. A

三、多项选择题

1. AB　2. ABD　3. ABD　4. CD　5. BCD　6. ABCD　7. BD　8. BD　9. ABCD

10. AD

第四章　商品流通的核算(二)　判断题

一、是非题

1. ×　2. ×　3. ×　4. √　5. √　6. √　7. ×　8. √　9. ×　10. ×　11. √

12. √

二、单项选择题

1. D　2. C　3. C　4. B

三、多项选择题

1. ABCD 2. ACD 3. AB 4. BCD 5. BC

第五章 货币资金和其他流动资产的核算 判断题

一、是非题

1. ✕ 2. ✕ 3. ✕ 4. ✓ 5. ✕ 6. ✕ 7. ✕ 8. ✓ 9. ✓ 10. ✓ 11. ✕

12. ✕

二、单项选择题

1. B 2. C 3. B 4. D 5. B

三、多项选择题

1. BCD 2. ABCD 3. ABC 4. ACD 5. ACD 6. ABD 7. ABD

第六章 固定资产、无形资产和长期待摊费用的核算 判断题

一、是非题

1. ✕ 2. ✕ 3. ✓ 4. ✕ 5. ✕ 6. ✓ 7. ✕ 8. ✓ 9. ✕ 10. ✓ 11. ✓

12. ✕ 13. ✕ 14. ✓ 15. ✕

二、单项选择题

1. D 2. B 3. C 4. D 5. B

三、多项选择题

1. AD 2. ABCD 3. BC 4. ACD 5. ACD 6. BD

第七章 对外投资的核算 判断题

一、是非题

1. ✕ 2. ✕ 3. ✕ 4. ✓ 5. ✕ 6. ✕ 7. ✓ 8. ✕ 9. ✓ 10. ✕ 11. ✓

12. ✕

二、单项选择题

1. D 2. D 3. A 4. B 5. A 6. B

三、多项选择题

1. ABD 2. ABC 3. ACD 4. ABD 5. AB 6. CD

第八章 负债的核算 判断题

一、是非题

1. ✓ 2. ✕ 3. ✕ 4. ✕ 5. ✕ 6. ✓ 7. ✕ 8. ✓ 9. ✕ 10. ✓ 11. ✕

12. ✕ 13. ✓ 14. ✕ 15. ✓ 16. ✓

二、单项选择题

1．C　2．A　3．D　4．B

三、多项选择题

1．ABD　2．ABCD　3．BCD　4．AD　5．ABD　6．ABD

第九章　所有者权益的核算　判断题

一、是非题

1．√　2．×　3．√　4．×　5．×　6．×　7．×　8．×　9．√　10．√　11．×

二、单项选择题

1．C　2．C　3．D　4．B　5．B

三、多项选择题

1．ACD　2．AC　3．CD　4．BCD　5．ACD　6．ABD

第十章　期间费用、政府补助和其他业务的核算　判断题

一、是非题

1．×　2．√　3．√　4．×　5．√　6．×

二、单项选择题

1．B　2．C　3．D

三、多项选择题

1．ACD　2．AD　3．ABD　4．ABCD

第十一章　税金和利润的核算　判断题

一、是非题

1．×　2．√　3．√　4．×　5．×　6．√　7．×　8．×　9．×　10．√　11．√
12．×　13．√　14．×

二、单项选择题

1．A　2．C　3．B　4．B

三、多项选择题

1．ABD　2．ACD　3．ABC　4．ABD　5．ABD　6．AD

第十二章　财务报告　判断题

一、是非题

1．×　2．×　3．√　4．×　5．√　6．×　7．√　8．×　9．×　10．√　11．×
12．×　13．√　14．×　15．√

二、单项选择题

1. B 2. A 3. C 4. C 5. D

三、多项选择题

1. ABCD 2. ABD 3. AC 4. ABD 5. ABC 6. AB 7. ABD 8. ABCD

第十三章　债务重组的核算　判断题

一、是非题

1. ✕ 2. ✕ 3. ✓ 4. ✕ 5. ✕ 6. ✕ 7. ✓ 8. ✓ 9. ✓ 10. ✕ 11. ✕

二、单项选择题

1. A 2. B 3. A 4. D

三、多项选择题

1. BC 2. ABCD 3. ABC 4. BCD

丁元霖最新财会系列丛书

商品流通企业会计	定价：49.00 元
商品流通企业会计习题与解答	定价：36.00 元
商品流通企业会计模拟实习	定价：32.00 元
商品流通企业会计模拟实习解答	定价：36.00 元
旅游餐饮服务业会计	定价：48.00 元
旅游饮食服务业会计习题与解答	定价：24.00 元
银行会计	定价：48.00 元
银行会计习题与解答	定价：28.00 元
外贸会计	定价：48.00 元
外贸会计习题与解答	定价：39.00 元
物流企业会计	定价：45.00 元
物流企业会计习题与解答	定价：22.00 元

全国各地新华书店、经济书店均有销售

本社发行科可以办理邮购

电话：021－64411389、64411367　　　传真：021－64411325

地址：上海市中山西路 2230 号　　　邮编：200235

邮购汇款额＝书款＋邮资(书款总额 10％)＋邮挂费(3 元)

丁元霖最新财会系列教材

会计学基础	定价：35.00 元
会计学基础习题与解答	定价：31.00 元
财务会计	定价：42.00 元
财务会计习题与解答	定价：28.00 元
成本会计	定价：43.00 元
成本会计习题与解答	定价：29.00 元
财务管理	定价：47.00 元
财务管理习题与解答	定价：12.50 元
管理会计	定价：27.00 元
管理会计习题与解答	定价：13.50 元
税务会计	定价：25.00 元
税务会计习题与解答	定价：18.00 元

全国各地新华书店、经济书店均有销售

本社发行科可以办理邮购

电话:021 – 64411389、64411367   传真:021 – 64411325

地址:上海市中山西路 2230 号   邮编:200235

邮购汇款额＝书款＋邮资(书款总额 10%)＋邮挂费(3 元)